JN163773

幕末維新の古文書

岩下哲典 監修

柏書房

監修のことば

幕末維新の歴史ほど、「情報」が人を動かし、社会変革をもたらしたと感じられる時代はないかもしれない。それこそ幕末維新のダイナミズムだが、それを直接感じることができるのが、幕末維新期に活動した人々の書状や日記、覚書などの私文書、時に公文書類である。本書には幕末維新のダイナミズムが、直に感じられるそれらの史料が、幕末維新の重大事件ごとに、時系列に収録している。

今回、全体が新たに公開された貴重な史料もある。加えて、良く知られている史料ゆえに、活字ではよくお目にかかる史料でも、改めて原本の写真版を見ると、その迫力はさらに素晴らしいものがある。史料は、まさに「情報」の宝庫なのである。

たいへん見やすく読みやすい写真版に、適切な釈文と読み下し文と解説。どれも心配りが効いている。また、扉の解説を通読するだけでも、複雑な幕末維新の歴史が理解できるようになっている。

こんな本を待っていた、と言われる本が出来上がったと思う。実に喜ばしいことである。折しも大政奉還一五〇年。来年は明治維新一五〇年。一五〇年という、五世代前の幕末維新とはなんだったのかを読み直す、絶好の一冊、これを読まないわけにはいかない。

二〇一七年六月吉日

東洋大学文学部教授　岩下哲典

幕末維新関連日本地図

本書に収録した文書の関係地域一覧

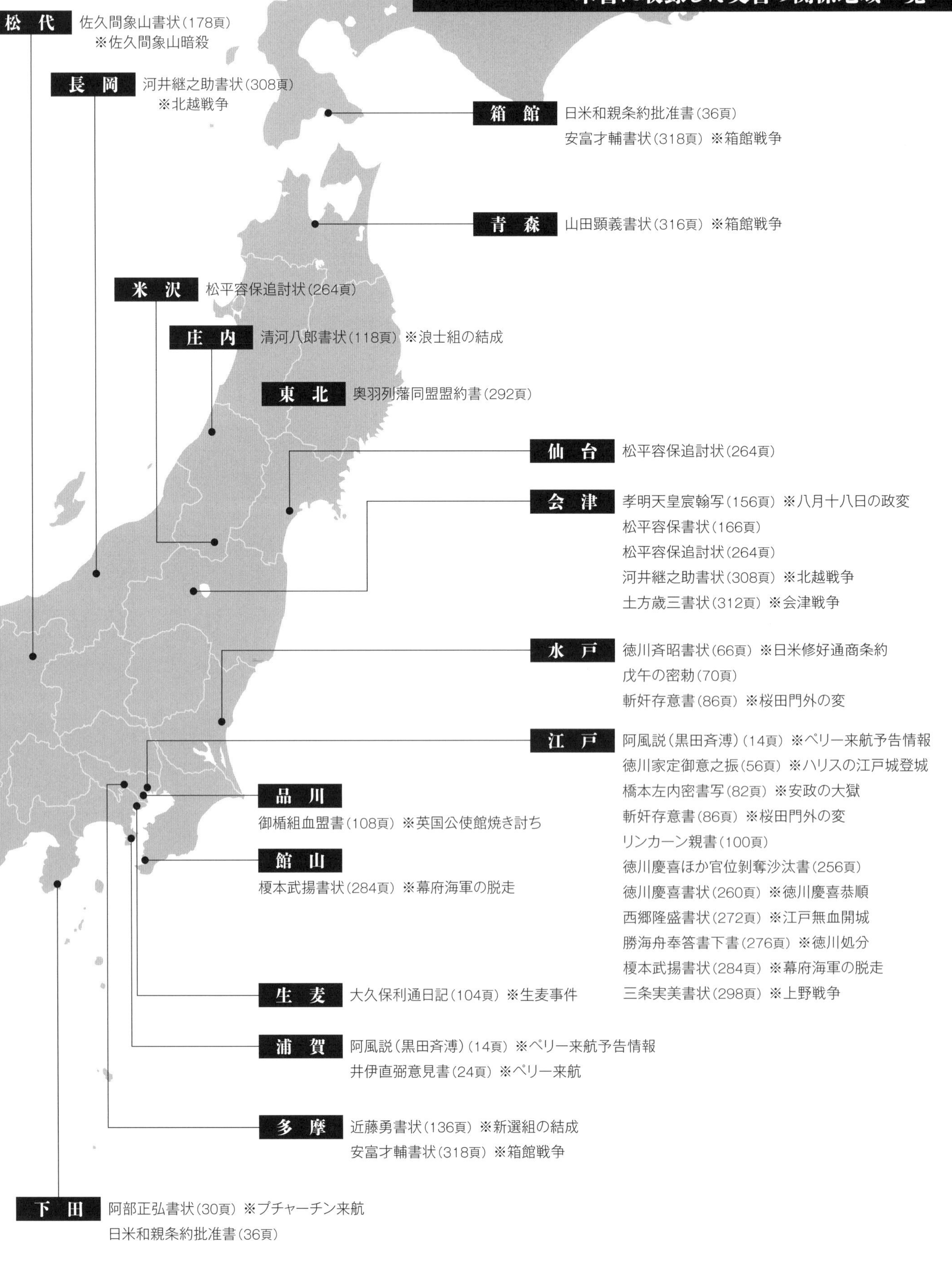

福　井

橋本左内密書写(82頁) ※安政の大獄
松平春嶽書状(160頁) ※将軍徳川家茂の再上洛
議事之体大意(由利公正)(268頁) ※五箇条の御誓文

彦　根

井伊直弼意見書(24頁) ※ペリー来航
斬奸存意書(86頁) ※桜田門外の変

京　都

戊午の密勅(70頁)
高杉晋作・久坂玄瑞ほか血判書状(76頁)
※老中間部詮勝襲撃未遂事件
吉田松陰書状(78頁) ※老中間部詮勝襲撃未遂事件
島田龍章書状(92頁) ※和宮降嫁
清河八郎書状(118頁) ※浪士組の結成
近藤勇書状(136頁) ※新選組の結成
孝明天皇宸翰写(156頁) ※八月十八日の政変
松平春嶽書状(160頁) ※将軍徳川家茂の再上洛
松平容保書状(166頁)
幕府感状(174頁) ※池田屋事件
佐久間象山書状(178頁) ※佐久間象山暗殺
毛利慶親乞罪書(184頁) ※禁門の変
徳川慶喜建白書写(232頁) ※大政奉還
伊藤九三書状(240頁) ※坂本龍馬暗殺
岩倉具視書状(244頁) ※王政復古のクーデター
大久保利通書状(248頁) ※鳥羽・伏見の戦い

萩・山口

高杉晋作・久坂玄瑞ほか血判書状(76頁) ※老中間部詮勝襲撃未遂事件
吉田松陰書状(78頁) ※老中間部詮勝襲撃未遂事件
御楯組血盟書(108頁) ※英国公使館焼き討ち
奇兵隊結成綱領(150頁)
毛利慶親乞罪書(184頁) ※禁門の変
徳川家茂書状(190頁) ※第一次幕長戦争
木戸孝允書状(200頁) ※薩長同盟の締結
大久保利通書状(214頁) ※第二次幕長戦争
中岡慎太郎書状(220頁) ※第二次幕長戦争
討幕の密勅(226頁)
討幕の密勅請書写(228頁)

神　戸

坂本龍馬書状(124頁)
※神戸海軍操練所の設置

下　関

孝明天皇攘夷褒勅(132頁) ※下関事件
毛利慶親布令書(196頁) ※四国艦隊下関砲撃事件
伊藤九三書状(240頁) ※坂本龍馬暗殺

福　岡

阿風説(黒田斉溥)(14頁) ※ペリー来航予告情報
中岡慎太郎書状(220頁) ※第二次幕長戦争

長　崎

阿風説(黒田斉溥)(14頁)
※ペリー来航予告情報

大　坂

阿風説(黒田斉溥)(14頁) ※ペリー来航予告情報
阿部正弘書状(30頁) ※プチャーチン来航
大久保利通書状(248頁) ※鳥羽・伏見の戦い

福　山

阿部正弘書状(30頁) ※プチャーチン来航

鹿児島

島津斉彬書状(60頁) ※日米修好通商条約
大久保利通日記(104頁) ※生麦事件
木戸孝允書状(200頁) ※薩長同盟の締結
大久保利通書状(214頁) ※第二次幕長戦争
討幕の密勅請書写(228頁)

高　知

坂本龍馬書状(124頁) ※神戸海軍操練所の設置
中岡慎太郎書状(220頁) ※第二次幕長戦争
八義(坂本龍馬)(236頁) ※新政府綱領八策

幕末維新の人物相関図

本書に登場する主な人物

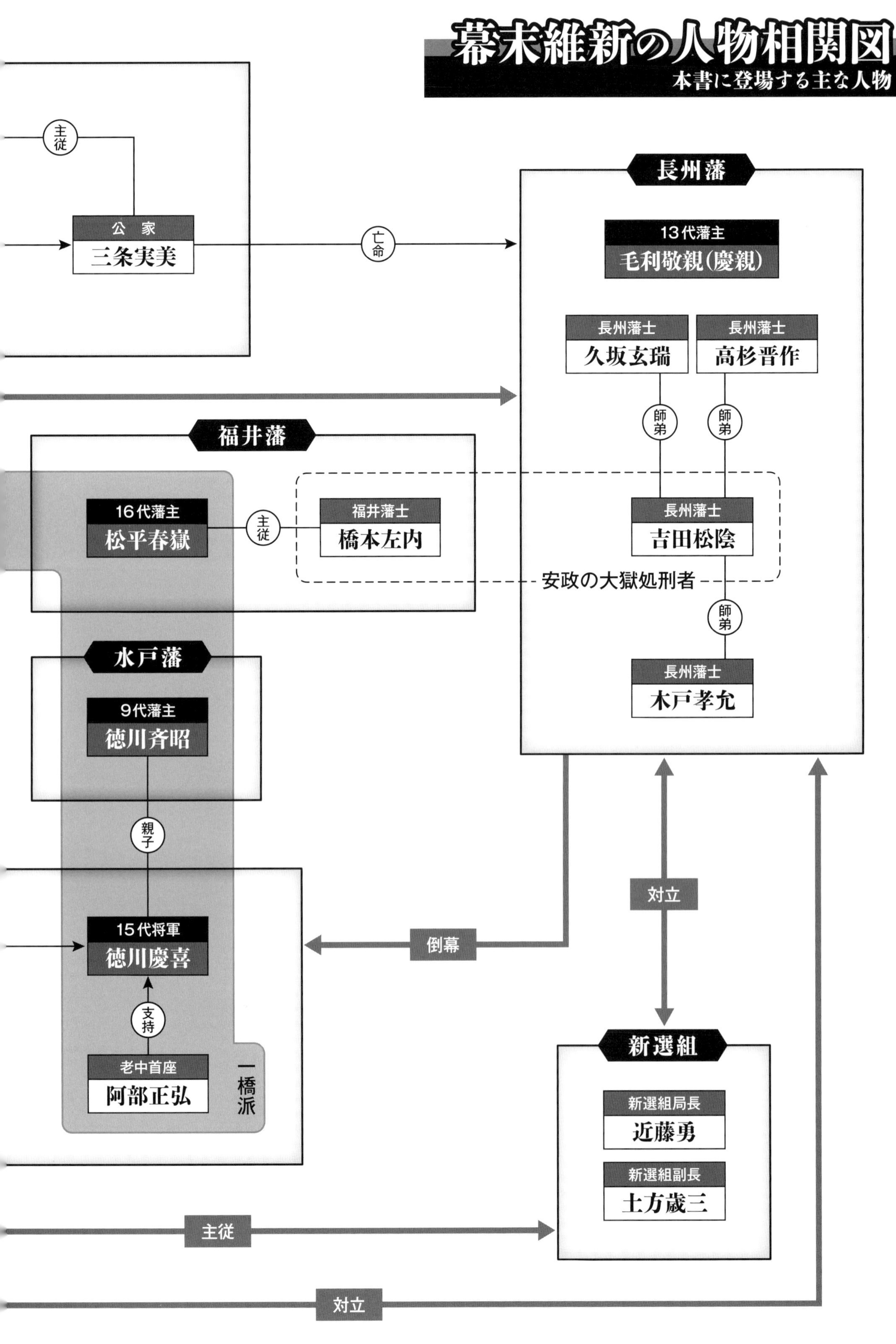

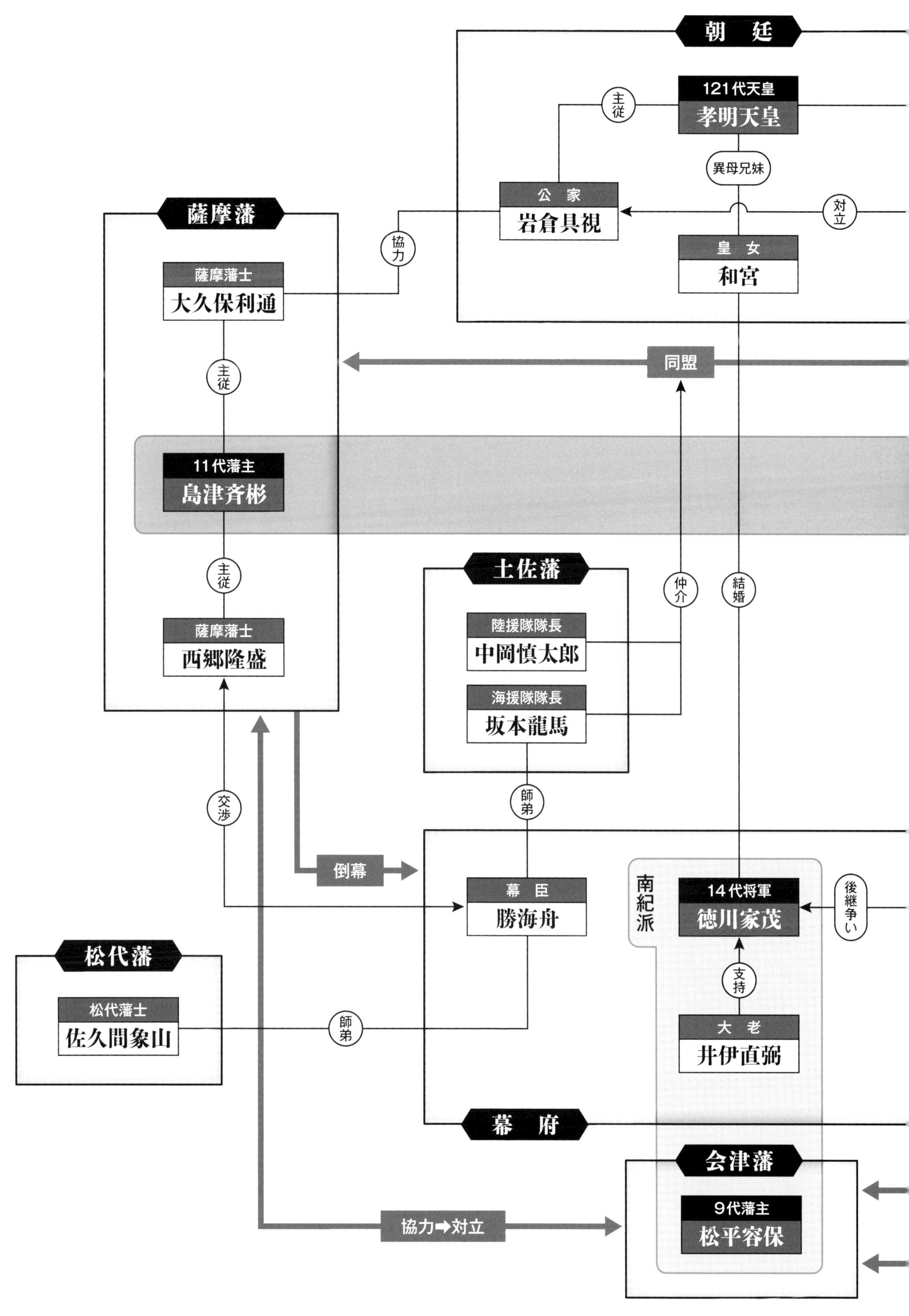

朝　廷
121代天皇
孝明天皇
主従
異母兄妹
公　家
岩倉具視
対立
皇　女
和宮
薩摩藩
協力
薩摩藩士
大久保利通
主従
同盟
11代藩主
島津斉彬
主従
薩摩藩士
西郷隆盛
土佐藩
陸援隊隊長
中岡慎太郎
海援隊隊長
坂本龍馬
仲介
結婚
師弟
交渉
倒幕
南紀派
幕　臣
勝海舟
14代将軍
徳川家茂
後継争い
支持
松代藩
松代藩士
佐久間象山
師弟
大　老
井伊直弼
幕　府
会津藩
9代藩主
松平容保
協力➡対立

幕末維新の古文書◆目次

凡例

●本書には、嘉永五年（一八五二）のペリー来航予告情報から、明治二年（一八六九）の箱館戦争が終結するまで、幕末維新期の歴史事象に深く関係する五十二点の古文書を、出来事の起こった順（一部、出来事と古文書の書かれた日付が前後しているものがある）に収録した。

●本書においては、全体の編集方針により独自の文書名を用いた。

●史料の所蔵者、画像提供者などについては、巻末に一括して掲載した。

●釈文について

○原則として常用漢字を用い、常用漢字にないものは正字または原文のままとした。また、人名や地名などの固有名詞については旧字を使用した場合もある。助詞の「者」「茂」「而」「江」「与」は、そのまま使用した。

○異体字・略字・変体仮名などは、現行の文字または正字に改めた。ただし、次のような文字は例外とした。

躰　糺　峯　嶌　ゟ（より）　〆（しめ）

○釈文では、原本の改行を再現した。

○適宜、読点や並列点（中黒点）を補った。

○誤字や判読できない文字がある場合は、正しい文字や推測される文字を小さな（　）で傍示した。

○印判・花押などが押捺または署記されている場合は、㊞（花押）などの形で示した。

○敬意を示す闕字・平出・擡頭は、一字あけ、あるいは改行とした。

○破損・虫損または判読不能の文字は、□、□□などで示し、原文の抹消箇所は■で示した。

●読み下し文について

○原則として常用漢字を用い、現代仮名づかいに改めた。

○助詞の「者」「茂」「而」「江」「与」や合字の「ゟ」などは仮名に改めた。また、「可」「被」「為」をはじめ、「弥」「愈」「其」「此」などの漢字は仮名に改めた。

○仮名交じり文の場合は、適宜漢字に置き換えた。

○原文の誤記や当て字などは、釈文ではそのまま表記したが、読み下し文では正しい漢字に改めた。

ペリー来航予告情報

十八世紀後半、イギリスで最初の産業革命が始まると、欧米諸国は大量生産した工業製品の国外市場開拓や原料供給のために、競って植民地の獲得に乗り出し、アジアへの進出を本格化させた。

日本近海に出没する外国船の増加を受けて、いわゆる「鎖国」状態にあった幕府は、文政八年（一八二五）に異国船打払令を発令し、海岸に近づく外国船をすべて打ち払うことを命じていた。天保十三年（一八四二）、アヘン戦争での清の敗北を知った幕府は、遭難船に限って補給を命じる薪水給与令に改めたが、未だ危機感は薄かった。

欧米諸国で日本と外交関係を維持していたオランダは、天保十五年（一八四四）、幕府に開国を勧告したが、幕府は「鎖国は祖法である」としてこれを拒絶した。嘉永五年（一八五二）には、オランダ商館長に就任したヤン・ヘンドリック・ドンケル＝クルティウスが、長崎奉行に「別段風説書」を提出した。幕府は、オランダ商館長の口述を長崎のオランダ通詞にまとめさせた「オランダ風説書」から海外の動向を得ていたが、「別段風説書」はバタヴィアの植民地政庁においてオランダ語で作成され、長崎出島にもたらされ、長崎奉行に提出されて、オランダ通詞が日本語に翻訳したものだった。

ドンケル＝クルティウスが提出した別段風説書には、アメリカの使節マシュー・カルブレイス・ペリーが日本との通商を求め、軍艦を率いて江戸湾に来航すること、時期は三月か四月と書かれていた。さらに風説書のあとに、オランダ東インド総督の長崎奉行宛て書状と、日蘭通商条約草案も時間をおいて提出された。老中首座の阿部正弘は従来から海防の強化などを唱えており、また別段風説書の内容を、琉球や長崎・江戸湾の海防を担当する薩摩・佐賀・福岡・彦根・川越・忍・会津の各藩主に知らせるなどしたが、幕府自体は財政難に直面しており、対策は難航した。

嘉永五年十二月付け阿風説（黒田斉溥建白書写）

徳川林政史研究所所蔵

一仰

一、当子年阿蘭陀別段風説書之内、心得ニ可相成儀、御書付御内密拝見被仰付難有仕合奉存候、右御書付之内、

一、北アメリカヨリ日本国に使節を送リ日本国と通商遂度由、

一、日本湊之内二三所、北アメリカ人交易の為開度、且日本湊の内都合宜所に石炭を貯置、カリフォルニー（地名）と唐国と蒸気船の通路に用度願立候由、

一、一説にハ右船之使節を江戸に差越之命を請候由、

一、風聞書にハ上陸囲軍の内定（意）も致、諸道具積入有之由、併右船ニ第四月下旬（当三月初旬ニ当る）前にハ出帆難成、若は今少し延引可致由、

一、取留候儀とハ不相聞候得共、兼而風説書之儀ニ付而者、申上候次第も御座候ニ付、密々為心得御達被仰付候旨、世上江流布致し候而者、只々人気に而已相拘不可然筋ニ付、其段厚相含、御備向之儀者随分無油断可申付、乍併事ケ間敷用意等致し候儀者無之様可取計与段々御委細被仰付、難有仕合奉存候、長崎表御備向之儀者尚又肥前守（鍋島斉正）江重畳申合、弥御厳重相勤候心得ニ御座候、然処御内達之内前段之ケ条、和蘭国王ゟ使節差上候節、御返翰之趣私江も拝見被仰付置候ニ付、愚考仕候得者、此節アメリカ通商相願候共、御許容可被仰付御次第共不奉存候、然時ハ軍船引連居候ニ付、必戦争にも可及、近年海防之儀、段々御熟達も有之候に付、相応ニ者何方も相整居可申候得共、万一者伊豆諸嶋、殊大嶋等夷人手に入レ、大炮等備付候ハ、如何様之御取計可有之哉、容易ニ嶋々御取返し御六ヶ敷御儀歟と奉存候、且又右之通ニ相成候得者、江戸江上方ゟ船路絶可申、江戸中之騒動如何可有之哉、又戦争に及候得者、焼国等打掛、何方迄焼失可致哉、右等之事情定而宜敷御評議も可被為在候得共、右御内達拝承仕候而ハ日夜心痛無限、長崎御用

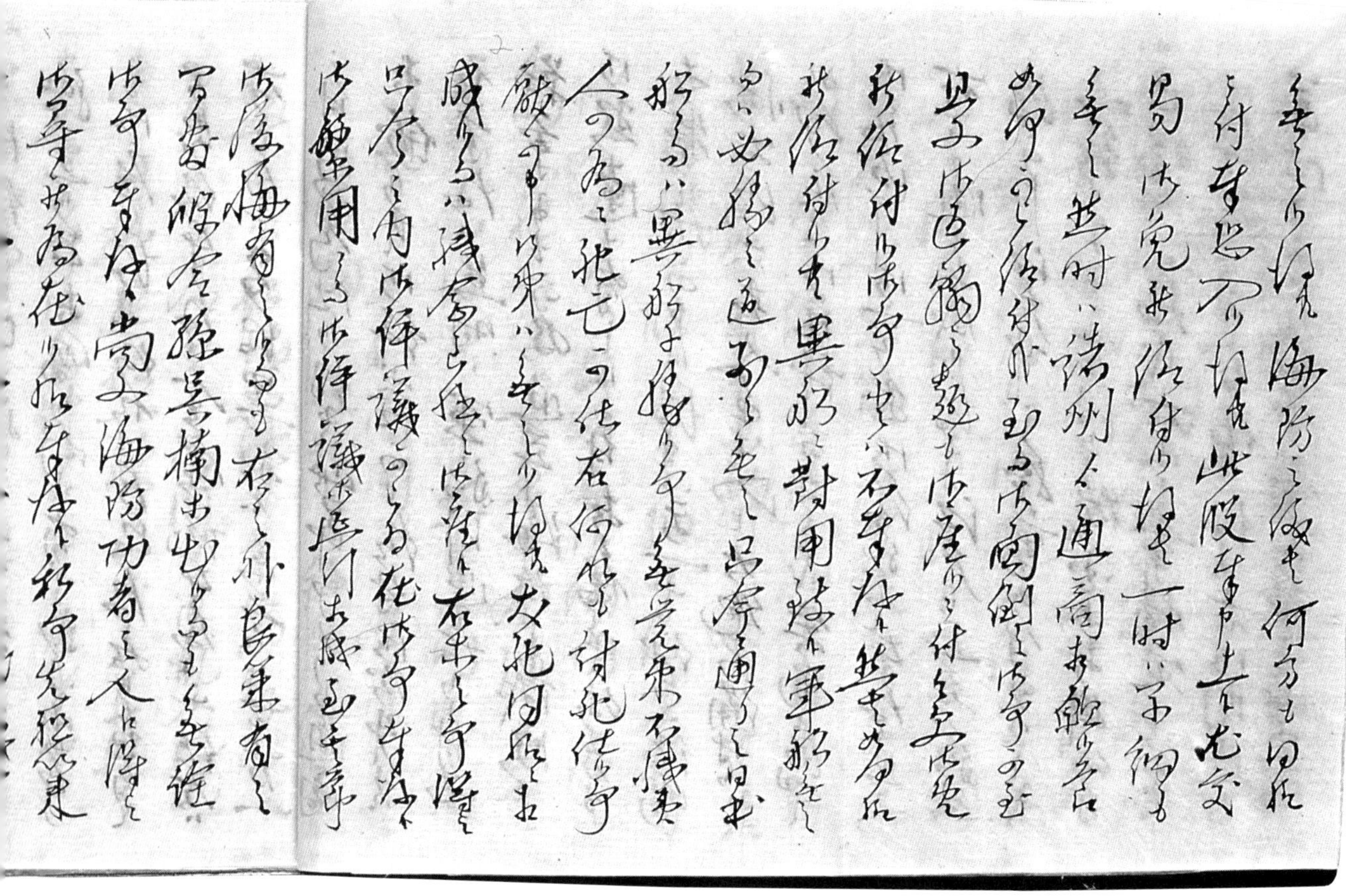

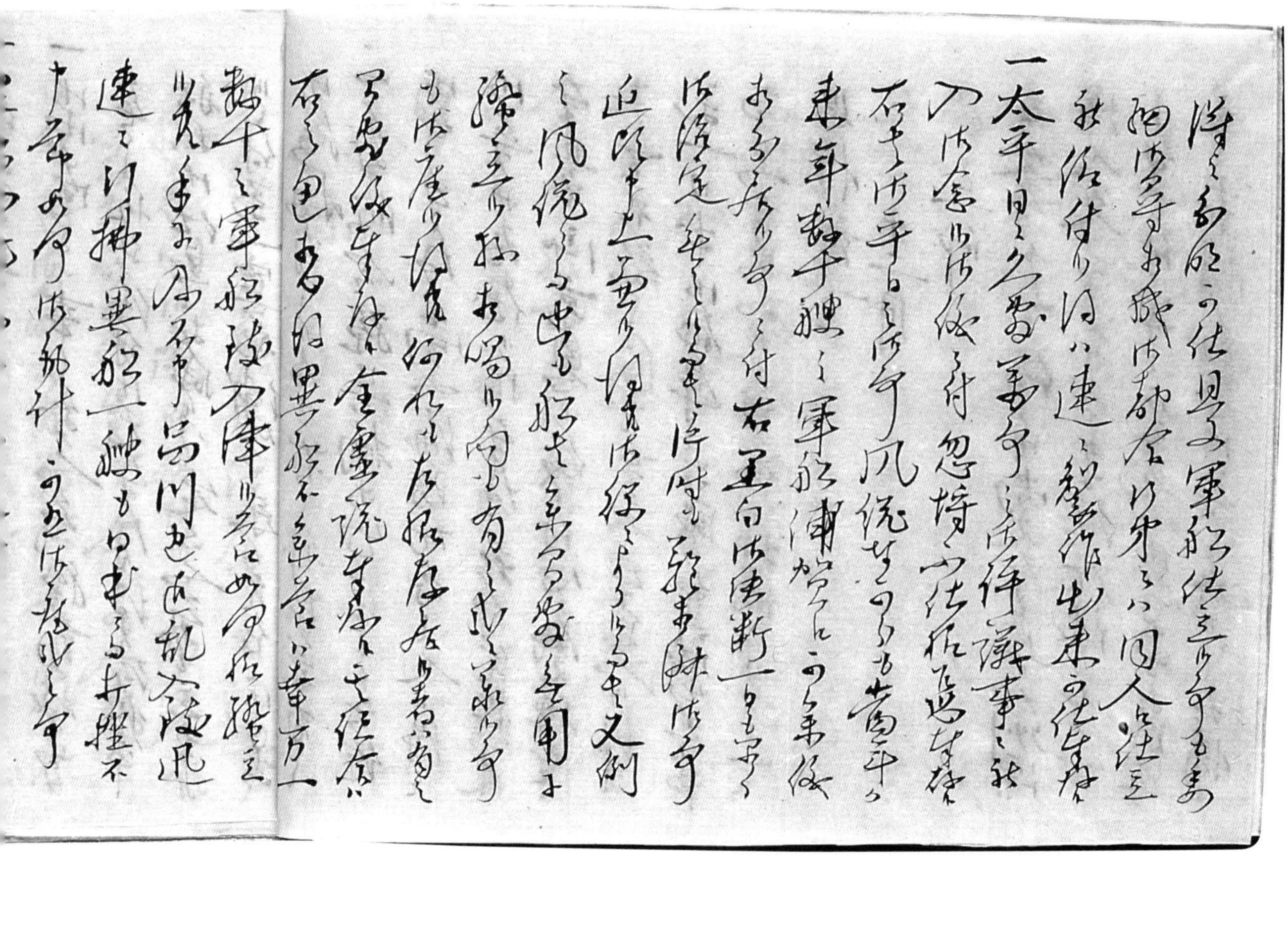

無之候得共、海防之儀者何方も同様ニ付、奉恐入候得共、此段奉申上候、尤交易御免被仰付候得者、一時ハ子細も無之、然時ハ諸州ゟ通商相願候節如何可被仰付哉、至而御面倒之御事可至、且又御返翰之趣も御座候ニ付、今更御免被仰付候御事とハ不奉存候、然者如何様被仰付候共、異船ニ対用致候軍船無之而ハ必勝之道別ニ無之、只今通リ之日本船ニ而ハ異船に勝候事無覚束、不残夷人の為ニ死亡可仕、右何れも討死仕候事厭可申次第ハ無之候得共、犬死同様ニ相成候而ハ残念至極ニ御座候、右等之事、得与只今之内御評議可被為在御事奉存候、御繁用ニ而御評議御延引相成、至其節御後悔有之候而も、右之外良策有之間敷、仮令孫呉・楠（楠木正成）等出候而も無詮御事奉存候、尚又海防巧者之人江得与御尋被為在候様奉存候、私事先祖以来奉蒙　御高恩候儀ニ付、心底不残奉申上候、不敬之段者重畳奉恐入候得共、万一日本御恥辱ニ相成候事致出来候而ハ尚更奉恐入候ニ付、前以此段奉申上候、恐惶謹言、

十二月

二仰

本文奉申上候儀ニ付、尚又奉申上候、土州漂流人、久々アメリカニも住居致候事、幸之事ニ付、早々爰元江御呼寄相成、異国之事情委敷御尋相成候ハヽ、夷情も得与分明可仕、且又軍船仕立候事も委細御尋相成、御都合次第ニハ同人江仕立被仰付候得ハ、速ニ製作出来可仕奉存候、

一、太平日々久敷、万事之御評議事々被入御念候御儀ニ付、忽埒不仕様乍恐奉存候、右者御平日之御事、風説なからも当年か来年数千艘之軍船、浦賀江可参儀相分居候事ニ付、右黒白御決断、一日も早く御治定無之候而者、片時も難相済御事、近頃申上兼候得共、御役ニより候而者、又例之風説ニ而、迚も船者参間敷、無用に騒立候抔相唱候向も有之哉ニ承候事も御座候得共、何れも左様存居候者ハ有之間敷儀奉存候、全虚説奉存候、其訳合ハ右之通相心得、異船不参節ハ幸、万一数十之軍船致入津候節、如何様騒立候共、手に及不申、品川辺迄乱入致、迅速ニ引払、異船一艘も日本ニ而打挫不申節、如何御取計可有御座哉之事、

一、異船入津、及騒動、焼国打と諸方江打掛候ハヽ、芝浦辺迄も玉ハ届き可申、諸方一同ニ焼上リ候ハヽ、万一ハ乍恐遠方江御成抔と申儀至候而者、以之外之御事奉存候、申上候も奉恐入候得共、東照宮（徳川家康）御以来、格別之御武威ニ被為在候所、至此節万一夷人打勝候而者　皇国之御恥辱重畳奉恐入候、諸大名何も武功之家柄ニ付、至其節捨身命防禦可仕候得共、必勝之良策兼而御定無之候而ハ、如何様之名将江被仰付候共、皆討死之外無之仕合奉存候、乍恐

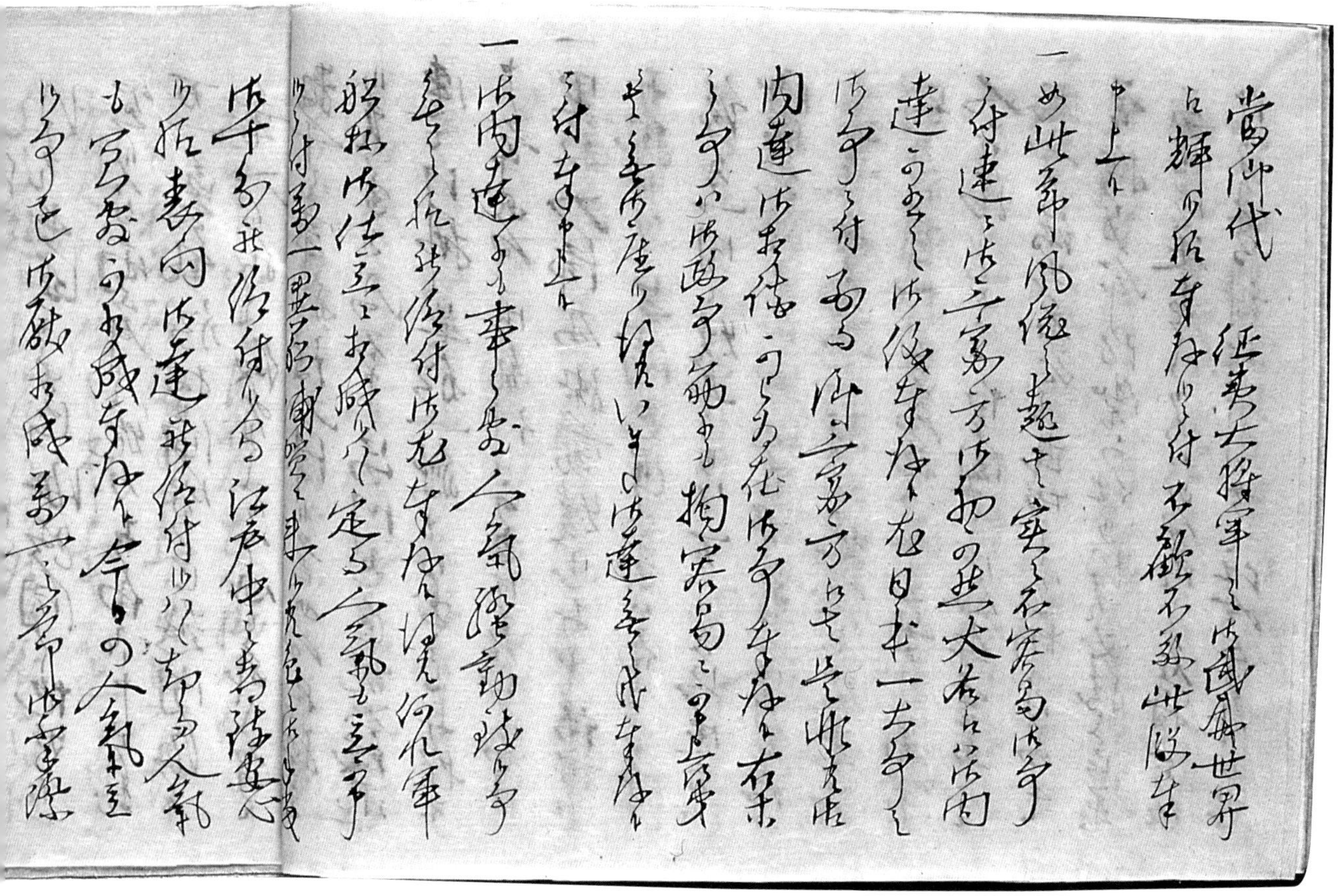

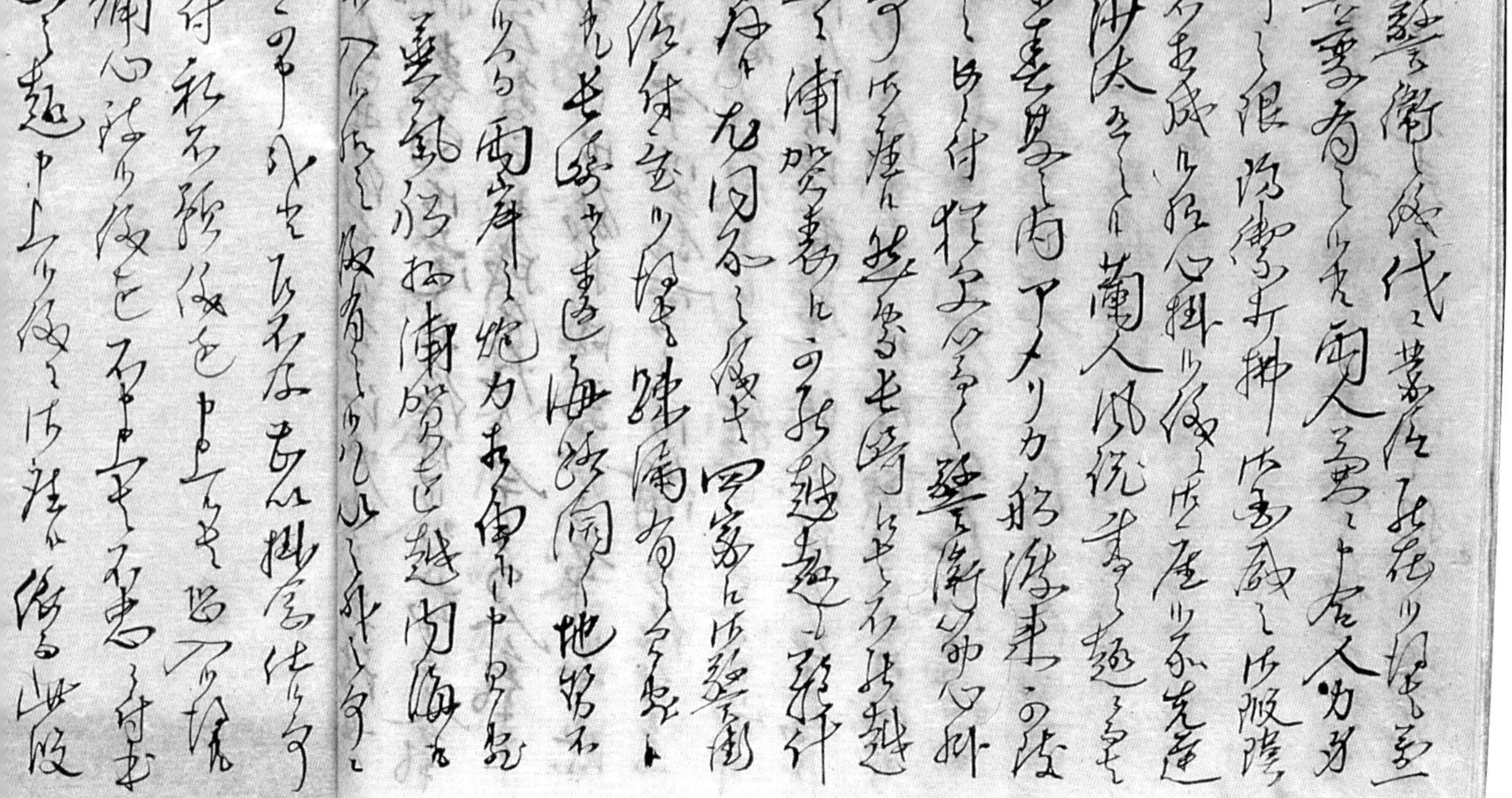

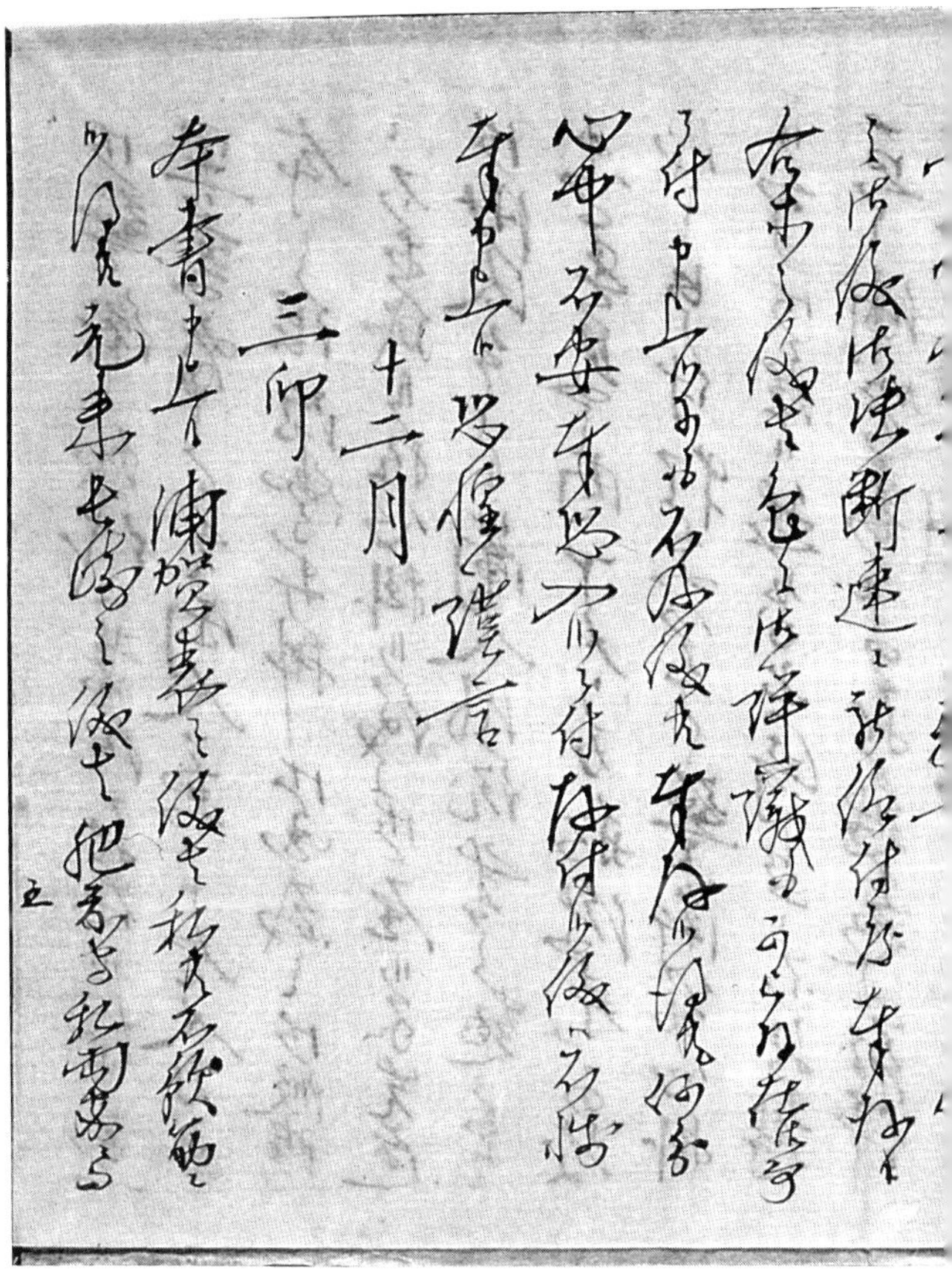

当御代　征夷大将軍之御武威、世界
江輝候様奉存候ニ付、不顧不敬此段奉
申上候、

一、如此節、風説之趣者実ニ不容易御事
ニ付、速ニ御三家方御初、可然大名江ハ御内
達可有之御儀奉存候、尤日本一大事之
御事ニ付、別而御三家方江者是非共御
内達御相待可被為在御事奉存候、右等
之事ハ御政事筋にも拘、容易ニ可申上次第
ニ者無御座候得共、いまた御達無之哉奉存候
ニ付奉申上候、

一、御内達にも事々敷人気騒動致候事
無之様被仰付御尤奉存候得共、何れ軍
船拵御仕立ニ相成候ハヽ、定而人気も立可申
候ニ付、万一異船浦賀ニ来候共、急之御手当
御十分被仰付候間、江戸中之者致安心
候様、表向御達被仰付候ハヽ、却而人気
も宜敷可相成奉存候、今日の人気立
候事を御厭相成、万一之節御不手際
と只今御厳重之御備被仰付候而、
当時人気立候と軽重可有之哉、此節
之御儀御決断速ニ被仰付度奉存候、
右等之儀者急々御評議も可被為在御事
ニ付、申上候にも不及儀共奉存候得共、何分
心中不安奉恐入候ニ付、存付候儀ハ不残
奉申上候、恐惶謹言、

十二月

三仰

本書申上候、浦賀表之儀者私共不預筋ニ
候得共、元来長崎之儀者、肥前守（鍋島斉正）・私両家ニ而
御警衛之儀、代々蒙仰罷在候得者、万一
異変有之候共、両人兼々申合、人力身
命之限防禦打払、御国威之御瑕瑾
ニ不相成候様心掛候儀ニ御座候所、先達
御沙汰有之候蘭人風説書之趣ニ而者
来春夏之内アメリカ船渡来可致
哉之由ニ付、猶更いたく警衛筋心掛
候事御座候、然処長崎江者不罷越、
直ニ浦賀表江可罷越趣も難計
奉存候、尤同所之儀者四家江御警衛
被仰付置候得者、疎漏有之間敷候
得共、長崎と相違、海路濶く、地勢不
宜候間、両岸之炮力相届き申間敷、
万一蒸気船拵浦賀を越、内海江
乗入候様之儀有之候ハヽ、以之外之事ニ
至可申哉と、乍不及甚以掛念仕候事
ニ付、私不預儀を申上候者恐入候得共、
痛心致候儀を不申上者不忠ニ付、本
文之趣申上候儀に御座候、依而此段
尚又書添奉申上候、以上、

十二月

【読み下し文】

一仰

一、当子年阿蘭陀別段風説書の内、心得に相成るべき儀、御書付御内密に拝見仰せ付けられ有り難き仕合せに存じ奉り候、右御書付の内、

一、北アメリカより日本国に使節を送り日本国と通商遂げたき由、

一、日本湊の内二、三所、北アメリカ人交易のため開きたし、かつ日本湊の内都合宜しき所に石炭を貯え置き、カリフォルニー（地名）と唐国と蒸気船の通路に用いたく願い立て候由、

一、一説には右船の使節を江戸に差し越すの命を請け候由、

一、風聞書には上陸囲軍の内意も致し、諸道具積み入れこれ有る由、併し右船に第四月下旬（当三月初旬に当る）前には出帆成り難く、若しくは今少し延引致すべき由、

一、取り留め候儀とは相聞こえず候えども、兼て風説書の儀に付いては、申し上げ候次第も御座候に付き、密々心得として御達し仰せ付けられ候旨、世上へ流布致し候ては、只々人気にのみ相拘り然るべからざる筋に付き、其段厚く相含み、御備え向きの儀は随分油断無く申し付くべし、併し乍ら事がましく用意等致し候儀はこれ無きよう取り計らうべきと段々御委細仰せ付けられ、有り難き仕合せに存じ奉り候、長崎表御備え向きの儀は尚又肥前守へ重畳申し合わせ、いよいよ御厳重相勤め候心得に御座候、然る処御内達の内前段のケ条、和蘭国王より使節差し上げ候節、御返翰の趣私へも拝見仰せ付け置かれ候に付き、愚考仕り候えば、この節アメリカ通商相願い候とも、御許容仰せ付けらるべき御次第とも存じ奉らず候、然る時は軍船引き連れ居り候に付き、必ず戦争にも及ぶべし、近年海防の儀、段々御熟達もこれ有り候に付き、相応には何方も相整い居り申すべく候えども、万一は伊豆諸嶋、殊に大嶋等夷人手に入れ、大炮等備え付け候わば、如何様の御取り計らいこれ有るべく哉、容易に嶋々御取り返し御むつかしき御儀かと存じ奉り候、且又右の通りに相成り候えば、江戸へ上方より船路絶え申すべし、江戸中の騒動如何これ有るべき哉、また戦争に及び候えば、焼国等打ち掛け、何方まで焼失致すべき哉、右等の事情定めて宜しき御評議も在らせらるべく候えども、右御内達拝承仕り候ては日夜心痛限り無く、長崎御用これ無く候えども、海防の儀は何方も同様に付き、恐れ入り奉り候えども、この段申し上げ奉り候、尤も交易御免仰せ付けられ候えば、一時は子細もこれ無く、然る時は諸州より通商相願い候節如何仰せ付けらるべき哉、至って御面倒の御事に至るべし、且又御返翰の趣も御座候に付き、今更御免仰せ付けられ候御事とは存じ奉らず候、然れば如何様仰せ付けられ候とも、異船に対用致し候軍船これ無くては必勝の道別にこれ無く、只今通りの日本船にては異船に勝ち候事覚束なく、残らず夷人のために死亡仕るべし、右何れも討死に仕り候事厭い申すべき次第はこれ無く候えども、犬死同様に相成り候ては残念至極に御座候、右等の事、得と只今の内御評議在らせらるべき御事と存じ奉り候、御繁用にて御評議御延引に相成り、その節に至り御後悔これ有り候ても、右の外良策これ有るまじ、たとえ孫呉・楠等出で候ても詮無き御事と存じ奉り候、尚又海防巧者の人へ得と御尋ね在らせられ候よう存じ奉り候、私事、先祖以来御高恩を蒙り奉り候儀に付き、心底残らず申し上げ奉り候、不敬の段は重畳恐れ入り奉り候えども、万一日本御恥辱に相成り候事出来致し候ては、尚更恐れ入り奉り候に付き、前以てこの段申し上げ奉り候、恐惶謹言、十二月、

二仰

本文申し上げ奉り候儀に付き、尚又申し上げ奉り候、土州漂流人、久々アメリカにも住居致し候事、幸いの事に付き、早々ここ元へ御呼び寄せ相成り、異国の事情くわしく御尋ね相成り候わば、夷情も得と分明仕るべし、且又軍船仕立て候事も委細御尋ね相成り、御都合次第には同人へ仕立て仰せ付けられ候えば、速やかに製作出来仕るべく存じ奉り候、

一、太平日々久しく、万事の御評議事々御念を入れられ候御儀に付き、忽埒仕らざるよう恐れ乍ら存じ奉り候、右は御平日の御事、風説ながらも当年か来年数千艘の軍船、浦賀へ参るべき儀相分り居り候事に付き、右黒白御決断、一日も早く御治定これ無く候ては、片時も相済み難き御事、近頃申し上げ兼ね候えども、御役により候ては、また例の風説にて、とても船は参るまじ、無用に騒ぎ立て候など相唱え候向きもこれ有る哉に承り候事も御

座候えども、何れも左様存じ居り候者はこれ有るまじき儀存じ奉り候、全く虚説に存じ奉り候、その訳合いは右の通り相心得、異船参らざる節は幸い、万一数十の軍船入津(にゅうしん)致し候節、如何様騒ぎ立て候とも、手に及び申さず、品川辺まで乱入致し、迅速に引き払い、異船一艘も日本にて打ち挫(くじ)き申さざる節、如何様御取り計らい御座有るべき哉の事、

一、異船入津、騒動に及び、焼国打つと諸方へ打ち掛かり候わば、芝浦辺りまでも玉は届き申すべし、諸方一同に焼き上り候わば、万一は恐れ乍ら遠方へ御成(おなり)などと申す儀に至り候ては、以ての外の御事と存じ奉り候、申し上げ候も恐れ入り奉り候えども、東照宮御以来、格別の御武威に在らせられ候所、この節に至り万一夷人打ち勝ち候ては、皇国の御恥辱と重畳恐れ入り奉り候、諸大名何も武功の家柄に付き、その節に至り身命を捨て防禦仕るべく候えども、必勝の良策兼ねて御定めこれ無く候ては、如何様の名将へ仰せ付けられ候とも、皆討死にの外これ無き仕合に存じ奉り候、恐れ乍ら当御代征夷大将軍の御武威、世界へ輝き候よう存じ奉り候に付き、不敬を顧みずこの段申し上げ奉り候、

一、この節の如く、風説の趣は実に容易ならざる御事に付き、速やかに御三家方御初め、然るべき大名へは御内達これ有るべき御儀と存じ奉り候、尤も日本一大事の御事に付き、別して御三家方へは是非とも御内達御相待ち在らせらるべき御事と存じ奉り候、右等の事は御政事筋にも拘(かか)わり、容易に申し上ぐべき次第には御座無く候えども、いまだ御達しこれ無き哉と存じ奉り候に付き申し上げ奉り候、

一、御内達にも事々しく人気騒動致し候事これ無きよう仰せ付けられ、御尤もに存じ奉り候えども、何れ軍船など御仕立てに相成り候わば、定めて人気も立ち申すべく候に付き、万一異船浦賀に来たり候とも、急の御手当御十分に仰せ付けられ候間、江戸中の者安心致し候よう、表向き御達し仰せ付けられ候わば、却って人気も宜しく相成るべくと存じ奉り候、今日の人気立ち候事を御厭い相成り、万一の節御不手際と只今御厳重の御備え仰せ付けられ候て、当時人気立ち候と軽重これ有るべき哉、この節の御儀御決断速やかに仰せ付けられたく存じ奉り候、右等の儀は急々御評議も在らせらるべき御事に付き、申し上げ候にも及ばざる儀とも存じ奉り候えども、何分心中不安恐れ入り奉り候に付き、存じ付け候儀は残らず申し上げ奉り候、

恐惶謹言、十二月、

三仰

本書申し上げ候、浦賀表の儀は私ども預からざる筋に候えども、元来長崎の儀は、肥前守・私両家にて御警衛の儀、代々仰せ蒙り罷り在り候えば、万一異変これ有り候とも、両人兼々申し合わせ、人力身命の限り防禦打ち払い、御国威の御瑕疵(かし)に相成らず候よう心掛け候儀に御座候所、先達て御沙汰これ有り候蘭人風説書の趣にては来春夏の内アメリカ船渡来致すべき哉の由に付き、猶更いたく警衛筋心掛け候事に御座候、然る処長崎へは罷り越さず、直に浦賀表へ罷り越すべき趣も計り難く存じ奉り候、尤も同所の儀は四家へ御警衛仰せ付け置かれ候えば、疎漏これ有るまじく候えども、長崎と相違、海路濶く、地勢宜しからず候間、両岸の炮力相届き申すまじ、万一蒸気船など浦賀を越え、内海へ乗り入れ候ようの儀これ有り候わば、以ての外の事に至り申すべき哉と、及ばず乍ら甚だ以て懸念仕り候事に付き、私預からざる儀を申し上げ候は恐れ入り候えども、痛心致し候儀を申し上げざるは不忠に付き、本文の趣申し上げ候儀に御座候、依ってこの段尚又書き添え申し上げ奉り候、以上、十二月

嘉永五年（一八五二）老中首座阿部正弘は、ペリーの来航を予告した阿蘭陀別段風説書を、長崎の警備を担当する福岡藩主黒田斉溥（のち長溥）と佐賀藩主鍋島直正、および琉球を事実上支配下に置く薩摩藩主島津斉彬に内達した。本状は、その別段風説書を引用しながら、黒田斉溥が幕府に提出した建白書の写しで、予告されたペリー来航に対して幕府がとるべき対応を献策したものである。

黒田は、アメリカの通商要求を拒否すれば必ず戦争になる、伊豆諸島を占拠されれば打つ手がなく江戸が大変なことになるなどと警告する。そして、軍艦がなくては必勝の道もなく「犬死同様」になってしまうと、海軍の創設を提言した。それにあたって、海防や海外事情に精通した者を登用すべきであると、中浜（ジョン）万次郎を招請して海軍をつくるようにと献策している。万次郎は土佐国出身の漁民で、漂流してアメリカに十年ほど暮し、二年前に帰国した人物だった。

また、ペリーが長崎には来ず、直接浦賀表へ行く可能性を指摘し、浦賀の海防についても私見を述べている。黒田によれば、浦賀は長崎と違って海峡が広く、地勢が良くないので、両岸の砲力が届かないこと、蒸気船などが浦賀を越えて内海へ乗り入れるようになると、将軍が江戸城から避難しなければならないような、とんでもないことになるだろう、と懸念している。

黒田は厳しく幕府役人を批判し、早急に対応をとらねば後悔することになると忠告したが、この建白書は無視されてしまった。そして翌嘉永六年（一八五三）六月三日、黒田が予想した通り、浦賀に四隻の黒船がやって来て、幕府は対応に追われることになるのである。

ペリー来航

アメリカ合衆国東インド艦隊司令長官に就任したマシュー・カルブレイス・ペリーは、日本を開国し、通商関係を結ぶためのフィルモア大統領の親書を、将軍に手渡すようにとの指令を受け、遣日特使に任命された。一八五二年十一月、バージニア州ノーフォークを出航した艦隊は、大西洋を回って香港や上海などを経由し、琉球にも上陸して、嘉永六年（一八五三）六月三日、日本の浦賀（現、神奈川県横須賀市）に入港した。

幕府は、オランダ商館長ドンケル＝クルティウスが提出した「別段風説書」によってペリー来航の予告情報を得ていたが、三浦半島の防備を強化した程度で、具体的な対応を考えていなかった。予告通りにペリーが来航したことで、幕府は大きな衝撃を受けたのである。ただし、三月か四月と時期が違っていた。

当時のアメリカは、アジア、特に中国への進出を目指し、太平洋航路の開発を企図していた。そのために、燃料である石炭や水、食料などを補給するための拠点が必要だった。ペリーは軍事的な威嚇を交えながら、強硬に交渉を要求した。十二代将軍徳川家慶は病床にあって国家の重大事を決定することが難しかったため、老中首座の阿部正弘はペリーの久里浜にての大統領親書受領を許可した。

六月九日、ペリーと浦賀奉行戸田氏栄・井戸弘道の会見が行われた。開国を促す大統領の親書などを受け取った幕府は、将軍家慶の病気を理由に、返答に一年間の猶予を要求した。ペリーは一年後の再来航を予告し、十二日に日本を離れていった。そのわずか十日後の六月二十二日、将軍家慶は死去した（ただし、発喪は七月二十二日）。病弱な家定を将軍に迎え、幕府はアメリカの開国要求への対応に追われることになる。

嘉永六年八月付け井伊直弼意見書（「初度存寄書」）

彦根城博物館所蔵

初度存寄書

此度亜墨利加合衆国ゟ
国書を呈し候ニ付、夷書和解
熟覧之上、御備向内海之防禦
又ハ重而渡来之節御所置等
不憚忌諱、存寄申上候様被
仰出奉畏候、実以　国家之
大計浅見愚昧奉恥入候得共、
聊存寄之儀、左ニ奉申上候、

一、防禦之儀、種々御座候得共、元来
戦場実地之手覚なく、席上
猥リニ兵戦の腐談を飾リ候事、
却而士夫之瑕瑾、不堪慙愧
奉存候ニ付、一々難尽申上候、何分
万端太平空費の虚飾
なく、実備ニ相成候様奉希候、
夫ニ付、防禦如何程見事ニ被為
行届候共、海内疲労之内ニ
怨嗟之者御座候てハ内憂を
生し候事必然の理不及申上候、
弐百年来膏沢ニ浴し、海内
供恩を感戴仕候事ハ勿論ニ候へ
共、貴賤太平ニ生長し、安楽ニ
罷在候事も当前固有之様
心得候事ハ下賤の常、人情之不免
処ニ候得者、今般格別ニ被為施
徳政、士気を振起し、上下一同
恩義ニ感激し、忠憤之士気を
発し候、猶御仕立肝要ニ奉存候、
夷書中石炭抔無拠請求候へ者、
吾
皇国ニも火輪船の便利を知リ、製
造ニ懸れり、石炭ハ必用ニ而他邦
の求ニ応し難く与、一時之権道を以
御返答有之可宜被存候、且外港口
を開き、交易を始候儀ハ、文化度
北狄の使、列薩脳仏（レザノフ）へ御暁喩
謝絶被　仰渡候御振合ニも可有之
哉、万里異供仙裁争論を生
し易き義、能々御暁解被　仰渡

度、漂着難民之儀ハ近年
松前ニ而御撫恤御送リニ相成候事
有之哉ニ承リ候ヘハ、彼義可存知事与
奉存候、猶末々の見込、和漢の
時勢、篤と相考候ヘハ、
皇国海中ニ独立し、外国ニ気を
被呑、籠城退縮之姿ニ成候而者、
往々可憂場ニ至リ可申歟、海外ニ
勇威を振ひ、蛮夷危疑の懼を
抱き候御所置可有之奉存候、何卒
飽迄被為遂御詮義候様奉希候、
以上、

八月　　　井伊掃部頭（直弼）

【読み下し文】

初度存寄書

この度亜墨利加合衆国より国書を呈し候に付き、夷書和解熟覧の上、御備え向き内海の防禦又は重ねて渡来の節御所置等志諱を憚らず、存じ寄り申し上げ候よう仰せ出だされ畏み奉り候、実以て国家の大計浅見愚昧恥じ入り奉り候えども、聊か存じ寄りの儀、左に申し上げ奉り候、

一、防禦の儀、種々御座候えども、元来戦場実地の手覚えなく、席上猥りに兵戦の腐談を飾り候事、却って士夫の瑕瑾、慙愧に堪えず存じ奉り候に付き、一々申し上げ尽し難く候、何分万端太平空費の虚飾なく、実備に相成り候よう希い奉り候、それに付き、防禦如何程見事に行き届かせられ候とも、海内疲労の内に怨嗟の者御座候ては内憂を生じ候事必然の理申し上ぐるに及ばす候、弐百年来膏沢に浴し、海内供恩を感戴仕り候事は勿論に候えども、貴賤太平に生長し、安楽に罷り在り候事も当前固有の様心得候事は下賤の常、人情の免されざる処に候えば、今般格別に徳政を施せられ、士気を振起し、上下一同恩義に感激し、忠憤の士気を発し候、猶御仕立て肝要に存じ奉り候、夷書中石炭などよんどころ無く請求候えば、吾皇国にも火輪船の便利を知り、製造に懸れり、石炭は必用にて他邦の求めに応じ難くと、一時の権道を以て御返答これ有り宜しかるべく存ざれ候、且外港口を開き、交易を始め候儀は、文化度北狄の使、列薩脳仏へ御暁喩謝絶仰せ渡され候御振り合いにもこれ有るべき哉、万里異供佃裁争論を生じ易き義、よくよく御暁解仰せ渡されたし、漂着難民の儀は近年松前にて御撫恤御送りに相成り候事これ有る哉に承り候えば、彼義存知べき事と存じ奉り候、猶末々の見込み、和漢の時勢、篤と相考え候えば、皇国海中に独立し、外国に気を呑まれ、籠城退縮の姿に成り候ては、往々憂うべき場に至り申すべきか、海外に勇威を振るい、蛮夷危疑の懼れを抱き候御所置これ有るべくと存じ奉り候、何卒飽くまで御詮義遂げさせられ候よう希い奉り候、

以上、（後略）

彦根藩主井伊直弼は、アメリカ使節ペリーの浦賀来航に際して相模湾警備の任にあたり、幕府からその働きを褒賞された。老中首座阿部正弘は諸大名・旗本に対し、アメリカの通商要求への対策を諮問する。本状は、二度にわたる直弼の意見書のうち、最初に提出されたものである。

直弼は、海防が机上の空論になっていることを批判し、実際に役立つ備えをすべきと述べている。一方で、どれほど海防が行き届いても、国が疲労すれば怨嗟を持つ者が現れて内憂を生じてしまう、徳政を施すことが士気の高揚に繋がる、とも説いている。

また、意見書からは直弼の外交に対する考えも窺える。この中で直弼は、アメリカ大統領フィルモアの親書が石炭の補給などを要求している点について、日本もいずれ「火輪船」（蒸気船）を製造するので、石炭は必要であり、他国の求めには応じられないと返答すればよい、と提案している。さらに、交易を始めれば、文化年間にロシア使節レザノフの要求を謝絶した前例もあるので異論が出るだろうが、島国である日本は、外国に圧倒されてしまうと、「籠城退縮の姿」になって行き詰まってしまうから、海外に進出していくべきである、と開国および海外への進出を主張している。直弼がこのように考えた背景には、清がアヘン戦争でイギリスに敗れたという現実があった。

二度目に提出した意見書（別段存寄書）では、アメリカとの戦争を避け、交易をして海外の知識や技術を吸収し、富国強兵をすべきであると、より積極的な開国論を展開している。

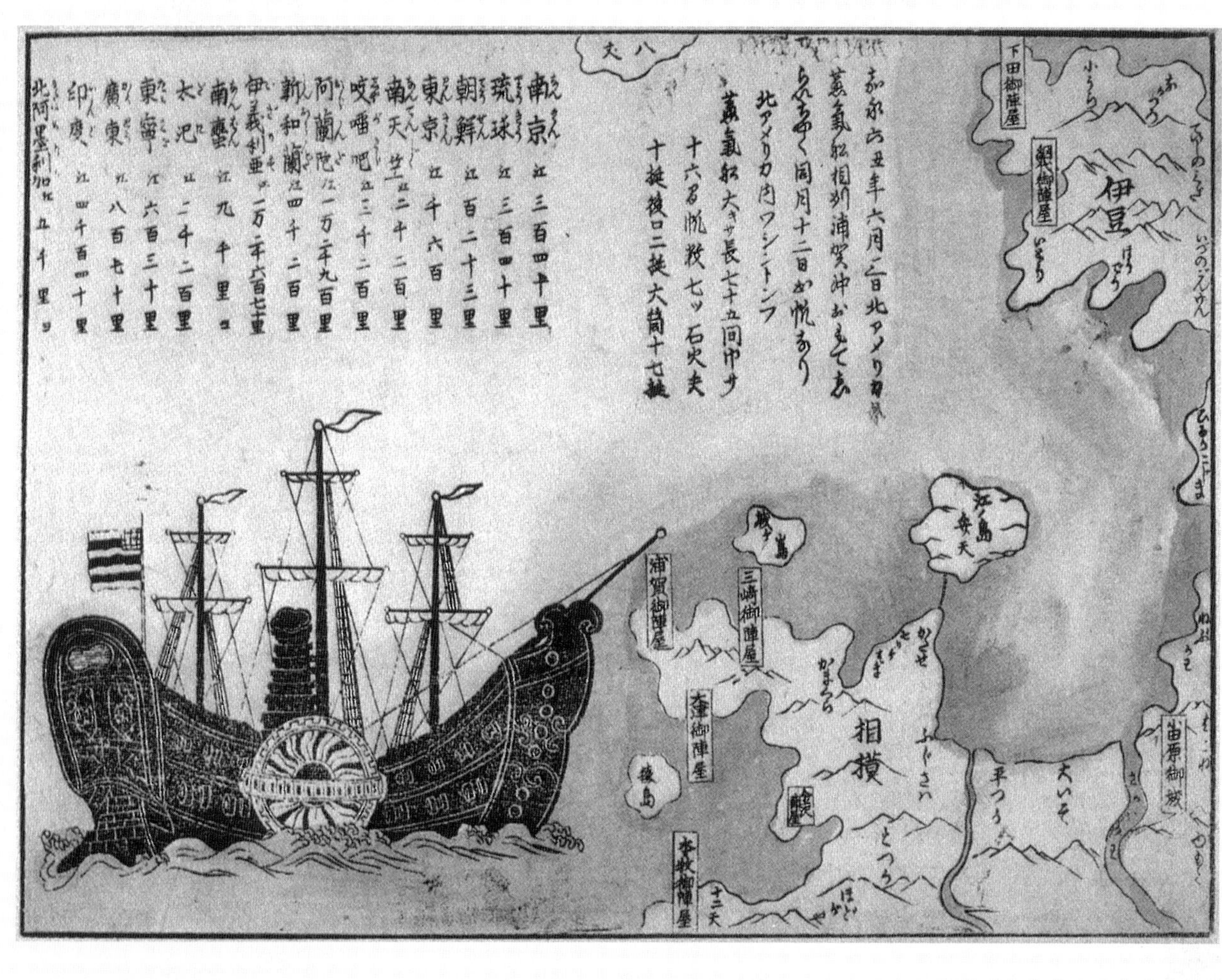

【ペリー来航】

これは、嘉永六年（一八五三）六月三日に浦賀へ来航した黒船（蒸気船）と、伊豆から三浦半島にかけての略図が描かれた瓦版である。黒船の大きさは、長さ七十五間（約百三十六メートル）、幅十六間（約二十九メートル）、帆数は七、石火矢は十二挺、大筒は十七挺とある。また、左上には南京、琉球から北亜墨利加まで十五か所への里程が記されている。

嘉永六丑年六月三日、北アメリカ
蒸気船、相州浦賀沖おもてゑ
らいちやく、同月十二日出帆なり、
北アメリカ内ワシントンフ、
蒸気船大キサ長七十五間、巾サ
十六間、帆数七ツ、石火矢
十挺・後ロ二挺、大筒十七挺、

南京　江　三百四十里
琉球　江　三百四十里
朝鮮　江　百二十三里
東京　江　千六百里
南天竺江　二千二百里
咬嚁吧江　三千二百里
阿蘭陀江　一万二千九百里
新和蘭江　四千二百里

伊義利亜江一万二千六百七
十里
南蛮　江　九千里ヨ
太氾　江　二千二百里
東寧　江　六百三十里
廣東　江　八百七十里
印度　江　四千百四十里
北亜墨利加江五千里ヨ

プチャーチン来航

最も早くから外交関係の樹立に取り組んできたのは、ロシアだった。嘉永五年（一八五二）、アメリカ合衆国が日本との条約締結のためにマシュー・カルブレイス・ペリーを派遣したことを知ったロシアは、中将エフィーム・ヴァシリーエヴィッチ・プチャーチンをロシア艦隊司令長官兼遣日使節に任命した。

ペリーに遅れること一か月半後の嘉永六年（一八五三）七月十八日、旗艦パルラダ号に乗艦したプチャーチンが長崎に来航した。その目的は、日本の開港と国境の画定だった。長崎奉行の大沢秉哲に国書を渡し、長崎で幕府全権の川路聖謨・筒井政憲と計六回にわたって会談した。交渉はまとまらなかったものの、最恵国待遇付与の約束を取り付け、ロシアに帰国した。

嘉永七年（一八五四）八月三十日、プチャーチンはディアナ号で再び日本に向かった。箱館に入港したが同地での交渉を拒否され、大坂天保山沖に出没するも大坂奉行から伊豆下田へ回航するよう要請を受け、十月十四日、下田に入港した。幕府は再び川路・筒井らを派遣し、十一月三日、プチャーチンと会見させた。しかしその翌日、突然大地震が発生し、大津波が下田湾を襲った。この地震と津波で、下田の町は壊滅状態になった。ディアナ号もまた津波で大破し、乗組員にも死傷者が出た。この時プチャーチン一行は、日本人の救出や治療にあたり、幕府の応接係も感服したという。

この地震と津波によって一時中断を余儀なくされたものの、下田の玉泉寺で交渉が再開された。そして十二月二十一日、日露和親条約九か条と付録四か条が締結された。またプチャーチンは、安政五年（一八五八）六月二十日にも日本を訪れ、神奈川に入港している。八月十九日に日露修好通商条約を締結し、翌日に江戸城で徳川慶福（のちの十四代将軍家茂）に謁見したあと、本国に帰国していった。

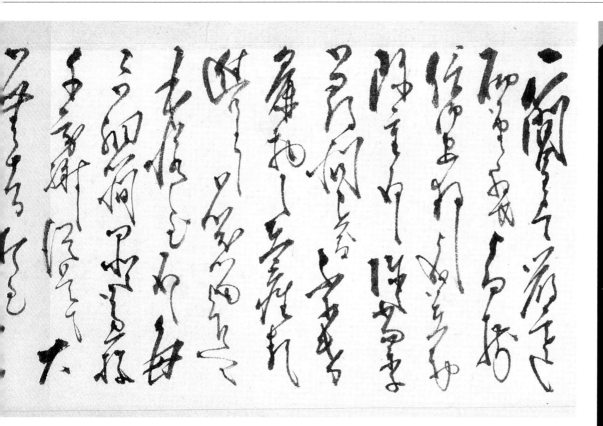

安政元年十二月七日付け阿部正弘書状（土屋寅直宛て）

土浦市立博物館所蔵

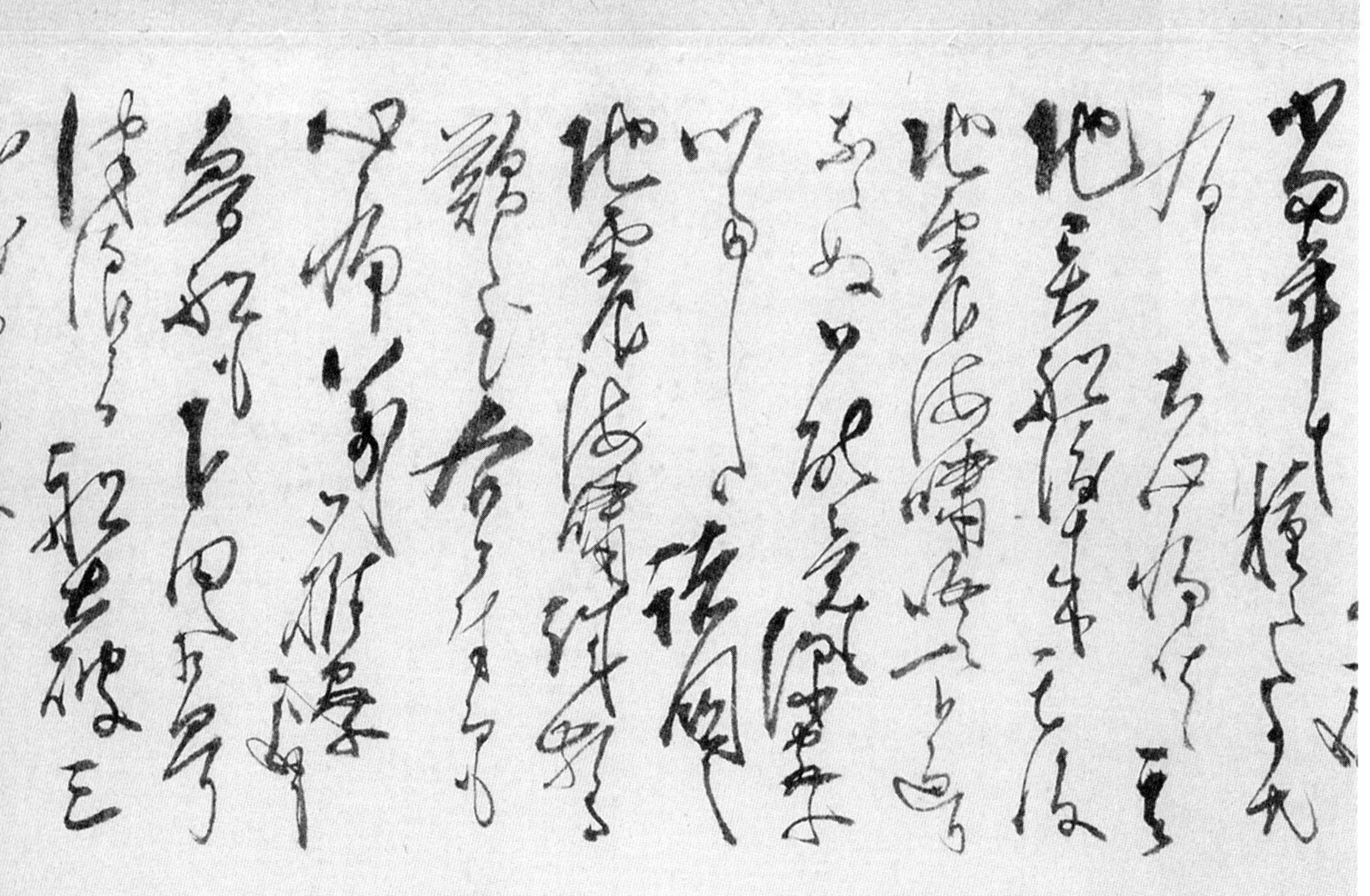

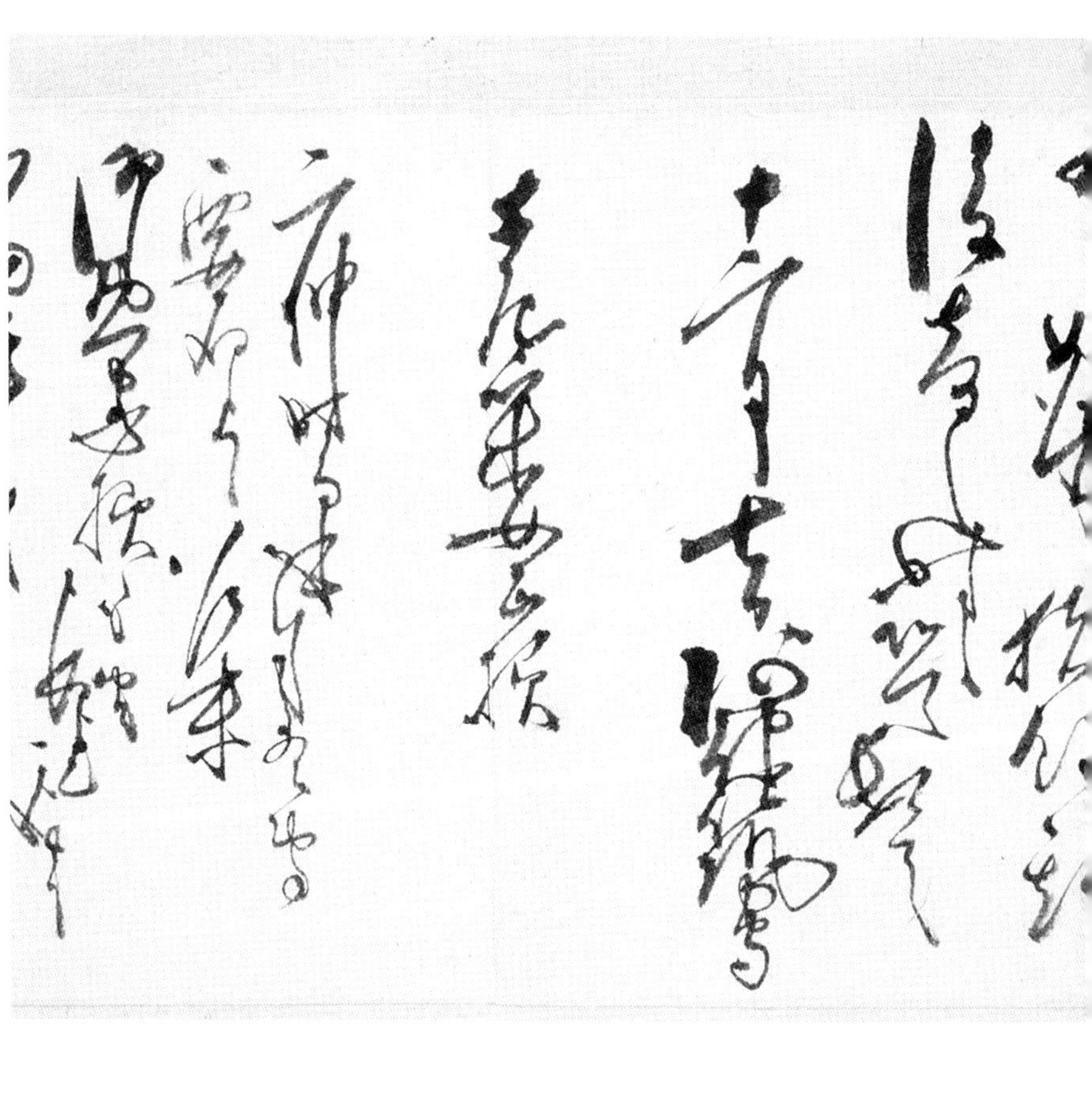

一簡呈上候、厳寒之
砌御坐候得共、被為揃
倍御安静ニ被成御在勤、
珍重存候、弥々当季
御尋問申上度、不相替
麁物之土産類
進呈候、御笑留被下候へ者
本懐之至存候、毎
々御細簡品々御恵投
千万謝候、従是て大
御無音打過不本意候、

右申上度如此候、恪余期
後音之時候、恐惶頓首、
十二月七日　阿部伊勢守（正弘）
土屋釆女正様（寅直）
二伸、時気御自愛専
要存上候、年末
御惣容様ニも宜被仰上可被成候、

当年者種々之事共
有之、大心痛仕候、其
地異船渡来、其後
地震海嘯無々一ト通り
ならぬ御配意と深察
いたし候、諸国之
地震海嘯、誠驚
歎之至、右ニ付而も
心痛万々御推察申上候、
魯船も下田へ相廻り、
津浪ニ而船大破、三
度程覆没いたし懸り候

よし、砲門ゟも水入、
楫折れ、間切甲良
打砕、其儘罷在候而も
入潤相増、百人も昼夜
懸り水車をかけ、船中
ニ而踏居候よし、当時ハ
大炮も不残下田へ取上
ヶ置候位、異人即死幷
怪我人も有之候、迚もの事
不残溺死いたし候へハ

阿部正弘書状（土屋寅直宛て）1

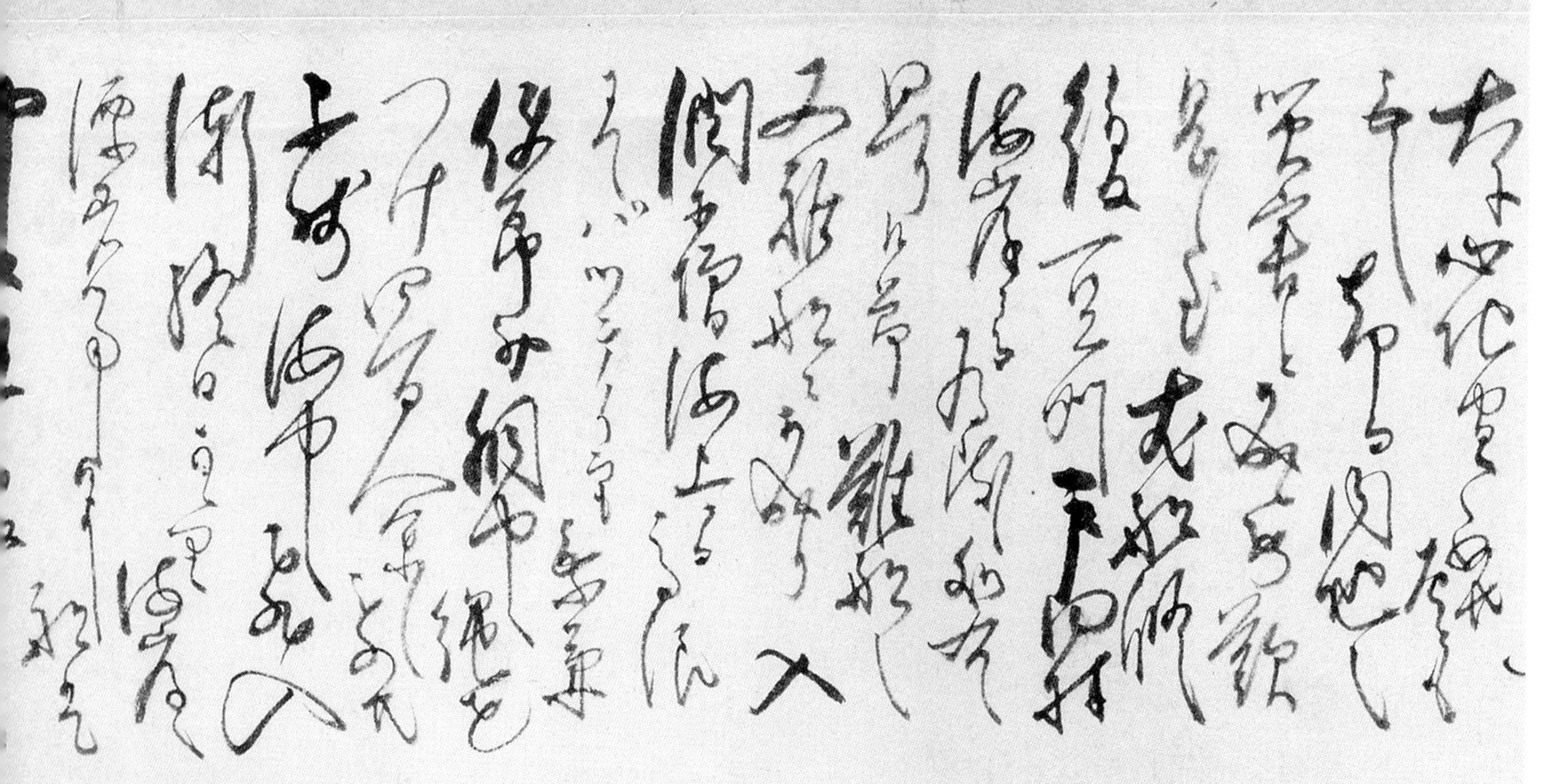

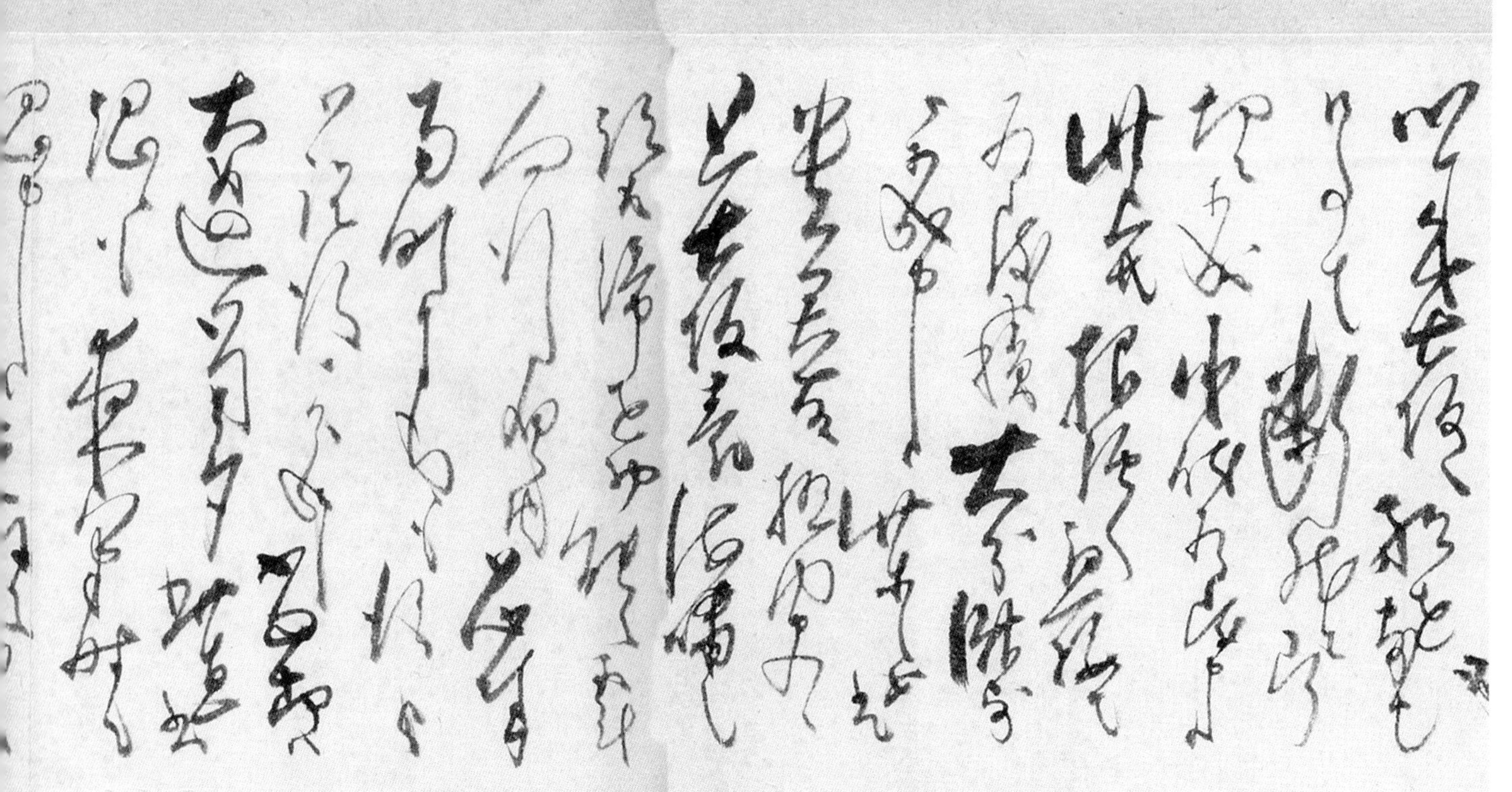

大に心地宜候得共、左とも
無之、却而内地之
災害と相成候段、歎
息之至、尤船修
復、豆州戸田村
海岸ニ而為致候処、右へ
廻リ候節難船候、
又難船ニ相成リ、入
潤相増、海上ニ而高浪
にてバツテイラも乗兼、
使節初綱中へ縄を
つけ、四百人余之もの共
不残海中へ飛入、
漸終日か丶り海岸へ
漂着いたし候よし、船は
中々修復等ニ者

無之、弥沈没いたし
候哉之風聞有之候、夫ニ付而も
誠品々手数か丶り
困リ申候、尤此弱リ
へ付ケ込、応接者十分に
為致、御仁恤者行
届候由、為取計候事ニ御坐候、

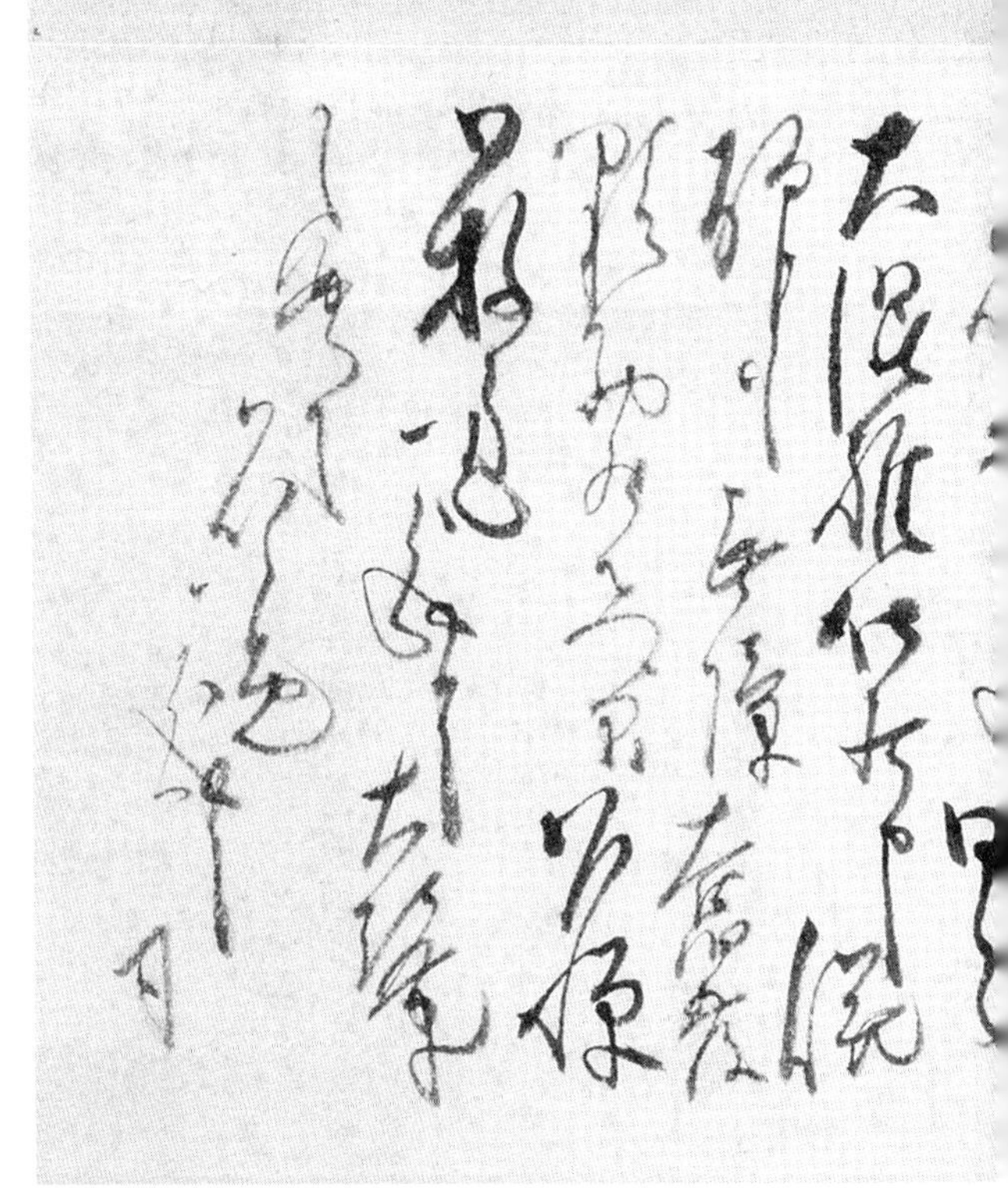

以来、大坂へ船を寄申し
候事者断然と断
切ニ相成、承伏為致申候、
此上共根強く応接者
為致候積、大分済寄
ニ相成申候、此等之義は
貴君故極内申入候、
且大坂表海嘯之
跡取締を初、能々取計
向行届候由、御心付ヲ
両町奉行ニも得与
御説得可被成候、当節ハ
大取込御用多、此直書
認候も夜八半時ニ
認申候、其余者万々

御推察可被成候、日々
大混雑仕居申候、併
聊も無障、奮発
精勤為下候間、乍憚
御放慮可被成候、大乱筆
之段申候、御仁免可被成候、
以上、

【読み下し文】

一簡呈上候、厳寒の砌に御坐候えども、揃いなされ、ますます御安静に御在勤成され、珍重に存じ候、いよいよ当季御尋問申し上げたく、相替わらず麁物の土産類進呈候、御笑留下され候えば本懐の至りに存じ候、毎々御細簡品々御恵投千万謝し候、是に従って大御無音打ち過ぎ不本意に候、右申し上げたくかくの如く候、楮余後音の時を期し候、恐惶頓首、

（中略）

二伸、時気御自愛専要に存じ上げ候、末乍ら御惣容様にも宜しく仰せ上げられ成さるべく候、当年は種々の事どもこれ有り、大心痛仕り候、その地異船渡来、その後地震海嘯さぞさぞひと通りならぬ御配意と深察いたし候、諸国の地震海嘯、誠に驚歎の至り、右に付ても心痛万々御推察申し上げ候、魯船も下田へ相廻り、津浪にて船大破、三度程覆没いたし懸り候よし、砲門よりも水入り、楫折れ、間切甲良打ち砕け、そのまま罷り在り候ても入潤相増し、百人も昼夜懸り水車をかけ、船中にて踏み居り候よし、当時は大炮も残らず下田へ取り上げ置き候位、異人即死ならびに怪我人もこれ有り候、とてもの事残らず溺死いたし候えば大に心地宜しく候えども、左ともこれ無く、却って内地の災害と相成り候段、歎息の至り、尤も船修復、豆州戸田村海岸にて致させ候処、右へ廻り候節難船候、また難船に相成り、入潤相増し、海上にて高浪にてバツテイラも乗り兼ね、使節初め綱中へ縄をつけ、四百人余の者ども残らず海中へ飛び入り、漸く終日かかり海岸へ漂着いたし候よし、船は中々修復等にはこれ無く、いよいよ沈没いたし候哉の風聞これ有り候、それに付ても誠に品々手数かかり困り申し候、尤もこの弱りへ付け込み、応接は十分に致させ、御仁恤は行き届き候由、取り計らわせ候事に御坐候、以来、大坂へ船を寄せ申し候事は断然と断切に相成り、承伏致させ申し候、この上とも根強く応接は致させ候積り、大分済寄に相成り申し候、これ等の義は貴君ゆえ極内申し入れ候、且大坂表海嘯の跡取り締まりを初め、よくよく取り計らい向き行き届き候由、御心付を両町奉行にも得と御説得成さるべく候、当節は大取り込み御用多、この直書認め候も夜八半時に認め申し候、その余りは万々御推察成さるべく候、日々大混雑仕り居り申し候、併し聊かも障り無く、奮発精勤下させ候間、憚り乍ら御放慮成さるべく候、大乱筆の段申し候、御仁免成さるべく候、以上、

本状は、老中首座阿部正弘が、大坂城代土屋寅直に宛てた書状である。追伸のほうが長くて内容が濃い。異国船が渡来した直後、地震や津波の被害に遭った大坂の状況を気にかけ、異国船のその後について知らせる。阿部によれば、大坂湾に侵入したロシア船は、その後、伊豆下田に停泊していたが、津波に遭って大破し、三度ほど沈没しかけ、乗船していた外国人にも死傷者が出た。伊豆戸田村（現、沼津市）の海岸で船を修復させていたところ、右に廻った時に難船して沈没するなど、非常に多くの手間暇がかかって困っている、と嘆息している。一方で、この弱みに付け込んで応接は十分にさせており、二度と大坂に寄船することがないようにきっぱりと承伏させた、と報告している。

ここで話題になっているロシア船こそ、日露通好条約締結交渉のためにプチャーチンが乗ってきた「ディアナ号」である。箱館、大坂を経て下田を訪れた際、安政元年（一八五四）十一月四日に発生した安政東海地震による津波で大破し、駿河国宮島村沖（現、富士市）で沈没した。この沈没により、交渉は一時停止することになった。プチャーチンは、帰国のために日本に造船を依頼する。ロシアの造船工と日本の船大工が協力して、西洋式帆船「ヘダ号」を建造するが、これが日本に洋式造船技術が伝わる契機の一つとなった。日本人船大工たちは長崎に派遣されたり、大名家の船の修理を依頼されたりした。

参考文献：戸田村史編さん会議・沼津市教育委員会編『戸田村史』（沼津市、二〇一六年）

日米和親条約

嘉永七年（一八五四）一月十六日、アメリカの提督マシュー・カルブレイス・ペリーが、今度は六隻の黒船を率いて浦賀（現、神奈川県横須賀市）に入港した。アメリカの開国・通商要求に一年間の猶予を求めた幕府に、一年後に再訪すると予告して退去したはずだったが、わずか半年でやって来たのである。ロシアのプチャーチンの動きが気になり、また十二代将軍徳川家慶が死去し、国政が混乱しているところを突いたのだった。

幕府は、武蔵国久良岐郡横浜村（現在の横浜開港資料館所在地）に応接所を設置した。協議は約一か月に及び、三月三日、幕府とアメリカは全十二か条からなる日米和親条約を締結し、調印した。日本側の全権は儒者の林大学頭復斎、江戸北町奉行の井戸覚弘、浦賀奉行の伊沢政義、目付の鵜殿長鋭だった。さらに六月十七日、伊豆下田の了仙寺で、和親条約の細則を定めた下田条約（全十三か条）を締結した。

日米和親条約は、第一条で日本とアメリカの永久の和親を約束した。第二条以下で、アメリカが薪水・食料・石炭その他欠乏品を供給するための下田・箱館の開港および取引方法、漂流民の救助と撫恤、開港場での必需品提供と外人遊歩区域の設定、アメリカへの最恵国待遇などが規定された。そして第十一条で調印から十八か月以内に下田に領事等を置くこと、第十二条で十八か月以内に条約を批准することを規定した。一方で、日米両国間の自由貿易は認めなかった。

このあと、日本は八月にイギリスと、十二月にロシアと条約を締結し、開国への一歩を踏み出したのである。

安政元年十二月付け日米和親条約批准書（精密複製）

外務省外交史料館所蔵

約條
亜墨利加合衆国と帝国日本両国の
人民、誠実不朽の親睦を取結ひ、
両国人民の交親を旨とし、向後
可守ヶ條相立候為、合衆国より
全権マテュカルブレトペルリを日本に差越し、

日本君主より者全権林大学頭（復斎）・
井戸対馬守（覚弘）・伊澤美作守（政義）・鵜殿
民部少輔（長鋭）を差遣し、敕諭を
信して双方左之通取極候、

第一ヶ条

一、日本と合衆国とハ其人民永世
不朽の和親を取結ひ、場所・人柄の
差別無之候事、

第二ヶ条

一、伊豆下田・松前地箱舘の両港ハ
日本政府ニ於て亜墨利加船
薪水・食料・石炭欠乏の品を
日本人ニ而調候丈者給候為メ
渡来之儀差免し候、尤下田港者

約條書面調印之上、即時相開き、
箱舘ハ来年三月より相始候事、

一、給すべき品物直段書之儀者

日本役人より相渡可申、右代料者
金銀銭を以て可相弁候事、

第三ヶ条

一、合衆国の船、日本海浜漂着
之時扶助致し、其漂民を下田
又ハ箱舘に護送致し、本国の者
請取可申、所持之品物も同様に

可致候、尤漂民諸雑費者両国
互ニ同様之事故、不及償候事、
第四ヶ条
一、漂着或ハ渡来の人民取扱之儀ハ、
他国同様緩優に有之、閉籠候儀

致間敷、乍併正直の法度ニハ
伏従致し候事、

第五ヶ条

一、合衆国の漂民、其他の者とも
当分下田・箱舘逗留中、長崎に
於て唐・和蘭人同様閉籠
窮屈の取扱無之、下田港内の
小嶋周り、凡七里の内ハ勝手ニ
徘徊いたし、箱舘港之儀者
追而取極め候事、

第六ヶ条

一、必用の品物其外可相叶事ハ、

双方談判之上取極候事、

第七ヶ条

一、合衆国の船、右両港に渡来の時、

金銀銭幷品物を以て入用之品

相調候を差免し候、尤日本

政府の規定に相従可申、且

合衆国の船より差出候品物を
日本人不好して差返候時ハ、

請取可申事、

第八ヶ条

一、薪水・食料・石炭幷欠乏の品を
求る時ニハ、其地の役人にて
取扱、すべて私に取引

すへからさる事、

第九ヶ条

一、日本政府、外国人江、当節

亜墨利加人江不差免候廉

相免し候節ハ、亜墨利加人江も

同様差免可申、右ニ付談判

猶予不致候事、

第十ヶ条

一、合衆国の船、若し難風に逢さる時者、下田・箱舘港の外

猥ニ渡来不致候事、

第十一ヶ条

一、両国政府ニ於て無拠儀有之候模様ニより、合衆国官吏之もの下田ニ差置候儀も可有之、尤

約定調印より十八ヶ月後ニ
無之候而者不及其儀候事、
第十二ヶ条
一、今般の約條相定候上者、両国
の者堅く相守可申、尤合衆
国主に於て長公会大臣と
評議一定之後、書を日本
大君ニ致し、此事今より後

十八ヶ月を過き、君主許容之
約條取替し候事、

右之條、日本・亜墨利加両国の
全権調印せしむる者也、
右條約本文十二ヶ条者、帝国
日本全権林大学頭・井戸
対馬守・伊澤美作守・鵜殿

民部少輔と亜墨利加合衆国
全権マテュカルブレトペルリと、嘉永七年
甲寅三月三日、武州横浜村ニ
於て取替セ候事相違無之、
此度議定之書面、豆州下田港ニ

於て為取替之儀者井戸対馬守江
委任せしめ、以後両国互ニ條約

急度相守可申事、尤追而下田ニ
於て取極候條約附録者、別紙ニ
これを記す、右

大君の命を以て、
安政元年甲寅十二月
阿部伊勢守（正弘）（花押）

牧野備前守（忠雅）（花押）

松平和泉守（乗全）（花押）

松平伊賀守（忠優）（花押）

久世大和守（広周）（花押）

内藤紀伊守（信親）（花押）

【読み下し文】

約條

亜墨利加合衆国と帝国日本両国の人民、誠実不朽の親睦を取り結び、両国人民の交親を旨とし、向後守るべきヶ條相立ち候ため、合衆国より全権マテュカルブレトペルリを日本に差し越し、日本君主よりは全権林大学頭・井戸対馬守・伊澤美作守・鵜殿民部少輔を差し遣し、勅諭（ちょくゆ）を信じて双方左の通り取り極め候、

第一ヶ条

一、日本と合衆国とは、その人民永世不朽の和親を取り結び、場所・人柄の差別これ無く候事、

第二ヶ条

一、伊豆下田・松前地箱舘の両港は日本政府に於いて亜墨利加船薪水・食料・石炭欠乏の品を日本人にて調（ととの）え候だけは給し候ため、渡来の儀差し免し候、尤も下田港は約條書面調印の上、即時相開き、箱舘は来年三月より相始め候事、

一、給すべき品物直段書の儀は日本役人より相渡し申すべし、右代料は金銀銭を以て相弁ずべく候事、

第三ヶ条

一、合衆国の船、日本海浜漂着の時扶助致し、その漂民を下田又は箱舘に護送致し、本国の者請け取り申すべし、所持の品物も同様に致すべく候、尤も漂民諸雑費は両国互いに同様の事ゆえ、償うに及ばず候事、

第四ヶ条

一、漂着或いは渡来の人民取り扱いの儀は、他国同様緩優にこれ有り、閉じ籠め候儀致すまじ、併し乍ら正直の法度には伏従（ふくじゅう）致し候事、

第五ヶ条

一、合衆国の漂民、その他の者ども当分下田・箱舘逗留中、長崎に於いて唐・和蘭人同様閉じ籠め窮屈の取り扱いこれ無く、下田港内の小嶋周り、凡そ七里の内は勝手に徘徊いたし、箱舘港の儀は追って取り極め候事、

第六ヶ条

一、必用の品物その外相叶うべき事は、双方談判の上取り極め候事、

第七ヶ条

一、合衆国の船、右両港に渡来の時、金銀銭ならびに品物を以て入用の品相調え候を差し免し候、尤も日本政府の規定に相従い申すべし、且合衆国の船より差し出し候品物を日本人好まずして差し返し候時は、請け取り申すべき事、

第八ヶ条

一、薪水・食料・石炭ならびに欠乏の品を求める時には、その地の役人にて取り扱い、すべて私に取り引きすべからざる事、

第九ヶ条

一、日本政府、外国人へ、当節亜墨利加人へ差し免さず候廉（かど）相免し候節は、亜墨利加人へも同様差し免し申すべし、右に付き談判猶予致さず候事、

第十ヶ条

一、合衆国の船、若し難風に逢わざる時は、下田・箱舘港の外猥（みだ）りに渡来致さず候事、

第十一ヶ条

一、両国政府に於いてよんどころ無き儀これ有り候模様により、合衆国官吏の者、下田に差し置き候儀もこれ有るべし、尤も約定調印より十八ヶ月後にこれ無く候てはその儀に及ばず候事、

第十二ヶ条

一、今般の約條相定め候上は、両国の者堅く相守り申すべし、尤も合衆国主に於いて長公会大臣と評議一定の後、書を日本大君に致し、この事今より後十八ヶ月を過ぎ、君主許容の約條取り替わし候事、

右の條、日本・亜墨利加両国の全権調印せしむる者也、

右條約本文十二ヶ条は、帝国日本全権林大学頭・井戸対馬守・伊澤美作守・鵜殿民部少輔と亜墨利加合衆国全権マテュカルブレトペルリと、嘉永七年甲寅三月三日、武州横浜村に於いて取り替わせ候事相違これ無し、この度議定の書面、豆州下田港に於いて取り替わせの儀は井戸対馬守へ委任せしめ、以後両国互いに條約きっと相守り申すべき事、尤も追って下田に於いて取り極め候條約附録は、別紙にこれを記す、右大君の命を以て、(後略)

日米和親条約第十二条の定めに従って、安政二年（一八五五）正月五日、伊豆下田の長楽寺で批准書が交換された。日本側の批准書には、老中首座阿部正弘（伊勢守）ら六名が署名した。

日本との交渉にあたって、ペリーは漢文担当の主席通訳官サミュエル・ウィリアムズとオランダ語通訳アントン・ポートマンを乗艦させていた。フィルモア大統領の親書（英語）は、彼らによって漢文とオランダ語に翻訳された。日米和親条約も英語・漢文・オランダ語・日本語（日本のオランダ通詞および日本側漢文翻訳者が作成）の四言語で構成され、いずれも原本だった。

日米和親条約は、第一条で日米間の永久の和親を約束する。以下、下田・箱館を開港して薪炭・食料などの必要物資の供給や、遭難した乗組員や漂流民の待遇などを定め、第九条では、片務的最恵国待遇がすべり込ませてあった。そして日米の協議の下、下田に領事官などを駐在させるとしている（第十一条）。ところが英語版の条約は、米側の都合だけで置けるとされていた。ここに記された駐在領事官などへの就任を望み、大統領に直訴してまで下田にやって来たのがタウンゼント・ハリスだった。

なお、批准書の日本語版原本は、明治五年（一八七二）の東京銀座大火で太政官文書と共に焼失した。平成十六年（二〇〇四）、日米交流百五十周年を記念して、アメリカから日本に条約批准書日本語版のレプリカが贈られた。批准書のオランダ語版原本のうち、アメリカ合衆国が持ち帰ったものは、アメリカの国立公文書記録管理局で保管されている。

【安政江戸地震】

安政二年（一八五五）十月二日の夜十時頃、江戸を震源とした巨大地震が起こった。震度は五強から六、マグニチュードは七程度と推定され、余震は二十九日まで続いた。六日の江戸町奉行所による調査では、町方の死者は四千二百九十三人、負傷者は二千七百五十九人とされている。武家側の死傷者数は不明であるが、水戸学の大家といわれた藤田東湖が亡くなっている。地震後には数百種もの瓦版が発行され、特に鯰絵が多数印刷された。

夫天変大ひにして庶民是に窮す時も、安政二乙卯年十月二日夜四ツ時過ゟ大地震、にハかにゆり出し、江戸町々破損出火等あらハす、

（中略）

▲丸の内御屋敷焼失の分、西丸下ハ松平肥後守様、松平下総守様、内藤紀伊守様、八代洲がしハ松平相模守様、同御湊やしき御火消やしき、遠藤但馬守様、ときハ橋御門内酒井雅楽頭様、同向屋敷辰の口角森川出羽守様、幸橋御門内柳沢甲斐守様、伊東修理様、亀井様、山下御門内鍋島肥前守様、薩州装束やしき南部美濃守様、小川町辺榊原式部様、戸田長門守様、松平紀伊守様、内藤駿河守様、堀田備中守様、本多備後守様、松平駿河守様、本郷丹波守様、此辺小やしき多し、右焼失之近辺大破崩多し、此外にハ下やしき、中やしき、場末にて焼候所も有之候、

一、土蔵破損数　四十壱万千三百九十壱ケ所　御大名・御旗本 御家人衆・町方　惣数〆高

家蔵を失ひ候諸氏にハ御仁恵にて御救小屋五場所へ立置、

幸橋御門外　浅草広小路　上野広小路　深川海辺新田　同八幡社内

ハリスの江戸城登城

もともと、アジアに関心を持っていたタウンゼント・ハリスは、日米和親条約がなると、自ら志願して初代駐日総領事に就任した。ハリスはオランダ語に通じたヘンリー・ヒュースケンを通訳兼書記官として雇い、一八五六年にアメリカを出航した。ヨーロッパを経由し、途中にシャム国（現在のタイ）で修好通商条約を結んだあと、安政三年（一八五六）七月、軍艦サン＝ジャシント号で伊豆下田に入港した。

ハリスが来日したのは、日米和親条約の第十一条が「両国政府のいずれか一方がかかる処置を必要と認めた場合」に総領事等を置くことを定めていたからだった。しかし、これを「両国政府においてよんどころなき儀これあり候模様により」と翻訳していた幕府は、予定外の来日に驚き、拒否しようとした。

しかし、ハリスは強硬に「もし要求が容れられない場合は、江戸へ直接交渉に行く」と主張したので、終に日本側も折れ、下田の玉泉寺に総領事館が設置された。ハリスは日本との間に通商条約を締結することを目指し、ピアース大統領の親書を提出するべく江戸出府を望んで幕府に働きかけたが、幕閣では水戸藩前藩主の徳川斉昭ら攘夷論者が反対した。この間に体調を崩したハリスが看護婦を要請したところ、芸者きちが派遣され、「唐人お吉」の伝説が生まれた。

安政四年（一八五七）七月、下田にアメリカの砲艦が入港すると、幕府はようやくハリスの江戸出府および江戸城への登城、将軍との謁見を許可した。十月二十一日、ハリスは江戸城に登城し、江戸城大広間で十三代将軍徳川家定に謁見するのである。

安政四年十月付け徳川家定御意之振（土岐頼旨ほか七名）

個人所蔵
（徳川宗家文書）

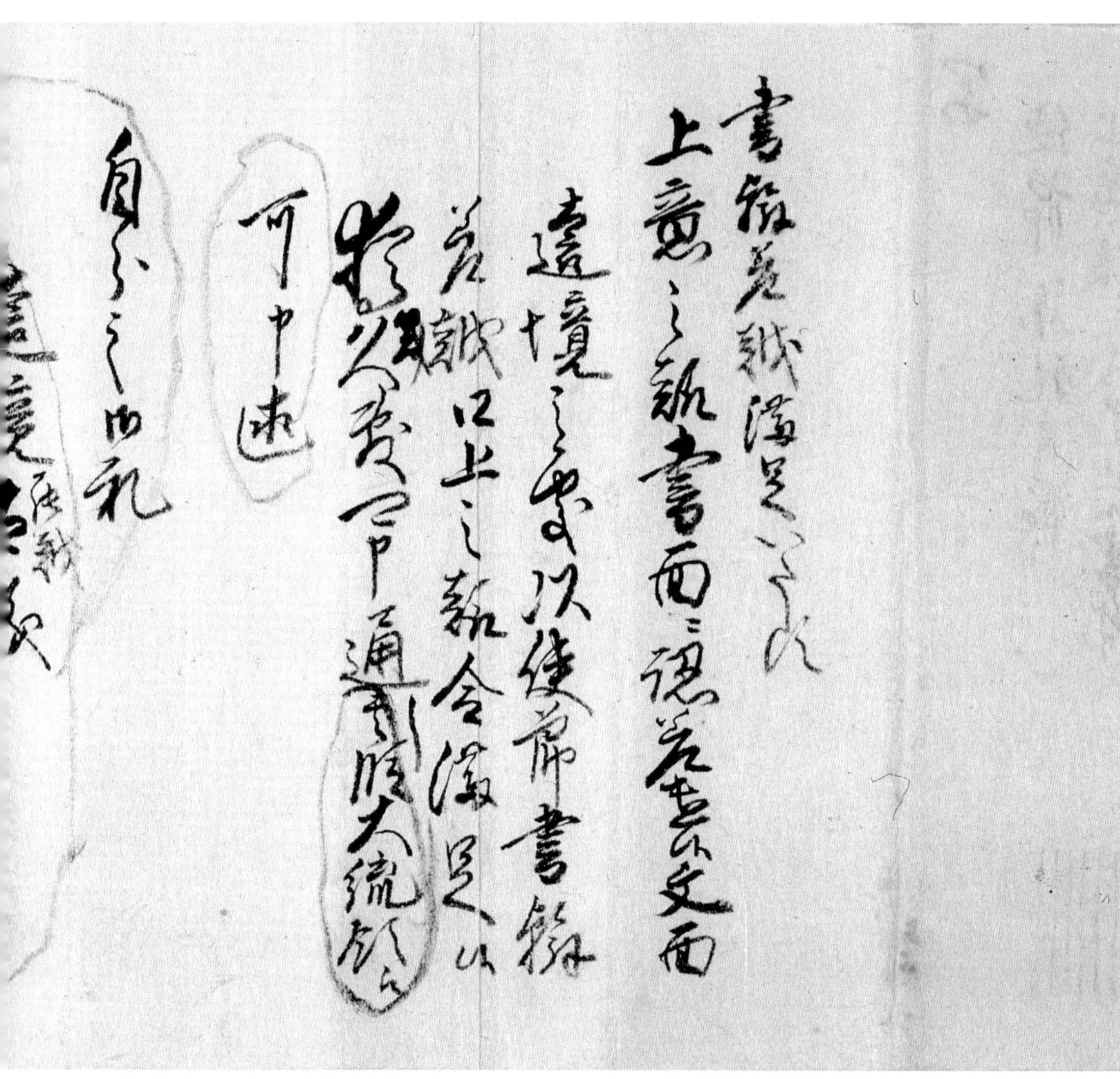

書翰差越満足いたす
上意之趣、書面ニ認差遣候文面
遠境之処、以使節書翰
差越口上之趣、令満足候、
猶幾久敷可申通、其段大統領江
可申述、
自分之御礼
遠境罷越太儀

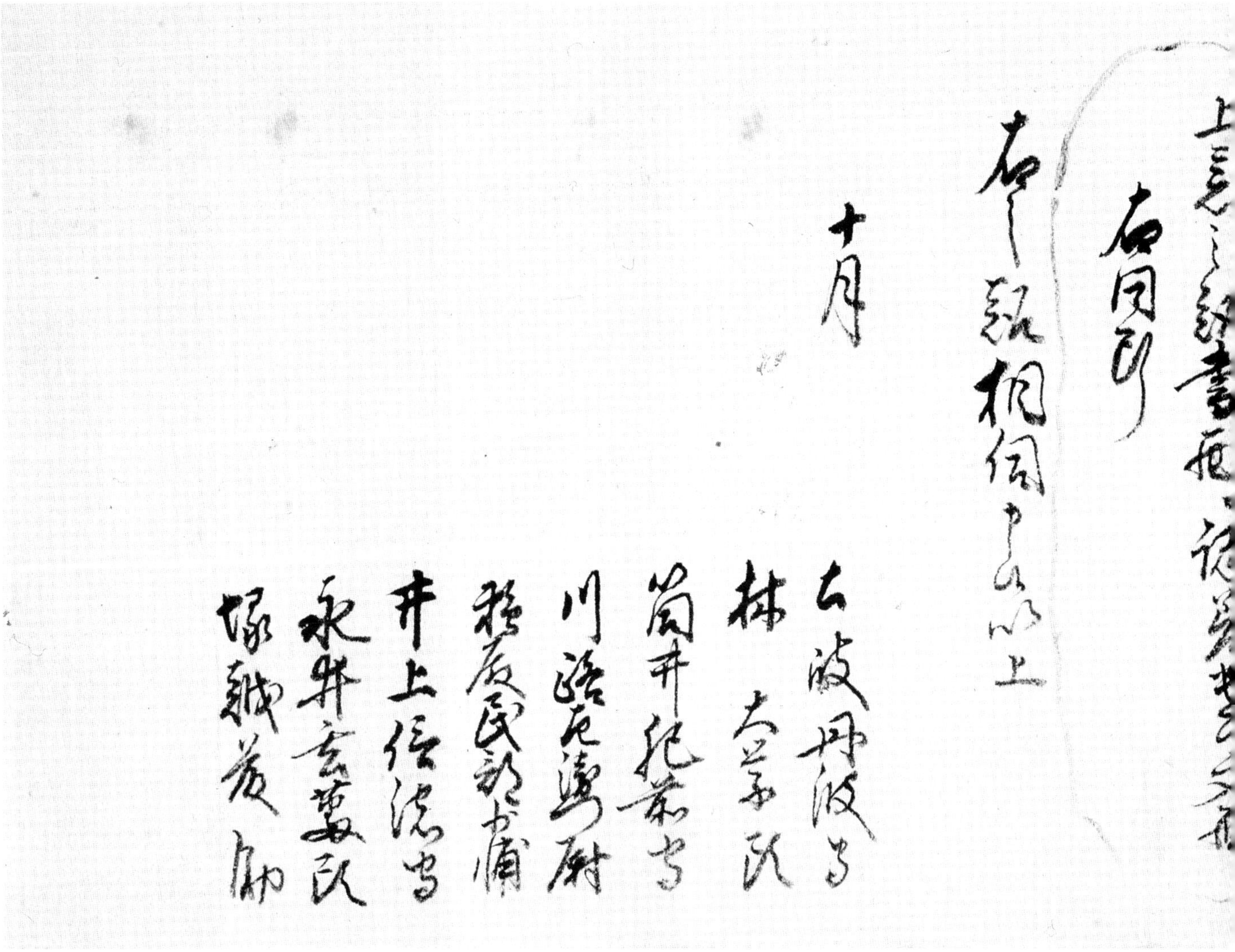

上意之趣　書面ニ認差進候ニ而

右同断

右之趣相伺申候、以上、

十月

土岐丹波守（頼旨）
林　大学頭（韑）
筒井肥前守（政憲）
川路左衛門尉（聖謨）
鵜殿民部少輔（長鋭）
井上信濃守（清直）
永井玄蕃頭（尚志）
塚越藤助（元邦）

【読み下し文】　※「　」内が、徳川家定の発言箇所。

「書翰差し越し満足いたす」
　上意の趣、書面に認め差し遣わし候文面、
「遠境の処、使節を以て書翰差し越し口上の趣、満足せしめ候、猶幾久しく申すべく通り、その段大統領へ申し述ぶべし」
　自分之御礼
「遠境罷り越し、太儀」
　上意の趣、書面に認め差し遣わし候文面、
　　右同断
右の趣相伺い申し候、以上、（後略）

アメリカ総領事タウンゼント・ハリスの江戸城登城にあたって、十三代将軍徳川家定（いえさだ）が発する言葉を、使節の応接掛を命じられた八名が協議し、推敲（すいこう）したのが「御意之振（ぎょいのふり）」である。

「遥か遠方のところ、使節をもって書簡を届けに来たこと、ならびにその口上に満足している。両国の交際は栄久に続くであろう。合衆国プレジデントに伝えて欲しい」。これが、家定の口上として、応接掛が考えた内容であった。

安政四年（一八五七）十月二十一日、家定は江戸城でハリスと引見した。ハリスの日記には、家定は「よく聞こえる、気持ちのよい、しっかりした声」で、「遠方の国から、使節をもって送られた書簡に満足する。同じく、使節の口上に満足する。両国の交際は、永久につづくであろう」と言ったとあり、応接掛が考えた通りに口上を述べたことが確認される。

興味深いのは、家定が発言する前にとった動作である。ハリスは、「大君（家定）は自分の顔を、その左肩をこえて、後方へぐいっと反らしはじめた。同時に右足をふみ鳴らした。これが三、四回くりかえされた」と記した。家定は、一説に脳性麻痺であったと伝わるが、これは脳性麻痺の典型的な症状といわれる。ほかにも家定は、病弱で癇癪（かんしゃく）持ちだったなど健康問題も多く指摘されるが、外交儀礼を問題なく行うことは可能だったのである。

日米修好通商条約

安政四年（一八五八）十月二十一日、江戸城大広間において十三代将軍徳川家定と駐日領事タウンゼント・ハリスの引見が行われ、アメリカ大統領ピアースの親書が手渡された。その後、ハリスは老中首座堀田正睦の役宅に赴き、幕府役人らを前に演説を行った。イギリスやフランス、ロシアが日本に迫っており、アメリカと条約を結ぶことはそれらの脅威から日本を守ることに繋がる、と通商条約の必要性を訴えたのだ。

これを受けて堀田は、下田奉行井上清直と目付岩瀬忠震を全権として、通商条約締結の交渉を開始させた。調印に向けて最終段階に入ったところで、雄藩大名からの建白もあって、堀田は孝明天皇の勅許を得た上で通商条約を締結すべきであると考えた。入京した堀田は、条約締結の勅許を得ようと尽力したが、攘夷派の公家の抗議に遭い、孝明天皇も勅許は下さなかった。

安政五年（一八五九）四月、彦根藩主井伊直弼が大老に就任した。井伊も、条約調印には勅許が必要だと考えていた。しかし、清がアヘン戦争に敗れ、イギリスやフランスと天津条約を締結したことを知ったハリスは、イギリスとフランスの連合軍が日本に襲来すると脅し、さらに強く迫った。勢いに押された井上と岩瀬は、六月十九日、神奈川沖のポーハタン艦上で日米修好通商条約に調印した。

全十四か条からなるこの条約は、横浜・長崎・箱館・兵庫・新潟の五港開港と、江戸・大坂の開市、居留地内での自由貿易を骨子とするものだった。一方で、片務的領事裁判権や関税自主権が日本側にないという不平等な要素を含む条約でもあったのである。ただし、日本側もアメリカ側から諸外国との交渉の防波堤になるという文書も得、またハリスが要求した十港開港を五港としたことは、井上・岩瀬の成果だった。

安政五年四月十八日付け島津斉彬書状（早川五郎兵衛宛て）

神奈川県立公文書館所蔵

一、銅も下直之品有之次第取入可差下候
其地在合御座候ハヽ、舟便ニ而可差下候、
助八江向ケ
可申候、

一筆申入候、愈無事珍
重存候、然者別紙写
之通才輔ゟ申来候間、
定而堀田(正睦)も帰府、大評
儀と被存候、何分当時
手強き御返事は誠ニ
後患之基ひ不容易
事と存申候、天神下
其外之様子早々可
申越候、万一御破談之
節者何時争乱可
差配も難計候間、此上
勅命ニ而者致かた無之
候間、自国之固メ第一ニ而
手後れニ相成候而者不
可然事ゆへ、台場大砲
其外手当一日も早く
取計候外者無之と存
候間、追々申談シ手当
可致治定ニ候、先第一
兵粮硝石之手当申付
置候、右ニ付而田町も只
今之通ニ而者相済間敷、
不叶迄も、手当者十分ニ
不取計候而者世間之
外聞如何ニ存候間、普
請之事も御座候へ共、
田町之方も手後れニ
相成候而者如何ニ候間、
大元丸残り金早々
申下ケ候而、其方江
振向ケ可然哉、且又
加様之時節ニ相成候へ者
借金も出来候程者才
覚第一にて自から棄
捐可被仰出候間、以一方
ニ而も才覚第一と存候、
此段者其地之以様

島津斉彬書状（早川五郎兵衛宛て）1

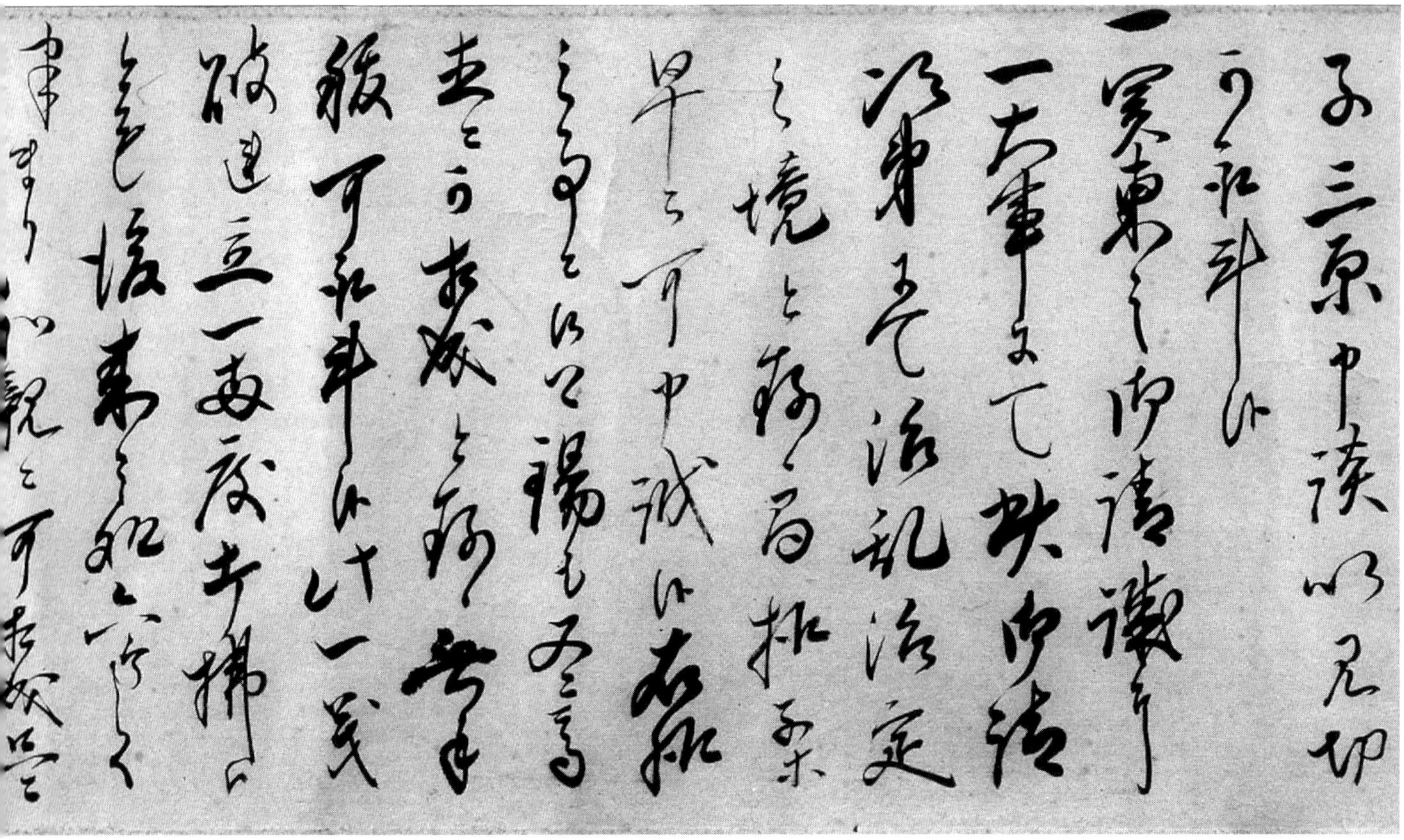

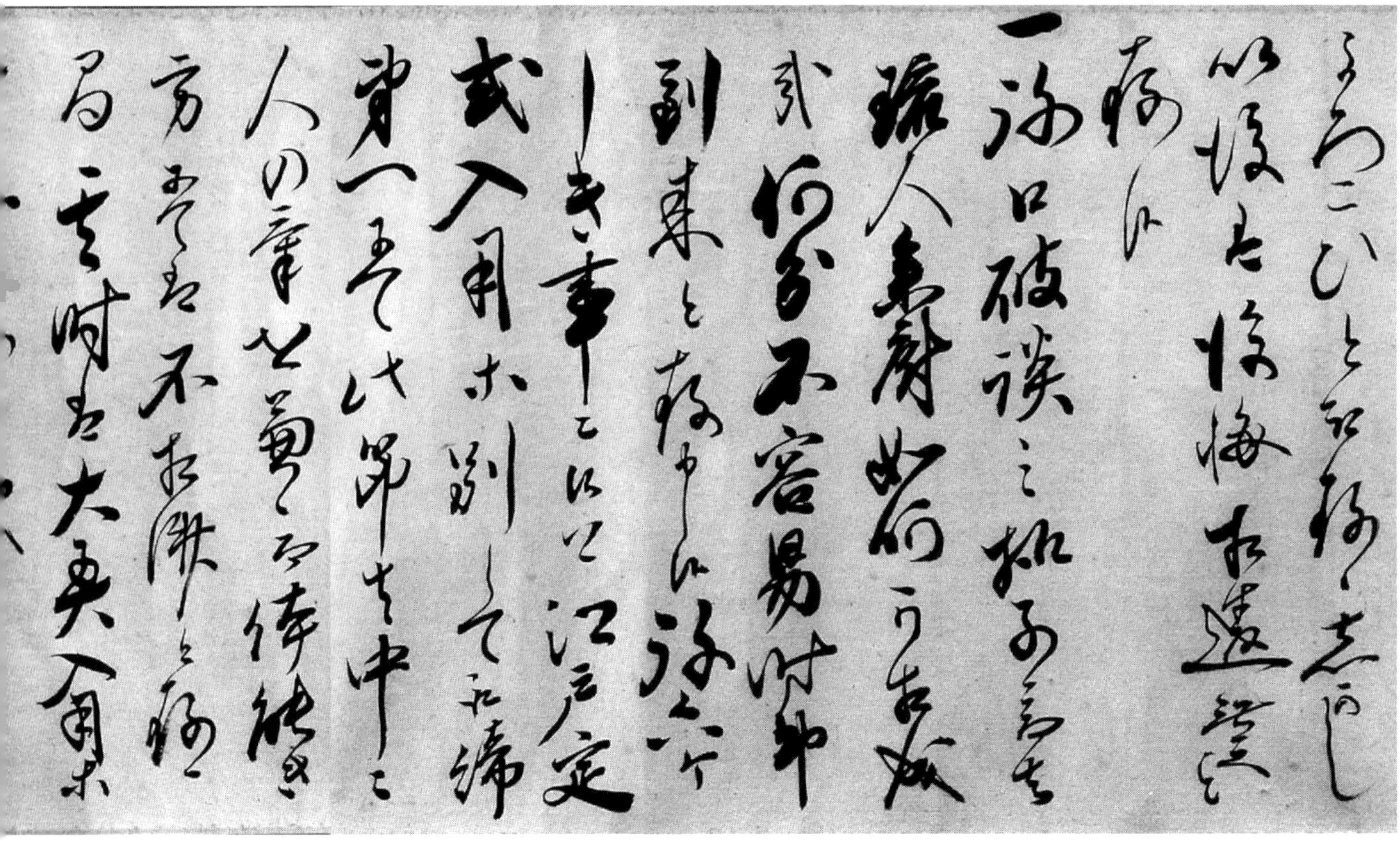

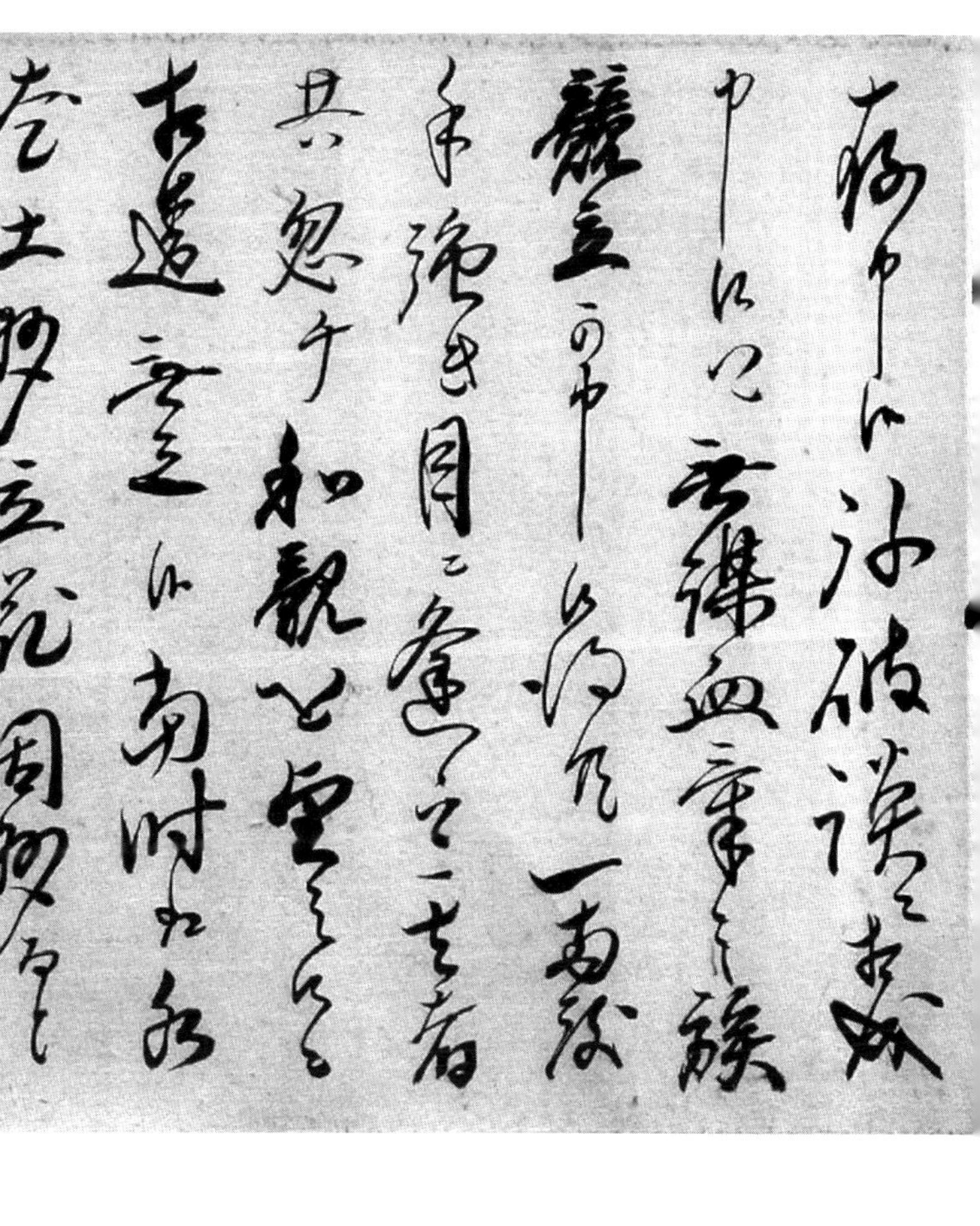

子三原申談、以見切
可取計候、
一、関東之御請誠に
一大事にて、此御請
次第にて治乱治定
之境と存候間、様子等
早々可申越候、右様
之事ニ候ハヽ、錫も又々高
直ニ可相成と存候、無手
抜可取計候、此一義
破れ立、一両度打払候
とも、後来之処六ケしく、
つまり和親ニ可相成、只々
可思者、内乱難計と
存申候、弥破談ニ相成
申候ハヽ、無謀血気之族
競立可申候得共、一両度
手強き目ニ逢候ハヽ、其者
共忽チ和親を望ミ候ニ
相違無之候、当時は水
老・土州・立花・因州など

よろこひと被存候、しかし
以後者後悔相違無之と
存候、
一、弥御破談之様子ニ而者
琉人参府如何可相成
哉、何分不容易時節
到来と存申候、弥六ケ
しき事ニ候ハヽ、江戸定
式入用等別して取締
第一にて、此節者中々
人の気を兼候て体能き
方にて者不相済と存候
間、其の時者大奥入用等
其外十分ニ減少可取
計候、此段藤五郎申
談、極内心得可罷在候、
先者要用早々申達候、以上
四月十八日
猶々弥ニ候ハヽ普請出来候趣
大奥は先ツ渋谷之かた
可然と存申候、猶また

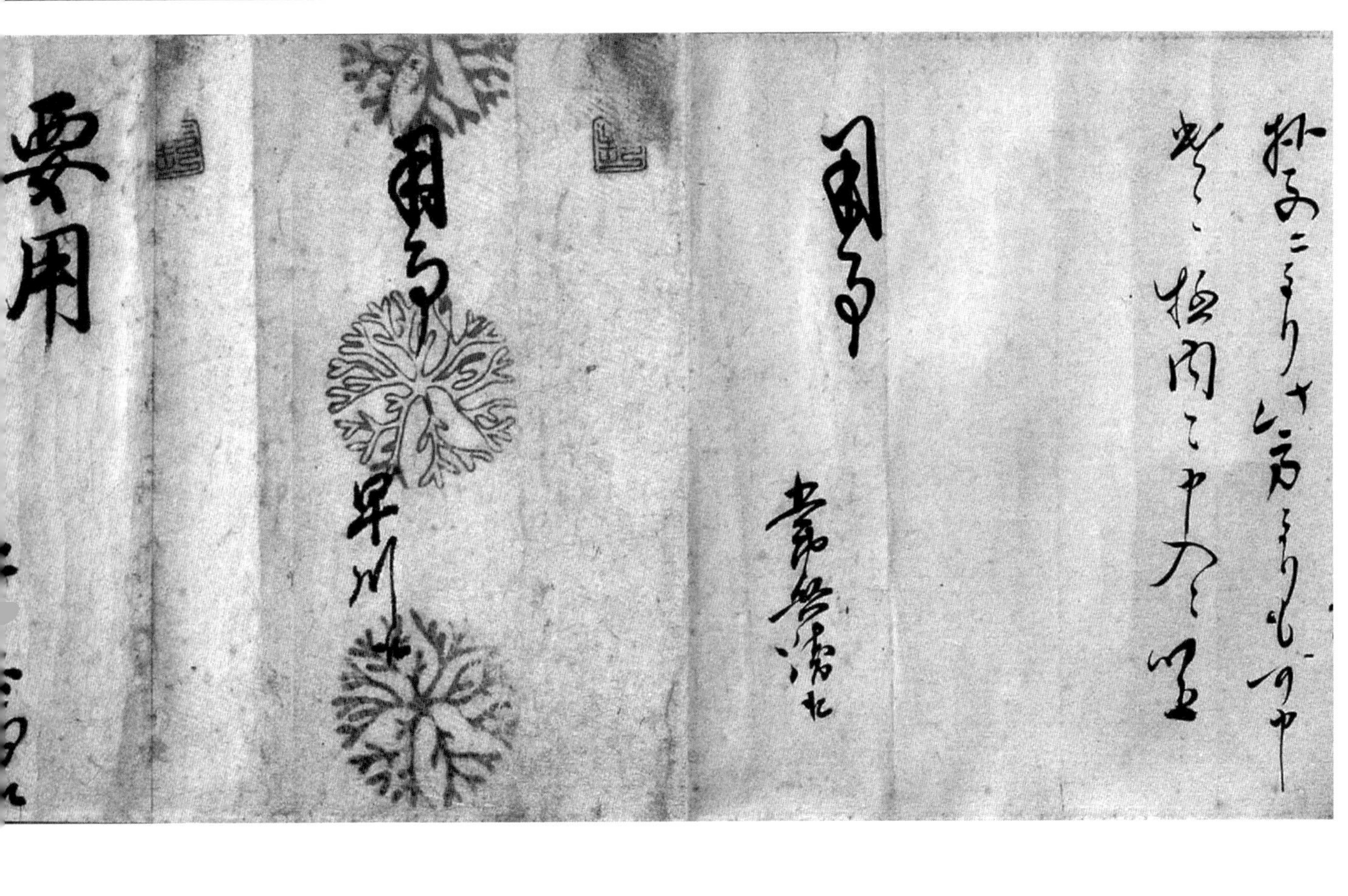

【読み下し文】

一筆申し入れ候、いよいよ無事珍重に存じ候、然らば別紙写しの通り才輔より申し来たり候間、定めて堀田も帰府、大評儀と存ざれ候、何分当時手強き御返事は誠に後患の基い容易ならざる事と存じ申し候、天神下その外の様子早々申し越すべく候、万一御破談の節は何時争乱差配すべくも計り難く候間、この上勅命にては致しかたこれ無く候間、自国の固め第一にて手後れに相成り候ては然るべからざる事ゆえ、台場大砲その外手当一日も早く取り計らい候外はこれ無しと存じ候間、追々申し談じ手当致すべく治定に候、まず第一兵粮硝石の手当申し付け置き候、右に付いて田町も只今の通りにては相済まじ、叶わずまでも、手当は十分に取り計らわず候ては世間の外聞如何に存じ候間、普請の事も御座候えども、田町の方も手後れに相成り候ては如何に候間、大元丸残り金早々申し下げ候て、其方へ振り向け然るべき哉、且又加様の時節に相成り候えば、借金も出来候程は才覚第一にて自ずから棄捐仰せ出さるべく候間、一方以てにても才覚第一と存じ候、この段はその地の様子を以て三原申し談じ見切りを以て取り計らうべく候、

一、関東の御請け誠に一大事にて、この御請け次第にて治乱治定之境と存じ候間、様子等早々申し越すべく候、右様の事に候わば、錫も又々高直に相成るべくと存じ候、手抜き無く取り計らうべく候、この一義破れ立ち、一両度打ち払い候とも、後来の処むつかしく、つまり和親に相成るべし、只々思うべくは、内乱計り難しと存じ申し候、いよいよ破談に相成り申し候わば、無謀血気の族競い立ち申すべく候えども、一両度手強き目に逢い候わば、その者ども忽ち和親を望み候に相違これ無く候、当時は水老・土州・立花・因州などよろこびと存ざれ候、しかし以後は後悔相違これ無しと存じ候、

一、いよいよ御破談の様子にては琉人参府如何相成るべく哉、何分容易ならざる時節到来と存じ申し候、いよいよむつかしき事に候わば、江戸定式入用等別して取り締まり第一にて、この節は中々人の気を兼ね候て体よき方にては相済まざると存じ候間、その時は大奥入用等その外十分に減少取り計らうべく候、この段藤五郎申し談ず、極内心得罷り在るべく候、先ずは要

様子ニより此方よりも可申
遣候ハヽ極内々申入候、以上、

用事　五郎兵衛江

用事　早川

要用　五郎兵衛江

用早々申し達し候、以上、

（中略）

猶々いよいよに候わば、普請出来候趣、大奥は先ず渋谷のかた然るべくと存じ申し候、猶また様子により、この方よりも申し遣すべく候わば極内々申し入れ候、以上、

一、銅も下直の品これ有り次第取り入れ差し下すべく候、その地在り合わせ御座候わば、舟便にて差し下すべく候、助八へ向け申すべく候、

薩摩藩主島津斉彬は、黒船来航以前から藩の富国強兵に努め、集成館事業と呼ばれる洋式産業（洋式艦船の建造、反射炉・溶鉱炉の建設など）を行った。日米修好通商条約の締結をめぐっては開国論を主張していた。

本状は、老中首座堀田正睦が、孝明天皇から条約調印の勅許を得るために上洛するも、天皇や公家の反対にあって目的を果たせず江戸に戻る二日前、斉彬が江戸留守居を務める鹿児島藩士早川五郎兵衛に宛てた書状である。

堀田の失敗を受けて、幕府は「大評儀（議）」となるだろうが、ハリスの要求を強硬に拒否すればいつ争乱になるかわからない、外国船を打ち払ったとしても結局行き詰まって和親することになり、内乱が生じるだろうと先を見通し、今は自国（薩摩藩）の警固を第一にしなければならないと、述べている。

斉彬は、国元の状況を報告し、江戸藩邸（田町の蔵屋敷）も可能な限り備えるように、と早川に命じている。鹿児島には、町を守るため、海岸と防波堤に大砲を設置する台場が造られていたが、斉彬は台場の大砲や兵粮・硝石の手配をしたと述べている。そして田町の蔵屋敷も、大元丸（薩摩藩の運送船）建造費用の残金を回してでも備えるようにと指示している。さらに、錫は高直になるから手配するように、銅も安い品があれば入手するようにと述べている。来たるべき事態に備え、軍備を急いでいる斉彬の姿が窺える。この約三か月後、斉彬は鹿児島での軍事演習中に斃れ、病歿した。熱中症とみられる。

安政五年六月二十一日付け徳川斉昭書状（井伊直弼宛て）

彦根城博物館所蔵

魯・墨両夷より書付指出候由、
何事を申上候哉ハ不相知候へ共、若仮條約
御取極之義願出候ニも可有之哉、万々一
京師御伺済ニ無之、関東限リニ御決
ニも相成候而ハ　東照宮（徳川家康）御初御代々
天朝御尊崇之御大義、今日ニ至リ
御欠き被遊候事ニ相成　御忠孝ニ御違ひ
被遊候へハ、随而天下之人心も居合不
申ハ揣見ニ而、且如何様
御逆鱗被為在間敷とも難申、至而
御大切之義と奉存候間、弥條約御取
極之義ニも有之候ハヽ、是非大老・老中
之内、速ニ上　京、
叡慮為御伺ニ相成候様ニと奉存候、扨
又條約中、五畿内近く不入様ミニストル
指置、直交易不致様開き候港之外
無限遊歩不致様、切支丹寺建立不致
様、此義ハ後患眼前ニ候へハ、御断相成、
其他無御拠ハ為御済御座候様致度、
それニ而承知不致候ハヽ、十五年と歟廿年
と歟、人心居合候迄御延し之義、夷狄
へも御諭し、
京師へも御中上ニ相成　御聞済之上
御取極ニ相成候様仕度奉存候、何れ之
道　御伺ニ不相成、為御済候而ハ御違
勅と申ニ相成、三家共ニ至迄深く恐入
奉存候間、くれぐも早々大老・老中之内
発足、
叡慮為御伺ニ相成候様仕度、彼よりハ何程
火急ニ申立候共、
京師御伺ニ相成間、承伏不致事も
有之間敷哉、尤各方ニて御如才ハ有之間
敷存候へ共、痛心之余リ不取敢此段
中進候也、

六月廿一日　水戸隠士（徳川斉昭）

井伊掃部頭（直弼）殿　御初

【読み下し文】

魯・墨両夷より書き付け指し出し候由、何事を申し上げ候哉は相知らず候えども、若し仮條約御取り極めの義願い出で候にもこれ有るべき哉、万々一京師御伺い済みにこれ無く、関東限りに御決めにも相成り候ては　東照宮御初め御代々天朝御尊崇の御大義、今日に至り御欠き遊ばされ候事に相成り、御忠孝に御違い遊ばされ候えば、随って天下の人心も居り合い申さざるは揣見にて、且如何様御逆鱗在らせられまじくとも申し難く、至って御大切の義と存じ奉り候間、いよいよ條約御取り極めの義にもこれ有り候わば、是非大老・老中の内、速やかに上京、叡慮御伺わせに相成り候ようにと存じ奉り候、さて又條約中、五畿内近く入らざるようミニストル指し置き、直に交易致さずよう、開き候港の外限り無く遊歩致さずよう、切支丹寺建立致さずよう、この義は後患眼前に候えば、御断り相成り、その他御よんどころ無きは御済ませ御座候よう致したく、それにて承知致さず候わば、十五年とか廿年とか、人心居り合い候まで御延ばしの義、夷狄へも御諭し京師へも御申し上げに相成り、御聞き済みの上御取り極めに相成り候よう仕りたく存じ奉り候、何れの道、御伺いに相成らず、御済ませ候ては御違勅と申すに相成り、三家共に至るまで深く恐れ入り存じ奉り候間、くれぐれも早々大老・老中の内発足、叡慮御伺わせに相成り候よう仕りたし、彼よりは何程火急に申し立て候とも、京師御伺いに相成る間、承伏致さず事もこれ有るまじき哉、尤も各方にて御如才はこれ有るまじく存じ候えども、痛心の余り取り敢えずこの段申し進じ候也、（後略）

老中首座阿部正弘の要請で海防参与として幕政に関わることになった前水戸藩主徳川斉昭は、水戸学の立場から、強硬な攘夷論を主張した。安政四年（一八五七）、堀田正睦が老中首座になると、斉昭は井伊直弼ら開国派と対立する。さらに十四代将軍をめぐる将軍継嗣問題でも、息子の徳川（一橋）慶喜を推す一橋派の頭目として、徳川慶福（のちの家茂）を擁する直弼ら南紀派と争った。

本状は、徳川斉昭が井伊直弼に対し、日米修好通商条約の調印について、自身の意見を述べた書状である。斉昭は、あくまで勅許を得た上で条約に調印すべきであるとの立場だった。本状でも、幕府だけで決定すれば、東照宮（家康）をはじめ、代々の将軍が朝廷を尊崇してきたという大義を今日に至って欠くことになる、条約に調印をするのなら大老なり老中なりがすぐに上京して叡慮を伺うべきである、そうでなければ違勅で、そうならないように御三家一同深く憂いているとしている。また条約では、のちに問題となるので開港した港以外は制限なく外国人が歩き回ることがないようになどとし、それで外国が承知しないならば、長期的に考え、人心が納得するまで延期したほうがよい、と提言している。

しかし、本状が認められた六月二十一日は、すでに井伊直弼が勅許を得ずに条約に調印したあとだった。斉昭にはそのことが知らされていなかったのである。激怒した斉昭は、この書状が出された三日後の二十四日、直弼を糾弾すべく江戸城本丸御殿に不時登城したが、のちに永蟄居を命じられることになる。

戊午の密勅

安政五年（一八五八）四月、大老に就任した井伊直弼は、孝明天皇の勅許を得ずに日米修好通商条約に調印した。これに憤った前水戸藩主徳川斉昭は、息子の水戸藩主徳川慶篤、福井藩主松平慶永（春嶽）、尾張藩主徳川慶勝と共に、江戸城に不時登城して直弼に抗議した。直弼は斉昭らを隠居謹慎などの処分にした。

一方、孝明天皇も幕府の無断勅許に激怒し、御三家・大老が事情説明に来ることを命じたが、幕府は老中間部詮勝を派遣すると返答し、関係はよりいっそう険悪になった。こうした中で、水戸・福井・薩摩藩の藩士らは、幕政改革の勅許を水戸藩に下して欲しいと朝廷に働きかけた。こうして八月八日、水戸藩に勅許が下った。安政五年の干支から、「戊午の密勅」と呼ばれる。天皇が直接大名に命令を下すという前代未聞の出来事だった。

二日後に勅許を入手した幕府の働きかけにより、密勅は幕府に返納することとなった。水戸藩内の尊攘派は、この密勅をめぐって、勅命に従うべきとする激派と、幕命に従うべきとする鎮派とに分かれ、対立した。井伊は、密勅は天皇の意思ではなく水戸藩の陰謀であるとして、関与した者に弾圧を加えた。家老の安島帯刀が切腹、藩士の茅根伊予之介・鵜飼吉左衛門が斬首、密勅を運んだ鵜飼幸吉が獄門に処され、斉昭は永蟄居、慶篤は差控とされた。

藩内での激派と鎮派の対立はその後も激化し、脱藩して江戸に向かった激派の一部が、安政七年（一八六〇）三月三日、井伊直弼の襲撃に及ぶことになるのである。

安政五年八月八日付け孝明天皇勅諚写（戊午の密勅。水戸中納言宛て）

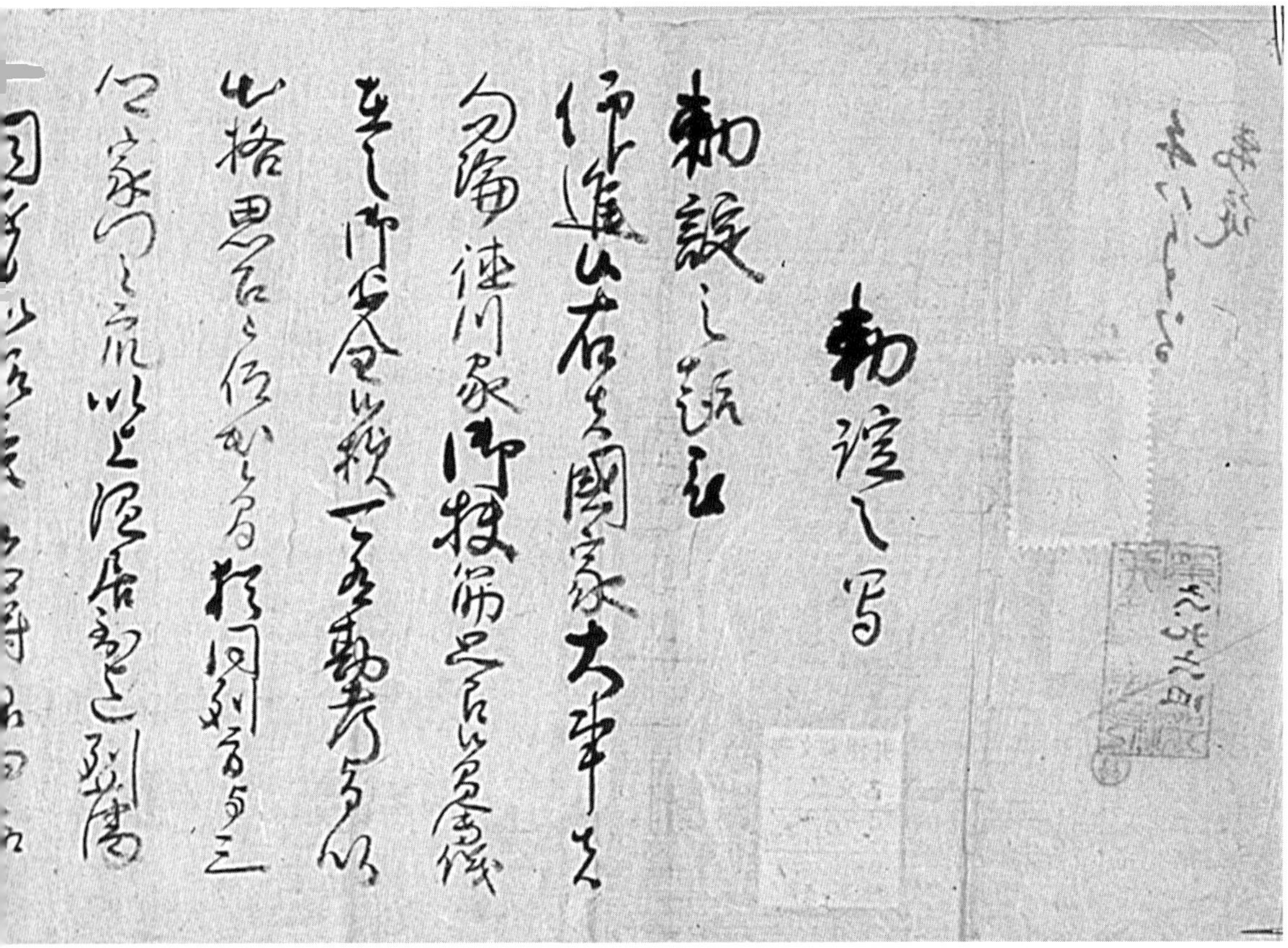

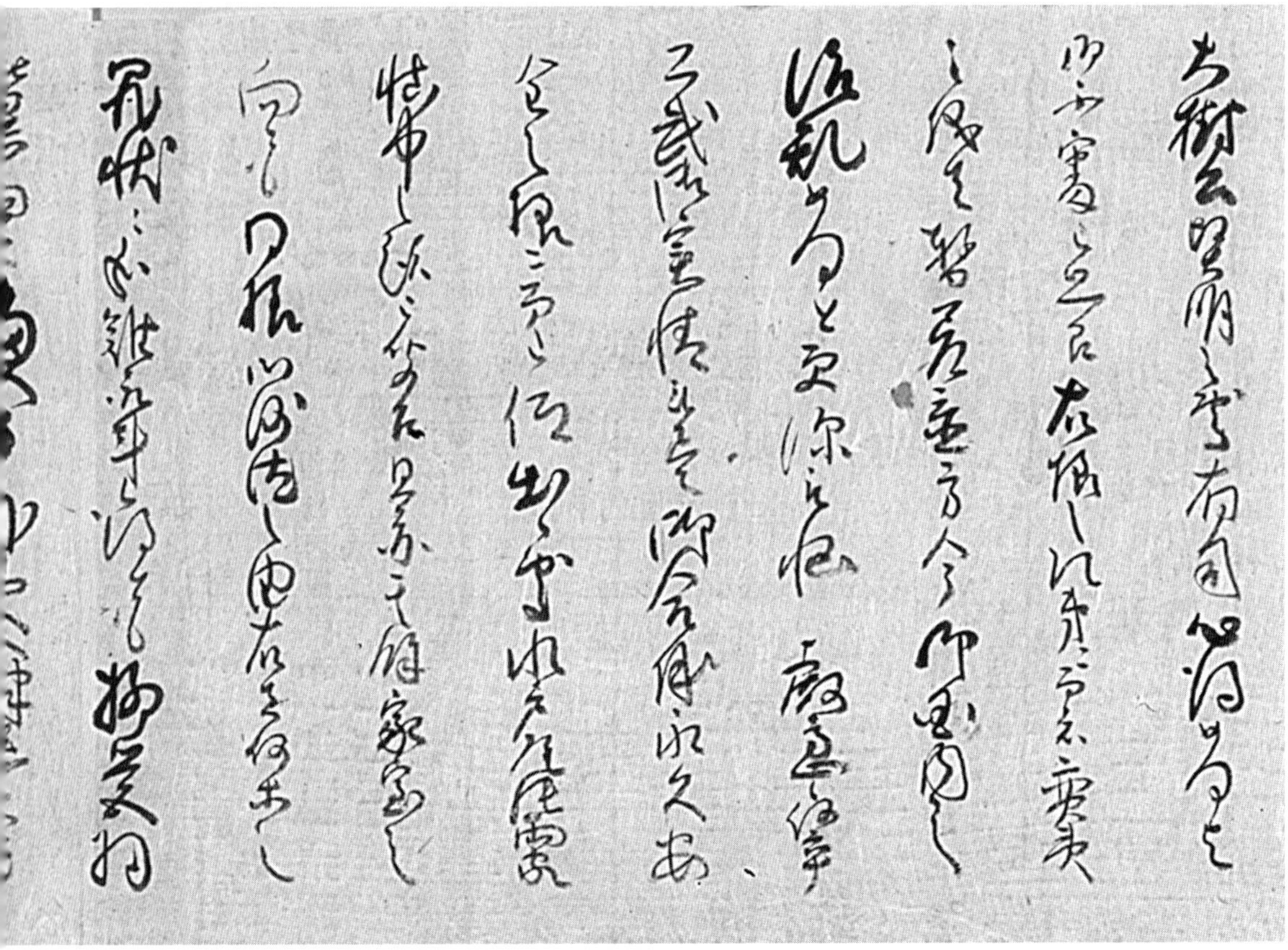

彦根城博物館所蔵

勅諚之写

勅諚之趣、被
仰進候、右者国家大事者
勿論、徳川家御扶筋思召候間、会儀
在之、御安全候様可有勘考旨、以
出格思召被仰出候間、尚同列方与三
卿家門之衆以上隠居到迄、列藩
一同をも御趣意相心得候様、向々江も
伝達可有之様ニ付、仰候、以上、
一、先般墨夷仮條約、無余儀無次第
ニ而、加奈（神）川調印、使節へ被仰候儀、
尚亦委細間部下総守（詮勝）被為上京言上
候趣ニ候得共、先達而　勅答諸大名
衆儀被聞召度被仰出候詮茂無之、
誠　皇国重大之儀、調印後、
大樹公（徳川家茂）　叡慮御寛御趣意不相
立、尤　勅答次第ニ相背、軽卒之取計、

大樹公賢明之処、有司心得如何与
御不審被思召、右様之次第ニ而者、蛮夷
之儀者、暫差置、方今御国内之
治乱如何ト更深被悩　叡慮候、何卒
公武御実情被尽、御合体永久安
全之様ニ而被仰出処、水戸・尾張両家
慎中之趣被聞召、且亦其余家室之
向ニモ同様御沙汰之由、右者何等之
罪状ニ哉、難取計候得とも、柳営羽
翼面々、当今外夷入津、追々不容
易之時節、既ニ人心之帰向ニモ可相
拘、旁被悩　宸襟、蓋し三家以下
諸大名衆儀被聞召度仰出者、全
永世安全・公武御合体ニ而、被安
叡慮候様被思召候儀、虜（外脱カ）　計之儀ニも
無之、内憂有之候而ハ、殊更被悩
宸襟候、彼是国家之大事候間、
大老・閣老其地（他）三家、三卿、家門

列藩、外様、普(譜)代とも一同群儀
評定有之、誠忠心を以、得与相正シ、
国内治乱無之様、治平公武
御合体、弥長久候様、徳川家ヲ扶
筋在之、内ヲ整、外夷侮ヲ不受
候様之被思召、早々可致商儀
勅諚候事、

午八月八日

近衛左大臣(忠熙)殿

一條内大臣(忠香)殿

三條前内大臣(実万)殿

儀(議)奏

久我右大将(建通)殿

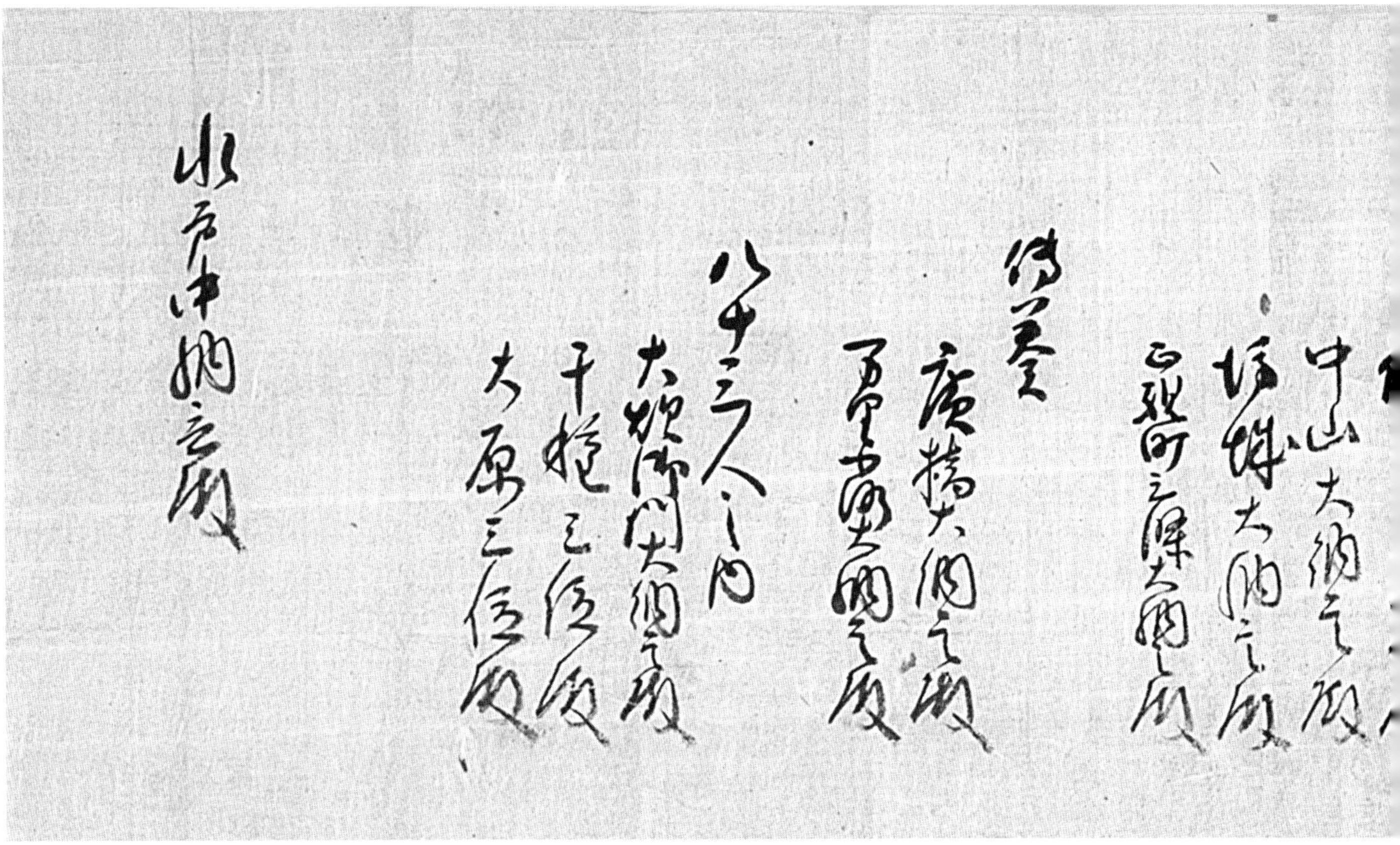

中山大納言（忠能）殿
坊城大納言（俊克）殿
正親町三條大納言（実愛）殿

伝奏

広橋大納言（光成）殿
万里小路大納言（正房）殿

八十三人之内

大炊御門大納言（家信）殿
千種三位（有任）殿
大原三位（重徳）殿

水戸中納言（徳川慶篤）殿

孝明天皇勅諚写（戊午の密勅。水戸中納言宛て）2

【読み下し文】

勅諚の写

勅諚の趣、仰せ進ざれ候、右は国家大事は勿論、徳川家御扶け筋思し召し候間、会儀これ在り、御安全候よう勘考有るべき旨、出格の思し召しを以て仰せ出だされ候間、尚同列方と三卿家門の衆以上隠居に到るまで、列藩一同をも御趣意相心得候よう、向々へも伝達これ有るべきように付き、仰せ候、以上。

一、先般墨夷仮條約、余儀無き次第にて、神奈川調印、使節へ仰せられ候儀、尚また委細間部下総守上京せられ言上候趣に候えども、先達て勅答諸大名衆儀聞こし召されたく仰せ出だされ候詮もこれ無く、誠に皇国重大の儀、調印後、大樹公叡慮御窺い御趣意相立たず、尤も勅答次第に相背き、軽卒の取り計らい、大樹公賢明の処、有司心得如何と御不審に思し召され、右様の次第にては、蛮夷の儀は、暫く差し置き、方今御国内の治乱如何と更に深く叡慮を悩まされ候、何卒公武御実情尽くされ、御合体永久安全の様にて仰せ出ださる処、水戸・尾張両家慎み中の趣聞こし召され、且またその余家室の向きにも同様御沙汰の由、右は何等の罪状に哉、取り計らい難く候えども、柳営羽翼面々、当今外夷入津、追々容易ならざるの時節、既に人心の帰向にも相拘わるべく、かたがた宸襟を悩まされ、蓋し三家以下諸大名衆儀聞こし召されたく仰せ出だすは、全く永世安全・公武御合体にて、叡慮を安んじられ候よう思し召され候儀、外虜計りの儀にもこれ無く、内憂これ有り候ては、殊更宸襟を悩まされ候、彼是国家の大事候間、大老・閣老その他三家、三卿、家門列藩、外様、譜代とも一同群儀評定これ有り、誠忠心を以て、得と相正し、国内治乱これ無きよう、治平公武御合体、いよいよ長久候よう、徳川家を扶くる筋これ在り、内を整え、外夷侮りを受けず候ようの思し召され、早々商儀致すべく勅諚候事、(後略)

幕府が無勅許で日米修好通商条約に調印したため、その責任を追及すべく不時登城した徳川斉昭らを処罰したことに激怒した孝明天皇と朝廷は、安政五年(一八五八)八月八日、水戸藩に密勅(「戊午の密勅」)を降した。水戸藩京都留守居役の鵜飼吉左衛門が受け取り、その子幸吉が江戸の水戸藩邸に届けた。本書はその勅書の写しで、水戸藩に敵対した井伊大老家に残ったものである。

日米修好通商条約締結に関しては、諸大名と十分に相談の上で調印するようにという朝廷の意向に反し、幕府が独断で調印したことは、重大な国事であるにもかかわらず、軽率である。これは幕府有司の心得がよくないと批判している。そして、そのようなことでは内乱を招きかねず、天皇が深く憂慮するところであり、大老や老中、御三家・御三卿・家門をはじめ全大名が評議し、国内を安定させ、将軍を補佐して外国からの侮辱を受けないようにせよ、と述べている。全大名による会議によって国内安定を朝廷が要求したものとして注目される。

同年十二月、幕府の要請もあって、朝廷はこの勅書を幕府に返納するよう水戸藩に命じた。しかし、藩内の過激派が勅書の返納を阻止しようと水戸街道長岡宿(現、茨城町)に集まって騒動に発展した。過激派の一部は脱藩して江戸に向かい、安政七年(一八六〇)三月三日、桜田門外で大老井伊直弼の暗殺に加わった。勅書の返納期限は延期され、文久二年(一八六二)十二月二十五日に返納ではなく諸藩に回達し、藩主徳川義篤が勅旨を奉承することでようやく落着している。

老中間部詮勝襲撃未遂事件

尊王攘夷派の志士らは、幕府が無勅許で日米修好通商条約に調印したことに憤激し、幕府への批判を強めていった。吉田松陰もその一人だった。

松陰は、文政十三年（一八三〇）八月四日、長州藩士の子として生まれた。幼くして藩校明倫館の兵学師範に就任し、脱藩の罪に問われて浪人となったが、各地を遊学して、佐久間象山に学び、諸国の志士と交友を深めた。

嘉永七年（一八五四）一月、日米和親条約締結のために再度浦賀（現、神奈川県横須賀市）に来航したペリー艦隊の蒸気船ポーハタン号に乗り込み、海外渡航を企てるが、ペリーに拒絶され、失敗に終わる。下田奉行所に自首し、萩へ送還されて野山獄に投獄された。安政二年（一八五五）に出獄した松陰は、のちに近隣の子弟を集めて杉家の敷地内に塾を開き、叔父が主宰していた私塾の名を受けて松下村塾とした。

松陰が、幕府が勅許を得ずにアメリカと通商条約を結んだこと、そして大老井伊直弼が安政の大獄を始めたことを知ったのは、この頃だった。松陰は幕府の要人を襲撃することを計画し、無勅許での条約調印について孝明天皇に弁明すべく上洛する老中首座間部詮勝をターゲットに据えた。これが「間部要撃策」である。松陰は、間部を襲撃するために大砲などの武器弾薬を借用したいと藩に願い出るが、当然却下された。次に、参勤交代で京都を通過する長州藩主毛利慶親を伏見で待ち、攘夷派の公家大原重徳に説得させ、二人を孝明天皇に謁見させて幕府の失政を糾弾するという「伏見要駕策」を計画した。

松陰からこれらの計画を聞かされた藩士の周布政之助は、松陰の暴走を阻止しようと再び野山獄に投獄するのである。

安政五年十二月十一日付け 高杉晋作・久坂玄瑞ほか血判書状（吉田松陰宛て）

宮内庁書陵部所蔵

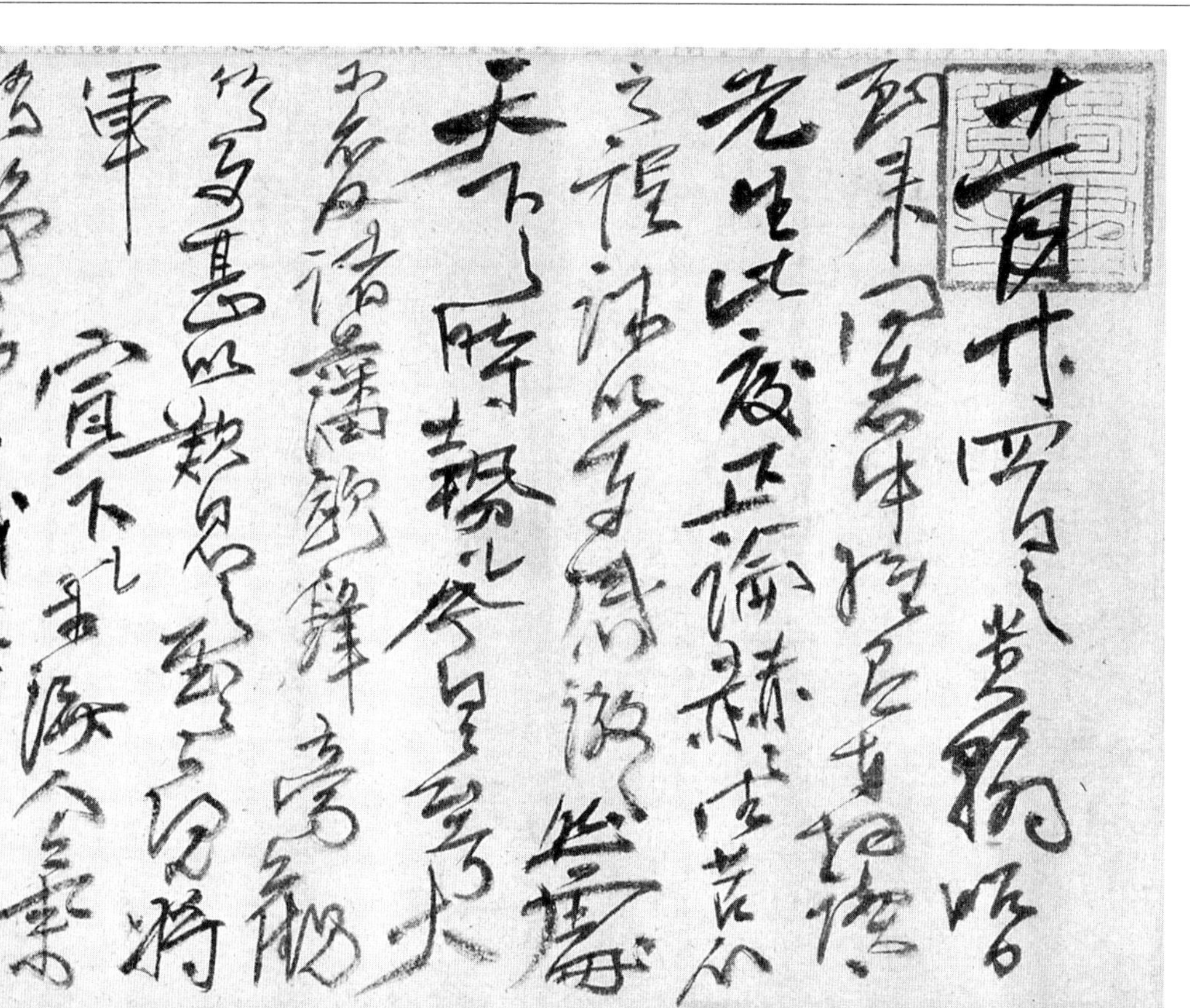

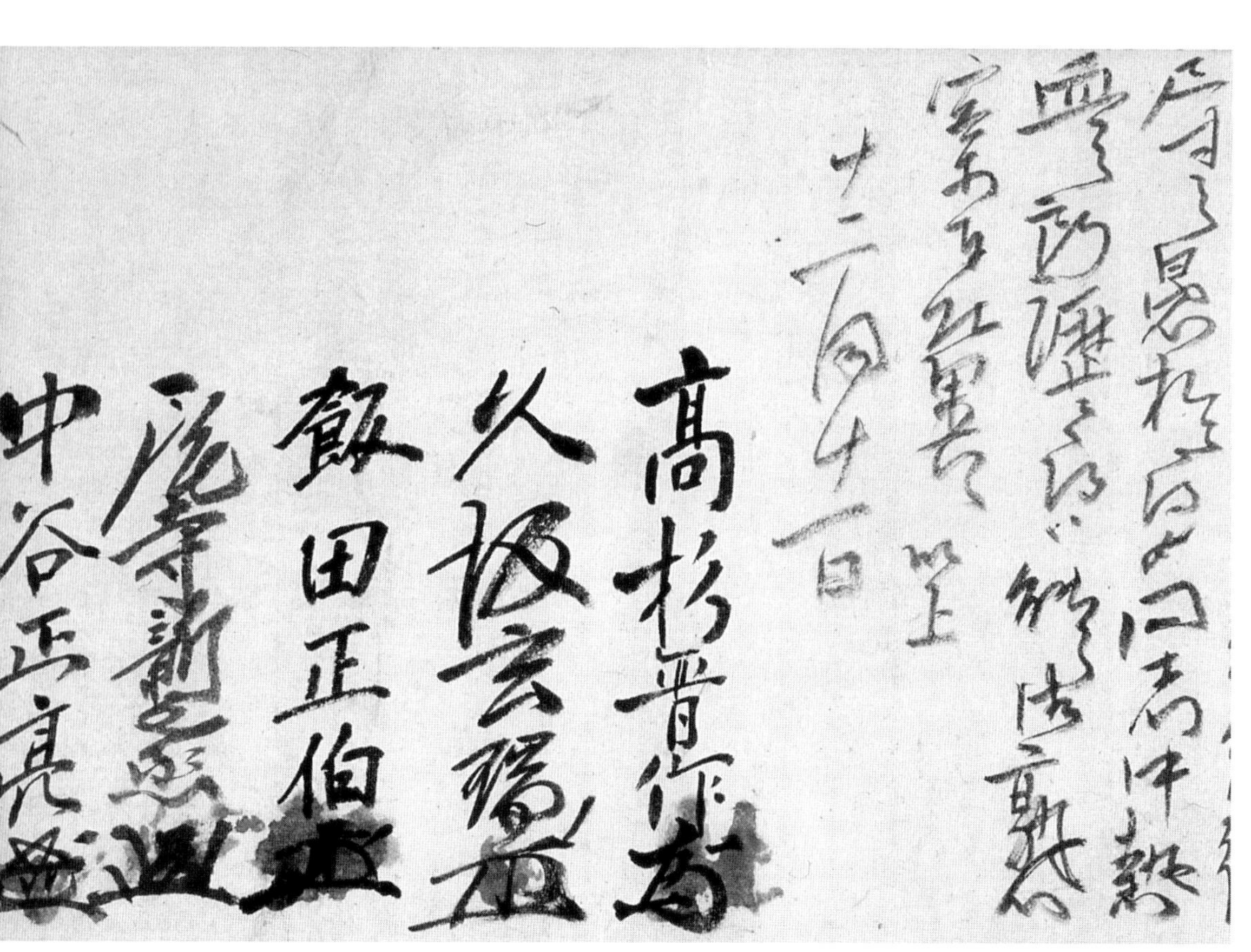

十二月十一日

高杉晋作

久坂玄瑞

飯田正伯

尾寺新之丞

中谷正亮

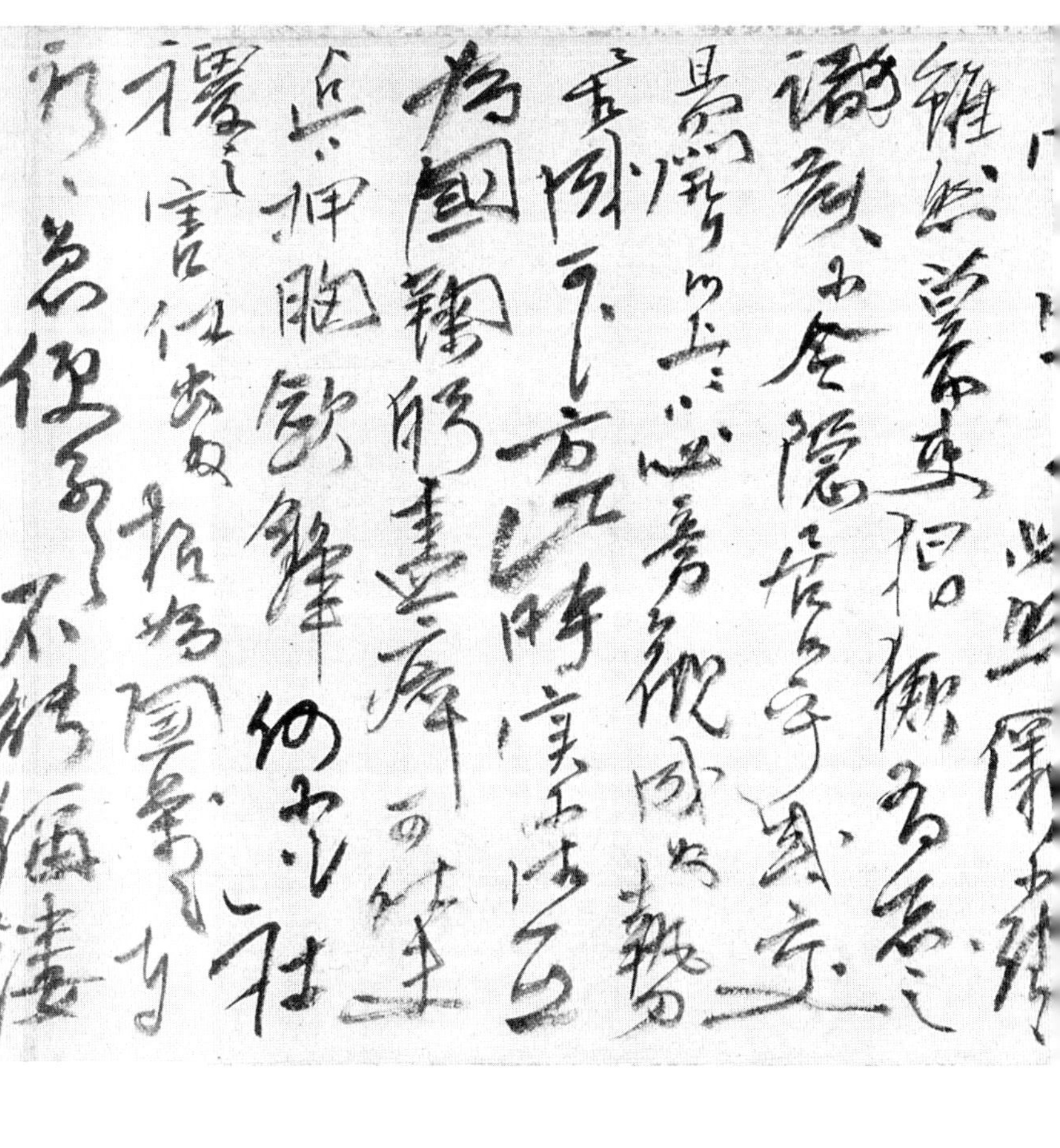

十一月廿四日之貴翰、昨日到来、同志中難有奉拝読候、先生此度正論赫々御苦心之程、誠以奉感激候、然処天下之時勢も今日ニ至り大に変、諸藩斂鋒旁観仕候事、甚以歎息之至ニ候得共、将軍　宣下も相済、人気稍静候得ハ、義旗一挙、実に不容易事ニて、却而社稷之害ヲ生候事必然之儀に御座候、雖然幕吏猖獗、有志之外、諸侯に令隠居候乎、或交易開ヶ候上ニハ必旁観成ぬ勢ニ相成可申候、方此時実に御互為国鞠躬尽瘁可仕、夫迄ハ押胸斂鋒、何にも社稷之害仕出ぬ様、為国万々奉祈候、急便早々不能縷縷、尺寸之愚札ニ候得共、同志中熱血之所灑ニ候得ハ、能々御熟察奉冀候、以上、

十二月十一日

高杉晋作（花押・血判）
久坂玄瑞（花押・血判）
飯田正伯（花押・血判）
尾寺新之丞（花押・血判）
中谷正亮（花押・血判）

吉田松陰先生

【読み下し文】

十一月廿四日の貴翰、昨日到来、同志中有り難く拝読奉り候、先生この度正論赫々（かっかく）御苦心の程、誠に以て感激奉り候、然る処天下の時勢も今日に至り大に変わり、諸藩鋒を斂（おさ）め旁観仕り候事、甚だ以て歎息の至りに候えども、将軍宣下（せんげ）も相済み、人気稍（じんきやや）静かに候えば、義旗（ぎき）一挙、実に容易ならざる事にて、却って社稷（しゃしょく）の害を生じ候事必然の儀に御座候、然ると雖（いえど）も幕吏猖獗（しょうけつ）、有志の外、諸侯に隠居せしめ候か、或いは交易開け候上には必ず旁観成らぬ勢いに相成り申すべく候、この時に方（あた）り実に御互い国のため鞠躬尽瘁（きっきゅうじんすい）仕るべし、それまでは胸を押さえ鋒を斂め、何にも社稷の害仕出さぬよう、国のため万々祈り奉り候、急便早々縷縷あたわず、尺寸の愚札に候えども、同志中熱血の所灑に候えば、よくよく御熟察冀（こいねが）い奉り候、以上、（後略）

高杉晋作・久坂玄瑞ほか血判書状（吉田松陰宛て）

安政六年（三月）吉田松陰書状（木戸孝允ほか宛て）

国立国会図書館所蔵

国家天下之事、懣鬱不平、吾
一日も此世ニ居る事ヲ知（欲）せス、早々
一死ヲ賜り候様、御周旋被下度候、
心事ハ一々不申共、御察被下候而不
苦候、杉蔵（入江九一）頻ニ母子ノ情ヲ云、僕
頗不満、然彼が母ヲ思フハ猶吾
思国ナレハ叱ラレモせず、杉蔵
一事サヘ議論遅遠スル程ナレハ、
政府何ヲ能ナサン、弁当事・放囚事
移局ノコト一々出来ルトナリト出来ヌト
ナリト早々御決議承タシ、杉蔵
母ヲ奉スルコト、国相府弥御免ナキニ
於テハ、杉蔵も亦男児ナレハ余り

止サヘスレハ、雖在幽囚、吾豈
無精神哉、武士ノ一覚悟
屹ト入御覧可申候事、

松陰男子

来嶋君（又兵衛）
小田村君（伊之助）
桂　君（小五郎）
久保君（清太郎）

九十三歳之母在、則謝畳山不
能死、雖則不能死、豈為胡
元屈哉、杉蔵雖匹夫亦
義卿（吉田松陰）之友也、政府諸公勿軽蔑
匹夫不可奪也、

【読み下し文】

国家天下の事、懣鬱（まんうつ）不平、吾（われ）一日もこの世に居る事を欲せず、早々一死を賜り候よう、御周旋下されたく候、心事は一々申さずとも、御察し下され候て苦しからず候、杉蔵頻りに母子の情を云う、僕は頗（すこぶ）る不満、然（しかれども）彼が母を思うは猶吾の国を思うがごとくなれば叱られもせず、杉蔵一事さえ議論遅遠する程なれば、政府何をよくなさん、弁当事、放囚事、移局のこと一々出来るとなりと出来ぬとなりと早々御決議承りたし、杉蔵母を奉ずること、国相府（こくそうふ）いよいよ御免なきに於ては、杉蔵もまた男児なれば余り未練は申すまじ、杉蔵未練を止めさえすれば、幽囚に在りと雖（いえど）も、吾豈（あに）精神無からん哉、武士の一覚悟きっと御覧に入れ申すべく候事、

（中略）

九十三歳の母在り、則ち謝畳山（しゃじょうざん）死するあたわず、則ち死するあたわずと雖（いえど）も、豈（あに）胡元のために屈せん哉、杉蔵匹夫（ひっぷ）と雖も、また義卿の友也、政府諸公軽蔑する勿（なか）れ、匹夫奪うべからざる也、

吉田松陰書状（木戸孝允ほか宛て）

本状は、吉田松陰が開いた松下村塾の塾生だった高杉晋作や久坂玄瑞らが作成した血判の書状である。五名が自らの名を書き、花押を書き、さらに花押の上に血で判を押している。なんとしても師を諫めようとする思いがこのような書状を書かせたのだろう。

高杉や久坂らは、十一月二十四日付けの松陰の書状を、皆で感激しながら読んだという。その中で松陰が掲げる正論は素晴らしいとし、諸藩が時勢を傍観していることは非常に情けないと嘆きながらも、天下の情勢は大きく変わっており、徳川家茂が十四代将軍に就任し、尊皇攘夷の気風も落ち着いているので、義旗を一挙にあげるのは容易ではなく、かえって「社稷之害」（毛利家への害）を生じるので自重したほうがよい、と諫めている。また、有志のほか、諸侯を隠居させたり、あるいは外国との交易が進行すれば、傍観してはいられなくなるので、この時こそ国のために全力を尽くすべきであり、それまで思いは胸に押し留め、鋒を納めるべきである、何より毛利家の安泰が大事であると説得している。

幕府が孝明天皇の勅許を得ずに日米修好通商条約に調印したことに激怒した松陰は、孝明天皇に経緯を説明するため上洛する老中首座間部詮勝を襲撃しようと計画していた（間部要撃策）。松陰からの書状には、これらのことが書いてあったのだろう。しかし、松下村塾の塾生だった高杉晋作や久坂玄瑞らは、血判の書状を作成し、松蔭の過激な計画を制止しようとしたのであった。こののち、松陰は弟子たちと絶交し、ますます過激になったため、藩当局は松陰を萩の野山獄に収監した。翌安政六年（一八五九）五月、江戸に送られた松陰は幕府に引き渡され、尋問ののち、十月に江戸伝馬町の牢屋敷で斬首された。

幕府が無勅許で日米修好通商条約を締結したことに激しく憤った吉田松陰は、老中間部詮勝の襲撃を企てるが、高杉晋作や久坂玄瑞ら弟子に反対され、藩によって再び野山獄に投獄されてしまった。獄中にあっても松陰は策を講じ、参勤交代途上の長州藩主毛利慶親を伏見で待ち伏せ、攘夷派の公家と対面させ、倒幕の旗を揚げるという「伏見要駕策」を計画した。その実行者として指名されたのが弟子の入江九一・和作兄弟だった。しかし、これも失敗に終わり、九一も野山獄向かいの岩倉獄（百姓身分を収監）に投獄されてしまったのである。

本状は、入獄中の松陰が、交流が深かった来島又兵衛・小田村伊之助（楫取素彦）・桂小五郎（木戸孝允）・久保清太郎の四名に宛てた書状である。「吾は一日もこの世にいることを欲してはいない。早々に一死を賜りますようご周旋ください」と、死への渇望を吐露したあと、九一のことに触れている。松陰は、母子の情けを言い募り、放免を求める九一に「頗る不満」とこぼし、未練を言うのをやめれば自分のように「無精神」になれるであろうと述べる。一方で、彼が母を思う気持ちは、自分が国を思う気持ちと同じであると理解も示している。また、老母のために名を変え、元に捕らわれても屈しなかったという宋の政治家謝枋得（畳山）の名を出し、九一も匹夫ではあるが自身の友であるから軽蔑してはならないと結んだ。

九一はのちに出獄するも、禁門の変で久坂玄瑞らと共に戦い、自刃した。

安政の大獄

マシュー・カルブレイス・ペリーが浦賀（現、神奈川県横須賀市）に来航し、幕府に開国を迫っていたその頃、十二代将軍徳川家慶が死去した。十三代将軍には家慶の四男家定が就任したが、家定は生来病弱で継嗣もなかったため、早く継嗣を定めて将軍を補佐させようと、将軍継嗣問題が浮上した。福井藩主松平慶永（春嶽）、薩摩藩主島津斉彬、宇和島藩主伊達宗城、土佐藩主山内豊信（容堂）らは、前水戸藩主徳川斉昭の実子慶喜を擁立した（一橋派）。これに反感を持つ大奥や譜代大名は、家定に血筋が近い紀伊藩主徳川慶福を推した（南紀派）。

安政五年（一八五八）四月に大老に就任した井伊直弼は、勅許を得ないまま日米修好通商条約に調印し、さらに自身の推す慶福を家茂として将軍継嗣に指名した。井伊を糾弾して不時登城事件を起こした斉昭らが謹慎させられると、水戸藩は朝廷から戊午の密勅を得るに至るが、密勅降下に関わった藩士らは処刑され、斉昭には永蟄居が命じられた。

また、京都で勤皇運動を指導する志士らにも弾圧が加えられた。九月五日、戊午の密勅を仲介したとして近藤茂左衛門が捕縛されたのを皮切りに、小浜藩士の梅田梅浜や福井藩士の橋本左内ら尊攘運動の指導者が次々と逮捕されていった。大名・公家およびその家臣・志士・浪士・僧侶・町人などに至るまで、井伊に反対する者は弾圧され、連座した者は百人にも達した。なお、吉田松陰が最後の刑死者である。

安政七年（一八六〇）三月三日、桜田門外で井伊が暗殺されたことによって弾圧は収束したが、井伊の強権的な政治手法は挫折し、幕府の専制政治は行き詰まることになる。

安政六年十月三日付け橋本左内密書写（瀧勘蔵ほか宛て）

福井市郷土歴史博物館所蔵

内々拝啓仕候、先以
奉恐悦候、随而奉賀候、然者、私義
昨日揚屋入被　仰付、誠以驚惑之
至、御推察可被下候、乍去諸事都合宜、
是迄同所ニ被居候人々、格別親切ニ
被致呉、何も指支ハ無御座候間、此処ハ
聊御安心可被下候、扨、右ニ付、甚奉申上
兼候義ニハ候へ共、同所ニハ従来之定めも
有之、新参ニ而ハ諸事困難之事のミ
之由候へ共、私義ハ格別之取成しニ相成候
事ニ候故、右ニ者金子指出不申候半而ハ
行々只今之取扱ニハ不相成由、勝野
抔も態々教へ呉候間、何卒今日、此者へ
十五円カ又ハ十二円ほど位御勘弁出
来候丈御渡し被下候様奉希上候、尤右様
為し置候へ者、已後極内々使も被指上候て、

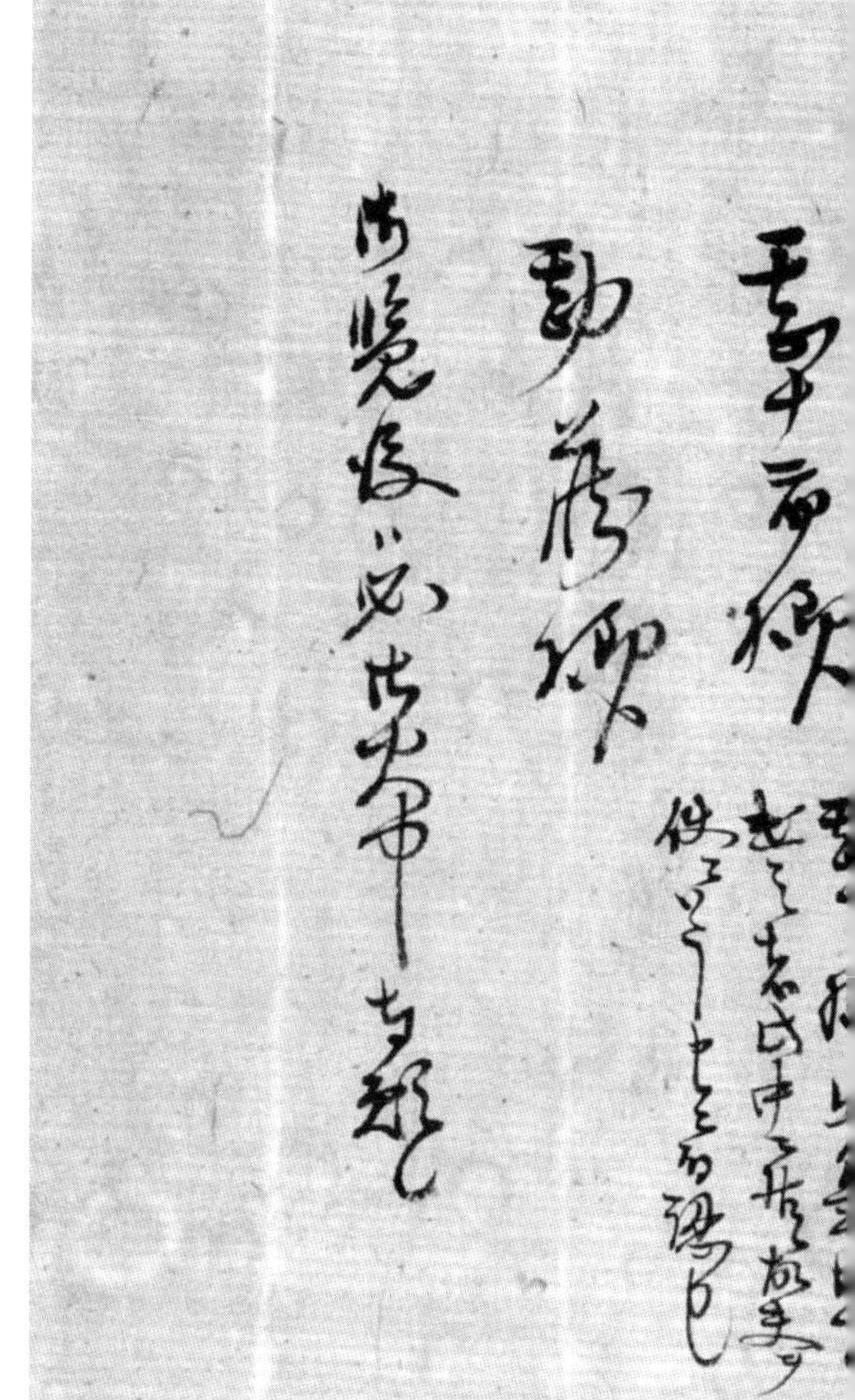

万端都合宜御坐候事ニ御座候、」
此後者如何之次第ニ相運候哉ハ、不被
計候へ共、矢張此迄之御尋のミにて
只重々私身之上へ負候様相成事ニ
御座候、唯々
両邸御静謐之処、奉専祈居候、兼々
御世話被下候方へ宜御申可被下候、右為可
得御意、草々如此ニ御座候、已上、

十月三日　左内

甚十郎様、先年御召
遣之者、此中ニ居候故、夫ヲ
使ニいたし申候ニ付、認申候、

甚十郎（石原）様
勘蔵（瀧）様

御覧後ハ必御火中奉願候、

橋本左内密書写（瀧勘蔵ほか宛て）

【読み下し文】

内々拝啓仕り候、先ず以て恐悦奉り候、随って賀し奉り候、然らば、私義昨日揚屋入り仰せ付けられ、誠に以て驚惑の至り、御推察下さるべく候、去り乍ら諸事都合宜しく、これまで同所に居られ候人々、格別親切に致しくれられ、何も指し支えは御座無く候間、ここは聊か御安心下さるべく候、さて、右に付き、甚だ申し上げ奉り兼ね候義には候えども、同所には従来の定めもこれ有り、新参にては諸事困難の事のみの由候えども、私義は格別の取り成しに相成り候事に候ゆえ、右には金子指し出し申さず候わんては行々只今の取り扱いには相成らざる由、勝野などもわざわざ教えくれ候間、何卒今日、この者へ十五円か又は十二円ほど位御勘弁出来候だけ御渡し下され候よう希い上げ奉り候、尤も右ようなし置き候えば、已後極内々使いも指し上げられ候て、万端都合宜しく御坐候事の御座候、この後は如何の次第に相運び候哉は、計られず候えども、矢張りこれまでの御尋ねのみにて只重々私身の上へ負い候よう相成る事に御座候、唯々両邸御静謐の処、専ら祈り居り奉り候、兼々御世話下され候方へ宜しく御申し下さるべく候、右御意を得べきため、草々かくの如くに御座候、已上、

（中略）

甚十郎様　甚十郎様、先年御召し遣いの者、この中に居り候ゆえ、それを使いにいたし申し候に付き、認め申し候、

勘蔵様

御覧後は必ず御火中願い奉り候、

福井藩医の長男として生まれた橋本左内は、大坂適塾や江戸で蘭学や洋学を学び、世界の情勢を知り、見識を深めた。やがて書院番や藩校明道館の学監同様心得などに抜擢され、福井藩主松平慶永（春嶽）の側近として活動した。将軍継嗣問題では、徳川（一橋）慶喜を擁立する春嶽を補佐し、中心的な役割を果たした。また幕政改革を訴え、ロシアと同盟を結び、貿易を盛んにして西洋の技術を導入すべきであると主張した。

安政五年（一八五八）、大老となった井伊直弼は、一橋派・水戸派などに対する弾圧を始めた（安政の大獄）。春嶽は隠居謹慎を命じられ、翌六年（一八五九）には左内も伝馬町牢屋敷揚屋（御目見え以下の幕臣、諸藩士、僧侶などを収監した牢）に収監された。本状は、逮捕の翌日、左内が獄中から福井藩士瀧勘蔵と石原甚十郎に宛てた密書の写である。

「誠にもって驚惑の至り」と述べているように、左内にとって今回の投獄は想定外のことだった。虜囚らがとても親切にしてくれるので何も支障はないと言っている。しかしすぐに「言いにくいことではあるが……」と切り出し、牢内には「従来の定め」があり、金子を差し出さないと今後の扱いに関わるので十五両か十二両ほど用意して欲しいと頼んでいる。

牢内は自治制が敷かれ、牢名主を頂点とする序列があった。新入りは牢名主らへ挨拶代わりにツル（金品）を持っていかねばならず、それができない者は苛められ、時には殺されるという慣習があった。

末尾で左内は、今後どうなるかわからないが無事を祈って欲しい、と述べている。この手紙を出した三日後、左内は処刑された。春嶽は、暴発しようとする藩士らをなだめるため、自らの手形を押した紙を与えたほどであった。

桜田門外の変

兼ねてより極度な外国人嫌いだった孝明天皇は、大老井伊直弼が無勅許で日米修好通商条約に調印したことに激怒し、水戸藩に戊午の密勅を下した。密勅は水戸藩の陰謀であると考えた井伊は、水戸藩士への弾圧を強め、関係者が厳刑に処された。水戸藩では、密勅を返納すべしとする鎮派と朝廷に従うべしとする激派に分かれて対立し、藩論が紛糾する。藩は密勅を返納することにしたが、なおも返納に反対する高橋多一郎や関鉄之介ら一部の激派は江戸を目指して脱藩。薩摩藩の同志と合流した彼らは、江戸に潜伏し、井伊の暗殺計画を練った。

安政七年（一八六〇）三月三日の早朝、彼らは東海道品川宿の旅籠を出発し、桜田門外へと向かった。明け方から季節外れの雪が降っていた。この日は上巳の節句だったため、在府の大名らは総登城することになっていた。午前九時頃、彦根藩上屋敷の門が開き、井伊の行列が門を出た。内堀通り沿いを進み、江戸城外桜田門に差し掛かったところで襲撃を受けた。

襲撃に及んだのは、水戸浪士と薩摩浪士を含む十八名だった。彼らは先供を襲い、また駕籠訴を装った関鉄之助が井伊の駕籠近くでピストルを発砲すると、これを合図に全方向から駕籠に襲い掛かった。彦根藩士らは雨合羽を羽織り、刀に袋をかけていたので即座に応戦できず、次々と斬殺された。護衛のいなくなった駕籠に浪士らが刃を突き立てると、弾丸を受けて身動きがとれなくなった井伊が出てきて、斬首された。襲撃開始から井伊の殺害まで、わずかの出来事だった。井伊家では遺体を引き取ったが、病と届け出て、家督相続が終わってから喪を発した。

（安政七年三月）斬奸存意書（蓮田市五郎写）

茨城県立図書館所蔵

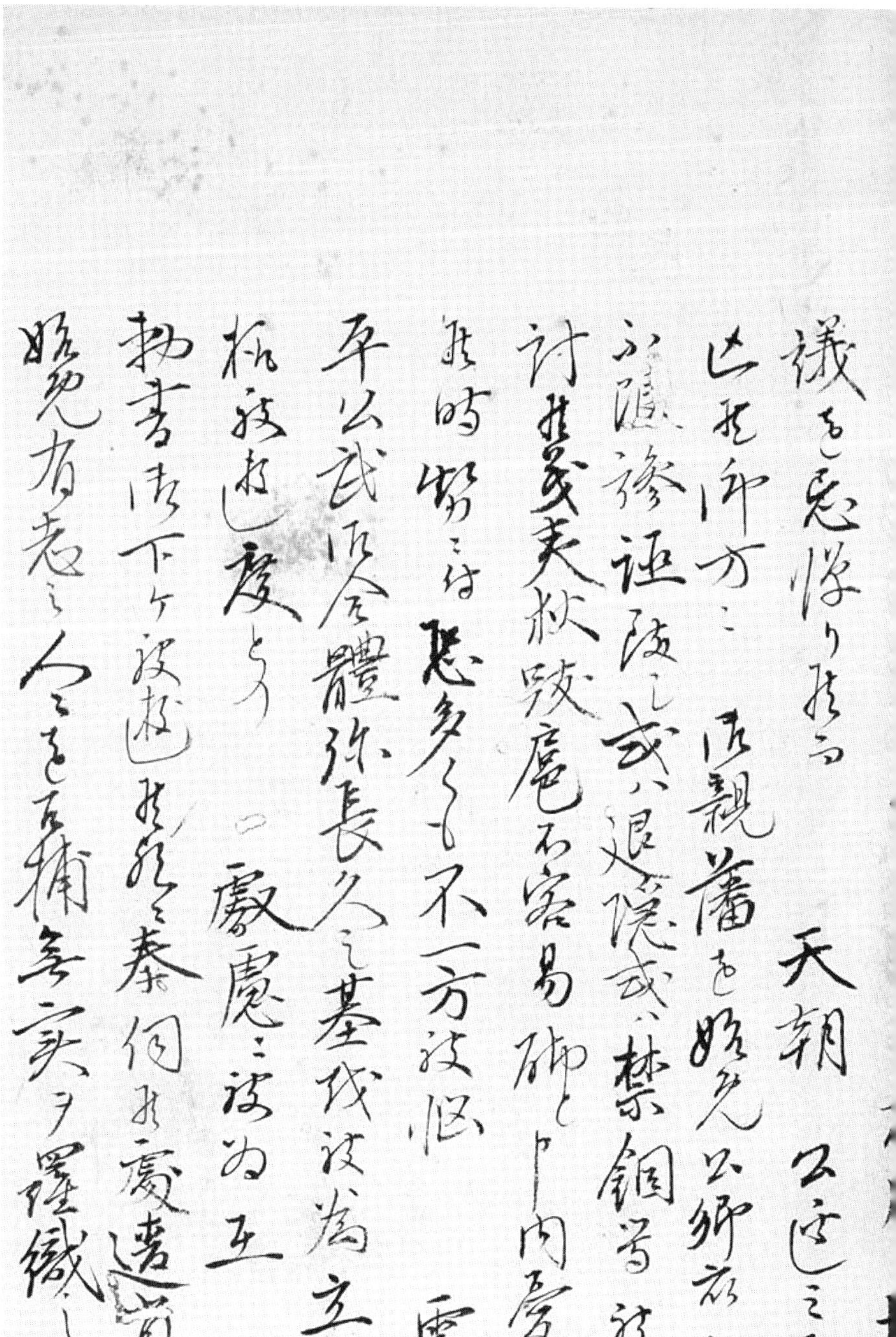

存意書各懐中之写、左之通
墨夷浦賀江入港以来、 征夷府之御処置、縦令時勢之
変革も有之、随而御制度も変革なく而ハ難相成事情ニ
有之候とハ乍申、当路之有司、専ら右を口実として一時偸
安畏、戦之情より彼か虚喝之勢焔ニ恐怖致し、貿易和親
登 城拝礼ヲも指許シ、條約を取替し、踏絵を廃シ、邪
教守（寺）を建、ミニストルを永住為致候事等、実ニ 神州古
来之武威を穢シ、 国体を辱め 祖宗之明訓孫謀
ニ戻り候而已ならす、第一 勅許も無之義を被差許
候段、奉蔑如 天朝候義有之、重々不相済事ニ付、
追々大老井伊掃部頭所業を致洞察候ニ 将軍家
御幼少之御砌ニ乗シ、自己之権威ヲ振ハんため、公論正
議を忌憚り候而 天朝 公辺之御為を深く被存
込候御方々 御親藩を始め、公卿衆・大小名・御旗本ニ
不限、讒誣致シ、或ハ退隠、或ハ禁錮等被 仰付候様取
計候義、夷狄跋扈不容易砌と申、内憂外患逐日指迫り
候時勢ニ付、恐多くも不一方被悩 宸襟 御国内治
平公武御合体、弥長久之基を被為立、外夷之侮を不受
様被遊度との 叡慮ニ被為在 公辺之御為
勅書御下ケ被遊候歟ニ奉伺候処、違背仕、尚更諸大夫
始め、有志之人々を召捕、無実ヲ羅織し、厳重処置被致、

去歳ニ至リ候テハ　三公御落飾御慎　粟田親王をも奉
幽閉無勿体も
天子御譲位之事迄奉醸候件々如此曲無所不至矣豈
天下之臣賊ニ非すや　各罪科之義を委細ニ残ニ視候ハヽ
於有之斯る暴横之国賊共差置候て済候ハヽ
公辺之御政体を乱り夷狄之害を成し候事眼前ニ而実ニ天下之
安危存亡ニ拘り候事故痛憤難黙止　京師江も　奏
聞ニ及ひ今般　天誅ニ替り候心ニ而今斬戮致申候も
無他　公辺ニ御敵対申上候段ハ毛頭無之候得共此上ハ
聖明之勅意ニ御基き　公辺之御政事正道ニ御復し尊
王攘夷正議帰道天下万民をして富嶽之安きに處せ
しめ給ん事を希而已　聊殉国報恩之微衷を表し
伏而天地鬼神之鑒照を奉仰候也

蓮田市五郎写

甚難ニ至リ候而ハ　三公御落飾御慎　粟田親王をも奉
幽閉、無勿体も
天子御譲位之事迄奉醸候件々、姦曲無所不至矣、豈
天下之臣賊ニ非すや、各罪科之義者委細別紙ニ認め
候通リニ付、斯る暴横之国賊、其儘差置候て、ますく
公辺之御政体を乱リ、夷狄之害を成シ候儀眼前ニ而、実ニ天下之
安危存亡ニ拘リ候事故、痛憤難黙止、京師江も　奏
聞ニ及ひ、今般　天誅ニ替リ候心得ニ而令斬戮候、申迄も
無之　公辺へ御敵対申上候儀ニハ毛頭無之、何卒此上者
聖明之勅意ニ御基き　公辺之御政事正道ニ御復シ、尊
王攘夷正誼（明）帰道、天下万民をして冨嶽之安きに処せ
しめ給ハん事を希ふ而已、聊殉国報恩之微衷を表シ、
伏而天地鬼神之鑑照を奉仰候也、

蓮田市五郎写

【読み下し文】

存意書おのおの懐中の写し、左の通り

墨夷浦賀へ入港以来、征夷府の御処置、たとえ時勢の変革もこれ有り、随って御制度も変革なくては相成り難き事情にこれ有り候とは申し乍ら、当路の有司、専ら右を口実として一時偸安を畏れ、戦の情より彼が虚喝の勢焰に恐怖致し、貿易和親・登城拝礼をも指し許し、條約を取り替わし、踏絵を廃し、邪教寺を建て、ミニストルを永住致させ候事等、実に神州古来の武威を穢【けが】し、国体を辱しめ、祖宗の明訓孫謀に戻り候のみならず、第一、勅許もこれ無き義を差し許され候段、天朝を蔑如奉り候義これ有り、重々相済まざる事に付き、追々大老井伊掃部頭所業を洞察致し候に、将軍家御幼少の御砌に乗じ、自己の権威を振るわんため、公論正議を忌み憚り候て、天朝・公辺の御為を深く存じ込まれ候御方々、御親藩を始め、公卿衆・大小名・御旗本に限らず、讒誣致し、或いは退隠、或いは禁錮等仰せ付けられ候よう取り計らい候義、夷狄跋扈容易ならざる砌と申し、内憂外患逐日指し迫り候時勢に付き、恐れ多くも一方ならず宸襟を悩まされ、御国内治平・公武御合体、いよいよ長久の基を立てさせられ、外夷の侮りを受けざるよう遊ばされたしとの叡慮に在らせられ、公辺の御ため勅書御下げ遊ばされ候かに伺い奉り候処、違背仕り、尚更諸大夫始め、有志の人々を召し捕らえ、無実を羅織し、厳重処置致され、甚だしきに至り候ては三公御落飾御慎み、粟田親王をも幽閉奉り、勿体無くも天子御譲位の事まで醸し奉り候件々、姦曲至らざる所無し、豈天下の臣賊に非ずや、おのおの罪科の義は委細別紙に認め候通りに付き、斯かる暴横の国賊、そのまま差し置き候て、ますます公辺の御政体を乱り、夷狄の害を成し候儀眼前にて、実に天下の安危存亡に拘わり候事ゆえ、痛憤黙止難く、京師へも奏聞に及び、今般天誅に替わり候心得にて斬戮せしめ候、申すまでもこれ無く、公辺へ御敵対申し上げ候儀には毛頭これ無く、何卒この上は聖明の勅意に御基づき、公辺の御政事正道に御復し、尊王攘夷・正誼明道、天下万民をして富嶽の安きに処せしめ給わん事を希うのみ、聊か殉国報恩の微衷を表し、伏して天地鬼神の鑑照を仰ぎ奉り候也、（後略）

斬奸存意書（蓮田市五郎写）2

安政七年（一八六〇）三月三日上巳の節句、江戸城桜田門外で水戸藩からの脱藩者を含む十七名と元薩摩藩士一名が彦根藩の行列を襲撃し、大老井伊直弼を暗殺する事件が発生した。襲撃犯のうち四名が、「斬奸存意書」を持って和田倉門前の老中脇坂安宅邸に自首したことで、犯行の目的が明らかになった。

「斬奸存意書」で彼らは、無勅許で条約を調印し、将軍が幼少であるのをいいことに、自らの権威を振るおうとして、反対する者を引退・蟄居などをさせたことが井伊直弼の罪であると糾弾している。一時の偸安を恐れ、戦うより前に彼か虚喝の勢焰に恐怖し、貿易和親や登城拝礼を許し、条約を取り替わし、踏絵を廃し、キリスト教の寺院を建て、ミニストルを永住させ、じつに神州古来の武威を穢し、国体を辱しめ、祖宗の明訓孫謀にもとるだけでなく、第一、勅許もなく条約締結を許したのは天朝を蔑しめるようなことで、許されることではない。天皇が譲位しようとするまで追い込んだことは「天下の臣賊」と言う以外にない。このような「暴横の国賊」をそのままにしておくことは政体を乱し、夷狄の害を眼前にして、実に天下の安危存亡に関わることであるので黙って見ていられず、今般「天誅」に代わって斬戮する、としている。

本状を届けた四名のうち、二名は事件直後に落命し、一人は預け先の三田藩九鬼家の藩邸で病死、一人は伝馬町牢屋敷で斬首された。

和宮降嫁

和宮は、弘化三年（一八四六）閏五月十日、仁孝天皇の第八皇女として、側室橋本経子（観行院）との間に生まれた。孝明天皇は異母兄にあたる。

日米修好通商条約への調印は幕府内部のみならず、朝廷と幕府の間の溝を深くした。大老井伊直弼亡きあとの幕政を担うことになった老中安藤信正らは、朝廷と幕府の融和関係を強固にし、「公武一和」（公武合体）によって幕府の権威を立て直そうとした。そのため行われたのが、将軍徳川家茂と和宮の縁組だった。ただし、これは井伊直弼政権の時代から構想・画策されていたものである。

家茂と和宮は同じ年の生まれで、この時十五歳だった。孝明天皇は、和宮は幼少から有栖川宮熾仁親王と婚約していたため、当初これを拒否した。しかし、幕府は粘り強く交渉を重ねた。侍従岩倉具視は孝明天皇に、幕府が通商条約を破棄し、攘夷を断行することを降嫁の条件にしてはどうかと進言する。幕府も十年以内に従来の鎖国体制に復帰すると返答したので、孝明天皇は和宮の降嫁を決断した。和宮は縁組を頑なに辞退したが、あとに引けなくなった孝明天皇は、和宮が降嫁しないとあれば譲位も辞さないと迫り、和宮は降嫁を承諾するに至ったのである。

文久元年（一八六一）四月十九日、和宮は内親王宣下を受け、諱を親子と賜った。そして十月二十日、京都を出立し、中山道を下り、江戸へと向かったのである。その行列は総勢三万人、全長五十キロにも及んだという。和宮は十二月十一日に江戸城本丸大奥に入り、婚儀が執り行われた。

万延元年五月十一日付け島田龍章書状（和宮容貌書）

彦根城博物館所蔵

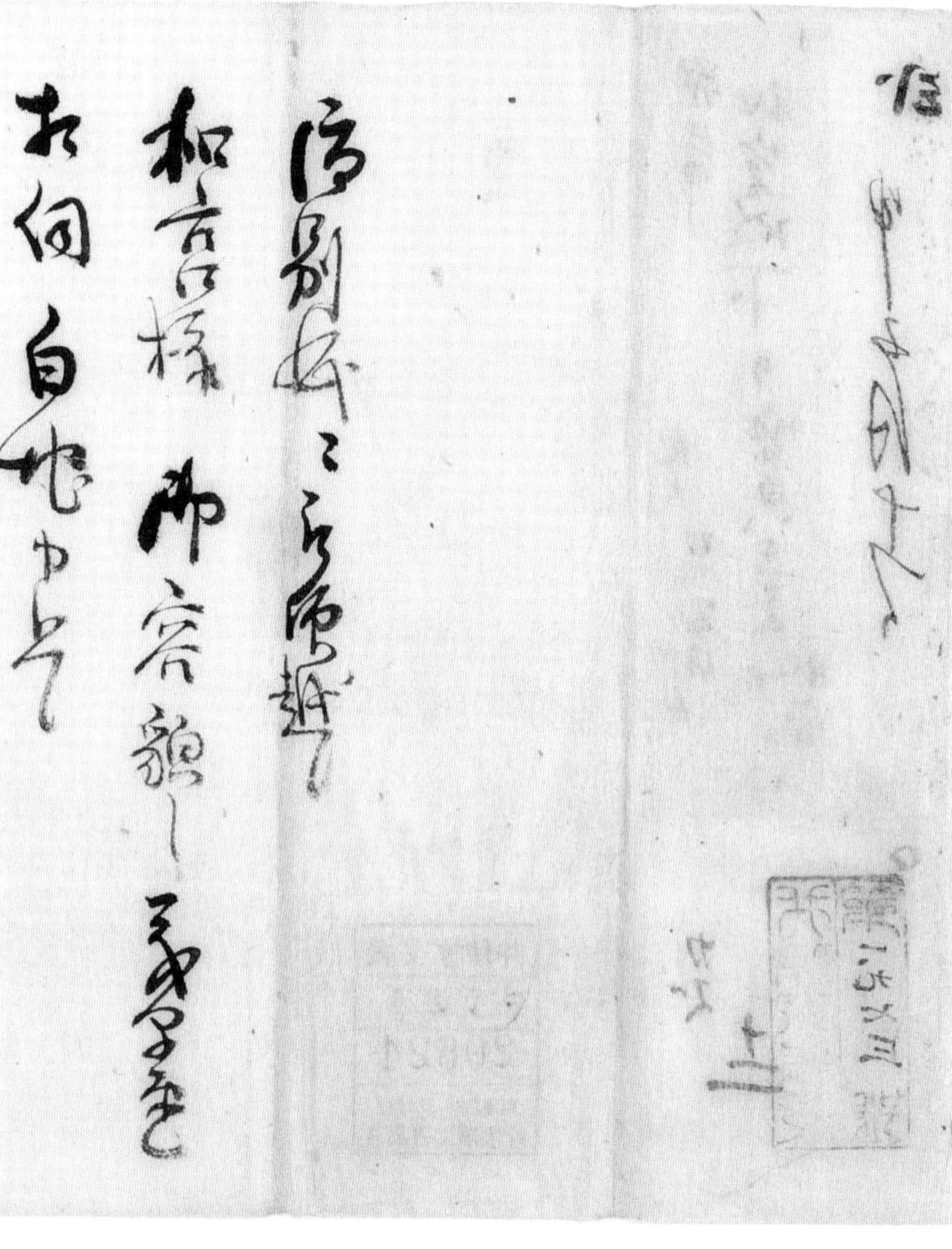

御別紙ニ被仰越候
和宮様　御容貌之義、早速
相伺、白地中上候、
一、御脊、御年齢御相応ニて
　先ツ御中脊、

一、御菊石　壱ツモ無之、
一、御顔○不長不丸、御常躰、（中高ニして）
一、御口　至テ御少キ方、
一、御鼻高ク、御鼻筋尤十分ニ
通リ候方、
一、御眼大キク鈴形、御見張
乍恐至テ御宜敷候、
一、御眉御常躰、
一、御手足至テ御尋常、
京言葉ニ中節ハ至テ
キヤシヤなる方、

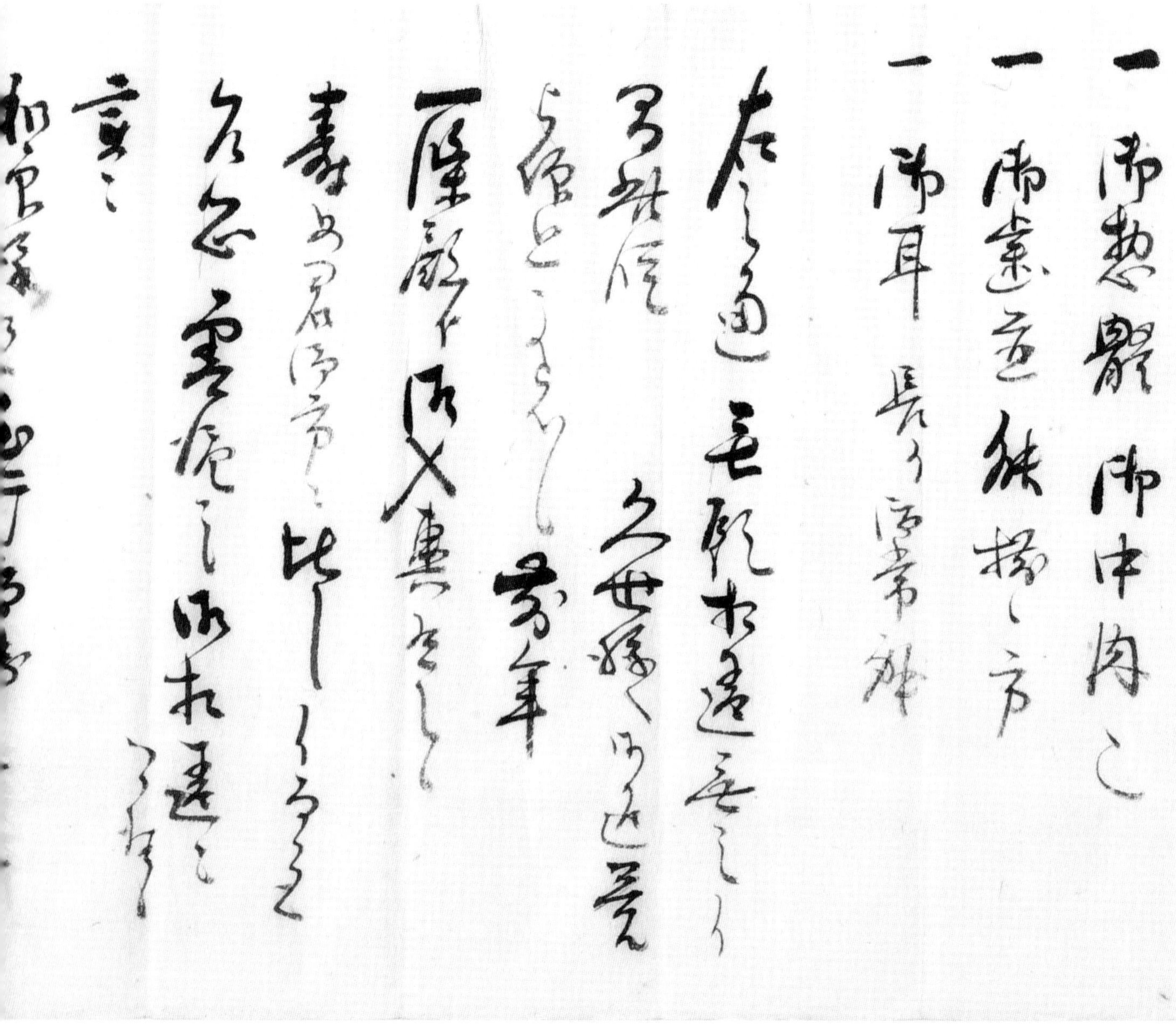

一、御惣体　御中肉也、
一、御歯並能揃候方、
一、御耳　長ク御常躰
右之通毛頭相違無之候
間、此段　久世（広周）様へ御返答
被仰上可被下候、前年
一條（忠良）殿ゟ御入輿有之候
すめ（寿明）君御方ニ比し候而者、
乍恐雲泥之御相違ニ御座候、
実々
和宮様者至テ御勝れ被遊候

被為有候ハヽ、如何程
殿下(九条尚忠)ゟ蘇張之御説得
被為有候而も、迚モ〳〵御沙
汰止ミハ申ニ不及、有栖川宮御父子(幟仁・熾仁)
ニも中々御請引無之処、誠ニ
難有僥倖ニ、丙午ニ被為渡、
殿下之御説得三四ケ度ニて
御速ニ御請ニ相成、恐なから私義も
御褒詞ヲ蒙り候次第ニ至り

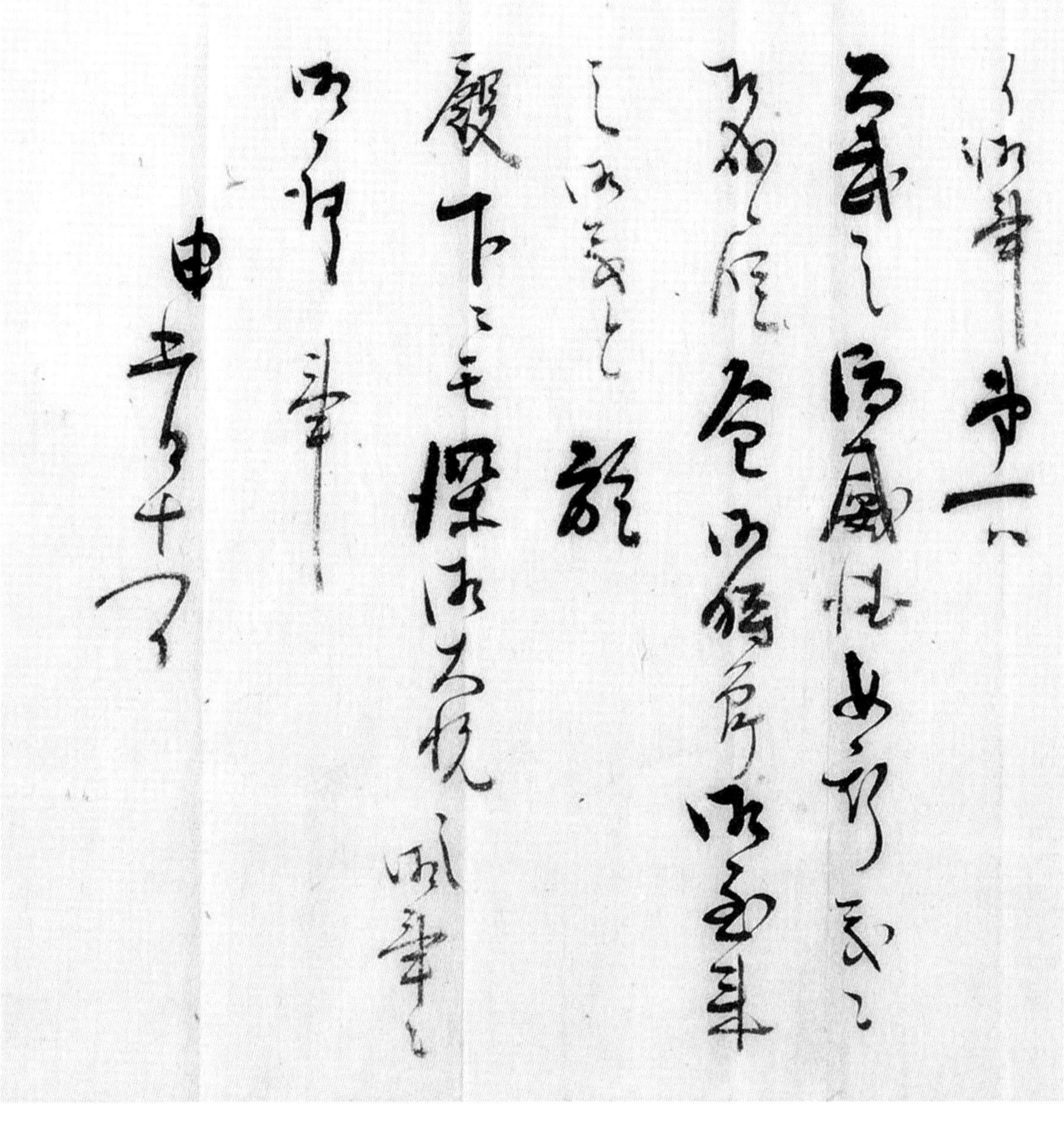

候御事、第一ハ
公武之御威徳如斯義ニ
相成候段、全御時節御至来
之御義と、於
殿下ニモ深御大悦之御事ニ
御座候事、
　中五月十一日

【読み下し文】

御別紙に仰せ越され候和宮様御容貌の義、早速相伺い、白地に申し上げ候、
一、御脊、御年齢御相応にて先ず御中脊、
一、御色、真実御白き方、
一、御菊石、壱つもこれ無し、
一、御顔中高にして長からず丸からず、御常躰、
一、御口、至って御小さき方、
一、御鼻高く、御鼻筋尤も十分に通り候方、
一、御眼大きく鈴形、御見張恐れ乍ら至って御宜しく候、
一、御眉御常躰、
一、御手足至って御尋常、京言葉に申す節は至ってキャシャ（華奢）なる方、
一、御惣体、御中肉也、
一、御歯並びよく揃い候方、
一、御耳、長く御常躰、
右の通り毛頭相違これ無く候間、この段久世様へ御返答仰せ上げられ下さるべく候、前年一條殿より御入輿これ有り候すめ（寿明）君御方に比し候ては、恐れ乍ら雲泥の御相違に御座候、実々和宮様は至って御勝れ遊ばされ候御容儀にて、丙午の御干支に有らせられず候わば、如何程殿下より蘇張の御説得有らせられ候而も、迚も迚も御沙汰止みは申すに及ばず、有栖川宮御父子にも中々御請け引きこれ無き処、誠に有り難き僥倖に、丙午に渡らせられ、殿下の御説得三、四ケ度にて御速やかに御請けに相成り、恐れながら私義も御褒詞を蒙り候次第に至り候御事、第一は公武の御威徳斯くの如き義に相成り候段、全く御時節御至来の御義と、殿下に於いても深く御大悦の御事に御座候事、（後略）

本状は、関白九条尚忠の家臣島田龍章（左近）が、和宮の容貌について調査し、報告したものである。この報告書が作成された万延元年（一八六〇）五月は、幕府が、再三にわたって和宮降嫁を朝廷に奏請していた時期である。和宮の兄である孝明天皇が、和宮降嫁を勅許するのは同年十月のことであり、この報告はまさにその前に作成されたものだった。

本状をもとに、和宮の容貌を思い浮かべてみよう。和宮は年齢相応の身長で、手足に変わったところはなく、骨格は華奢で、中肉である。顔は、色白で、菊石は一つもなく、長くもなく丸くもない一般的な顔立ちだった。口はとても小さいほうで、鼻は高く鼻筋も十分に通っており、目は大きく鈴形だった。歯並びは良く、耳も長く変わったところはない、としている。当時の人たちは、これでだいたいの人相を想定できた。老中久世広周に上呈して欲しいとあり、久世から十四代将軍徳川家茂に報告されたと思われる。以前、十三代将軍徳川家定の御台所として京都から江戸に下った、一条寿明姫とは雲泥の違いがあるとも付け加えている。

また、後半部分からは、和宮の婚約者である有栖川宮熾仁に対しても、和宮との婚約を解消するよう、九条尚忠から度重なる説得がなされていたことがわかる。和宮が丙午の生まれであることが交渉の材料となっていたことも窺える。

島田は、井伊直弼（安政七年〈一八六〇〉三月三日には死去）の腹心長野義言（主膳）と協力し、日米修好通商条約調印に反対していた九条尚忠を賛成派に転じさせ、また尊攘派を探索するなど辣腕を振るった人物だった。本状は、長野を仲介して老中久世広周に提出されたものと思われる。幕府は和宮降嫁を実現すべく、水面下で動いていたのである。

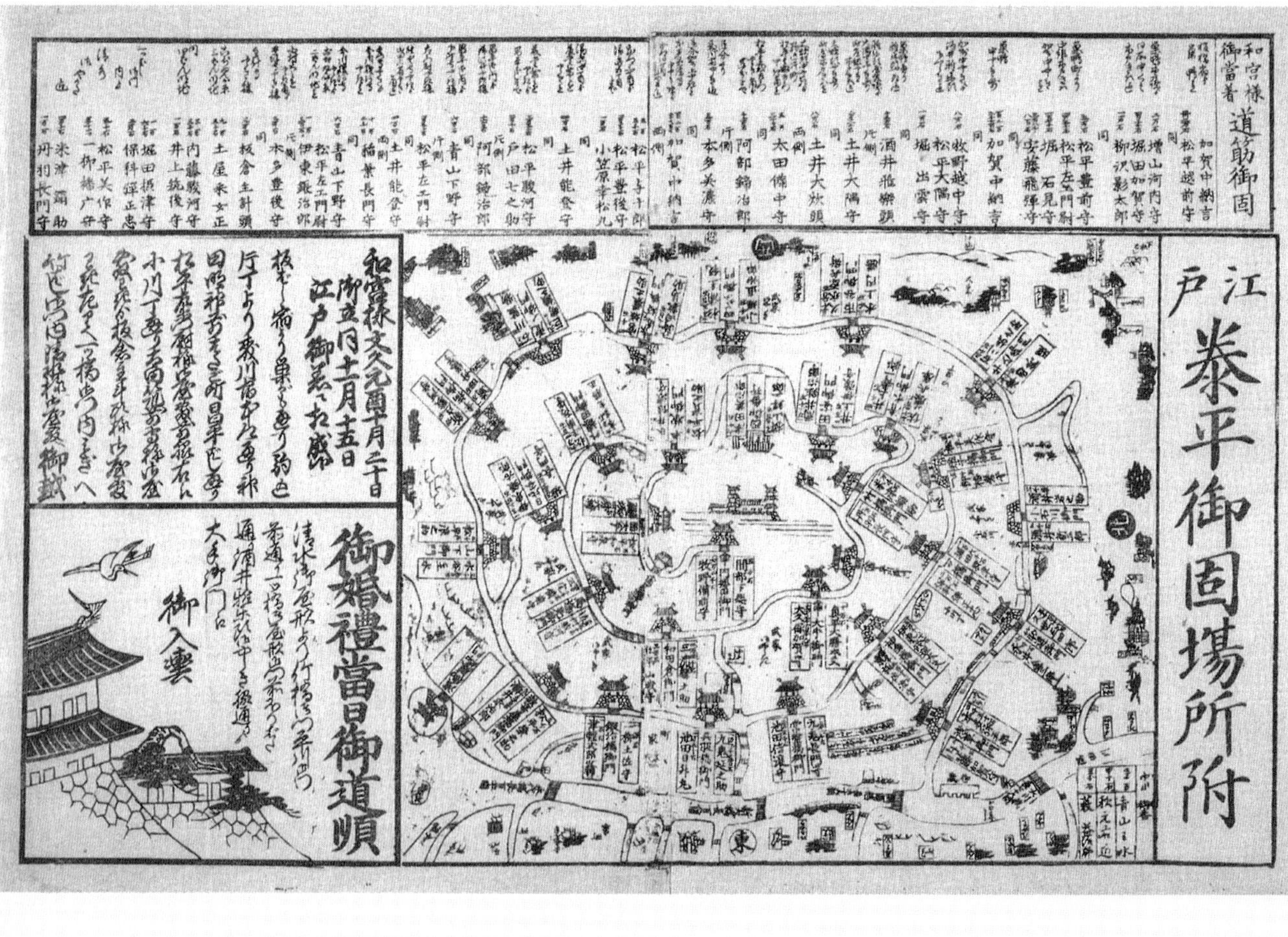

【和宮の江戸到着】

この瓦版「江戸泰平御固場所附」の左側中段には、和宮が京都から中山道を通って江戸へ入ってくる際の、板橋宿から竹橋門内の清水家屋敷へ至るまでの経路（①）が、左側下段には婚礼当日の道順（②）が記されている。さらに上段には「和宮様御当着道筋御固」とあり、二十九の区間に警備担当の大名の名前が四十五名も記されており、江戸城周辺が厳戒態勢にあったことを物語っている。

①

和宮様文久元酉十月二十日
御立同十一月十五日
江戸御着ニ相成候
板ばし宿より巣がも通り、駒込
片丁より森川宿本郷通り、神
田明神前はたご町昌平ばし通り、
松平左衛門尉様御屋敷前右江
小川丁通り太田筑前守様御屋
敷わきゟ板倉主計頭様御屋敷
わき左りへ、一ツ橋御門内こぎへ、
竹ばし御門内清水様御屋敷御越、

②

御婚礼当日御道順
清水御屋形より竹橋御門平川御門
前通り、一ツ橋御屋形御門前ほりばた
通り、酒井雅楽頭御やしき脇通りゟ
大手御門江
御入輿

リンカーンの親書

日米和親条約の締結によって初代総領事として下田に駐在したタウンゼント・ハリスは、文久二年（一八六二）に帰国を願い出た。体調不良がその理由だったが、南北戦争に揺れる母国アメリカを心配したからだともいわれている。

前年、アメリカでは奴隷制反対を主張する共和党のエイブラハム・リンカーンが大統領に当選した。当時アメリカでは、資本主義の発展と西部開拓の進展により、奴隷制をめぐって南部と北部が対立を深めていたが、奴隷制度の存続を主張する南部十一州は合衆国から脱退し、アメリカ南部連合を結成した。こうして一八六五年まで続く南北戦争が始まった。ちなみに、ハリスは民主党、リンカーンは共和党であり、党派の異なる大統領だった。

第二代駐日総領事には、ロバート・プルインが着任した。プルインは文久二年（一八六二）四月十九日に十四代将軍徳川家茂（いえもち）に謁見し、大統領リンカーンの親書を提出した。ところが、下関海峡でアメリカ商船が長州藩に砲撃されたので、報復攻撃を命じたのだった。その後、幕府がアメリカに軍艦を発注したところ、プルインが関係者を使った疑惑が生じ、幕府の信頼を失ったため、病気を理由に任期途中で帰国した。第三代駐日公使ロバート・ヴァン・ヴォルケンバーグが着任するまでは、通訳官兼書記官のアントン・ポートマンが代理公使を務めた。

慶応元年（一八六五）十二月二日に任命され、翌二年に来日したヴォルケンバーグは、明治二年（一八六九）十月八日に退任した。日本で幕府が倒れ、新政府が誕生するまでを見届けた公使だった。

文久元年十一月十四日付け米国大統領リンカーン親書訳文

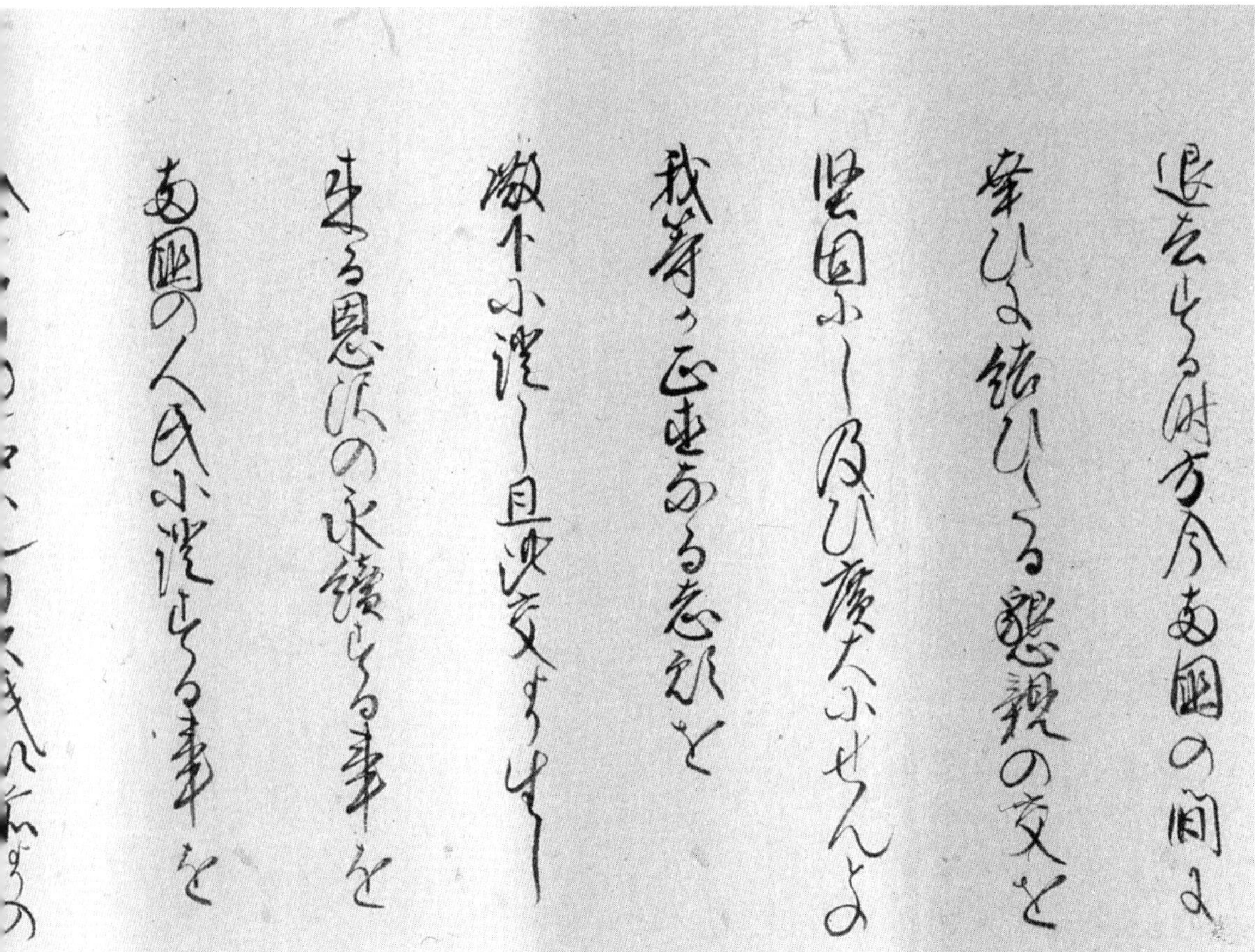

個人所蔵（徳川宗家文書）

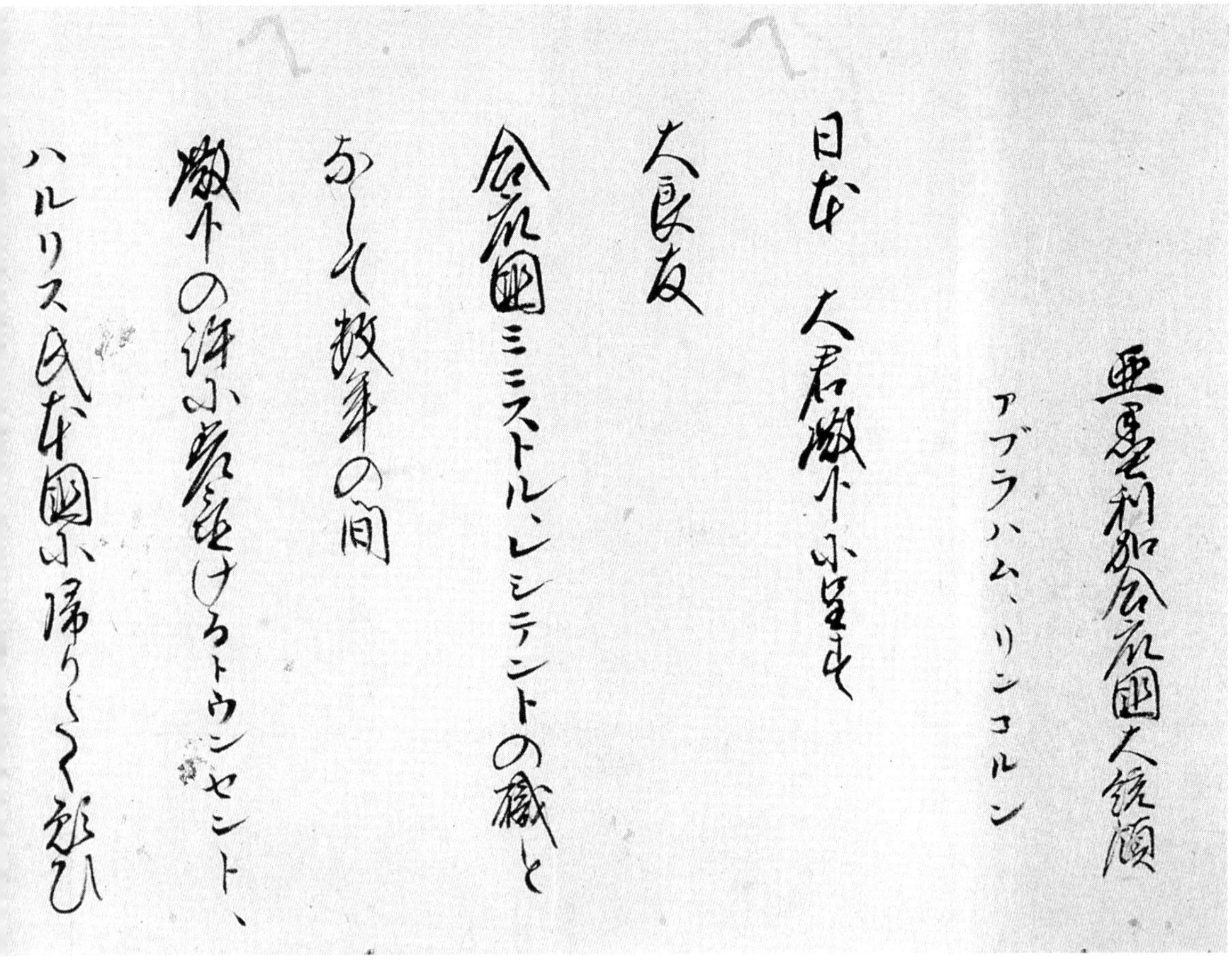

亜墨利加合衆国大統領
アブラハム、リンコルン（エイブラハム・リンカーン）
日本　大君（徳川家茂）殿下に呈す、
大良友
合衆国ミニストル、レシテントの職と
なして、数年の間
殿下の許に差置けるトウンセント（タウンゼント）、
ハルリス氏、本国に帰りたく願ひ
出しによりて、余、其願の如く

許容して
殿下と別離をなす事を
命せり、
日本政府と最懇切なる交を
大切になし遂るを在留中の
職分とせるハルリス氏に、江戸を

退去する時、方今両国の間に
幸ひに結ひたる懇親の交を
堅固にし、及ひ広大にせんとの
我等か正直なる志願を
殿下に証し、且此交より生し
来る恩沢の永続する事を
両国の人民に証する事を
命せり、○右ハルリス氏、以前よりの

職分を精勤せしによりて、
余望むらくは、同人此度の
命を
殿下の悦ひ給ふ様に務むへし、
耶蘇降世後千八百六十一年
第十一月十四日華盛頓（ワシントン）に於て書す、

殿下の良友たる
アブラハム、リンコルン手記
大統領の命にて
外国事務ミニストル
ウイリヤム、エッチ、シウァル調印

【読み下し文】

亜墨利加合衆国大統領　アブラハム、リンコルン

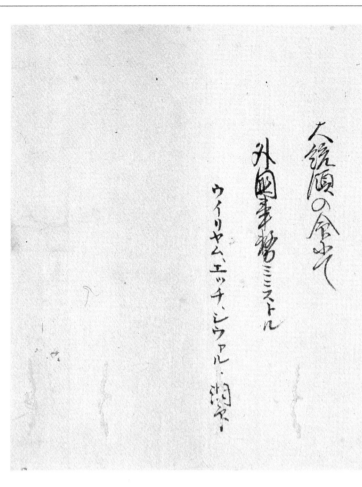

日本大君殿下に呈す、大良友合衆国ミニストル、レシテントの職となして、数年の間殿下の許に差し置けるトウンセント、ハルリス氏、本国に帰りたく願い出しによりて、余はその願いの如く許容して殿下と別離をなす事を命ぜり、日本政府と最も懇切なる交を大切になし遂げるを在留中の職分とせるハルリス氏に、江戸を退去する時、方今両国の間に幸いに結びたる懇親の交を堅固にし、及び広大にせんとの我等が正直なる志願を殿下に証し、且この交より生じ来たる恩沢の永続する事を両国の人民に証する事を命ぜり、○右ハルリス氏、以前よりの職分を精勤せしによりて、余が望むらくは、同人この度の命を殿下の悦び給うように務むべし、

耶蘇（やそ）降世後千八百六十一年第十一月十四日華盛頓（ワシントン）に於いて書す、（後略）

アメリカ総領事タウンゼント・ハリスは、一八〇四年ニューヨーク州ワシントン郡サンデーヒルに生まれた。日米和親条約十一条に記された駐在領事への就任を自ら希望し、大統領フランクリン・ピアースから初代駐日領事に任命された。そして通訳兼書記官ヘンリー・ヒュースケンと共に日本を目指し、安政三年（一八五六）七月二十一日、日本に渡来した。日米通商交渉条約が締結されると、ハリスは初代駐日公使となり、伊豆下田の領事館を閉鎖して江戸の元麻布善福寺（ぜんぷくじ）に公使館を置き、そこで生活していた。しかし文久二年（一八六二）、ハリスは体調不良を理由に帰国を願い出る。幕府は留任を望んだが、アメリカ政府の許可が下りると、ハリスは五年九か月に及ぶ滞在を終えて、帰国した。

この文書は、ハリスの帰国願いを許可したアメリカ大統領リンカーンの親書を当時の日本語に翻訳したものである。日本大君殿下、すなわち将軍徳川家茂（いえもち）に対し、ハリスが本国に帰りたいと願い出たので、それを許可して日本を離れるよう命じた、とある。また、ハリスには、江戸を退去するにあたり、両国の間に結んだ懇親の交際を堅固にし、かつ広大にせんとの願いを将軍に対し明言すること、かつこの交際によって生じる恩沢が永続することを両国の人民に同じく明言することを命じた、と述べている。ハリスは、帰国後は静養に努めたが、七十三歳で肺炎により死去した。ニューヨーク市ブルックリン地区グリーンウッド墓地にあるハリスの墓碑には、「日本の友」と刻まれている。

生麦事件

文久二年（一八六二）四月、薩摩藩主島津茂久の父で藩の最高権力者（国父と呼ばれていた）である島津久光は、公武合体を推進するため、藩兵を率いて上京した。久光の働きかけにより、朝廷は幕政改革を命じる勅使を派遣することにし、久光は勅使大原重徳を警護して共に江戸へ下った。

六月七日、江戸に到着した久光は、人事や参勤交代の緩和など文久改革を実現した。目的を達成した久光一行は、大原より一日早い八月二十一日に江戸を出発した。その帰路、神奈川近郊の生麦村（現、横浜市鶴見区）で、一行は騎馬のイギリス人四名と遭遇した。当初、彼らは道をよけていたが、行列の間を横切ったため、敵対行為と見なされ、無礼のかどで薩摩藩士に斬られ、一名が斬殺され、二名が負傷した。女性一名は無事だった。

事件後、イギリス代理公使ニールは、幕府の老中や外国奉行と会談し、犯人の検挙を求めた。翌文久三年（一八六三）二月、イギリス本国から訓令が届くと、ニールは幕府に対して謝罪と賠償金十万ポンド、薩摩藩には犯人の処罰および賠償金二万五千ポンドを要求すると通告。老中格小笠原長行は独断で賠償金交付を命じ、イギリスに賠償金を支払った。

その後イギリスは、幕府の制止を振り切り、軍艦七隻で鹿児島湾に向かった。薩摩藩との直接交渉は不調に終わり、七月二日、薩英戦争が勃発するのである。集中砲火を受けた鹿児島市街の大部分が焼かれたが、イギリス側も戦死者十三名、負傷者五十名と、薩摩藩より人的被害が大きく、艦船にも損傷を負い、四日に退去した。薩摩藩は、戦死者五名、負傷者数十名だった。朝廷は攘夷を実現したと、これを賞した。

十月五日、イギリスと薩摩藩は横浜のイギリス公使館で講和に至った。薩摩藩は賠償金二万五千ポンドを幕府から借用して支払い、犯人を処刑すると約束した。以後、両者は急速に接近することとなるのである。

文久二年八月二十一日条　大久保利通日記

国立歴史民俗博物館所蔵

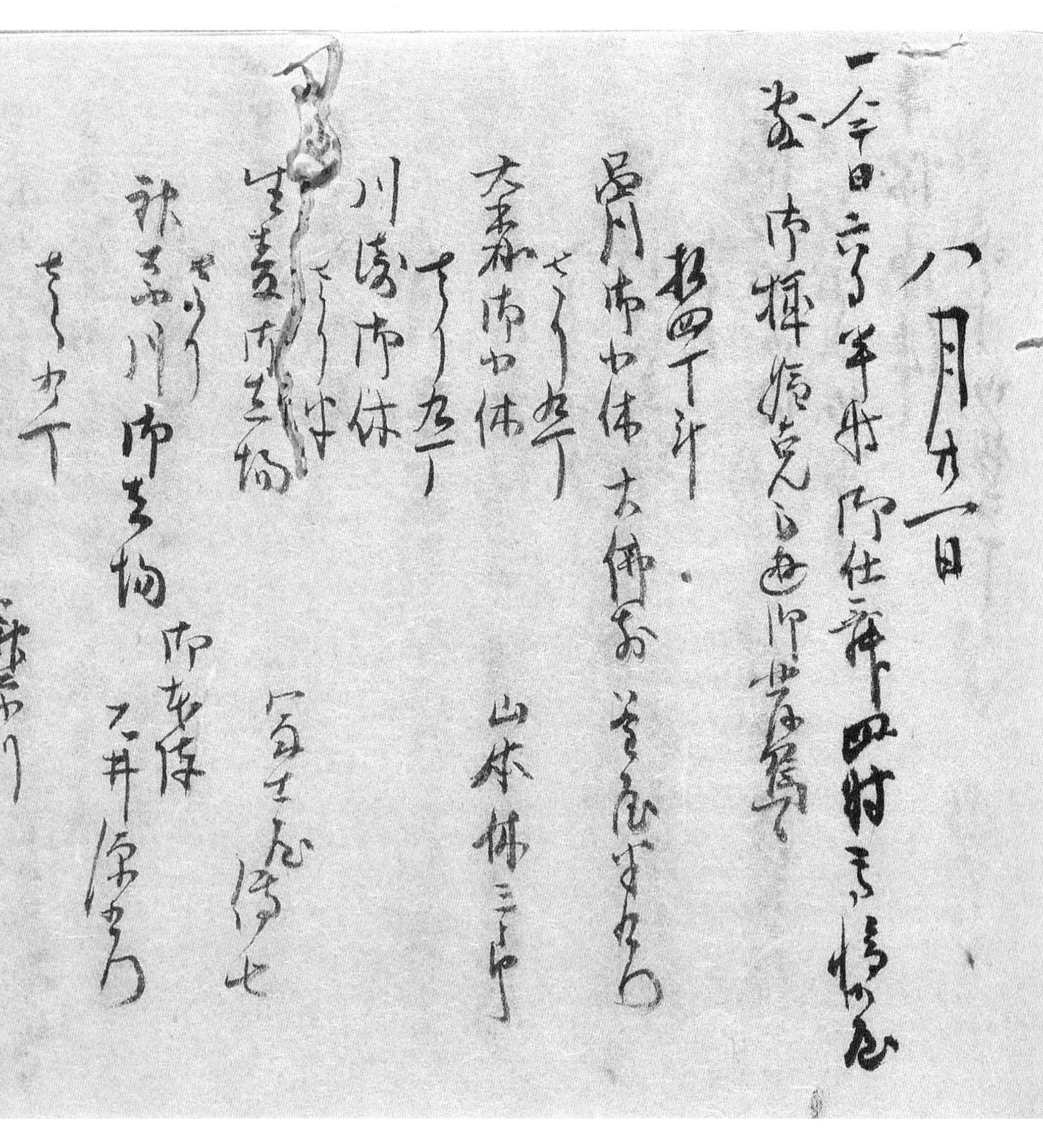

八月廿一日

一、今日六ツ半時御仕舞、四時高輪御屋
敷　御機嫌克被遊御発駕候、
　拾四丁計
品川御小休　大仏前　釜屋半右衛門
　壱り九丁
大森御小休　　　　山本休三郎
　壱り九丁
川崎御休
　壱り半
生麦御立場　　冨士屋伝七
　壱り　　　御本陣
神奈川御立場　　石井源右衛門
　壱り九丁
右之通被遊　御通行○御小休相成■程(ママ)
　　　　　　　　○神奈川
程か谷駅江暮時分、被遊　御光着候、

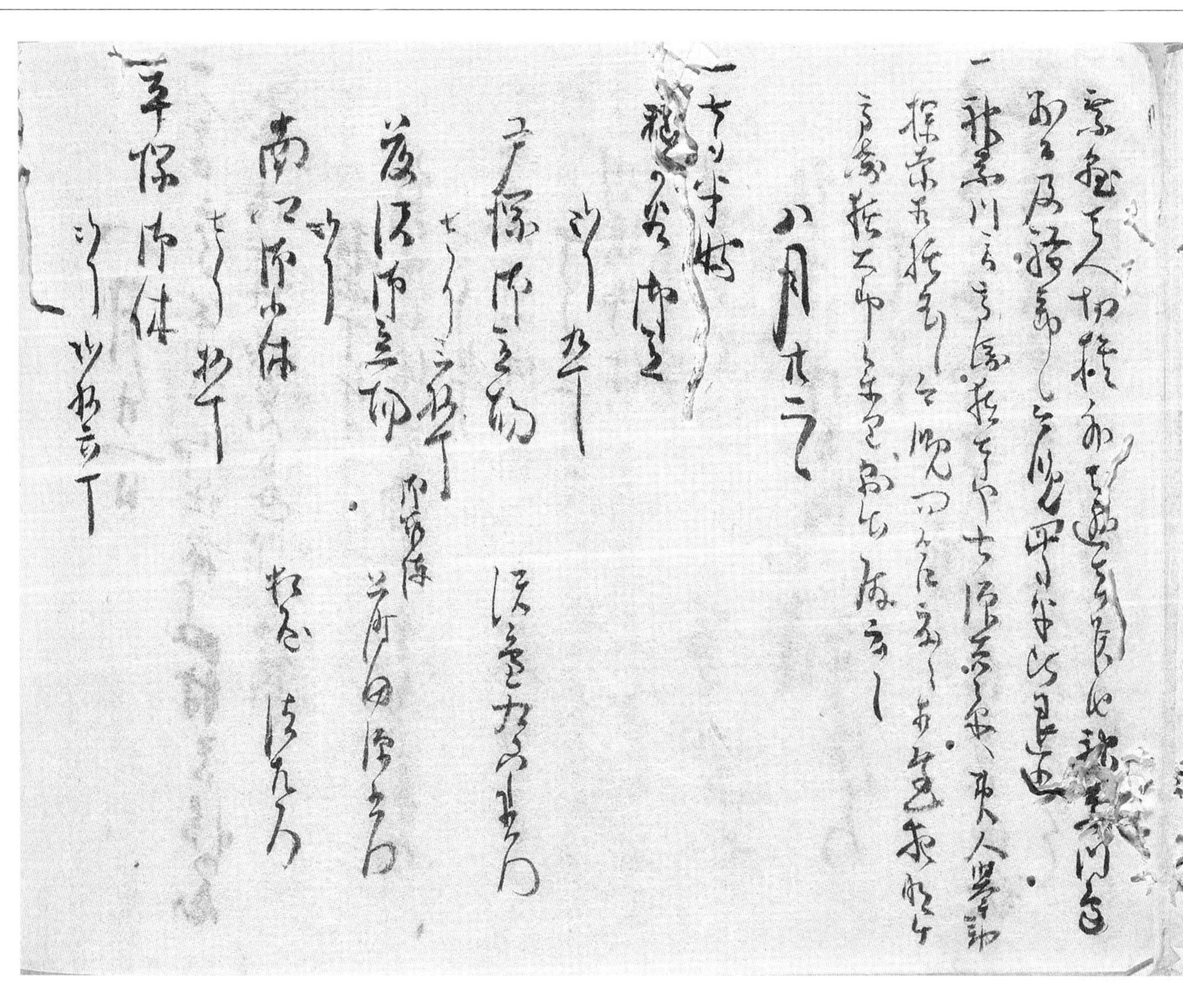

乗懸、壱人切捨、外者逃去候由、神奈川辺
別而及騒動候、今晩四ツ半比退出、
一、神奈川ニ而高崎猪太郎・土師吉兵衛へ夷人挙動
探索相托置候、今晩問合度々相達、夜明ケ
高崎猪太郎参り、則出　殿云々、
（後略）

【読み下し文】

八月廿一日

一、今日六つ半時御仕舞い、四つ時高輪御屋敷御機嫌よく遊ばされ御発駕候、

（中略）

右の通り御通行遊ばされ御小休相成り、程が谷駅へ暮れ時分、御光着遊ばされ候、

一、夷人生麦村にて御行列さきへ騎馬にて乗り懸け、壱人切り捨て、外は逃げ去り候由、神奈川辺は別して騒動に及び候、今晩四つ半ごろ退出、

一、神奈川にて高崎猪太郎・土師吉兵衛へ夷人挙動探索相托し置き候、今晩問い合わせ度々相達し、夜明け高崎猪太郎参り、則ち出殿云々、

（後略）

文久二年（一八六二）八月二十一日、薩摩藩士大久保利通は、島津久光らと共に京都へ戻るため、江戸高輪の薩摩藩邸を出発した。この日の日記に、大久保は、「夷人が生麦村で御行列の先へ騎馬で乗り懸かった。一人は切り捨て、その他は逃げ去った」と記している。のちに「生麦事件」と呼ばれる事件の現場に、大久保は居合わせたのだ。

事件は、行列が生麦村（現、横浜市鶴見区）に差し掛かった折に発生した。最初は行列が行くのをやり過ごしていた騎馬のイギリス人四名は、行列の先頭にいた薩摩藩士らからジェスチャーで下馬して道を譲るよう指示された。しかしイギリス人らには伝わらず、行列の隙間を突っ切ってしまった。これは明らかに敵対行為だった。ついに久光の乗る駕籠近くに進んだところで、藩士ら数名がイギリス人に斬りかかった。一人が殺害され、二人が重傷を負った。

大久保の日記によれば、当初神奈川宿（現、横浜市神奈川区）に宿泊する予定だったが、宿周辺が大変な騒動になったので、保土ヶ谷宿（現、横浜市保土ヶ谷区）に宿泊先を変更した。また、藩士二人に「夷人挙動」（横浜居留地の報復の動き）を警戒して、探索を任せたということである。久光一行は、保土ヶ谷宿に留まるようにと幕府から要請されたが、無視して翌日出発した。

英国公使館焼き討ち

開国以来、幕府は公使館に寺院を充てていたが、専用の公使館を建設して欲しいとの声が外国から寄せられていた。文久元年（一八六一）、幕府は御殿山（現、品川区北品川）に公使館を建設することを決定する。最初に着手したのがイギリス公使館だった。工事は順調に進み、木製の柵と深い濠を持つ、二階建ての洋風建築が完成しようとしていた。

ところが文久二年（一八六二）十二月十二日（正確には十三日午前二時頃）、完成間近だったイギリス公使館が焼き討ちに遭った。実行したのは、長州藩士の高杉晋作をはじめ、久坂玄瑞・有吉熊次郎・大和弥八郎・長嶺内蔵太・伊藤俊輔（博文）・白井小輔・赤禰幹之丞・堀真五郎・福原乙之進・山尾庸三・志道聞多（井上馨）の十二名である。

高杉は、藩命での上海留学を終え、七月に帰国していた。その直後に生麦事件が発生し、長州藩も攘夷を実行しなければならないと考えたのである。十月、朝廷が幕府に攘夷を督促する勅使として三条実美と姉小路公知を派遣すると、江戸でも尊皇攘夷の気勢が大いに高まった。高杉らは、勅使滞在中の十一月三十一日、横浜金沢に外出した外国公使を襲撃する計画を立てる。これは実行前に露見し、高杉らは長州藩の世子毛利定広から謹慎を命じられた。その謹慎中に高杉らが結成したのが御楯組である。

十二月九日、毛利定広が江戸を離れた隙を見計らい、御楯組はイギリス公使館の襲撃を計画する。十二日夜、品川の青楼に集った彼らは、イギリス公使館に潜入して火薬を仕掛け、全焼させたのである。

文久二年十一月付け御楯組血盟書（高杉晋作ほか血判）

静岡市教育委員会所蔵

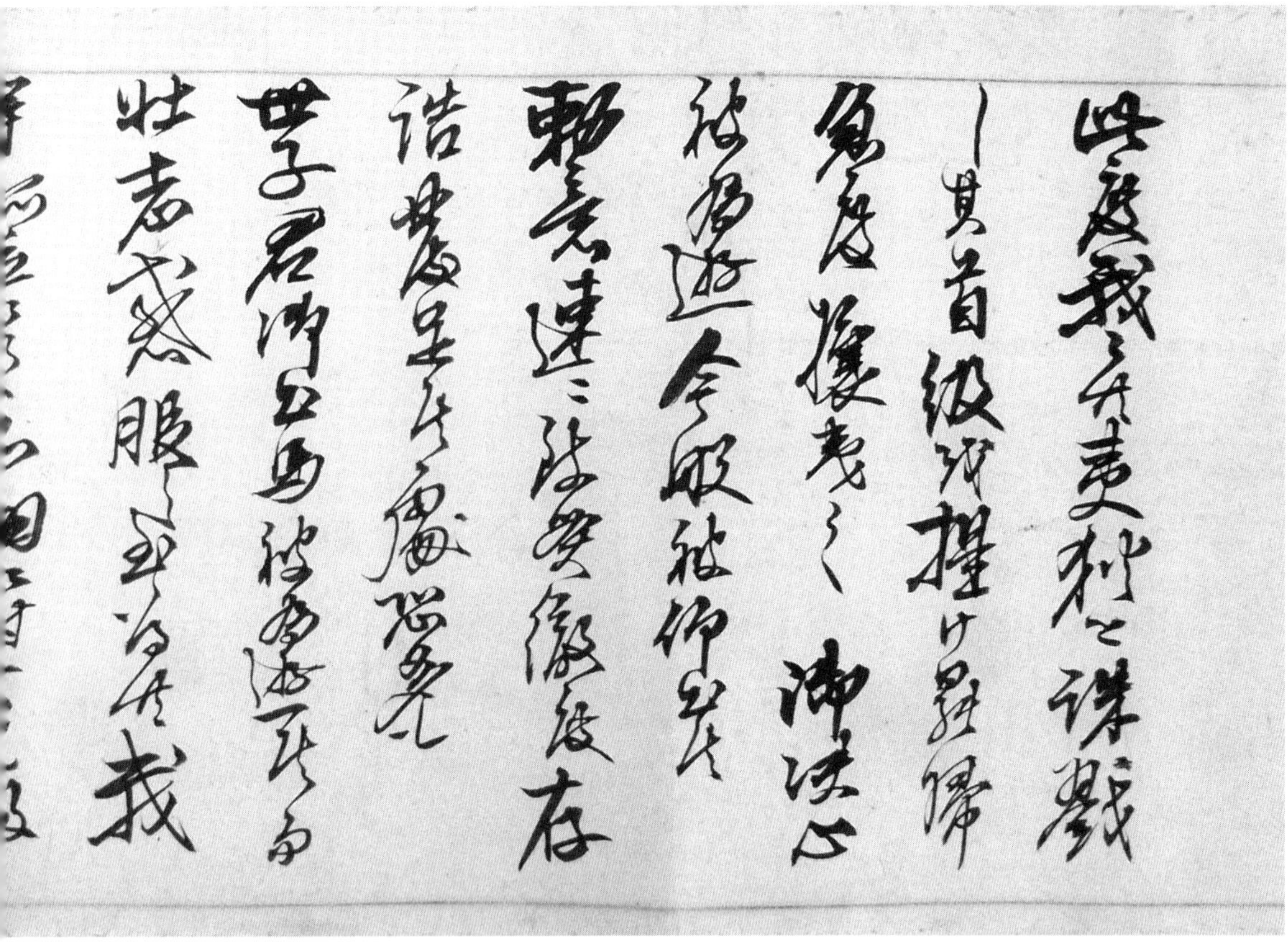

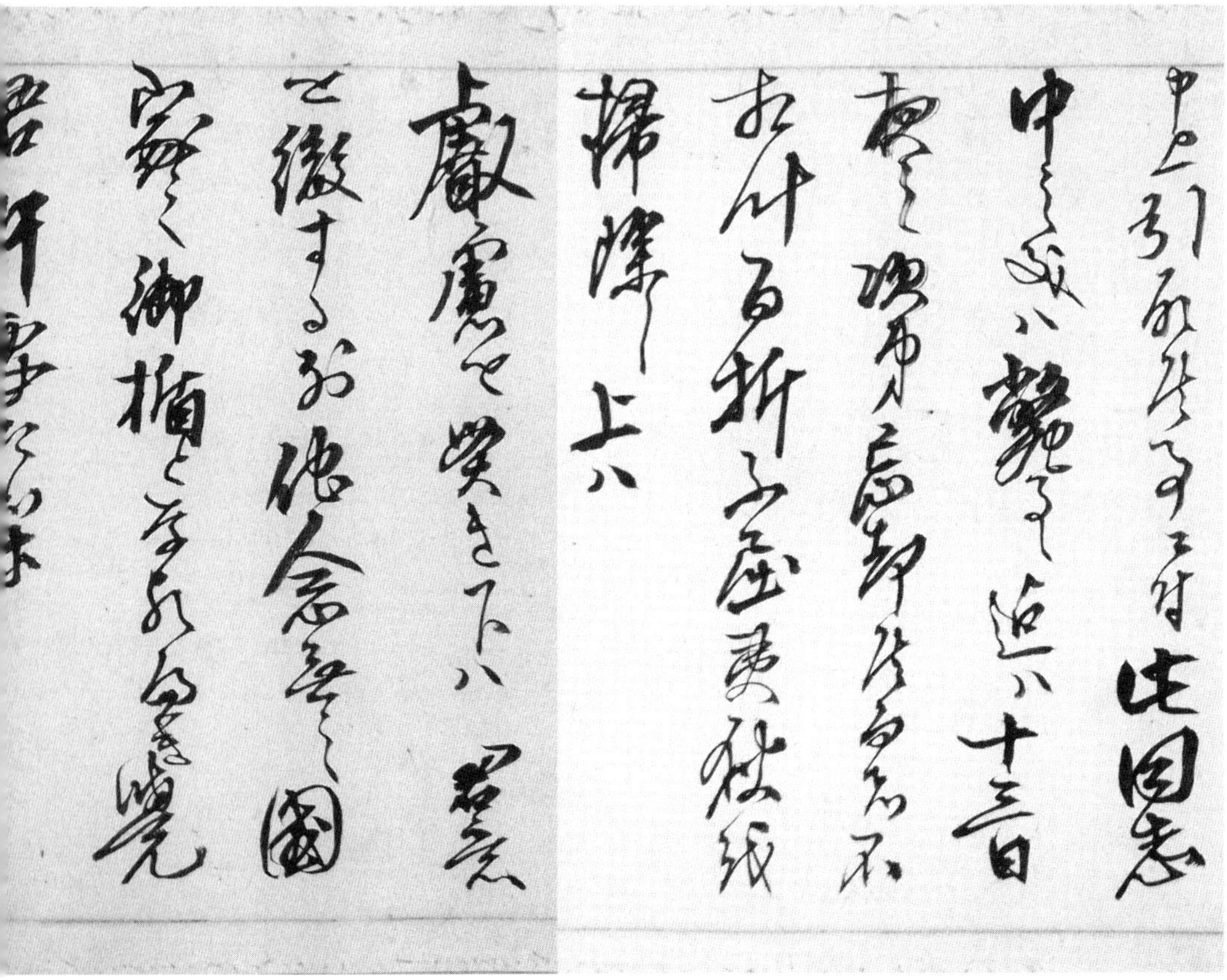

此度我々共、夷狄を誅戮し、其首級を提け罷帰、急度攘夷之　御決心被為遊、今般被仰出候勅意、速ニ致貫徹度存詰、発足候処、恐多も世子君、御出馬被為遊候而、壮志感服之至候得共、我等孤立ニ而ハ心細ニ付、一先帰参、尊攘之実功(効)補佐呉候様、御懇切之御教諭被仰付、一同不堪感涙之至、必竟、此度之一挙も、君上を後ニ仕候義毛頭無之、御決心之段奉祈候而之事ニ付、此後ハ益忠誠を励ミ、御奉公可仕段

申上、引取候事ニ付、此同志中之義ハ斃るゝ迄ハ、十三日夜之次第、忘却候而者不相叶、百折不屈、夷狄を掃除し、上ハ叡慮を貫き、下ハ　君意を徹する外他念無之、国家之御楯となるへき覚悟肝要たり、

同志中、一旦連結之上ハ進退出処尽し相謀り、自己之了簡ニ任すましき也、同志中落途有之歟、又ハ所存相違有之時ハ、何国まても論辨すへし、面従腹誹は於武士道愧へき処なり、

秘密之事件ハ父母兄弟

候ハヽ天神地祇

ニ擯ひ血盟する事

如件

文久二年戌十一月

高杉晋作春風

久坂玄瑞誠

大和弥八郎直

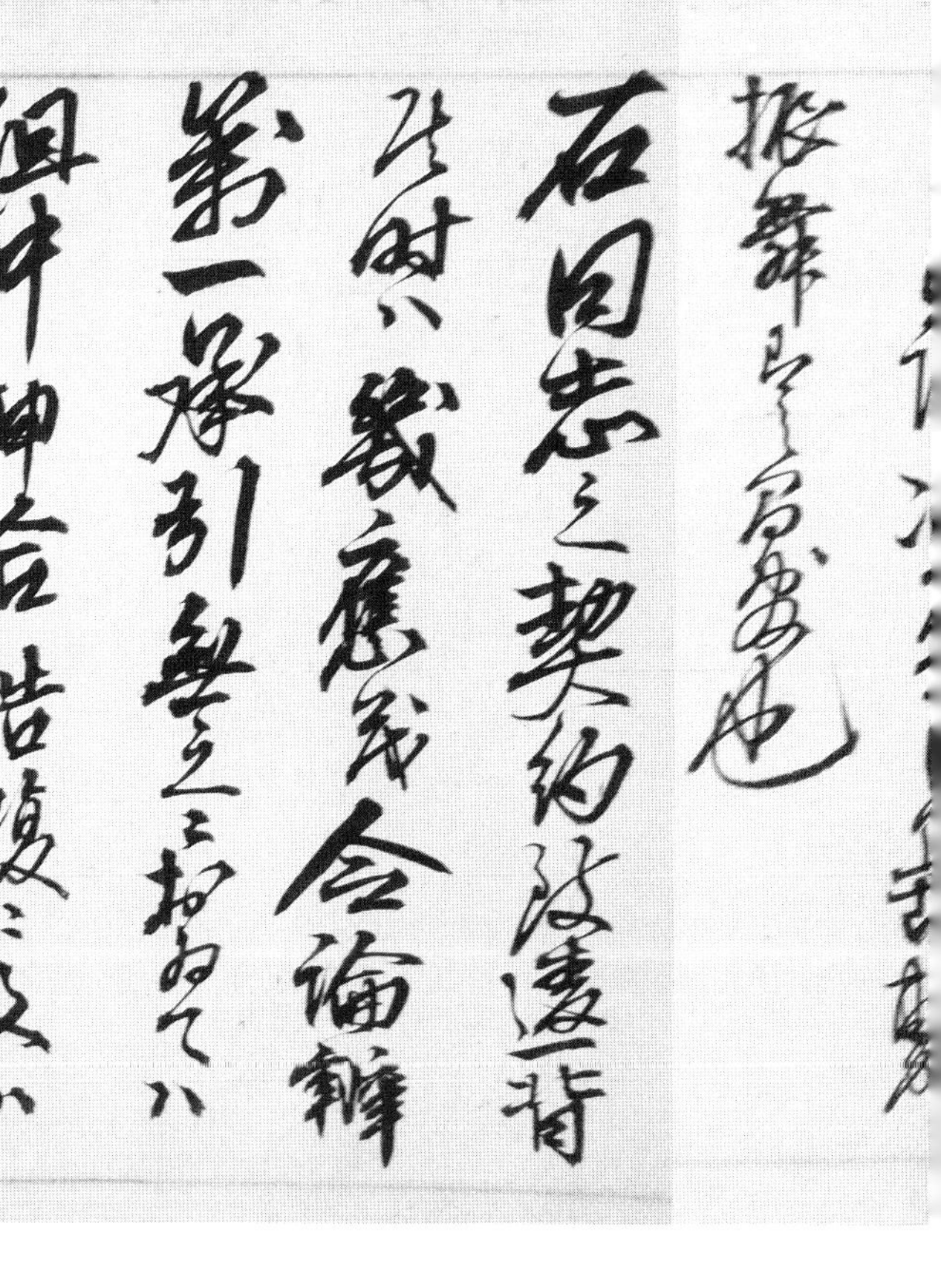

たりとも洩すへからす、万一被
召捕八裂ニ逢とも、致露
顕等之義有之間敷也、
御楯組中一人たりとも恥辱
を蒙る時ハ、其余之恥辱たり、
相互ニ死力以救援し、組中
之汚名を取ましき也、
我々共死生を同し、正気を
維持するに付而者、いか計離
流顛沛ニ逢とも、尊攘之
志屈し撓へからす、聚散離
合を以、志を変するハ禽獣
と謂へし、幾千万里を隔

とも、正議凜然見苦敷
振舞有之間敷也、
右同志之契約致違背
候時ハ、幾応茂令論辨、
万一承引無之ニおゐてハ、
組中申合、詰腹ニ及ふ

へし、依而天神地祇
ニ誓ひ、血盟する事
如件、
文久二年戌十一月

高杉晋作春（花押・血判）
久坂玄瑞誠（花押・血判）
大和弥八郎直（花押・血判）
長嶺内蔵太実（花押・血判）

志道聞多惟精（血判）
松嶋剛蔵久敬（血判）
寺嶋忠三郎昌（花押・血判）
有吉熊次郎良明（花押・血判）

御楯組血盟書（高杉晋作ほか血判）2

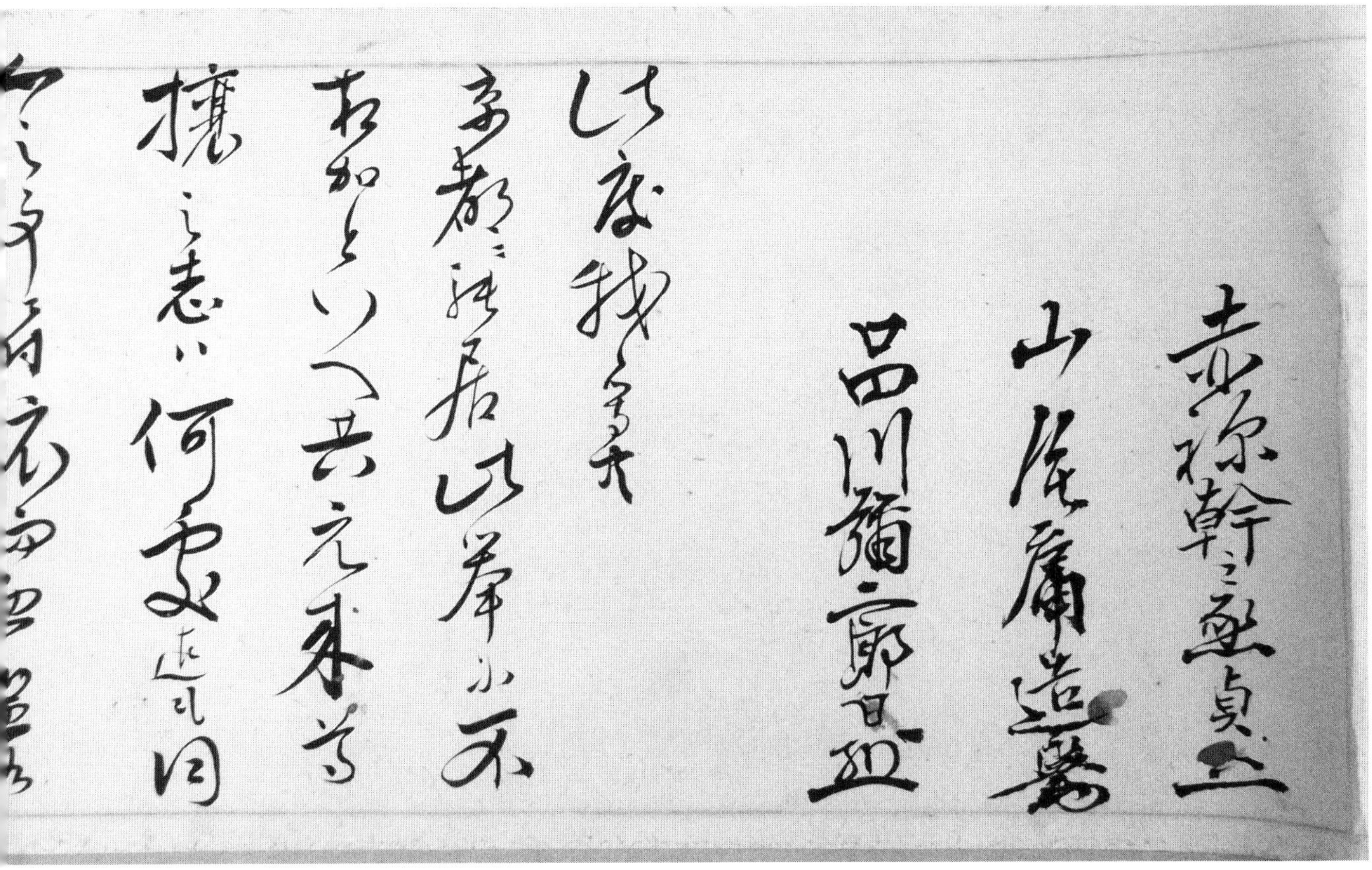

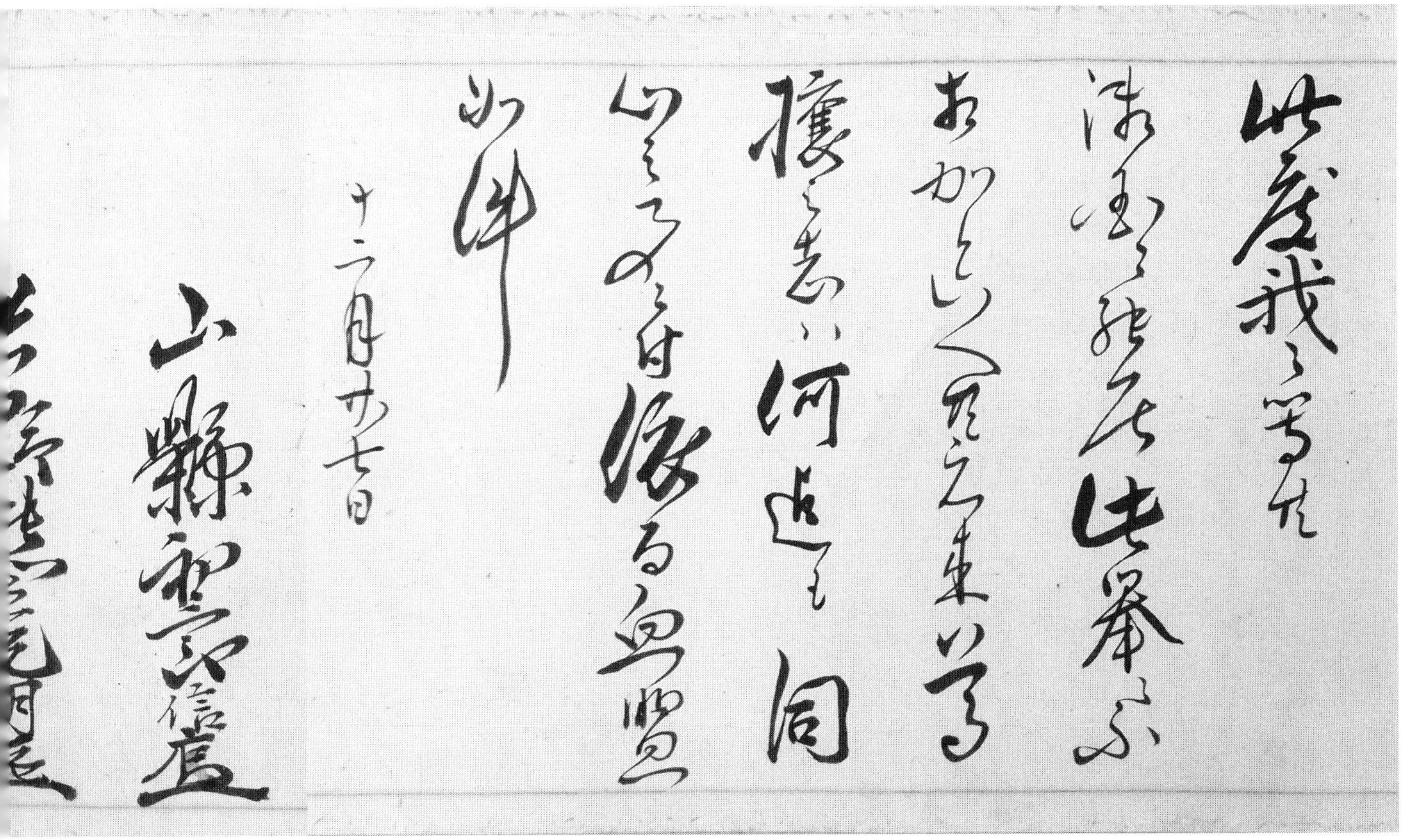

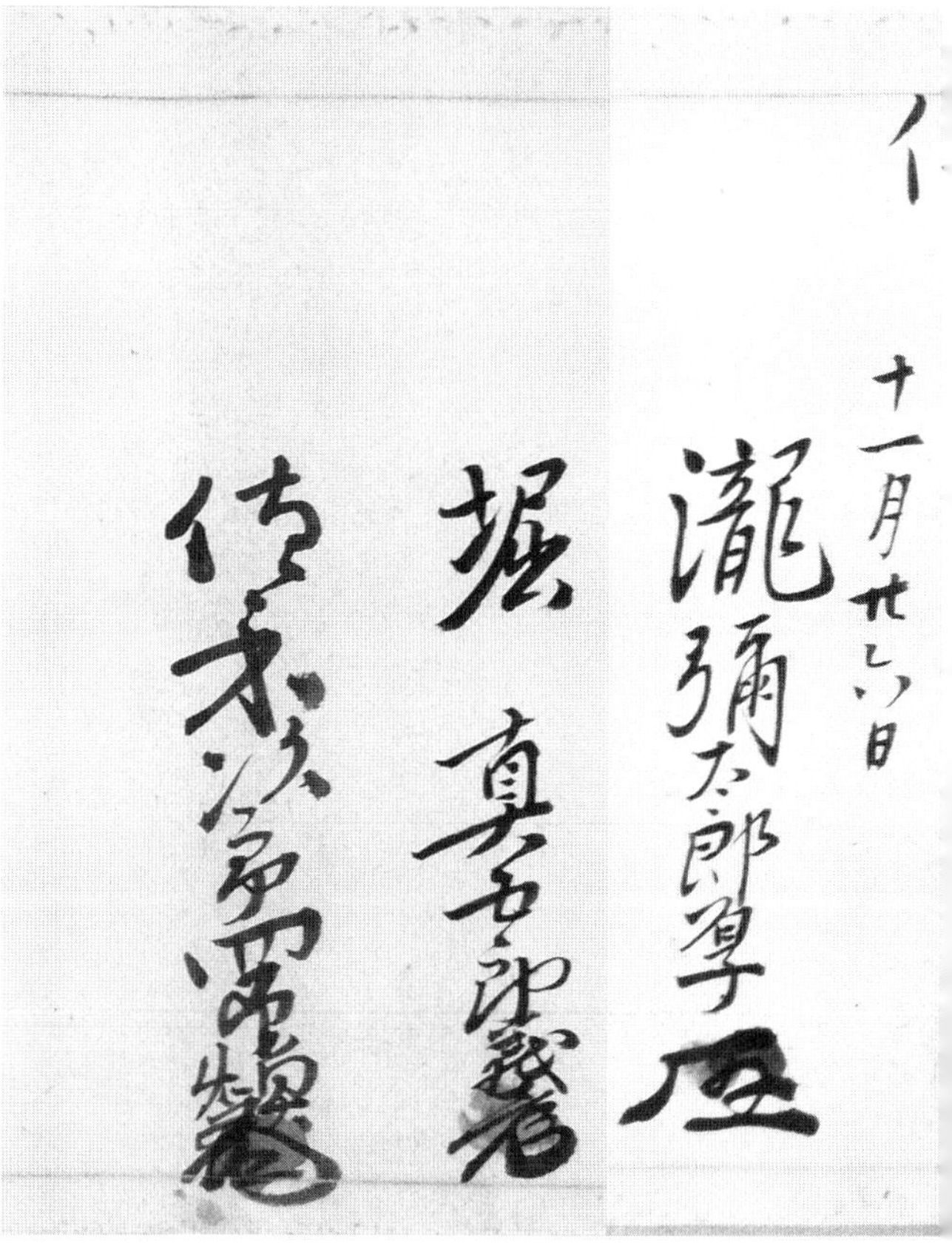

赤禰幹之丞 貞（花押・血判）
山尾庸造（花押・血判）
品川彌二郎 日（花押・血判）

此度我々等共
京都ニ罷居、此挙に不
相加といへ共、元来尊
攘之志ハ何処迄も同
心之事ニ付、依而血盟如
件、

十一月廿六日

瀧彌太郎 厚（花押・血判）
堀真五郎 義（花押・血判）
佐々木次郎四郎 煥（花押・血判）

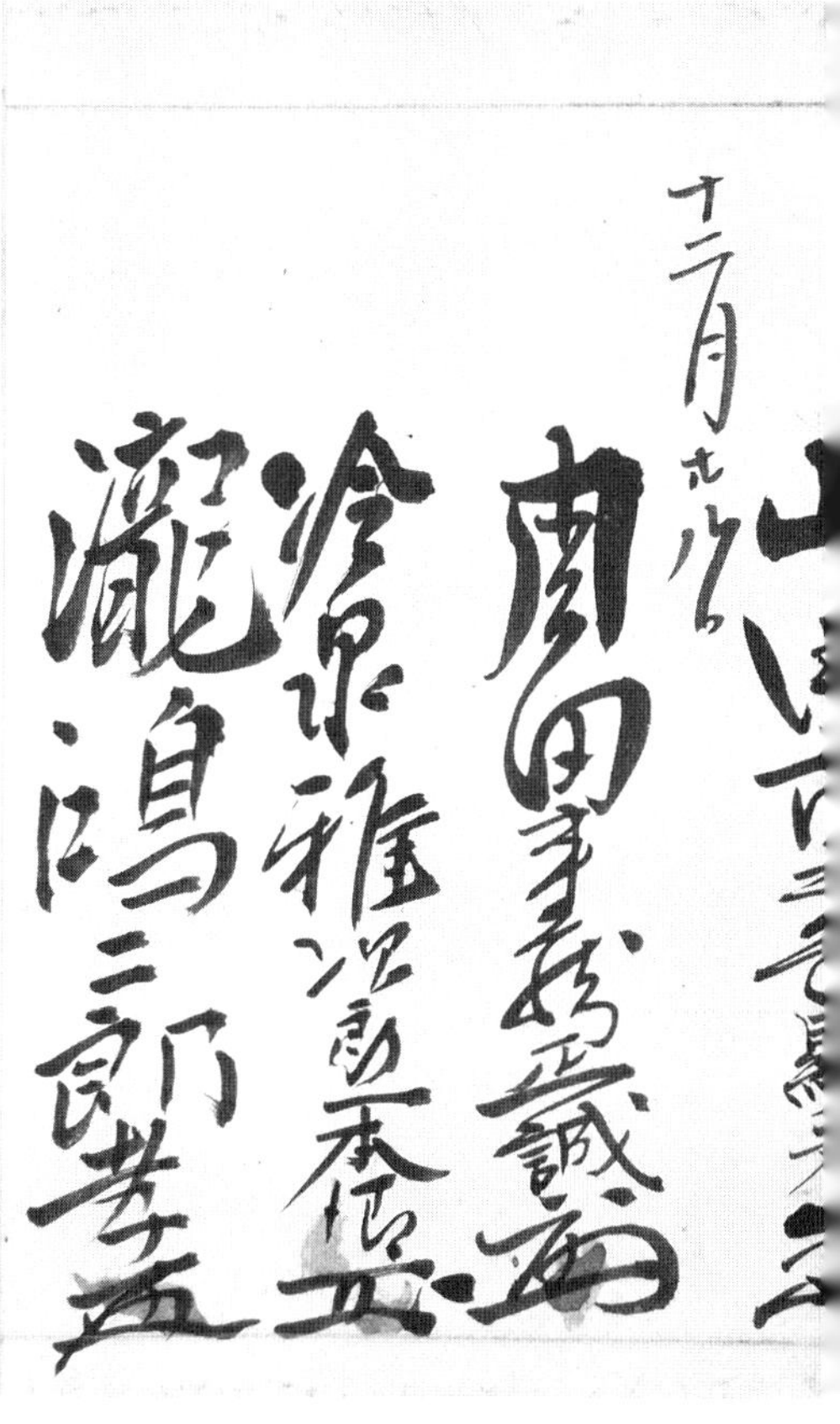

此度我々等共
御国ニ罷居、此挙ニ不
相加といへ共、元来尊
攘之志ハ何迄も同
心之事ニ付、依而血盟
如件、

十二月廿七日

山縣初三郎 信（花押・血判）
長野熊之允 明（花押・血判）
山田市之允 顕孝（花押・血判）

十二月廿八日

周田半蔵 正誠（花押・血判）
冷泉雅次郎 本清（花押・血判）
瀧鴻二郎 孝（花押・血判）

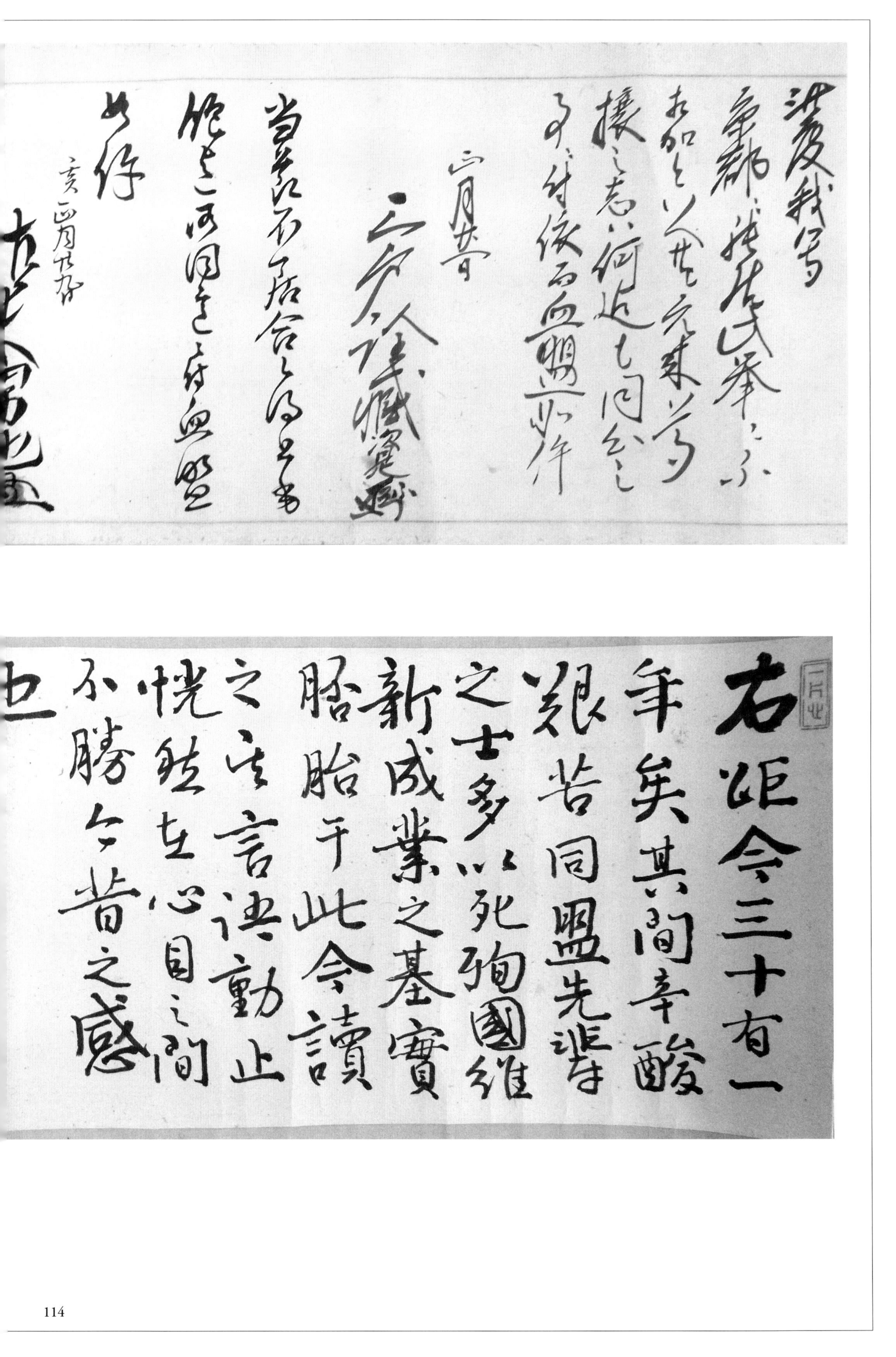

右距今三十有一
年矣其間辛酸
艱苦同盟先輩
之士多以死殉國維
新成業之基實
胚胎于此今讀
之言決動止
恍然在心目之間
不勝今昔之感
也

此度我等
京都ニ罷居、此挙ニ不
相加といへ共、元来尊
攘之志ハ何迄も同心之
事ニ付、依而血盟如件
正月廿一日
三戸詮蔵 次是（花押・血判）

当節不居合候得とも、
飽迄御同意ニ付、血盟
如件、
亥正月廿九日
佐々木男也（花押・血判）
楢﨑八十槌 寛（花押・血判）
吉田栄太郎 秀（花押・血判）
野村和作 芳（花押・血判）

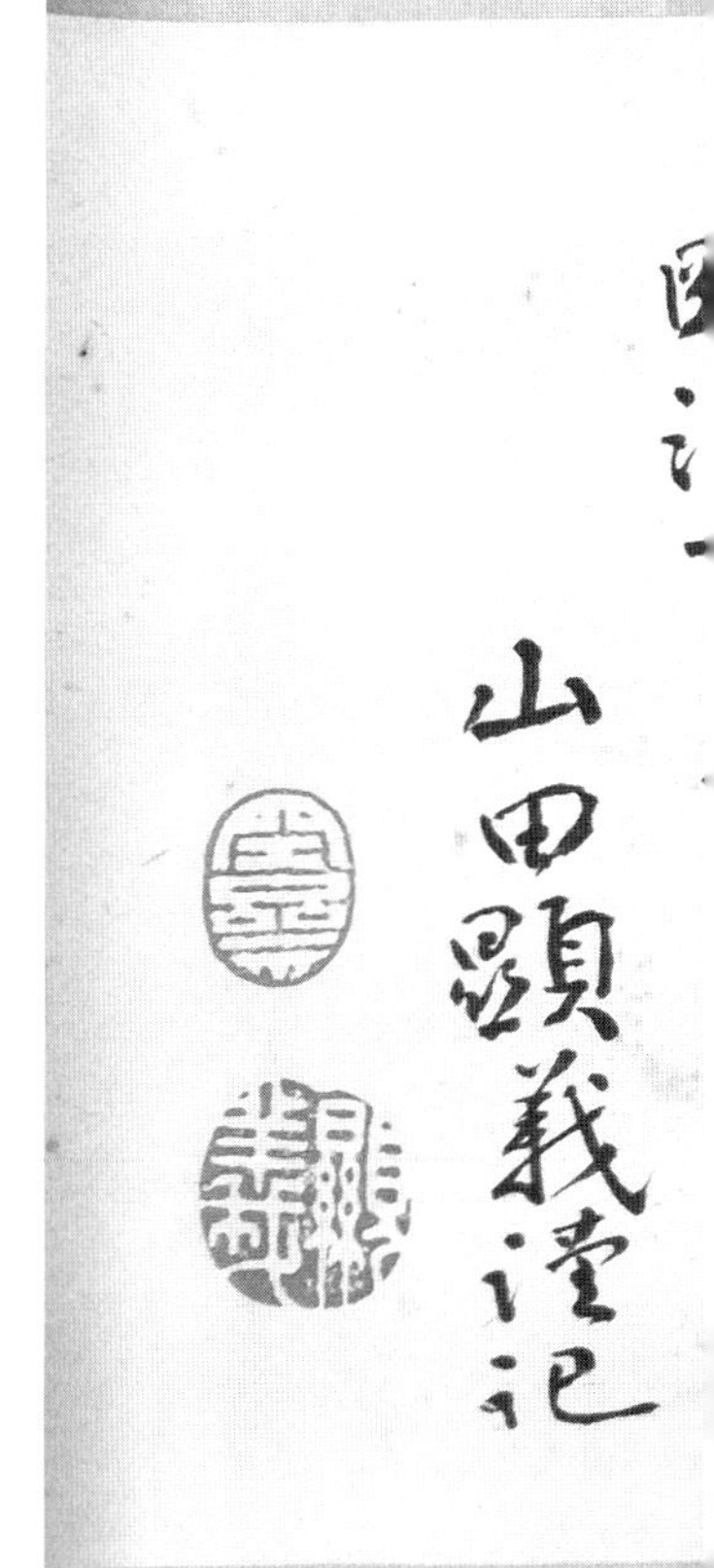

右距今三十有一
年矣、其間辛酸
艱苦、同盟先輩
之士、多以死殉国、維
新成業之基、実
胚胎于此、今読
之、其言語動止、
恍然在心目之間、
不勝今昔之感
也、
明治廿五年四月
山田顕義 謹記
㊞ ㊞

【読み下し文】

この度我々ども、夷狄を誅戮し、その首級を提げ罷り帰り、きっと攘夷の御決心遊ばせられ、今般仰せ出だされ候勅意、速やかに貫徹致したく存じ詰め、発足候処、恐れ多くも世子君、御出馬遊ばせられ候て、壮志感服の至りに候えども、我等孤立にては心細きに付き、ひと先ず帰参、尊攘の実効補佐くれ候よう、御懇切の御教諭仰せ付けられ、一同感涙に堪えざるの至り、必竟、この度の一挙も、君上を後に仕り候義毛頭これ無く、御決心の段祈り奉り候ての事に付き、この後はますます忠誠を励み、御奉公仕るべき段申し上げ、引き取り候事に付き、この同志中の義は斃るるまでは、十三日夜の次第、忘却候ては相叶わず、百折不屈、夷狄を掃除し、上は叡慮を貫き、下ハ君意を徹する外他念これ無し、国家の御楯となるべき覚悟肝要たり、同志中、一旦連結の上は進退出処尽く相謀り、自己の了簡に任すまじき也、同志中落途これ有るか、又は所存相違これ有る時は、何国までも論辨すべし、面従腹誹は武士道に於いて愧べき処なり、秘密の事件は父母兄弟たりとも洩らすべからず、万一召し捕られ八つ裂きに逢うとも、露顕致す等の義これ有るまじき也、御楯組中一人たりとも恥辱を蒙る時は、その余の恥辱たり、相互に死力を以て救援し、組中の汚名を取るまじき也、我々ども死生を同じくし、正気を維持するに付いては、いか計り離流顚沛に逢うとも、尊攘の志屈し撓むべからず、聚散離合を以て、志を変ずるは禽獣と謂うべし、幾千万里を隔つとも、正議凛然見苦しき振る舞いこれ有るまじき也、右同志の契約に違背致し候時は、幾応も論辨せしめ、万一承引これ無きにおいては、組中申し合わせ、詰め腹に及ぶべし、依って天神地祇に誓い、血盟する事くだんの如し、

（中略）

この度我々ども京都に罷り居り、この挙に相加わらずといえども、元来尊攘の志は何処までも同心の事に付き、依って血盟くだんの如し、

（中略）

この度我々ども御国に罷り居り、この挙に相加わらずといえども、元来尊攘の志は何までも同心の事に付き、依って血盟くだんの如し、

（中略）

この度我等京都に罷り居り、この挙に相加わらずといえども、元来尊攘の志は何までも同心の事に付き、依って血盟くだんの如し、

（中略）

当節居り合わず候えども、飽くまで御同意に付き、血盟くだんの如し、

（中略）

右、今を距つこと三十有一年、その間辛酸艱苦、同盟先輩の士、多くは死を以て殉国し、維新成業の基いは、実にここに胚胎す、今これを読めば、その言語動止、恍然として心目の間に在り、今昔の感に勝えざる也、

横浜の金沢（現、横浜市金沢区）で外国公使を襲撃しようとしたが、未然に発覚して失敗した高杉晋作ら十一名は、謹慎中に「御楯組」を結成して尊皇攘夷を誓い合った。本状は、久坂玄瑞の起草、執筆による血盟書で、おのおのが諱まで書いて署名をし、花押に血判を捺した。これにより、ますます結束を深めたのである。

血盟書で彼らは、御楯組結成の経緯と決意を述べている。外国人の首をとり攘夷せよとの勅意を速やかに貫徹しようと行動したが、世子毛利定広から、「その志には感服するが、ひとまず帰参し、尊攘の実行を補佐して欲しい」と教諭され、中止せざるを得なかった。しかし、今後ますます忠誠を誓って奉公し、「夷狄を掃除」するという決意は「百折不屈」（何回失敗しても曲げないこと）であり、「国家之御楯」となるべき覚悟を持っている、と述べる。

また、同志の結束を確認している。いったん結束したからには進退を共にし、自己の判断に任せず、方針の違いがあれば何度でも論弁する。秘密の事件は父母兄弟であっても漏らさず、万一捕らえられて八つ裂きになっても露顕されるようなことがあってはならない。相互に死力をもって救援し、どのようなことになっても尊攘の志は屈しない、と誓い合っている。そして、「同志の契約」に背いた場合には「幾応も論辨」し、万が一受け入れられない場合は組の了解の下で詰腹（切腹）すべし、としている。「論辨」を強調している点が興味深い。

なお、この血盟書は、時を経て二〇〇五年に、井上馨の遺族から、静岡市清水区の静岡市埋蔵文化財センターに寄贈された。

将軍徳川家茂の上洛——浪士組の結成

文久二年（一八六二）十月、勅使三条実美が派遣され、十四代将軍徳川家茂に攘夷の実行を督促する勅旨を伝達した。反対意見もあったが、公武合体を実現するため、家茂は京都に上洛して返答することとなった。

翌文久三年（一八六三）一月、将軍に先立って将軍後見職の徳川慶喜が先に京都入りした。地ならしのためである。家茂の上洛は、当初海路も検討されたが、最終的には東海道を使うことに決定した。家茂は二月十三日、三千人余を率いて江戸城を出発。寛永十一年（一六三四）の三代将軍徳川家光以来、二百二十九年ぶりの将軍の上洛だった。

家茂一行は三月五日に京都へ到着。孝明天皇は攘夷祈願のため、十一日に賀茂下社・上社に行幸、家茂と慶喜をはじめ、幕閣・諸大名もこれに随行した。天皇は四月十一日にも石清水八幡宮に行幸するが、家茂は病のためにこれを辞した。このように朝廷主導で事は運び、二十日、家茂は五月十日の攘夷実行を約束することになったのである。

家茂の上洛にあたって、将軍警固の役割を与えられたのが、浪士組だった。庄内藩出身の浪士清河八郎は、幕府政事総裁職の松平春嶽に、浪士組を結成し、①攘夷を断行すること、②浪士組参加者はこれまでの犯罪を免除されること（大赦）、③優れた人材を教育し重用することの「急務三策」を上書した。幕府は浪士の統制のためにこれを採用し、二百三十四名の浪士組が結成された。清河八郎や山岡鉄太郎（鉄舟）の指導の下、浪士組の一行は二月八日に江戸小石川伝通院屯所に勢揃いし、木曾路を経て京都に入り、屯所となる京都壬生村新徳寺（現、京都市中京区）に到着した。

文久三年二月二十三日付け清河八郎書状（斎藤治兵衛宛て）

清河八郎記念館所蔵

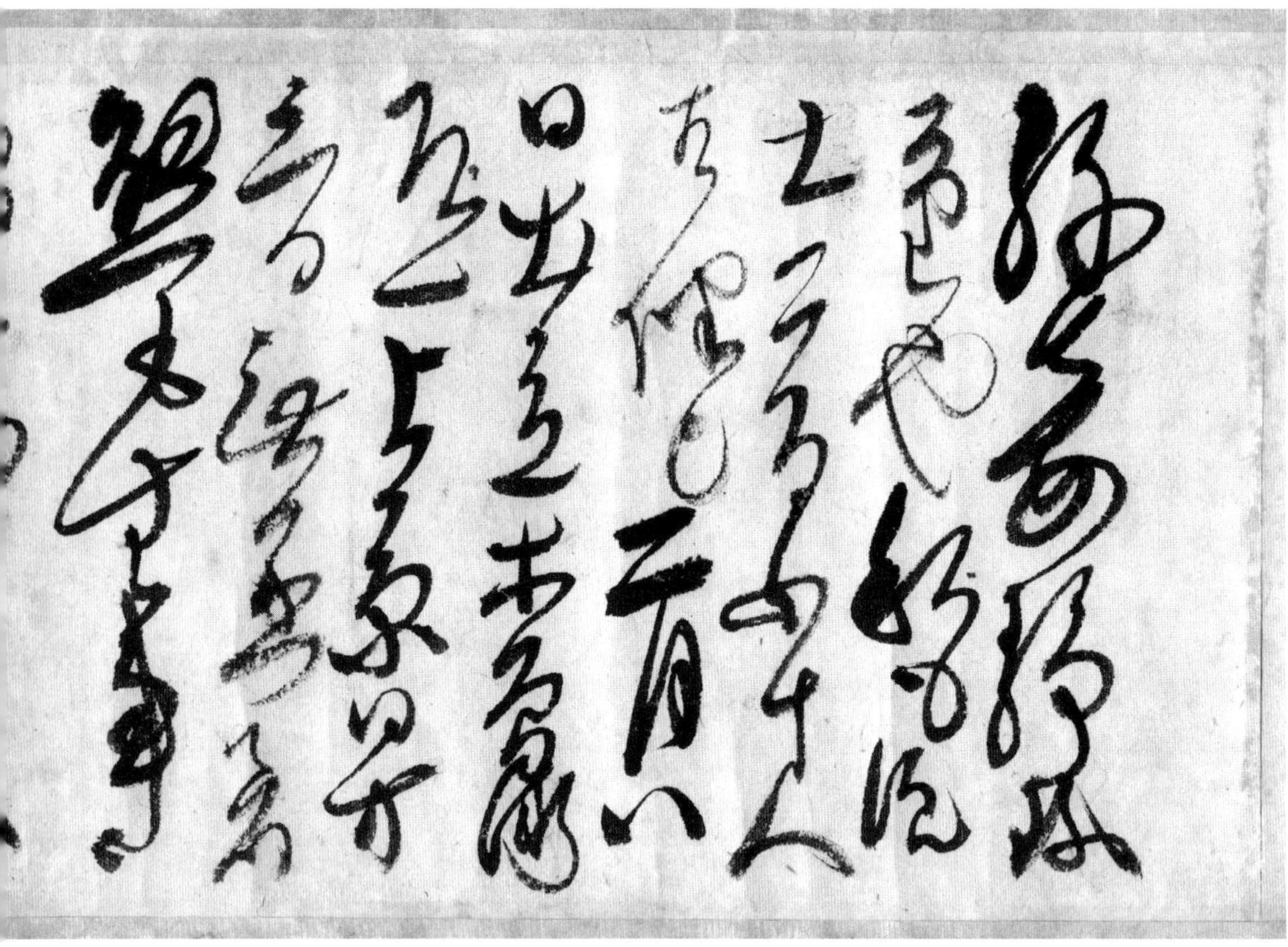

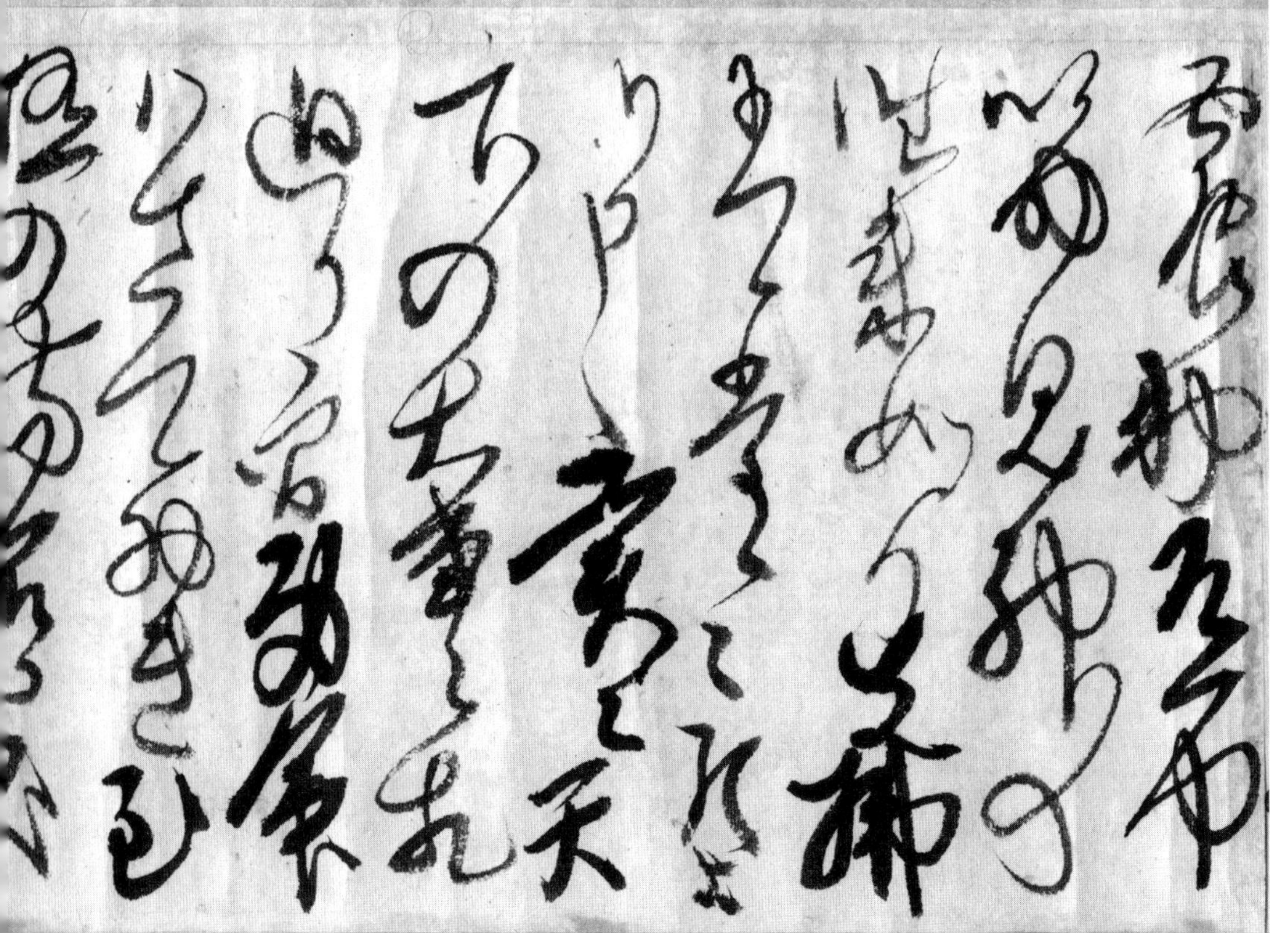

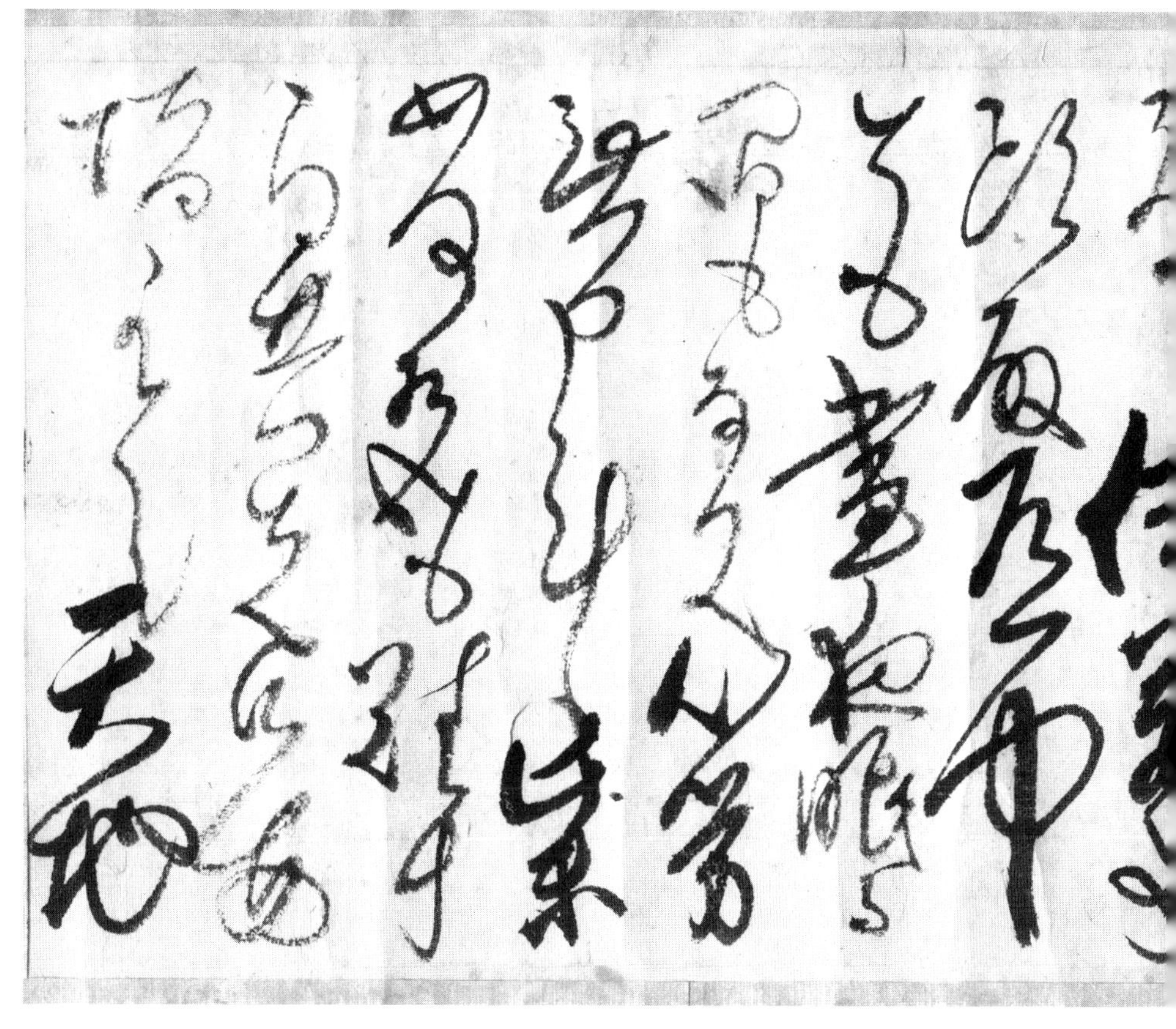

弥御安静珍重也、私も浪士二百五十人相伴ヒ、二月八日出立、木曾街道上京、同廿三日無恙着、熊も無事ニ候間、御安事被下度候、併万事頭取、道中とも昼夜眠る間もなく、心労無申計候、此末如何相成も難計候得共、先御安堵可被下候、天地

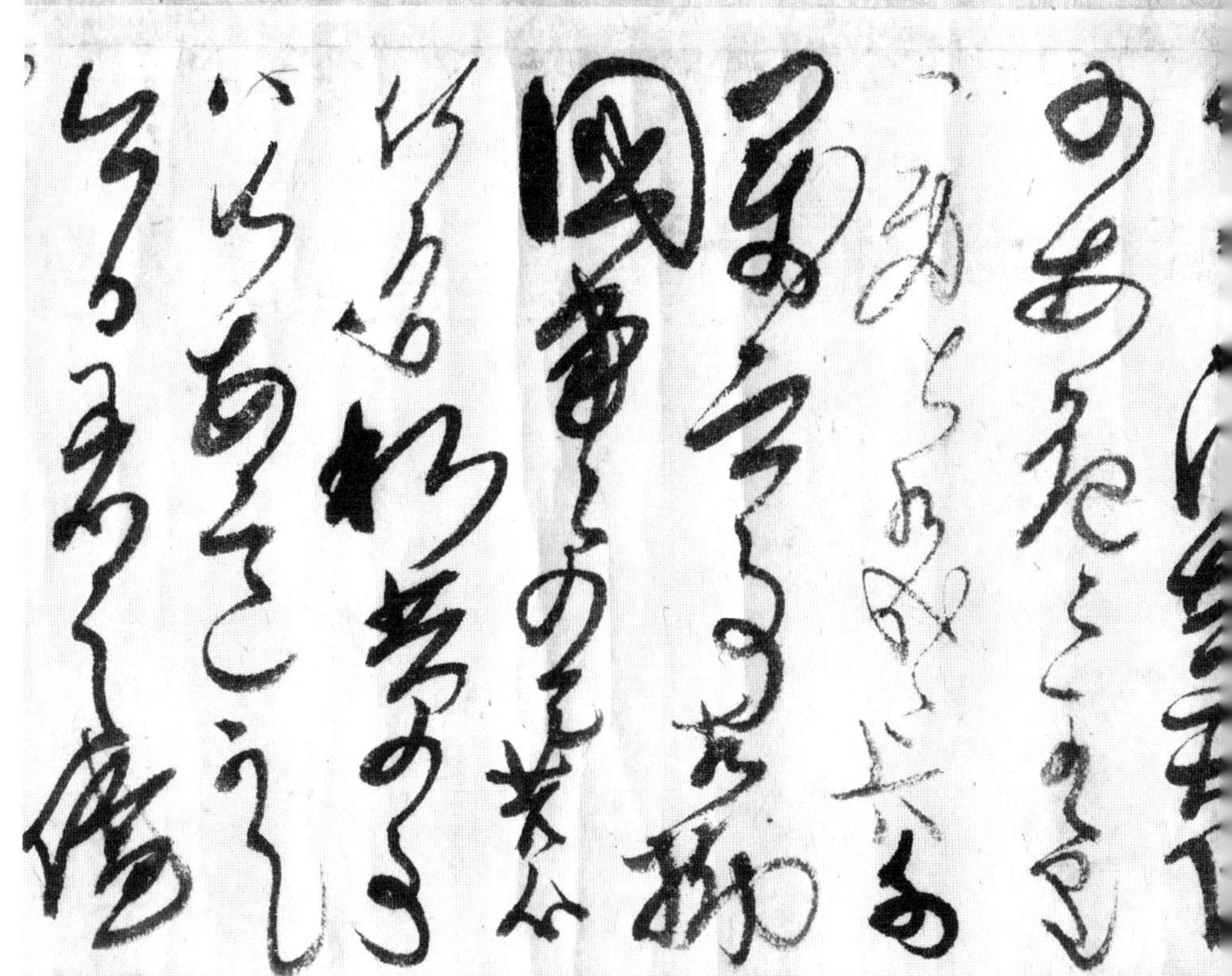

震動、道中筋鬼神の往来如ク、先払にて堂々罷上り申候、実ニ天下の大事ニ相迫り候間、身命ハさておき、至極の場合ニ相成中候得共、天下の安危ニかゝり候身と相成候上ハ、千万之事相抛、国事ニのミ苦心仕候間、私共の事ハ御安意可被下候、今日着之儘

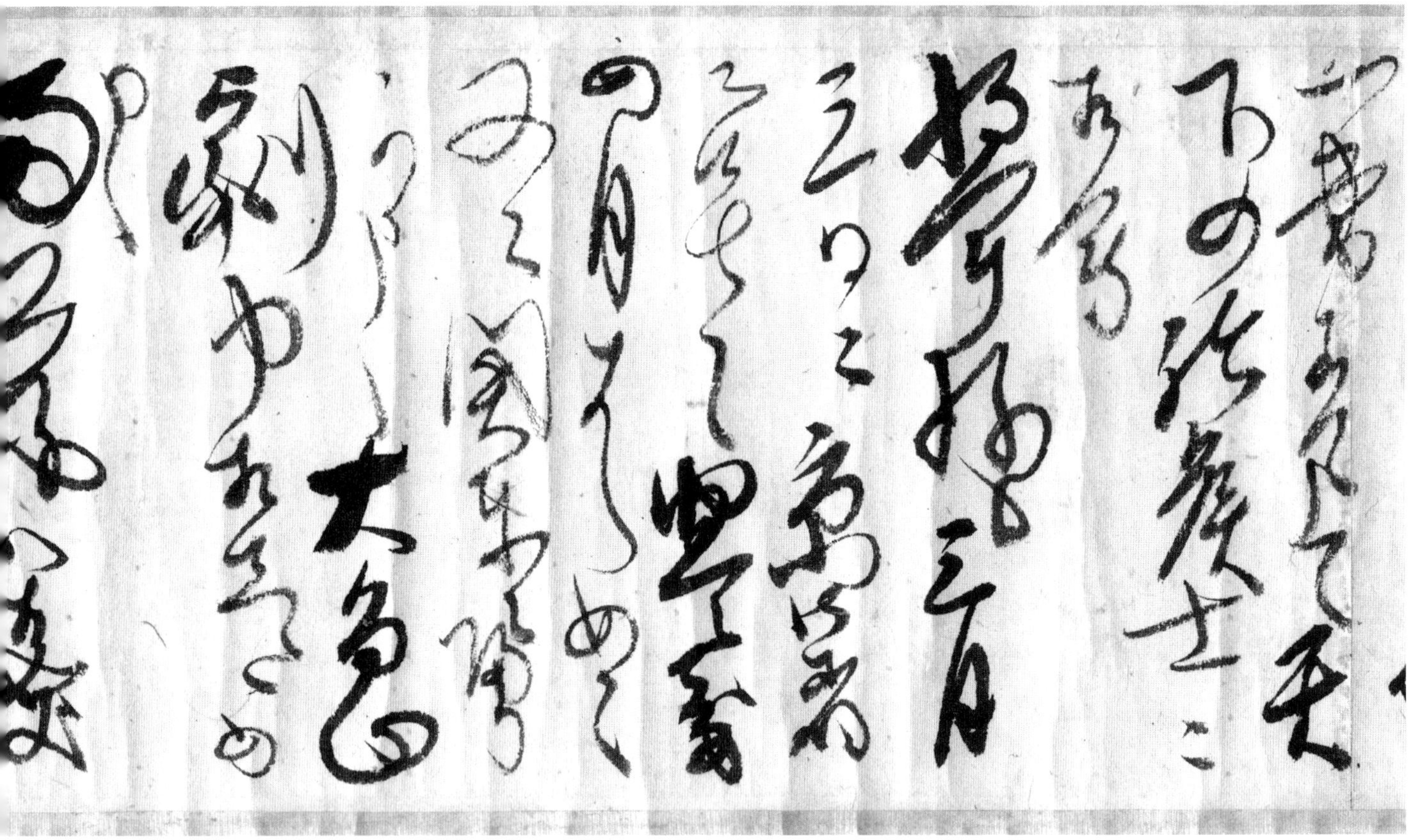

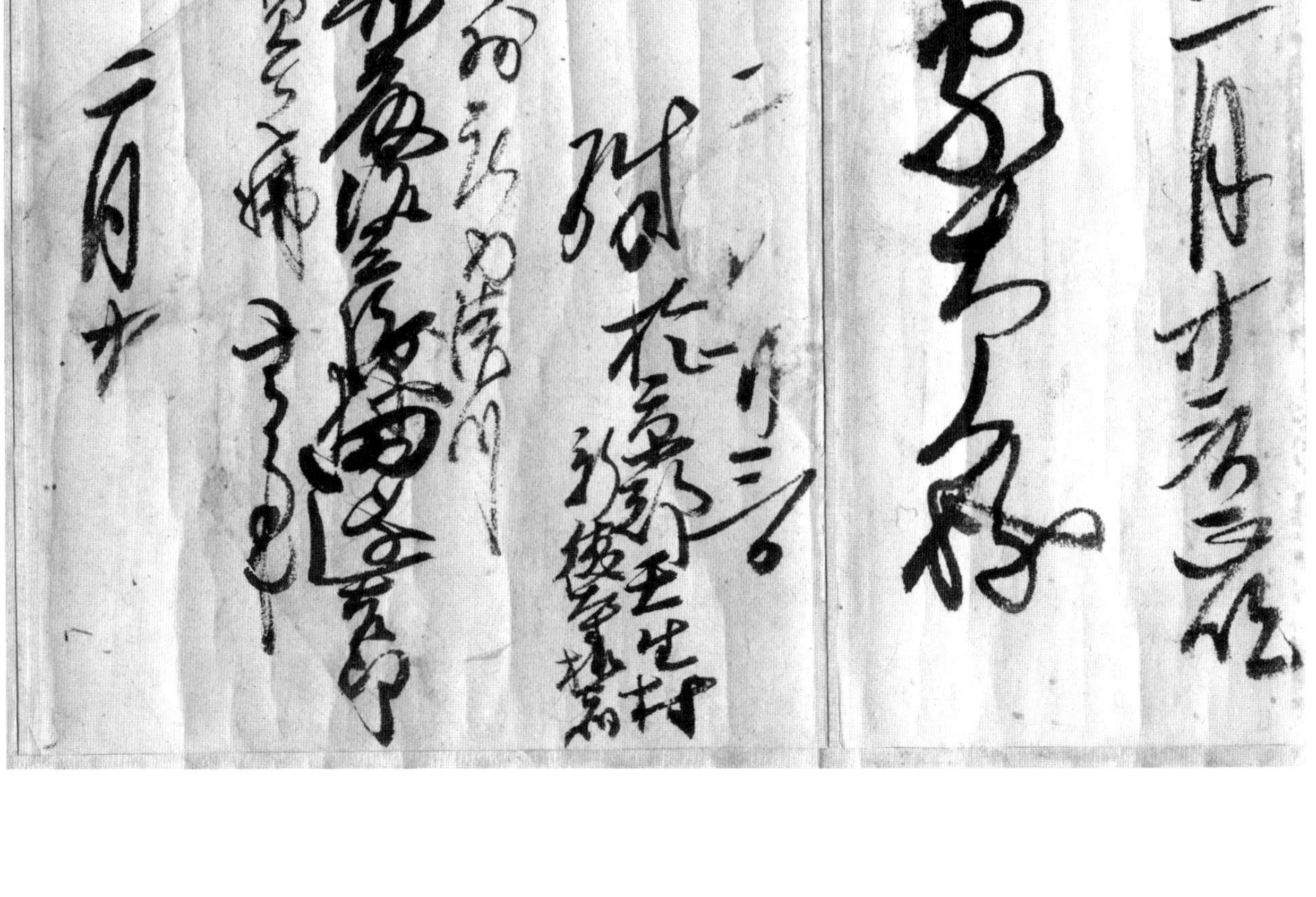

一書差上候、天
下の諸侯士ニ
相会、
将軍様（徳川家茂）も三月
三日ニ京御着
ニ御さ候、宜ニ寄、
四月はしめニ
又々関東ニ帰り
可申候、大急
劇中相した、め
申候、
両公様ハ相成丈
御いとひ御大切
御愛護可被遊、
急度行末を
開き可申候、親
類共ニも宜敷
奉希候、
頓首、

家大人様（斎藤治兵衛）

二月廿三日

緘　於京都壬生村
新徳寺様宿

羽州庄内清川
斎藤治兵衛様　田邊吉郎
賃先払　無事

二月廿□□

【読み下し文】

いよいよ御安静珍重也、私も浪士二百五十人相伴い、二月八日出立、木曾街道上京、同廿三日恙なく着き、熊も無事に候間、御安事下されたく候、併し万事頭取、道中とも昼夜眠る間もなく、心労申す計りなく候、この末如何相成るも計り難く候えども、先ずは御安堵下さるべく候、天地震動、道中筋鬼神の往来の如く、先払いにて堂々罷り上り申し候、実に天下の大事に相迫り候間、身命はさておき、至極の場合に相成り申し候えども、天下の安危にかかり候身と相成り候上は、千万の事相抛ち、国事にのみ苦心仕り候間、私どもの事は御安意下さるべく候、今日着のまま一書差し上げ候、天下の諸侯士に相会し、将軍様も三月三日に京御着きに御ざ候、宜しきに寄り、四月はじめに又々関東に帰り申すべく候、大急ぎ劇中相したため申し候、両公様は相成る丈け御いとい御大切御愛護遊ばさるべく、きっと行く末を開き申すべく候、親類どもにも宜しく希い奉り候、頓首、（後略）

清河八郎正明は、文政十三年（一八三〇）十月、出羽国田川郡清川村（現、山形県庄内町）名主斎藤治兵衛の子として生まれた。江戸に出て東条一堂に漢学を学び、北辰一刀流の千葉周作に剣術を学んだ。倒幕・尊王攘夷の思想を強め、文武塾を開設した。各地を遊説したりして同志を集めた。

文久三年（一八六三）二月八日、清河の発案に基づいて幕府が結成した浪士組は、上洛する将軍徳川家茂の前衛のため、京に向けて小石川伝通院を出発した。本状は、京都壬生村新徳寺に到着した清河が、父治兵衛に宛てて出した書状である。

今後どのようになるかはわからないが、まずは安心して欲しいとし、末尾では父母に対して体を大切にするよう伝えるなど、両親への思いが垣間見える。一方、自身については、「天下の安危にかかり候身」となったからには、あらゆることを投げ打ち、国事にのみ苦心するので、私共のことは安心して欲しいと述べている。

この夜、清河は浪士らに、本来の目的は将軍警護ではなく尊王攘夷（横浜外国人居留地襲撃）であると演説し、浪士組の署名がなされた建白書を朝廷に提出、江戸に帰還した。一方、近藤勇・芹沢鴨らは京都に残り、のちに新選組を結成する。すでに心を決めていたであろう、その覚悟が見える書状である。

江戸に戻った清河八郎は、横浜居留地焼き打ちの準備を進めていたが、四月十三日、麻布一ノ橋（現、港区麻布十番商店街そば）で幕府の刺客佐々木只三郎らに首を討たれた。首や同志の名簿は、盟友山岡鉄太郎（鉄舟）が回収し、伝通院の墓に葬った。墓銘は鉄舟の揮毫によるものである。

神戸海軍操練所の設置

勝海舟（義邦・麟太郎）は、旗本小普請組の勝小吉の長男として文政六年（一八二三）に生まれた。ペリー来航に際して提出した海防意見書が徒頭大久保忠寛の目に留まり、海軍伝習のために長崎へ派遣される。安政七年（一八六〇）一月、日米修好通商条約批准書交換のためにアメリカへ派遣され、咸臨丸を指揮して大西洋を横断し、渡米を経験した。

海舟は、従来の幕府や諸藩の垣根を越えた日本の「一大共有の海局」を作り上げるという壮大な構想を抱いていた。文久改革で軍艦奉行並に就任した海舟は、幕府の要人や藩主を軍艦に乗せ、海軍設立の必要性を説いた。文久三年（一八六三）四月二十三日、上洛中の十四代将軍徳川家茂が摂海（大坂湾）の防備の様子を視察した際、同乗した海舟は家茂に海軍操練所の建設を直談判し、開設の許可を得た。海軍操練所とは別に、私立の海軍塾も開かれた。

設立にあたっては、幕府から経費として年三千両を支給されることになったが、操練所の運営を賄うには足りなかった。海舟は、坂本龍馬を福井藩に出向させ、前藩主の松平春嶽から千両を借り入れることに成功している。

操練所は、文久四年（一八六四）二月に竣工した。総坪数は一万七千百三十七坪余り。練習艦には観光丸と黒竜丸が配備された。元治元年（一八六四）五月十四日、軍艦奉行に昇進した海舟の下で操練所が発足し、二十九日に開設を公布すると、多くの入学希望者が集まった。

しかし、六月に池田屋事件、七月に禁門の変が勃発すると、入所者の中にこれらの事件との関与を持つ者がいたため、海舟は反乱分子を養成しているとして、軍艦奉行を罷免されてしまった。操練所も元治二年（一八六五）三月十二日に閉鎖されてしまうのである。

文久三年五月十七日付け坂本龍馬書状（坂本乙女宛て）

宮内庁三の丸尚蔵館所蔵

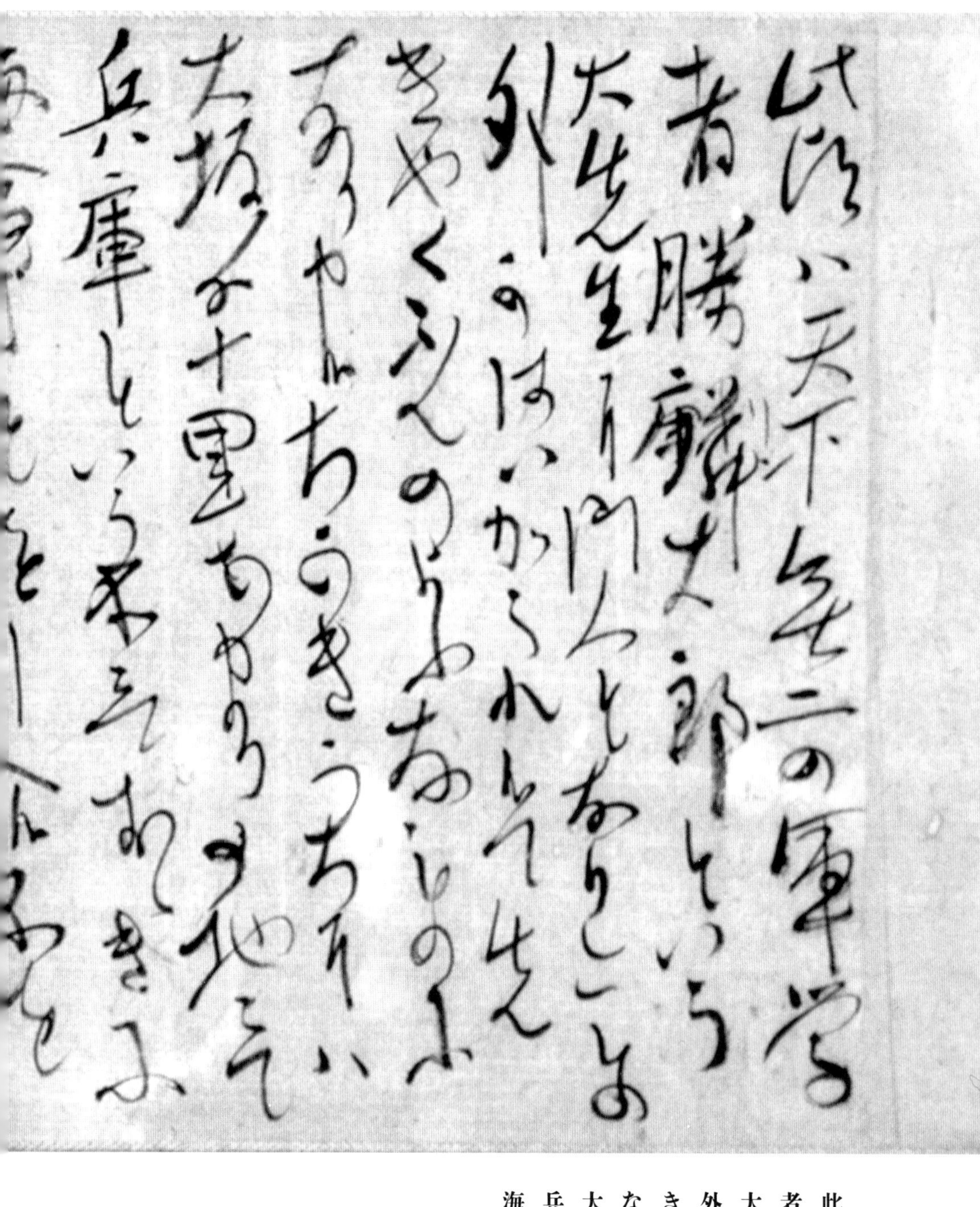

此頃ハ天下無二の軍学
者勝麟(リン)太郎という
大先生に門人となり、ことの
外かはいかられ候て、先
きやくふんのよふなものに
なり申候、ちかきうちにハ、
大坂ゟ十里あまりの地ニて、
兵庫という所ニて、おゝきに
海軍ををしへ候所を

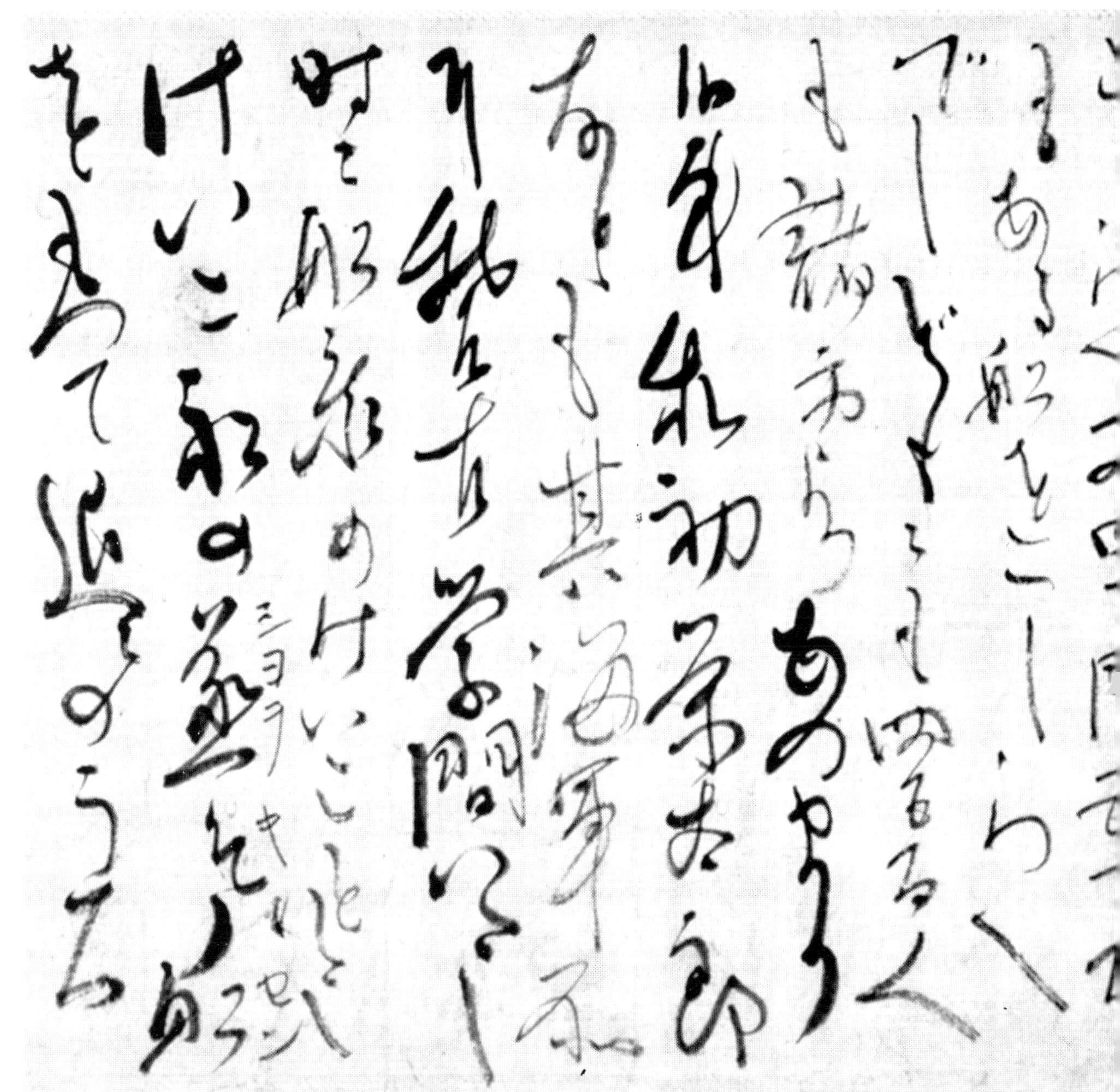

もある船をこしらへ、
でしども二も四五百人
も諸方よりあつまり
候事、私初栄太郎
なとも其海軍所
に稽古学問いたし、
時々船乗のけいこもいたし、
けいこ船の蒸(ショヲ)気船(キセン)
をもつて近々のうち、

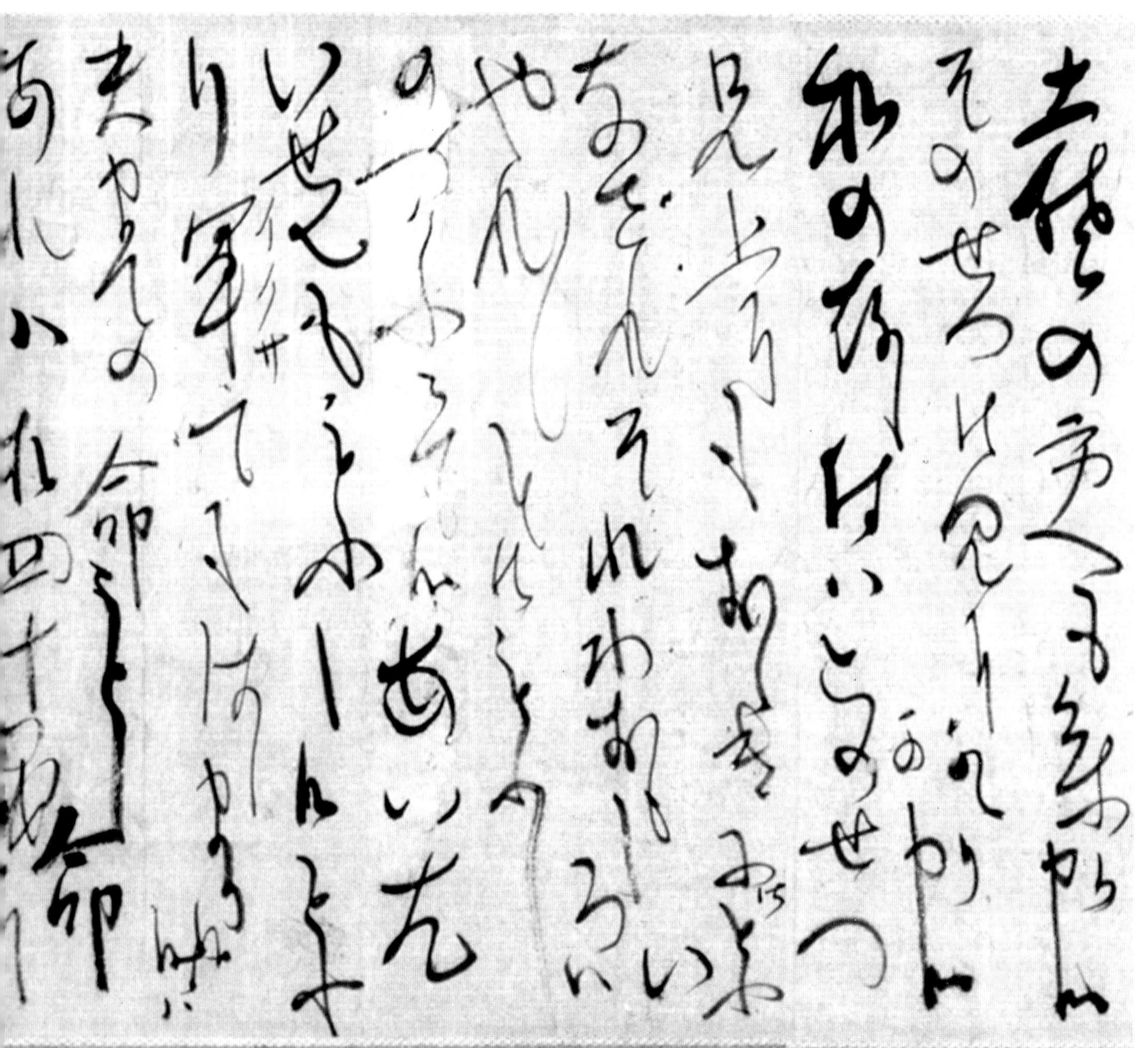

土佐の方へも参り申候、
そのせつ御見にかゝり可申候、
私の存し付ハ、このせつ
兄上にもおゝきに御とふい
なされ、それわおもしろい、
やれ〳〵と御もふし
のつかふニて候、あいた
いせんももふし候とふ
り、軍（イクサ）てもはしまり候時ハ
夫までの命、ことし命
あれハ私四十歳に

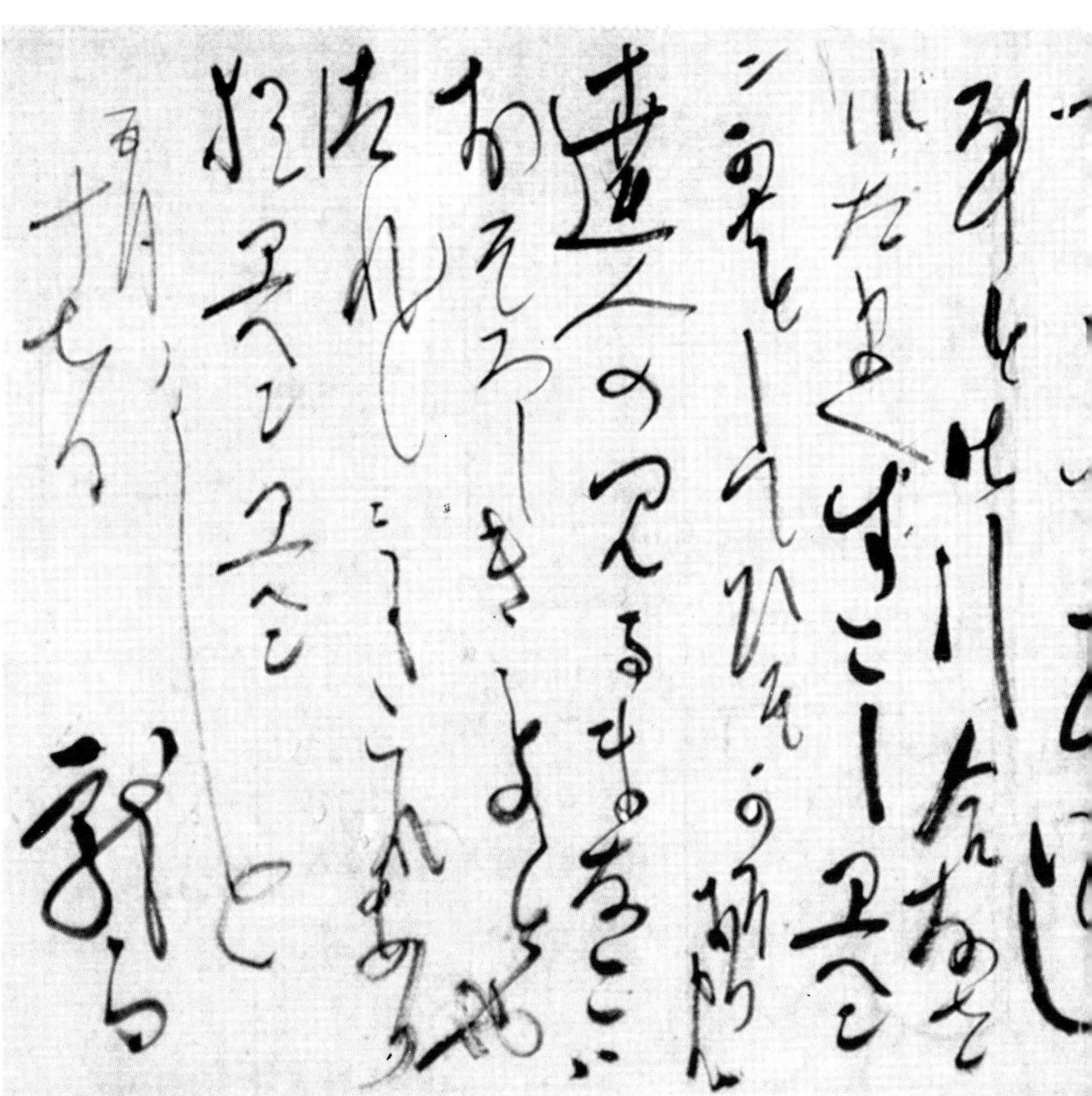

事と御引合なさ
れたまへ、すこしエヘン
ニかをしてひそかにおり申候、
達人の見るまなこハ
おそろしきものとや、
つれ〳〵ニもこれあり、
猶エヘンエヘン、
かしこ

五月
十七日　龍馬

坂本龍馬書状（坂本乙女宛て）2

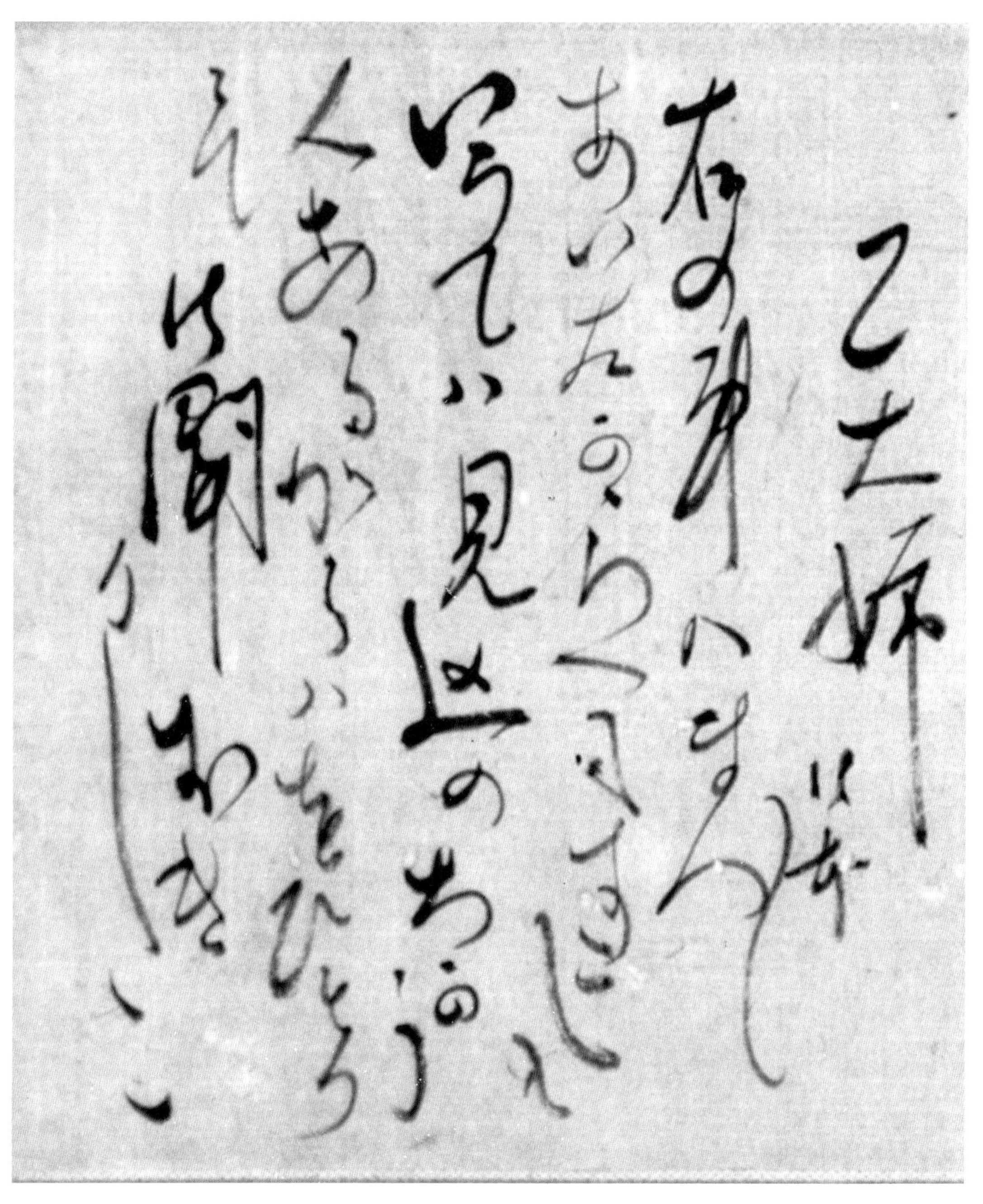

乙大姉
　　御本
右の事ハ、まつ〳〵
あいたからへも、すこしも
いうてハ、見込のちかう
人あるからハ、をひとり
ニて御聞おき、
　　　　かしこ

【読み下し文】　※適宜、仮名を漢字にした。

この頃は天下無二の軍学者勝麟太郎という大先生に門人となり、殊の外かわいがられ候て、先ず客分のようなものになり申し候、近き内には、大坂より十里余りの地にて、兵庫という所にて、大きに海軍を教え候所をこしらえ、又四十間、五十間もある船をこしらえ、弟子どもにも四、五百人も諸方より集り候事、私初め、栄太郎などもその海軍所に稽古学問致し、時々船乗の稽古も致し、稽古船の蒸気船をもって近々の内、土佐の方へも参り申し候、その節、御見にかかり申すべく候、私の存じ付けは、この節、兄上にも大きに御同意なされ、それは面白い、やれやれと御申しの都合にて候、相対せんも申し候通り、軍でも始まり候時はそれまでの命、今年命あれば私四十歳になり候を、昔言いし事と御引き合いなされたまえ、少しエヘンに顔してひそかに居り申し候、達人の見るまなこは恐ろしきものとや、つれづれにもこれあり、猶エヘンエヘン、かしこ、

（中略）

右の事は、まずまず間柄へも、少しも言うては、見込みの違う人あるからは、お一人にて御聞き置き、かしこ、

土佐藩郷士の家に生まれた坂本龍馬は、江戸に出た際、ペリーの来航に直面し、攘夷思想を持った。その後、武市半平太（瑞山）らとの交流を深め、文久元年（一八六一）に武市が土佐勤王党を結成するや、龍馬も早速加盟し、その活動に参加した。その頃、薩摩藩の率兵上京に呼応する西国志士の挙兵計画が伝わり、同志の脱藩が相次いだ。龍馬も呼応するかのように三月二十四日に脱藩し、各地を遊歴後、夏過ぎに江戸へ赴き、勝海舟の門に入る。のちに勝の取り成しで脱藩の罪を許された。

龍馬は海舟が進めていた海軍操練所設立のために奔走した。文久三年（一八六三）四月二十四日、「神戸海軍操練所」設立が許可された。幕府から年三千両の経費の支給も承諾されたが、この程度の資金では海軍操練所の運営費は賄えず、そのため龍馬は、神戸の海軍塾建設の資金五千両を借用するという大役を与えられて福井へ出発する。本状はその翌日、姉の乙女に差し出した書状である。勝海舟が神戸に海軍塾を作ろうとしていることなどが記されている。

本状で龍馬は、勝海舟を「天下無二の軍学者」「大先生」であり、自分は「客分」のように「殊の外可愛がられて」いる、としている。また、「達人の見る目は恐ろしい」と言って、勝海舟に見出されたことなどを「エヘン」と自慢している。本状が「エヘンの手紙」といわれる所以である。のちに海軍操練所は閉鎖され、人員は薩摩藩に引き継がれた。龍馬も薩摩藩の庇護を受けることとなるのである。

神戸海軍操練所絵図写（神戸市立博物館所蔵）

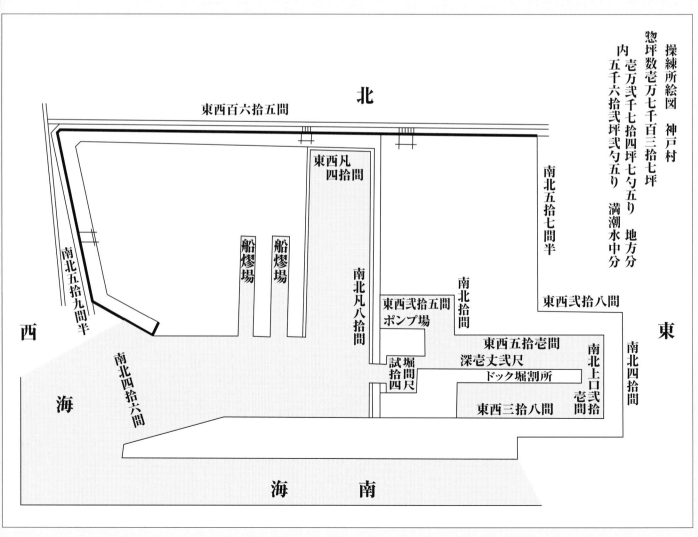

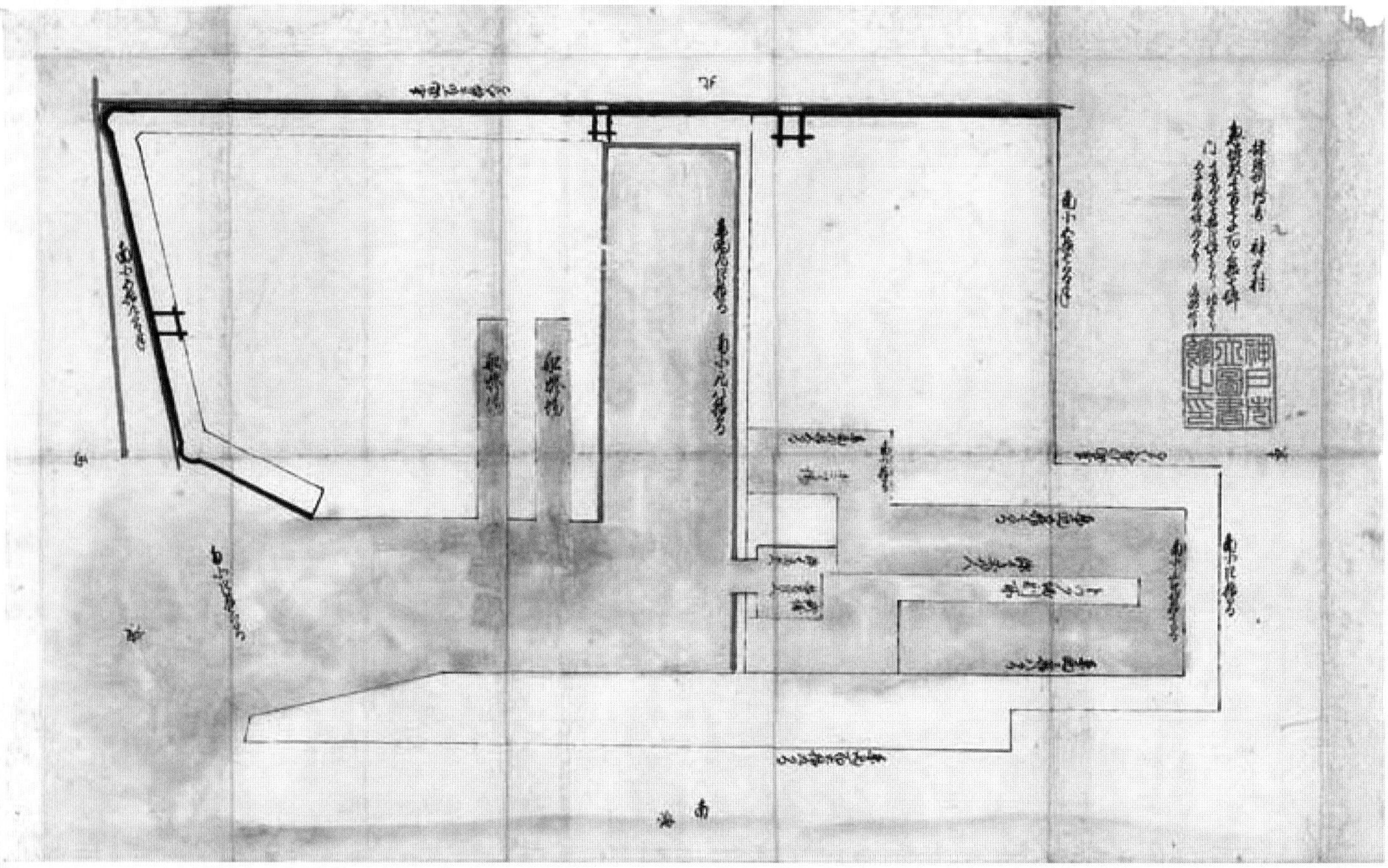

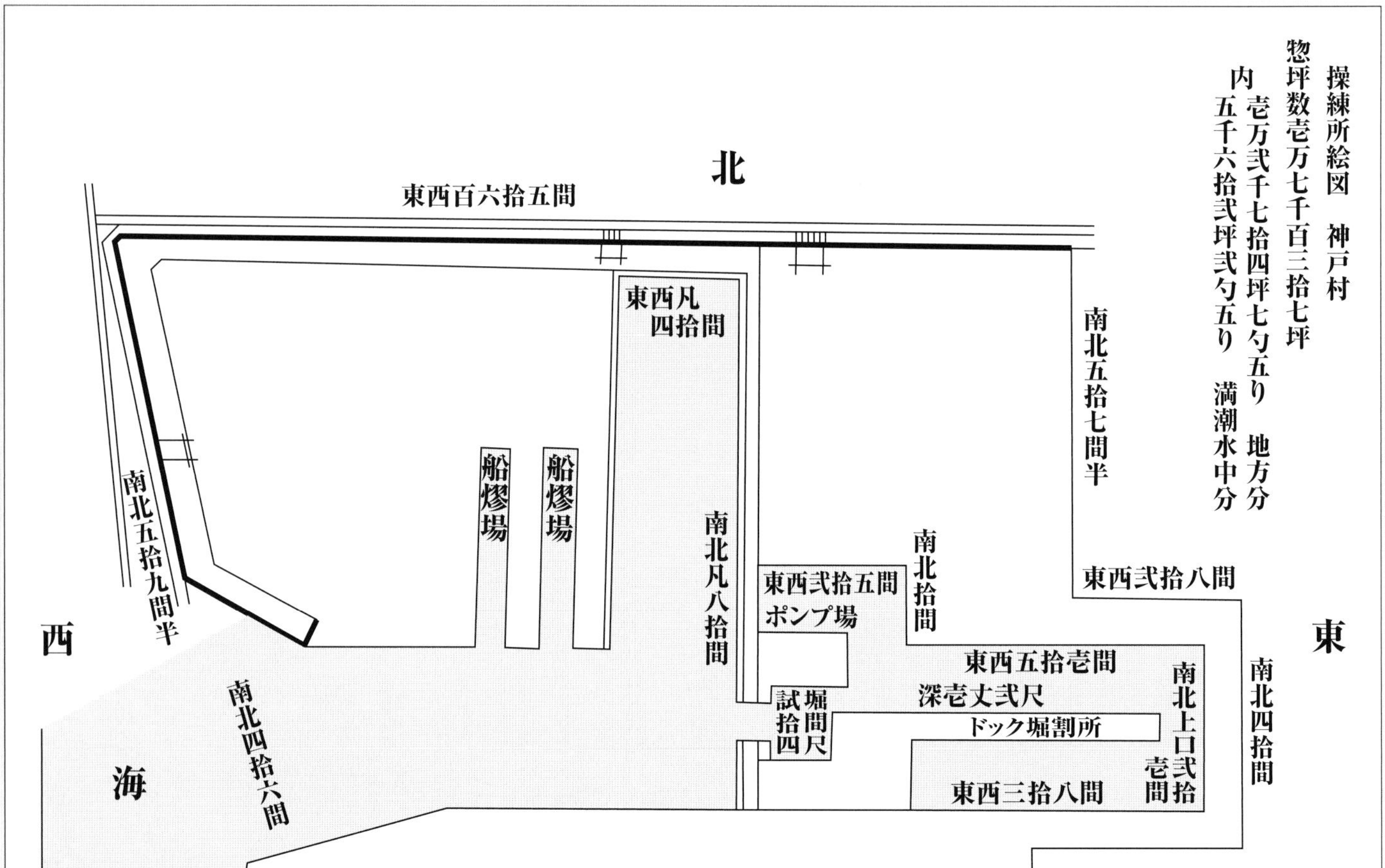

操練所絵図　神戸村
惣坪数壱万七千百三拾七坪
内　壱万弐千七拾四坪七勺五り　地方分
　五千六拾弐坪弐勺五り　満潮水中分

北
東西百六拾五間
東西凡四拾間
南北五拾七間半
船惨場
船惨場
南北凡八拾間
南北拾間
東西弐拾八間
南北五拾九間半
西
東西弐拾五間
ポンプ場
東
南北四拾間
東西五拾壱間
南北上口弐拾壱間
深壱丈弐尺
試堀拾四間尺
ドック堀割所
南北四拾六間
海
東西三拾八間
海　南

下関事件

文久三年（一八六三）四月二十日、上洛中の十四代将軍徳川家茂は、五月十日を期日として攘夷を実行すると孝明天皇に約束した。その五月十日、長州藩は馬関海峡（現在の関門海峡）を通過したアメリカ商船ペンブローク号を砲撃。同船は周防灘へと逃走した。

続いて五月二十三日には長崎へ向かうフランスの通報艦キャンシャン号に、二十六日には横浜へ向かうオランダ東洋艦隊所属メデューサ号に攻撃を加えた。これらの攻撃で、フランス・オランダの乗組員に死傷者が出ている。

五月二十五日にペンブローク号の砲撃を知ったアメリカ公使ロバート・プルインは、幕府に抗議した。そして横浜に寄港していた軍艦ワイオミング号を馬関海峡に向かわせ、六月一日、下関港内に停泊する長州藩の軍艦を砲撃し、二隻を撃沈、一隻を大破させたのである。

さらに六月五日、今度はフランス東洋艦隊セミラミス号とタンクレード号が、報復攻撃のために下関へ派遣された。セミラミス号の砲撃で長州側の砲台は徹底的に破壊され、二百五十名の陸戦隊が上陸して藩兵二十余名を殺害、屯所や民家に火を放ち、砲台を占拠している。

攘夷に踏み切った長州藩だったが、アメリカ・フランス両国の艦隊によって完膚なきまでに打ちのめされ、欧米の軍事力の手強さを痛感した。藩主毛利慶親は奇兵隊などの諸隊を結成・整備して下関の防備にあたらせたほか、砲台を修復・増強し、馬関海峡を封鎖し続けた。この行為が、のちに四国連合艦隊による攻撃に繋がることになる。

文久三年七月六日付け孝明天皇攘夷褒勅（毛利父子宛て）

毛利博物館所蔵

攘夷之儀布告
之處於長門宰相
父子者不誤期限
壅攘之

攘夷之儀、布告
之処、於長門宰相
父子者、不誤期限、
膺懲之

叡感不斜候、依之
為被慰撫軍労
勅使被差下、且隣
藩江茂応援之儀被
命候間、早速　奏成
功、掃洗国辱、奉安

宸襟事、

【読み下し文】

攘夷の儀、布告の処、長門宰相父子に於いては、期限を誤らず、膺懲の叡感斜めならず候、これに依り軍労を慰撫さるため勅使を差し下さる、且隣藩へも応援の儀命ぜられ候間、早速成功を奏し、国辱掃洗、宸襟を安んじ奉る事、

本状は、孝明天皇から長州藩主毛利慶親（のちの敬親）・定広父子へ下賜された、「攘夷の褒勅」である。文久三年（一八六三）三月四日、将軍徳川家茂が上洛し、翌四月には攘夷実行の期限を五月十日とすることを天皇へ奏上した。その翌日、天皇および将軍から諸藩に対して、前日の奏上に基づいた攘夷令が発令される。

攘夷期日の五月十日の暗夜、軍艦庚申丸に乗った久坂玄瑞ら長州藩の攘夷強硬派は、アメリカ商船に接近し、無通告で砲撃を浴びせて大破させた。続けて後日には、フランスおよびオランダの軍艦を砲撃している。本状では、攘夷令に従って下関海峡で外国艦を砲撃した「長門宰相父子」に対して、「不誤期限（期限を誤らず）」実行したことを「叡感不斜候（叡感斜めならず候）」として、長州藩の攘夷を称え、労がねぎらわれている。そして、その褒賞のために攘夷監察使が長州へ下されたことについても記されている。

このように、実際に外国艦船へ砲撃して攘夷を実施したのは、長州藩だけだった。六月には外国側（アメリカ・フランス・イギリス・オランダ）軍艦が報復のために下関へ来航し、藩船二隻が撃沈させられ、長州藩海軍は壊滅した。また、各国の陸戦隊に下関の砲台が占拠された。八月には講和がなり、長州藩は、これを契機として諸外国の技術を積極的に取り入れていき、急速に軍の近代化が進められていった。講和に尽力したのは、イギリスへ留学中に藩の危機を知って急遽帰国した伊藤博文（俊輔）と井上馨（聞多）だった。

新選組の結成

文久二年（一八六二）十二月の清河八郎の建策を容れて、幕府は翌文久三年（一八六三）二月に浪士組を結成した。十四代将軍徳川家茂の上洛に際して、浪士組は将軍警護の先鋒として上洛するが、京都壬生村新徳寺（現、京都市中京区）における清河の演説によって、江戸に帰還する者と、京都に残留する者とに二分された。

近藤勇や土方歳三ら試衛館一派と、芹沢鴨ら芹沢一派は、京都残留を選んだ。彼らは文久三年三月、京都守護職松平容保の支配下に入り、尊攘派浪士の取り締まりと市中警備を任され、新選組の前身である「壬生浪士組」（精忠浪士組）を結成した。同じく松平容保配下には、幕臣で結成された京都見廻組があった。見廻組が旗本などで構成された正規の治安維持組織だったのに対して、新選組は浪士で構成されており、「会津藩御預り」という非正規組織だったのである。

八月十八日の政変が勃発すると、壬生浪士組は警備に出動し、その働きを評価された。そして、「新選組」という隊名を拝命する。これと並行して、内部で主導権争いが起こり、近藤・土方らの試衛館一派が芹沢鴨らの一派を粛正。近藤を局長、土方を副長として組織が再編成された。

新選組は、年齢や身分による制限はなく、尽忠報国の志がある健康な者であれば誰でも入隊できた。さらに「局中法度」と呼ばれる厳しい隊規が存在し、一番隊から十番隊まであった。

文久三年（五月）近藤勇書状（小嶋鹿之助ほか宛て）

小島資料館所蔵

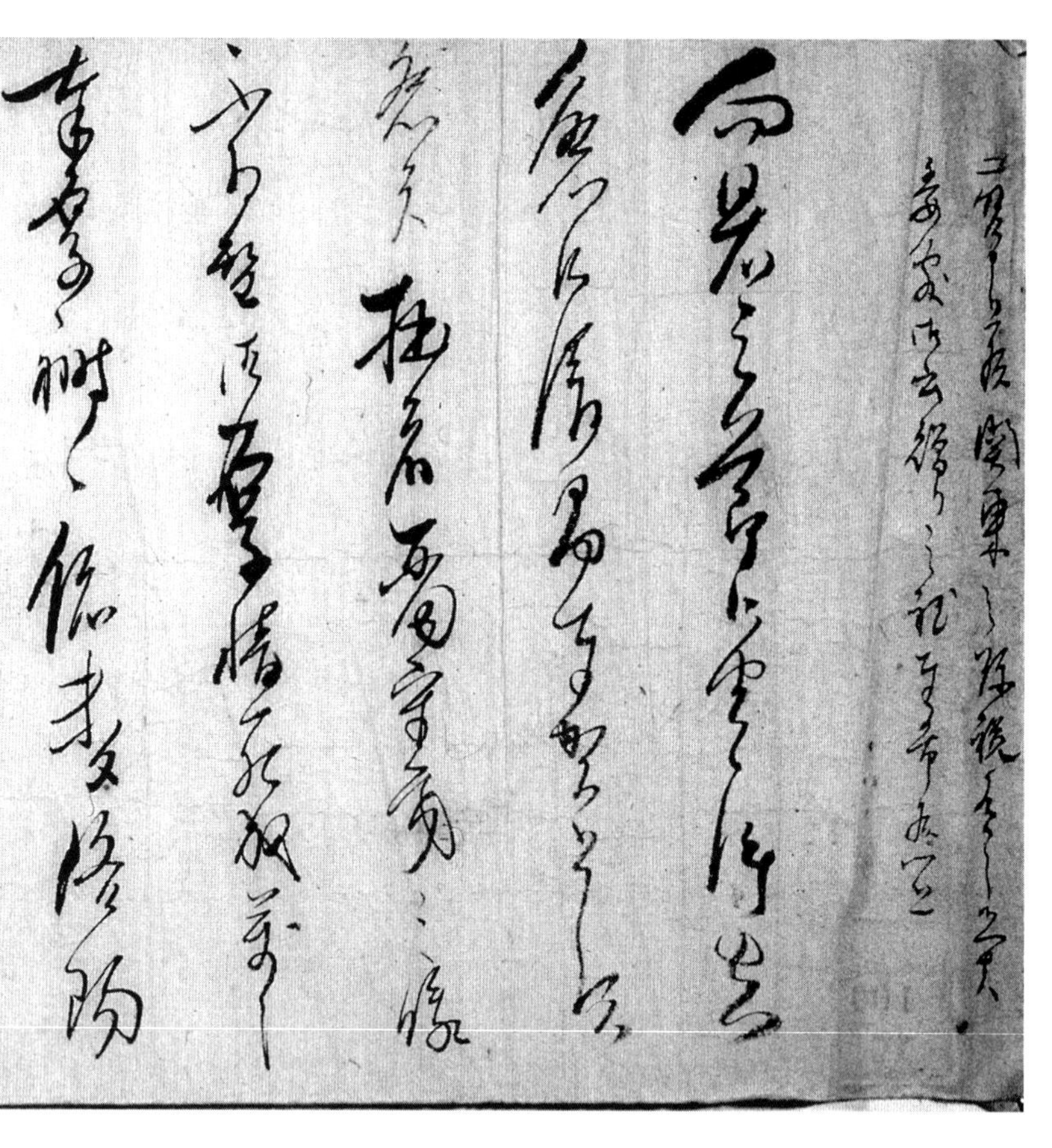

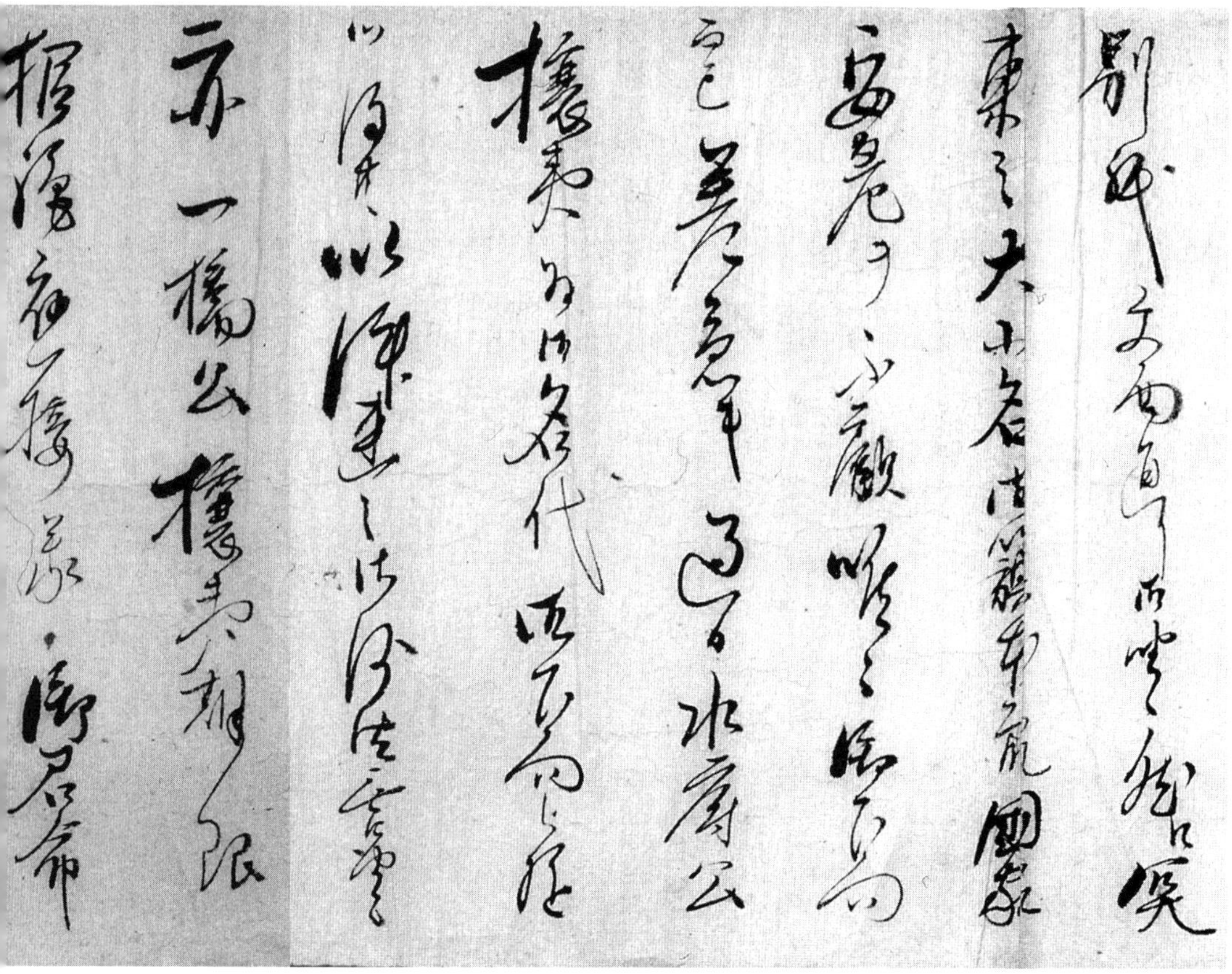

二啓申上候、関東之珍説有之候へ者、
委敷御書贈り之程奉希候、以上、

向暑之節御坐候得者
愈御清昌奉賀上候、
然者拙者留守宅之儀、
不相替御厚情罷成、万々
奉厚謝候、偖未夕洛陽
西方諸侯、不穏成事累卵之如ク、
裏ニ者倒消せん事相醸シ、
関東攘夷拒絶因循
仕候ゟ、乗虚天下嚣然候而、
内姦為謀計者勝テ難算、
既ニ去ル三月中、嶋津三郎(久光)
義蒙御内命上京仕候処、
公武御合躰と相見候間、
一両日滞留仕、直様書置相残シ、

別紙文面通リ御坐候、然ル関
東之大小名・御籏本衆国家
安危ヲ不顧、唯々御下向
而已差急キ、過日水府公(徳川斉昭)
攘夷為御名代御下向被遊
候得共、いつれ之御沙汰無御坐候、
亦一橋公(徳川慶喜)攘夷期限
拒絶、応接承御君命
御東帰被遊候処、是以
未夕拒絶不決、漸々
延引仕候趣、仍之御届ケ相成、
天朝ゟ拒絶之応接如何
与御挨拶有之、然ルに
今般　大樹公(徳川家茂)醜夷
東討して、御下向之儀尾州(徳川慶勝)

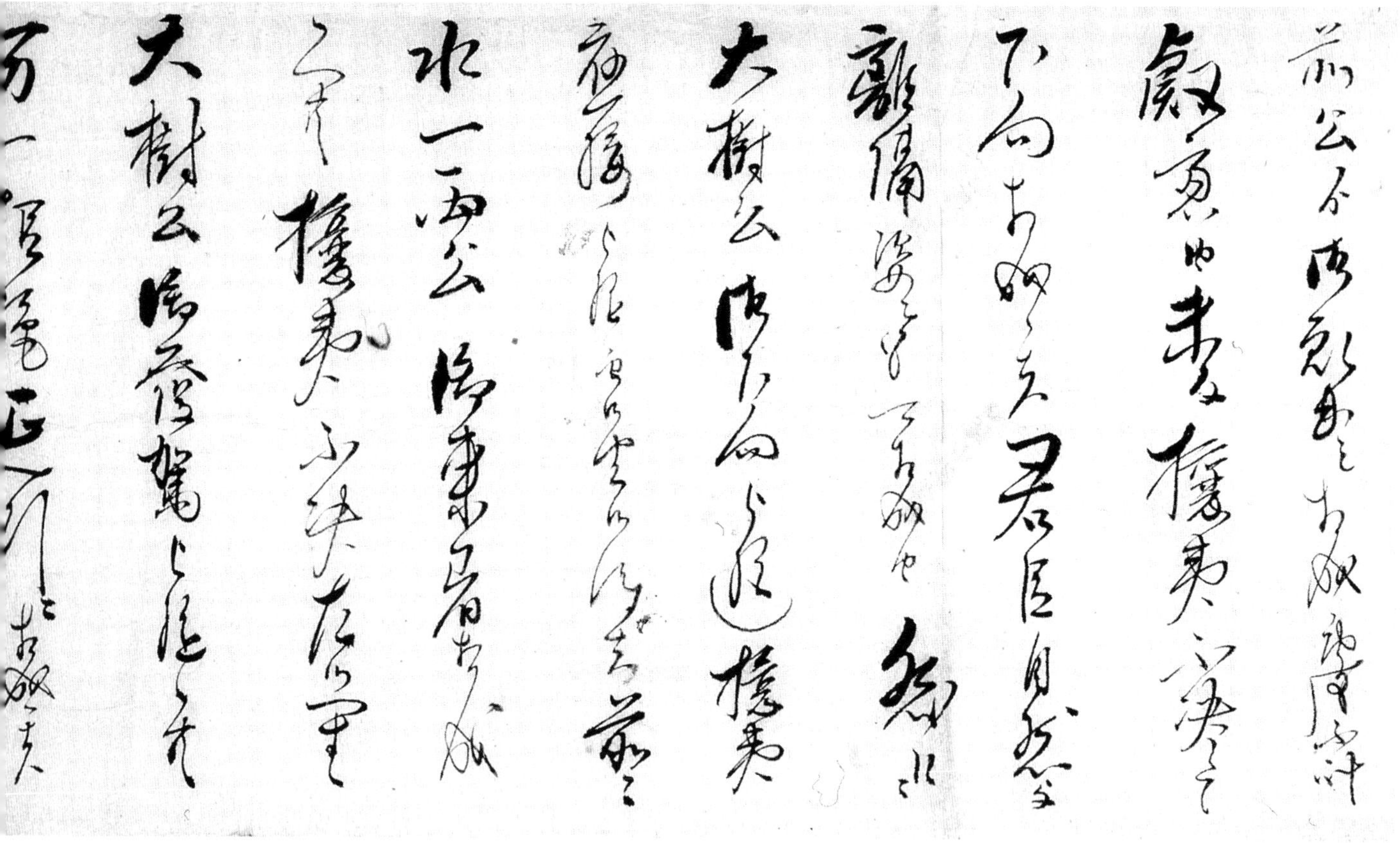

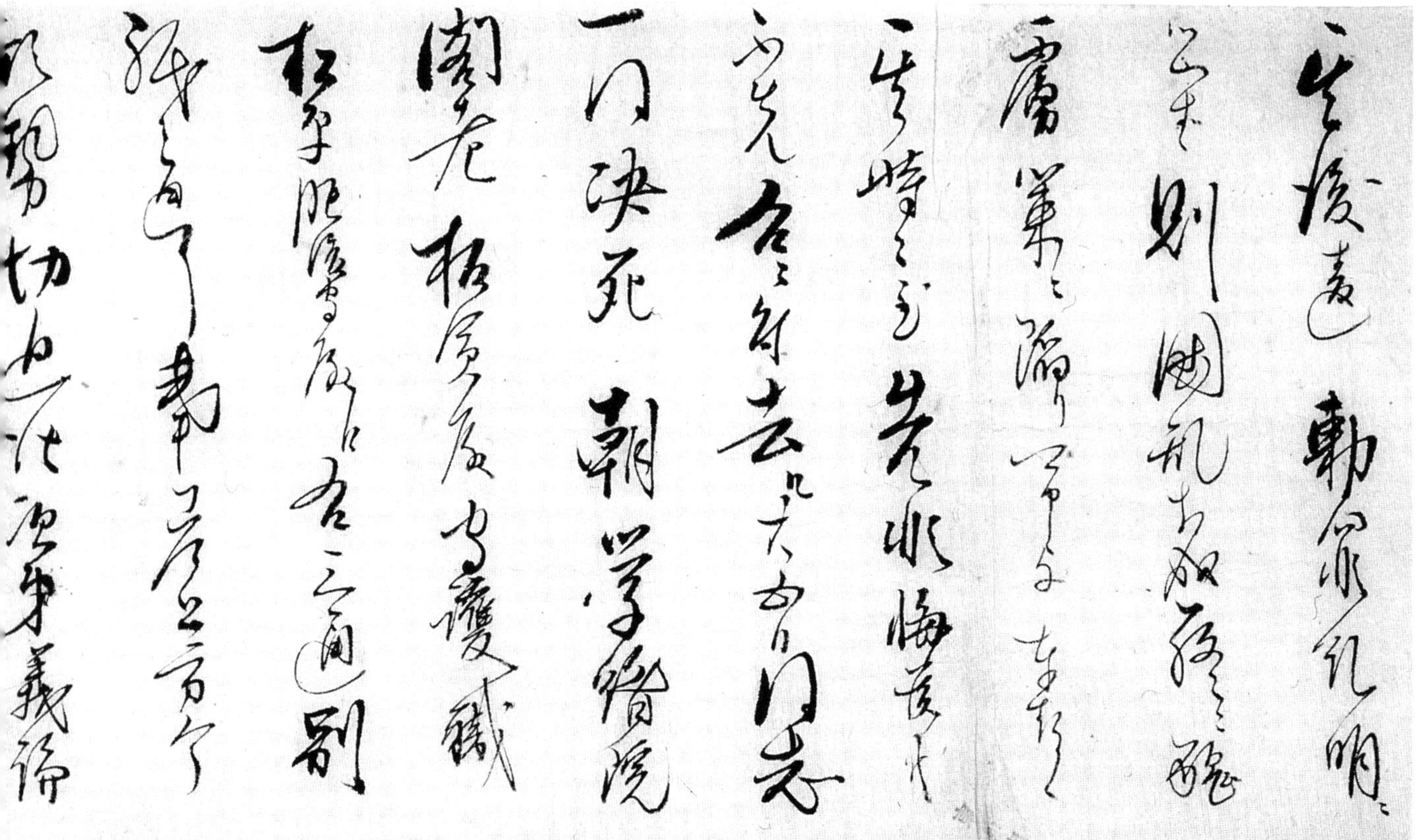

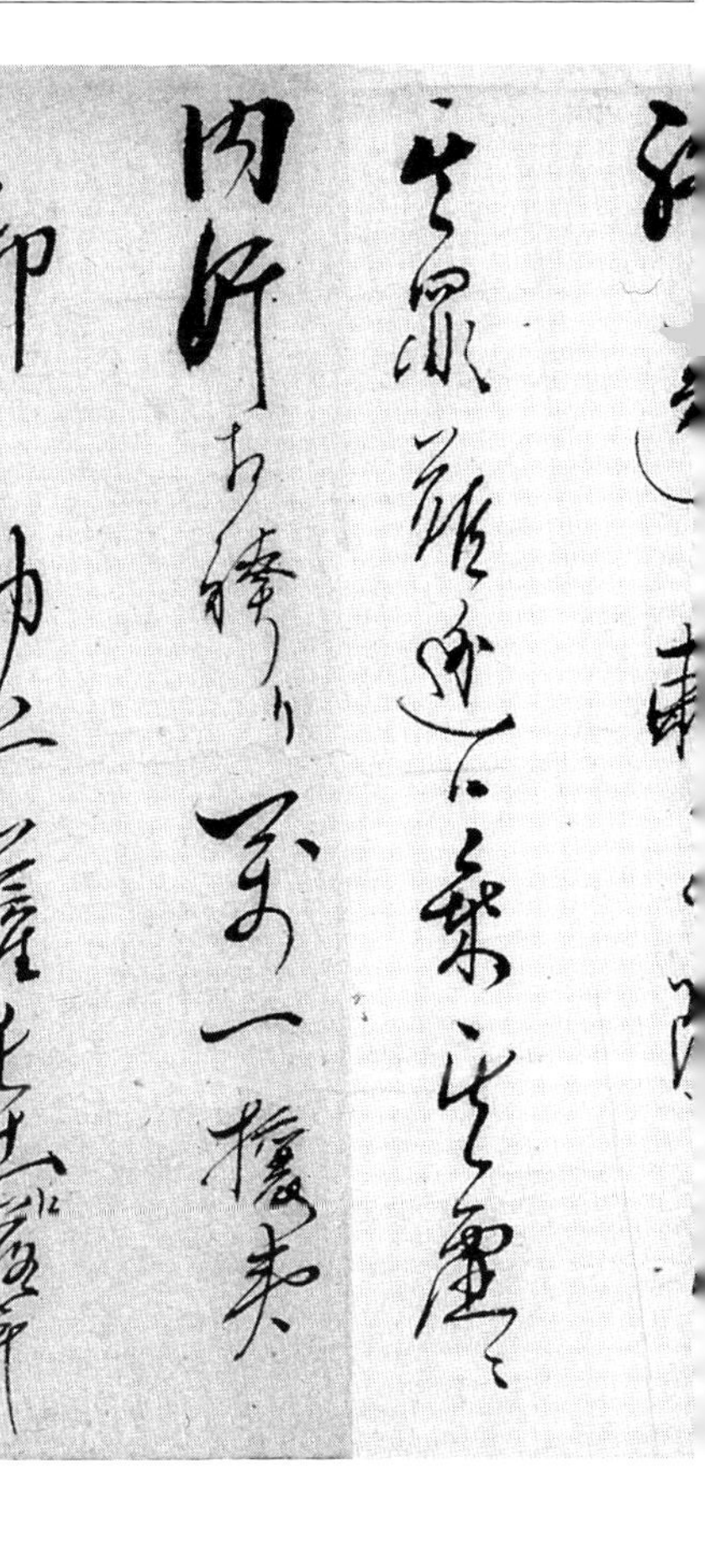

前公ゟ御願出シ相成候処、不叶
叡慮由、未タ攘夷不決して
下向相成候者君臣自然与
離隔姿ニも可相成由、然ルニ
大樹公御下向被遊、攘夷
応接被遊由御坐候得者、前々
水・一両公　御東着相成
候へ共、攘夷不決、左候へ者
大樹公御発駕被遊候共、
万一拒絶延引ニ相成候者、

終ニ違　勅ニも陥り候得者、
其罪難逃候、乗其虚ニ
内奸相誇リ、万一攘夷
之御　勅上、薩長土江落手
いたし候者、速ニ勤王挙兵旗
候者勿論御坐候、然者東西ニ
相分リ、関東有て如無候、

其後違　勅罪糺明ニ
候へ者、則国乱相成、終ニ醜
虜策ニ陥リ可申与奉存候、
其時ニ至、先非悔候共
不先、右ニ付、去ル廿五日同志
一同決死　朝学脩院
閣老板倉殿（勝静）、守護職
松平肥後守殿（容保）江右三通別
紙之通り奉差上、方今
形勢切迫仕次第義論

逢ひ、夫ゟ　大樹公ニも五十日
間御滞京極リ候、仍而攘夷
応接上使之義、未タ御沙汰
被　仰出無御坐候、左候得者
亦々明日ニも如何相成候哉
難計、日々拙者共心配
罷在候、就而者追々尽忠

近藤勇書状（小嶋鹿之助ほか宛て）2

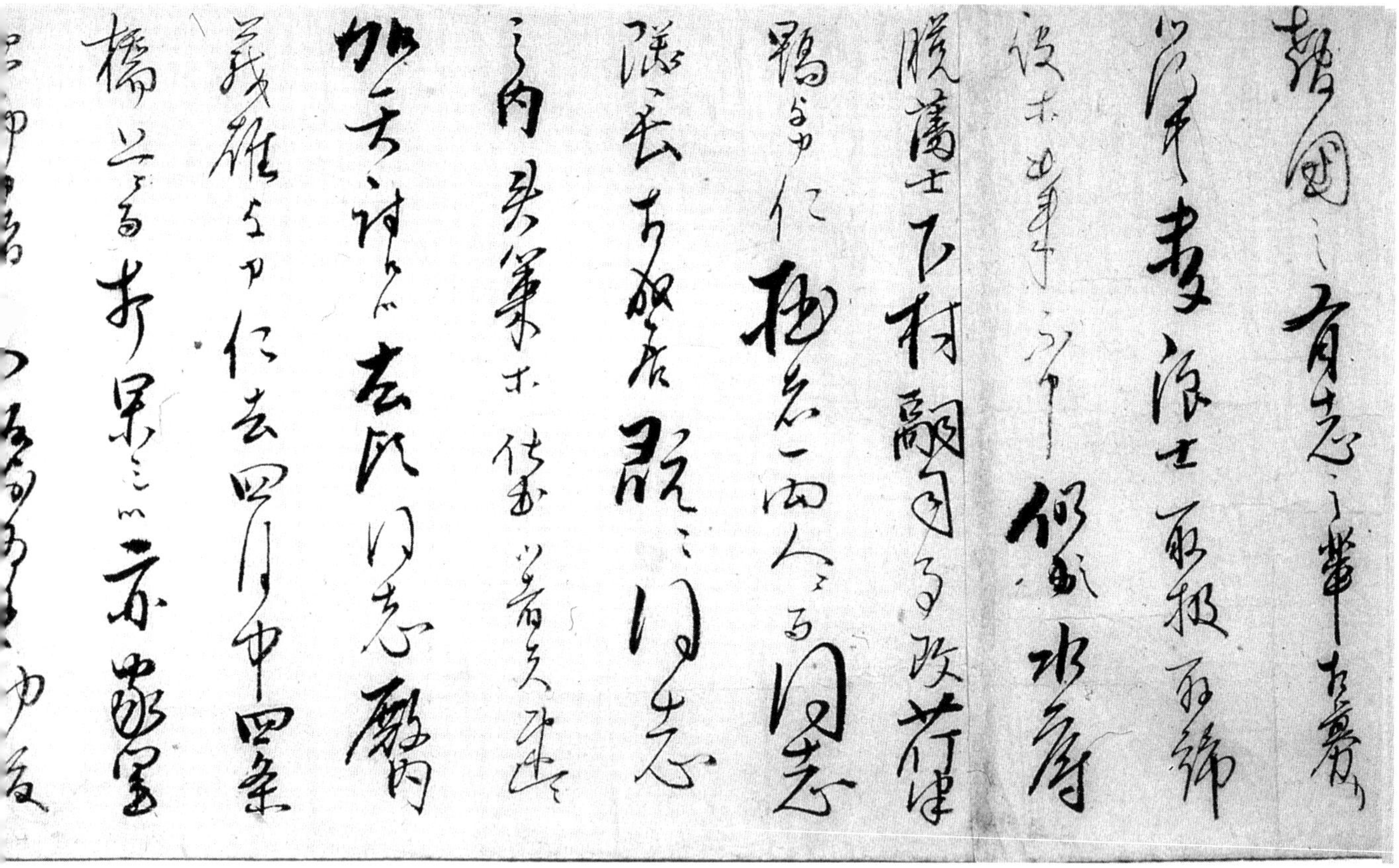

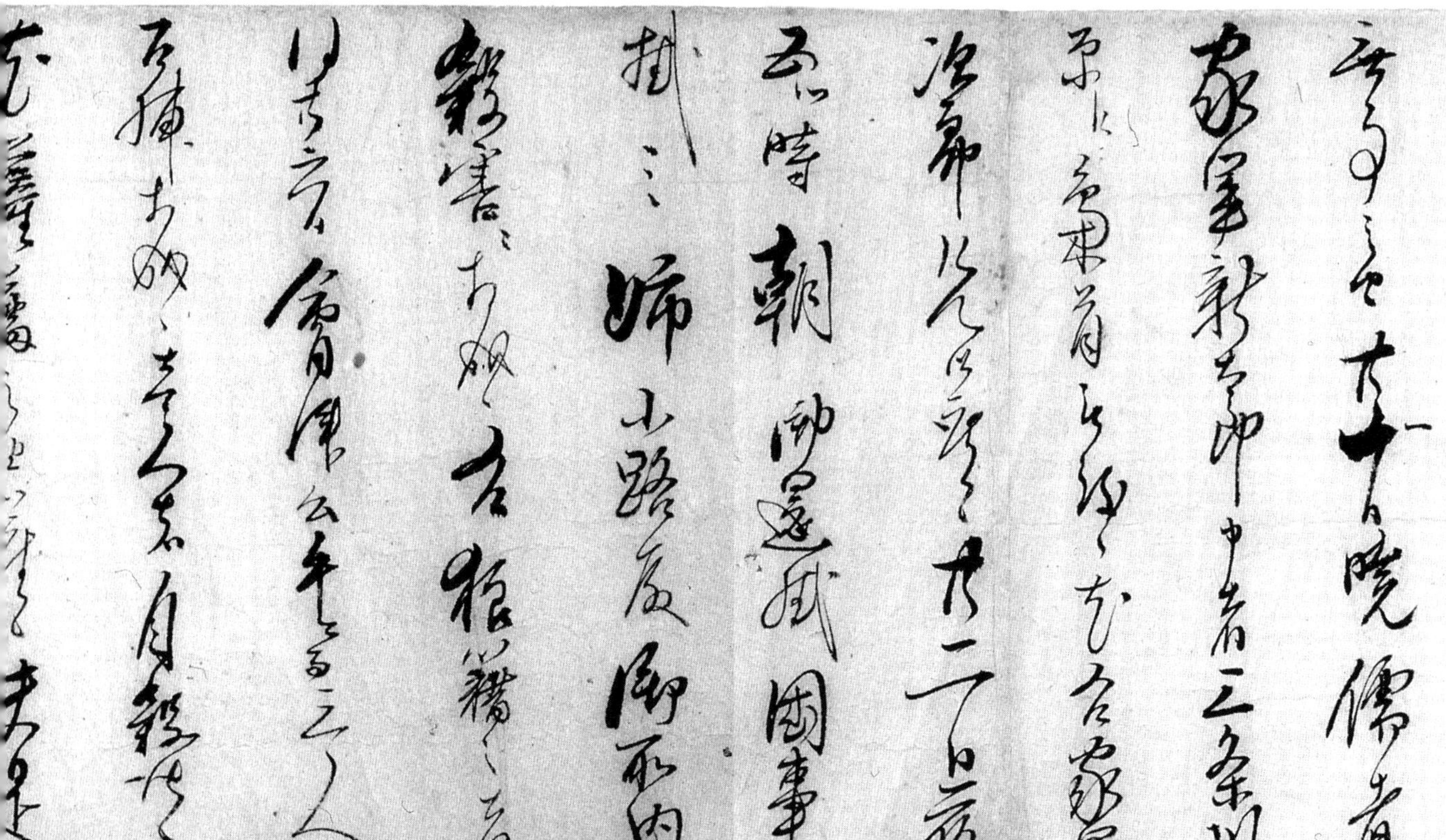

報国之有志之輩相募リ
候得共、未タ浪士取扱取締
役等出来不申、仍之水府
脱藩士下村嗣司事改芹澤
鴨与申仁・拙者両人ニ而同志
隊長相成居、既ニ同志
之内失策等仕出候者、速ニ
加天討(誅)ヲ候、去頃同志殿内
義雄与申仁、去四月中四条
橋上ニ而打果シ候、亦家里
次郎申者大坂おゐて切腹

いたし候、大樹公御下坂
之節者、如願御警衛御供
被　仰付、亦御帰京之節
御供ニ而五月十一日帰京いたし候、
且去ル廿日夜、安藤石見守
中御医者江侍躰者弐拾人
程押込候得共、右者逃去

無事之由、廿一日暁、儒者
家里新太郎申者三条川
原江梟首被致候、尤右家里
次郎兄御座候、廿二日夜
五ツ時、朝　御還掛・国事
掛之姉小路(公知)殿御所内ニ而
殺害ニ相成候、右狼藉之者
同廿六日、会津公手ニ而三人
召捕相成候、壱人者自殺仕候、
尤薩藩之由御座候、夫是

よつて洛陽不穏候事、
扨亦関東江下向仕候浪士共、
去ル四月中尽忠報国
之名義ヲ飾リ、市中動揺被
致ニ付、夫々召捕ニ相成候由
承知仕候、清川八郎義者
芝赤羽根ニ而打果候趣伝承

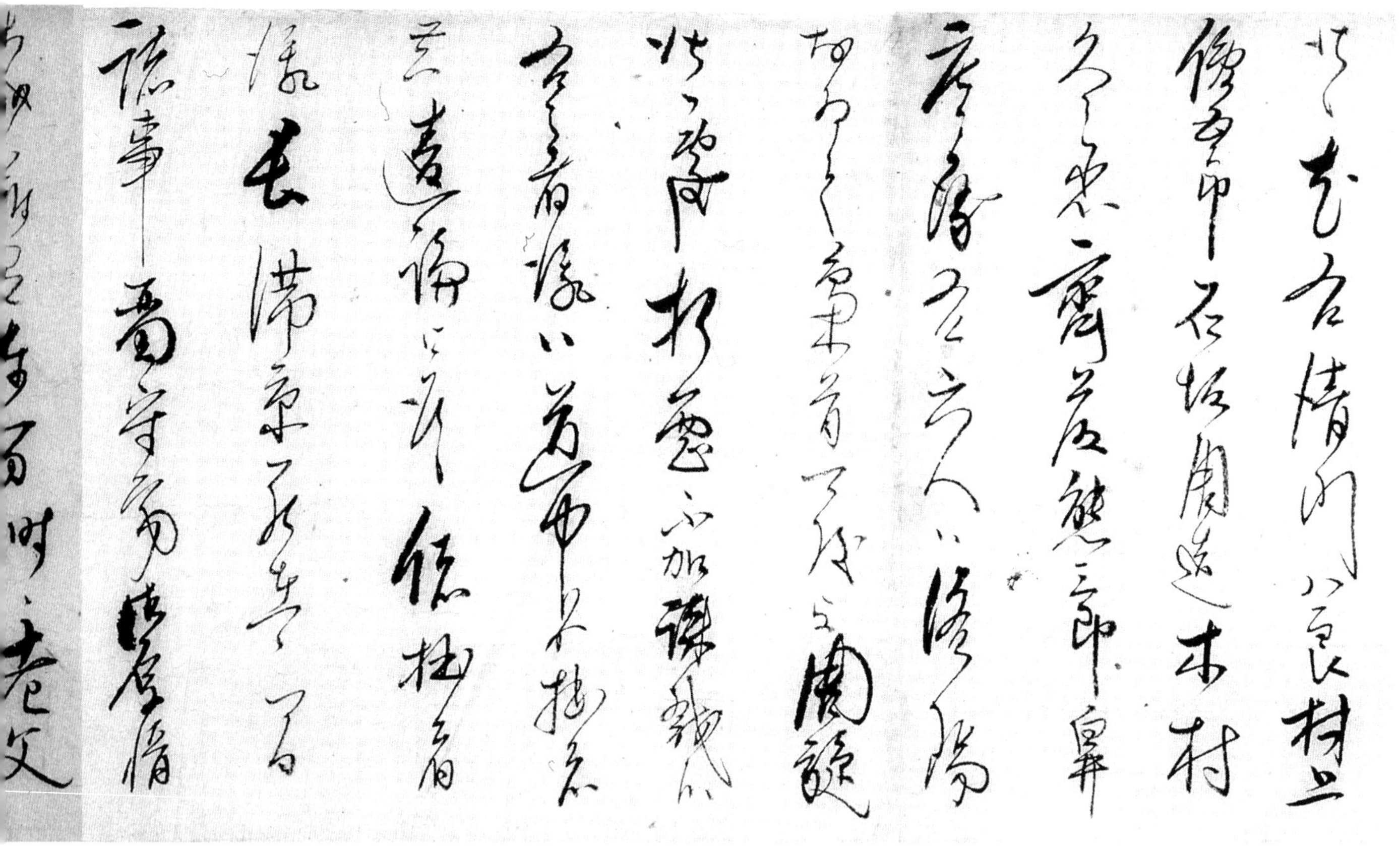

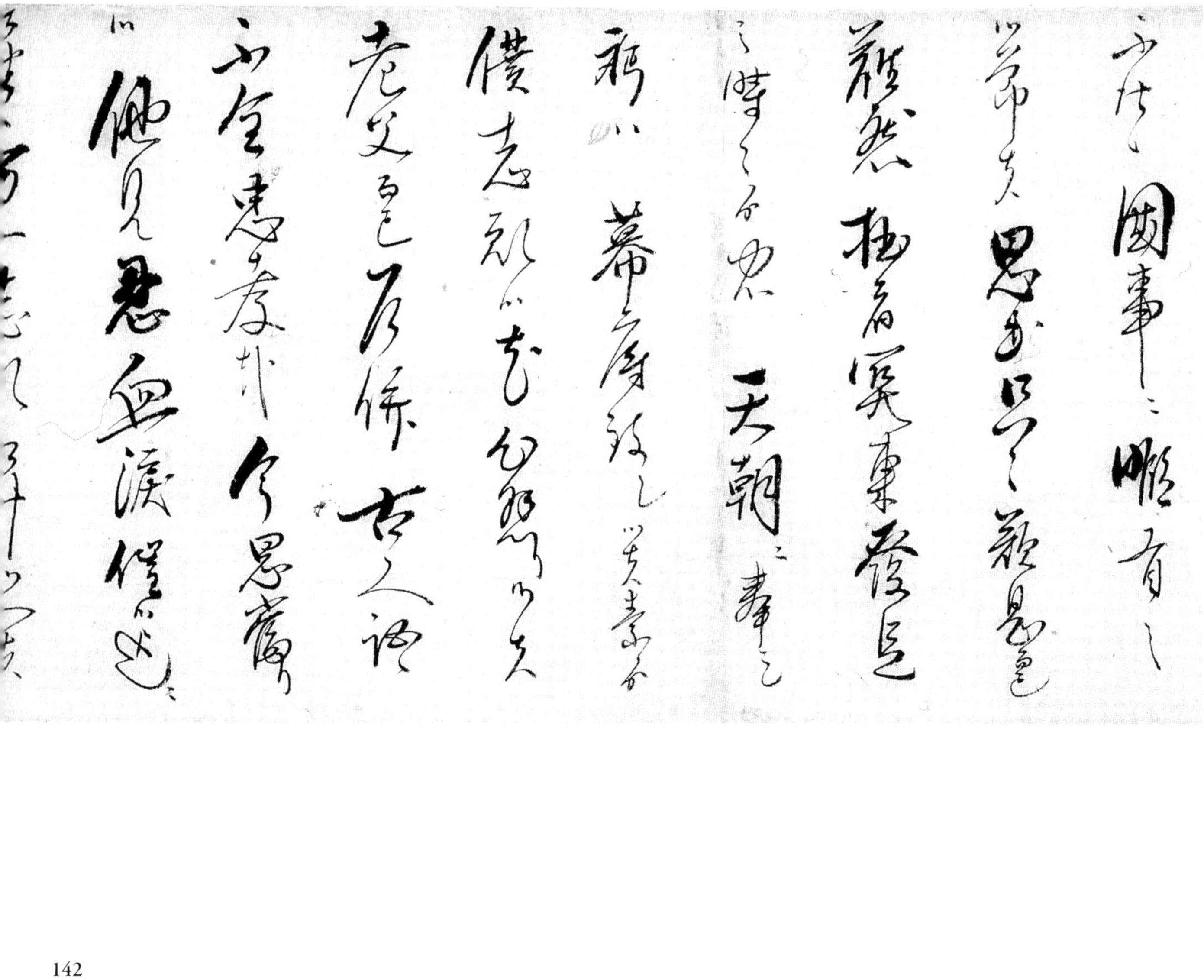

仕候、尤右清川八良・村上
俊五郎・石坂周造・木村
久之丞・齊藤熊三郎・白井
庄兵衛右六人ハ洛陽
おゐて梟首可致与周旋
仕候処、折悪不加誅戮候、
右之者儀ハ道中ゟ拙者
共違論御座候、偖拙者
儀、長滞京罷在候間、
諸事留守宅御厚情
相成難有奉万謝候、老父
義者別而御厄介相成候事
与奉存候、且稽古之義
も何卒宜御世話、伏而
奉希候、就而者当春中ハ
撃剣供学其節情
山谷隔罷在候共、聊忘却
不仕候、国事ニ暇有之
候節者思出只々歎息而已、
雖然、拙者関東発足
之時々ゟ忠　天朝ニ奉シ
躬ハ　幕府致シ候者素ゟ
僕志願候、尤心懸リ候者
老父而已、乍併古人語
不全忠孝哉、今思当リ
候、他見忍血涙催候迄ニ
御坐候、万一志願相叶候へ者
命も短夕迫可申候、任之
地ニ棄命仕候共、旅魂到
旧可奉厚謝候、依之
僕胸中探御賢察之程、
伏而奉希候、方今形勢
追々指迫候次第申上度候得共、

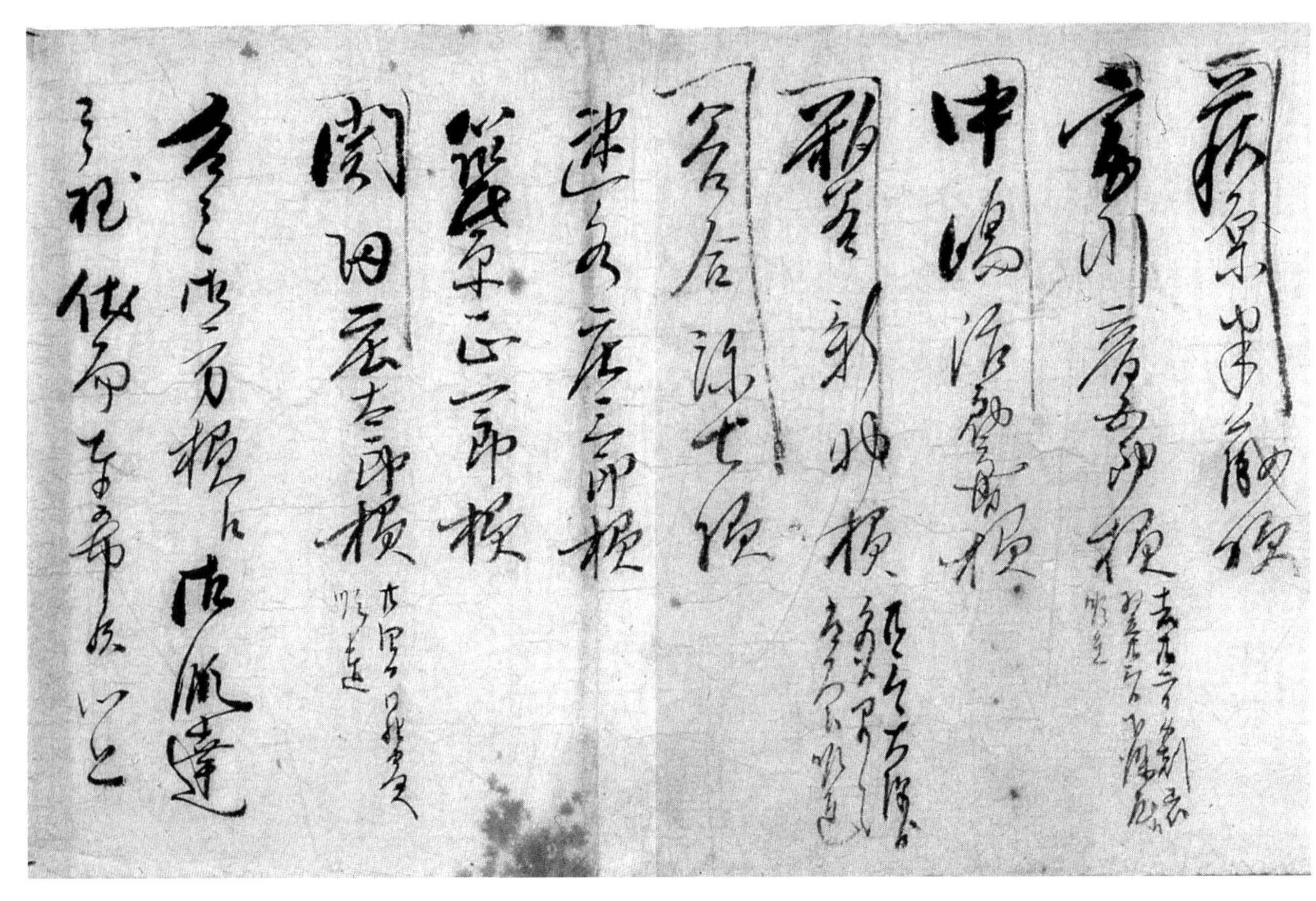

素ゟ愚知短才拙ゆへ、
以筆紙難尽、宜御推察
被成下度候、乍憚御稽古
御一統衆江可然様御鶴声
願上候、艸々不備、

近藤　勇

昌宜（花押）

佐藤彦五郎様
嶋崎勇三郎様
安藤傳十郎様
田中恒太郎様
青柳勇五郎様
萩原　糺　様　八月廿九日着
小嶋鹿之助様

萩原多賀次郎様　六月十七日夕柳丁へ着、即刻披見写し取、同十九日舟板横丁へ順達
寺尾安次郎様
蔭山新之丞様

宮川音五郎様　去廿二日夕刻着、翌廿三日下染屋江順達
中嶋治郎兵衛様
粕谷新助様　廿三日大澤ゟ受取、早々常右衛門江順達
谷合弥七様
速水庄三郎様
筑紫正一郎様
関田庄太郎様　廿四日日野宿へ順達
右之御方様江御順達
之程、伏而奉希候、以上、

【読み下し文】

向暑の節に御坐候えば、いよいよ御清昌賀上奉り候、然らば拙者留守宅の儀、相替わらず御厚情罷り成り、万々厚謝奉り候、さて未だ洛陽穏やか成らざる事累卵の如く、西方諸侯表幕府を貴び、裏には倒消せん事相醸し、関東攘夷拒絶因循仕り候より、虚に乗じ天下囂然候て、内姦謀計たる者勝て算難く、既に去る三月中、嶋津三郎義、御内命を蒙り上京仕り候処、公武御合躰と相見え候間、一両日滞留仕り、直様書き置き相残し、別紙文面通りに御坐候、然る関東の大小名・御籏本衆、国家安危を顧みず、唯々御下向のみ差し急ぎ、過日水府公攘夷御名代として御下向遊され候えども、いずれの御沙汰御坐無く候、また一橋公攘夷期限拒絶、応接承り御君命御東帰遊され候処、是れ以て未だ拒絶決せず、漸々延引仕り候趣、これに仍り御届け相成り、天朝より拒絶の応接如何と御挨拶これ有り、然るに今般大樹公醜夷東討して、御下向の儀尾州前公より御願い出し相成り候処、叡慮叶わざる由、未だ攘夷決せずして下向相成り候は、君臣自然と離隔の姿にも相成るべき由、然るに大樹公御下向遊され、攘夷応接遊さる由御坐候えば、前々水・一両公御東着相成り候えども、攘夷決せず、左候えば大樹公御発駕遊され候とも、万一拒絶延引に相成り候は、終に違勅にも陥り候えば、その罪逃れ難く候、その虚に乗じ内奸相袴り、万一攘夷の御勅上、薩長士へ落手いたし候は、速やかに勤王兵籏を挙げ候は勿論に御坐候、然らば東西に相分り、関東これ有りて無きが如く候、その後違勅の罪糺明に候えば、則ち国乱相成り、終に醜虜策に陥り申すべしと存じ奉り候、その時に至り、先非悔み候とも先ならず、右に付き、去る廿五日同志一同決死　朝学脩院閣老板倉殿、守護職松平肥後守殿へ右三通別紙の通り差し上げ奉り、方今形勢切迫仕り次第義論逢い、夫より大樹公にも五十日間御滞京極まり候、仍って攘夷応接上使の義、未だ御沙汰仰せ出だされ御坐無く候、左候えば、またまた明日にも如何相成り候哉計り難く、日々拙者ども心配罷り在り候、就ては追々尽忠報国の有志の輩相募り候えども、未だ浪士取扱取締役等出来申さず、これに仍り水府脱藩士下村嗣司事改芹澤鴨と申す仁・拙者両人にて同志隊長相成り居り、既に同志の内、失策等仕出し候者は速やかに天誅を加え候、去る頃、同志殿内義雄と申す仁、去る四月中四条橋上にて打ち果たし候、また家里次郎と申す者大坂おいて切腹いたし候、大樹公御下坂の節は、願いの如く御警衛御供仰せ付けられ、また御帰京の節御供にて五月十一日帰京いたし候、且去る廿日夜、安藤石見守と申す御医者へ侍躰の者弐拾人程押し込み候えども、右者逃げ去り無事の由、廿一日暁、儒者家里新太郎と申す者三条川原へ梟首致され候、尤も右家里次郎兄に御座候、廿二日夜五つ時、朝御還掛・国事掛の姉小路殿御所内にて殺害に相成り候、右狼藉の者同廿六日、会津公手にて三人召し捕り相成り候、壱人は自殺仕り候、尤も薩藩の由に御座候、夫れ是れよって洛陽不穏候事、さてまた関東へ下向仕り候浪士ども、去る四月中尽忠報国の名義を飾り、市中動揺致さるに付き、それぞれ召し捕りに相成り候由承知仕り候、清川八郎義は芝赤羽根にて打ち果たし候趣伝承仕り候、尤も右清川八良・村上俊五郎・石坂周造・木村久之丞・齊藤熊三郎・白井庄兵衛、右六人は洛陽において梟首致すべきと周旋仕り候処、折悪しく誅戮を加えず候、右の者儀は道中より拙者ども違論御座候、さて拙者儀、長滞京罷り在り候間、諸事留守宅御厚情相成り、有り難く万謝奉り候、老父義は別して御厄介相成り候事と存じ奉り候、且稽古の義も何卒宜しく御世話、伏して希い奉り候、就ては当春中は撃剣供学その節情、山谷隔て罷り在り候とも、聊か忘却仕らず候、国事に暇これ有り候節は思い出し只々歎息のみ、然りといえども、拙者関東発足の時々より忠は天朝に奉じ、躬は幕府致し候は素より僕志願候、尤も心懸り候は老父のみ、併し乍ら古人語り忠孝全うせざる哉、今思い当り候、他見を忍び血涙を催し候までに御坐候、万一志願相叶い候えば命も短夕迫り申すべく候、任の地に棄命仕り候とも、旅魂旧に到り厚謝奉るべく候、これに依り僕胸中を探り御賢察の程、伏して希い奉り候、方今形勢追々指し迫り候次第申し上げたく候えども、素より愚知短才の拙ゆえ、筆紙を以て尽くし難く、宜しく御推察成し下されたく候、憚り乍ら御稽古御一統衆へ然るべきよう御鶴声願い上げ候、艸々不備、

（中略）

右の御方様へ御順達の程、伏して希い奉り候、以上、

　二啓申し上げ候、関東の珍説これ有り候えば、くわしく御書き贈りの程希い奉り候、以上、

近藤勇は、天保五年（一八三四）十月に武蔵国多摩郡上石原村（現、東京都調布市）の百姓の家に生まれた。嘉永元年（一八四九）に江戸牛込の試衛館で天然理心流を学び、道場主近藤周助の養子となり、のちに近藤勇を名乗った。文久三年（一八六三）正月、幕府が浪士組を結成するとこれに参加して上洛し、京都に残留した浪士らと壬生浪士組（のちの新選組）を結成した。本状は、京都にいた近藤勇が、多摩の萩原多賀次郎ら天然理心流の関係者などに近況を知らせた書状（ニューズレター）である。宛名に付されている合点は一見了の印、日付も記している。

本状で近藤は、将軍徳川家茂の下向（江戸城への帰還）に反対する上書を朝廷の学習院、老中板倉勝静、京都守護職松平容保に提出したことを記している。将軍が下向したにもかかわらず、攘夷決行が延期・拒絶されれば違勅にもなり、また攘夷の勅許が薩摩・長州・土佐に下されれば勤王の兵を挙げることは間違いない。そうなれば国が東西に分裂して乱れてしまうので、同志一同決死の覚悟で上書を提出した、という。

続いて近藤は、水戸浪士芹沢鴨と自分が隊長になったこと、殿内義雄や家里次郎を粛清したことなど壬生浪士組に関する近況や、殺傷事件が相次ぐ京都の不穏な状況、壬生新徳寺で別れた清河八郎が江戸で暗殺されたと聞いたことなどを報告している。

そして最後に、京都での滞在が長くなるとして、留守宅のことや老いた父のこと、稽古のことなどを世話して欲しいと託している。また、追伸で関東の動向も詳しく報じて欲しいと依頼している。

この書状には年月日が記されていないが、将軍下向に反対する上書が提出されたのは文久三年五月二十五日なので、それ以降のものと推測される。

14代将軍徳川家茂上洛――京都の町人たちへ６万3000両を下賜

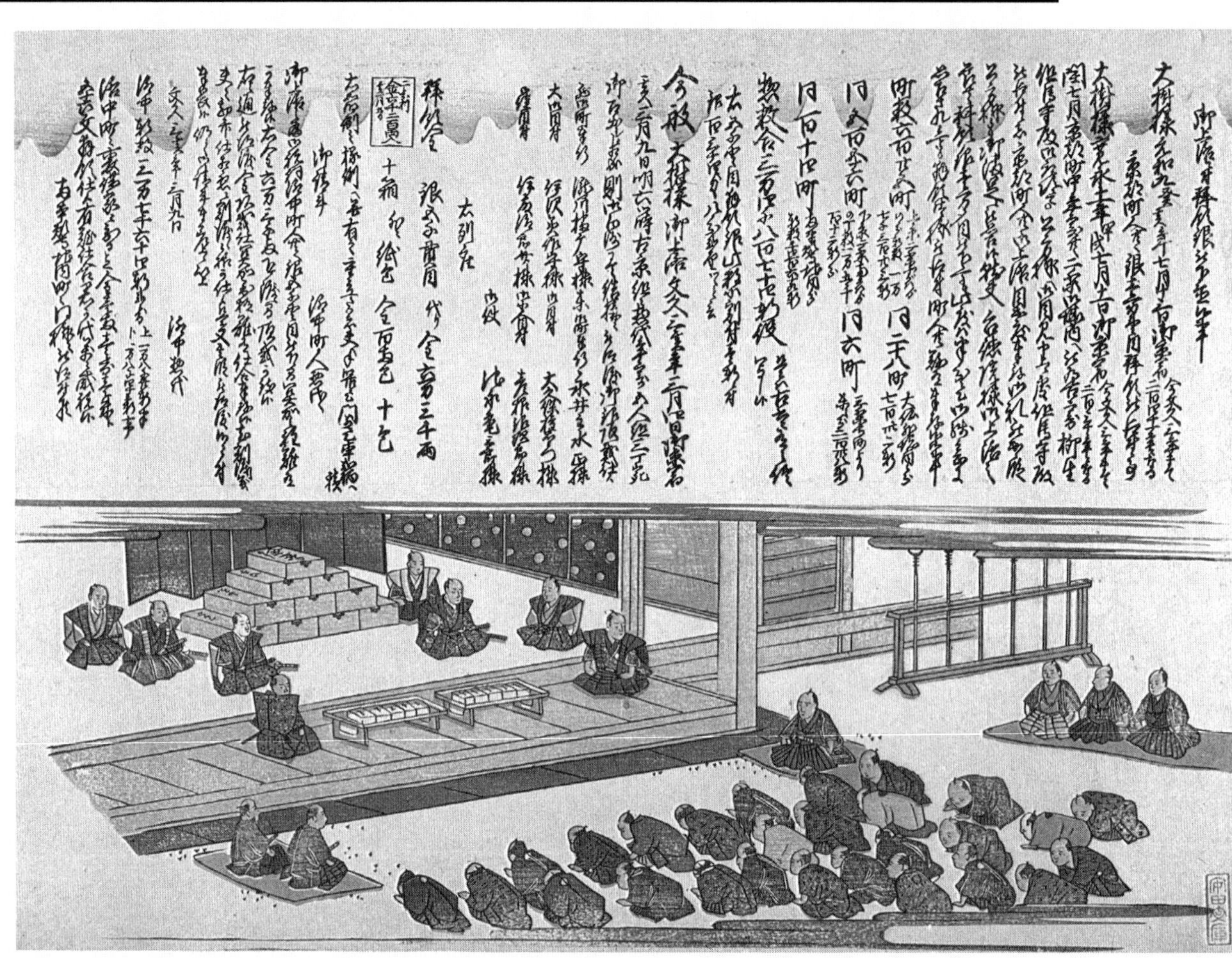

御上洛ニ付拝領銀被下置候事

大樹様元和九癸亥年七月十三日御京宿　今文久三年まで二百四十一年ニなる

京都町人共々銀壱万貫目拝領被仰付候事、

大樹様寛永十一年甲戌七月十一日御京宿　今文久三年まで二百三十年ニなる

閏七月京都町中年寄共へ二条御城内へ被為召寄、柳生
但馬守殿御取次ニ而公方様へ御目見申上候処、但馬守殿
被仰付候者、京都町人共々御上洛目出度奉存、御礼被出候段、
公方様ニも御満足ニ被思召候、就夫　台徳院様御上洛之
節者、拝領銀壱万貫目被下候へとも、此度ハ半分ニて御残念に
思召され候へとも、拝領仕候様被仰付、町人共難有奉存候御事、

（中略）

惣数合三万四千八百七十四軒役　是ハ古書ニ有之儘写し候、
右五千貫目拝領銀、此数に割付、壱軒ニ付
銀百三十四匁八分弐厘ツヽと云、

今般　大樹様御上洛、文久三亥年三月四日御京宿

（中略）

拝領金　銀五千貫目　代リ金六万三千両

金六千二百両入　十箱　外ニ紙包　金百両包　十包

右如旧例之椽側へ并有之重立たる者、夫へ手箱ニて門前ニて車弐柄へ積、

洛中町人惣代へ

御請書

御上洛之為、御祝詞洛中町人共へ銀五千貫目被下候間、冥加之程難有
可奉存候、右金六万三千両下ケ渡候間、頂戴可致候、
右之通被仰渡金頂戴仕、冥加至極難有仕合奉存候、尤割渡し義
夫々勘弁仕、相応割渡し候様可仕候、是又其段被仰渡候ニ付、
奉畏候、仍て御請書奉差上候、以上、

文久三亥年三月九日　洛中惣代

洛中軒数三万七千六十四軒弐歩　上一万八千廿軒半　下一万八千四十三軒七部
洛中町々裏借家ニ至る迄、金壱両壱歩壱朱ト
五十六文拝領仕候、有難仕合、君か代万々歳祝候、
両本願寺地内町々同様ニ被仰付候、

奇兵隊の結成

文久三年（一八六三）五月十日、長州藩は下関海峡でアメリカ・フランス・オランダの艦船を砲撃して攘夷を決行したが、翌六月にアメリカ・フランスの報復を受けて惨敗する。

長州藩主毛利慶親は、藩士高杉晋作に下関の防御のことを一任した。高杉は、師である吉田松陰の「草莽崛起」という考えに基づき、身分にかかわらず「有志の者」を集め、正規軍とは別に新たな戦闘部隊を編成することを提言した。これに応じて藩内の下士・陪臣・足軽・小者・村役人・豪農商の子弟が続々と参集し、結成されたのが奇兵隊である。奇兵隊は、武士五割・農民四割・その他一割からなり、袖印による階級の区別があった。隊士は藩庁から給与を受け取り、隊舎で生活した。

「奇兵」とは不正規の軍隊という意味だが、藩には藩士からなる撰鋒隊があったために、このように名付けられた。正規軍である撰鋒隊との間には溝が生まれ、衝突に及び（教法寺事件）、その責任を問われて高杉は総督を罷免されている。

長州藩は八月十八日の政変に敗れて京都から追放された。再起をかけた長州藩は、翌元治元年（一八六四）七月に京都へ攻め込んだが（禁門の変）、御所に発砲したことで朝敵となり、長州討伐の命が下される。奇兵隊は慶応二年（一八六六）の第二次幕長戦争で幕府側の大軍勢を相手に大活躍し、戊辰戦争でも新政府軍の一部として活躍した。

明治二年（一八六九）十一月、戊辰戦争の終結と共に藩から解散を命じられ、行き場を失った兵士らが「脱退騒動」と呼ばれる事件を起こした。奇兵隊出身で軍監を務めた山県有朋は、明治政府で日本陸軍の基礎を築くことになり、奇兵隊は日本陸軍のルーツといわれている。

文久三年六月七日付け奇兵隊結成綱領（高杉晋作筆）

毛利博物館所蔵

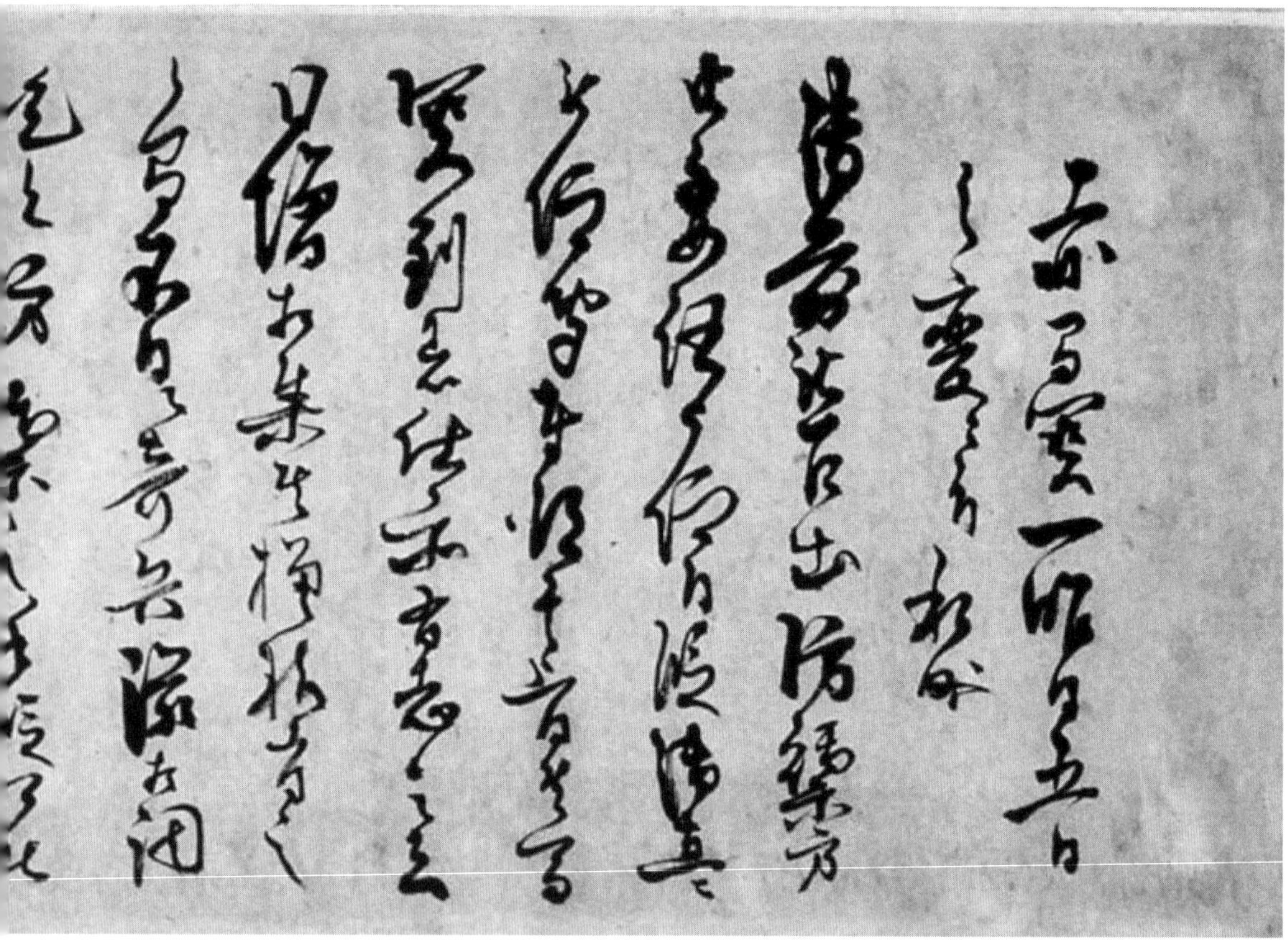

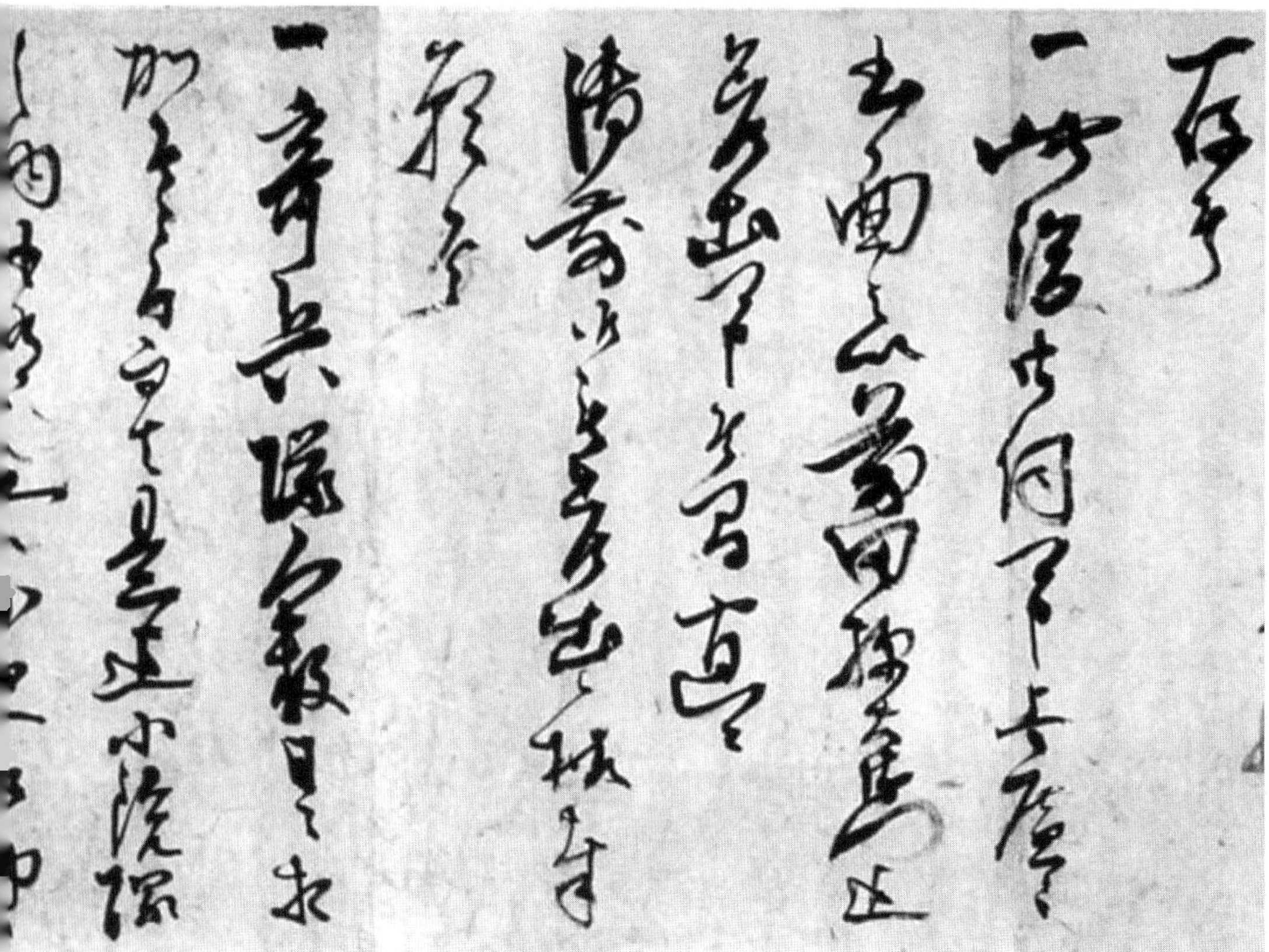

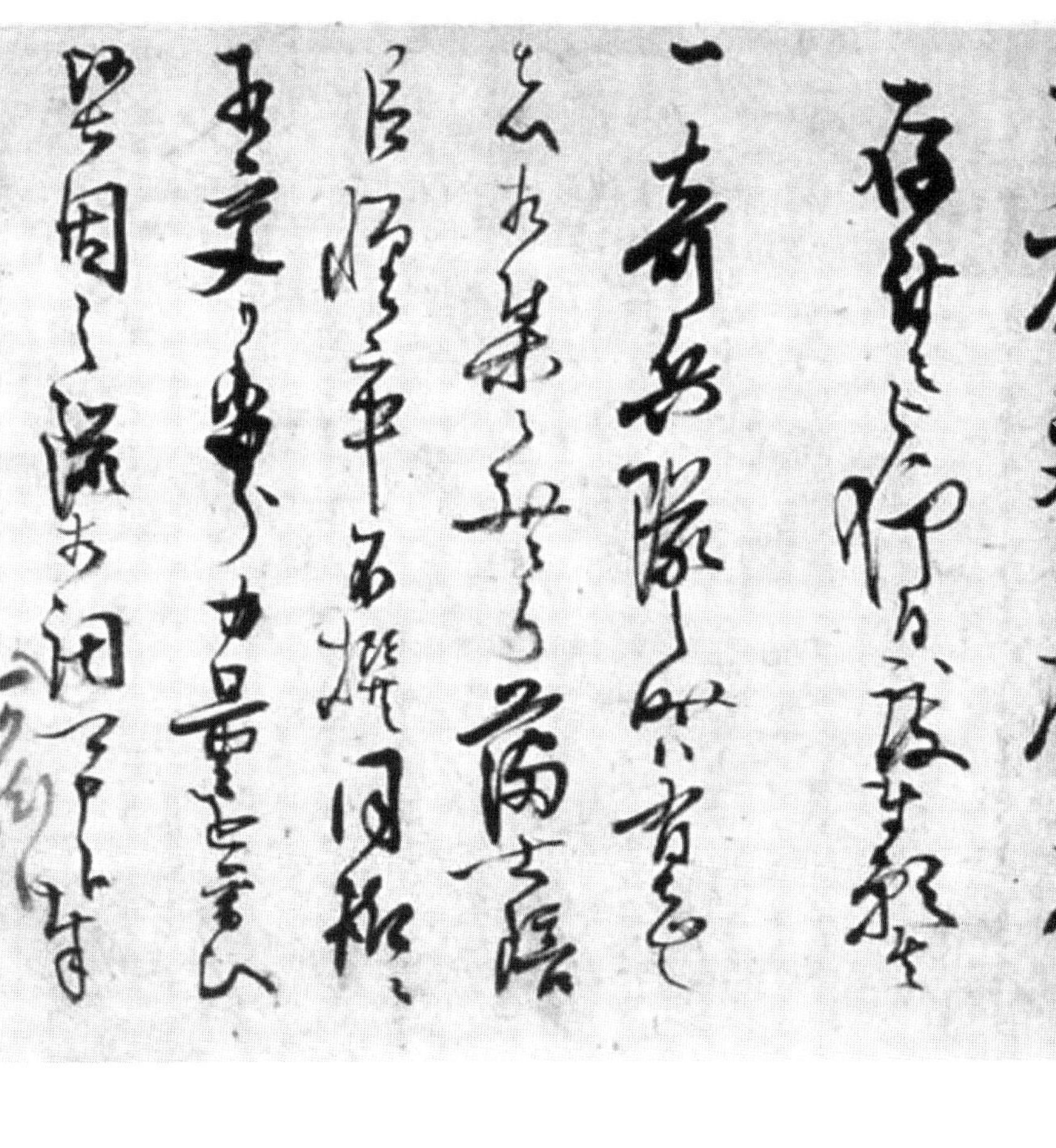

赤間関、一昨日五日之変ニ付、私儀御前被召出、防禦方御委任被仰付段、御直ニ被仰聞奉得其旨候、馬関到着仕候所、有志之者日増相集候模様有之候間、不日ニ奇兵隊相調、屹与防禦之手段可仕奉存候、夫ニ付廉々左之存付ニ被仰付度奉願候、

一、奇兵隊之儀ハ有志之者相集候儀ニ付、藩士・陪臣・軽卒不撰同様ニ相交リ、専ら力量を貴ひ、堅固之隊相調可申と奉存候、

一、此後御伺可申上候廉々書面を以前田孫右衛門迄差出可申候間、直ニ御前江被差出候様奉願候、

一、奇兵隊人数日々相加候ニ付而者、是迄小銃隊之内も有之、又ハ小吏相勤候者も有之、其内御一手人数之内も可有之候得共、畢竟匹夫志不可奪候得者、是等も拒ミ難き趣御座候、素ゟ御組立之人数内を是ゟ相招ハ不仕候得共、自然奇兵

奇兵隊結成綱領（高杉晋作筆）1

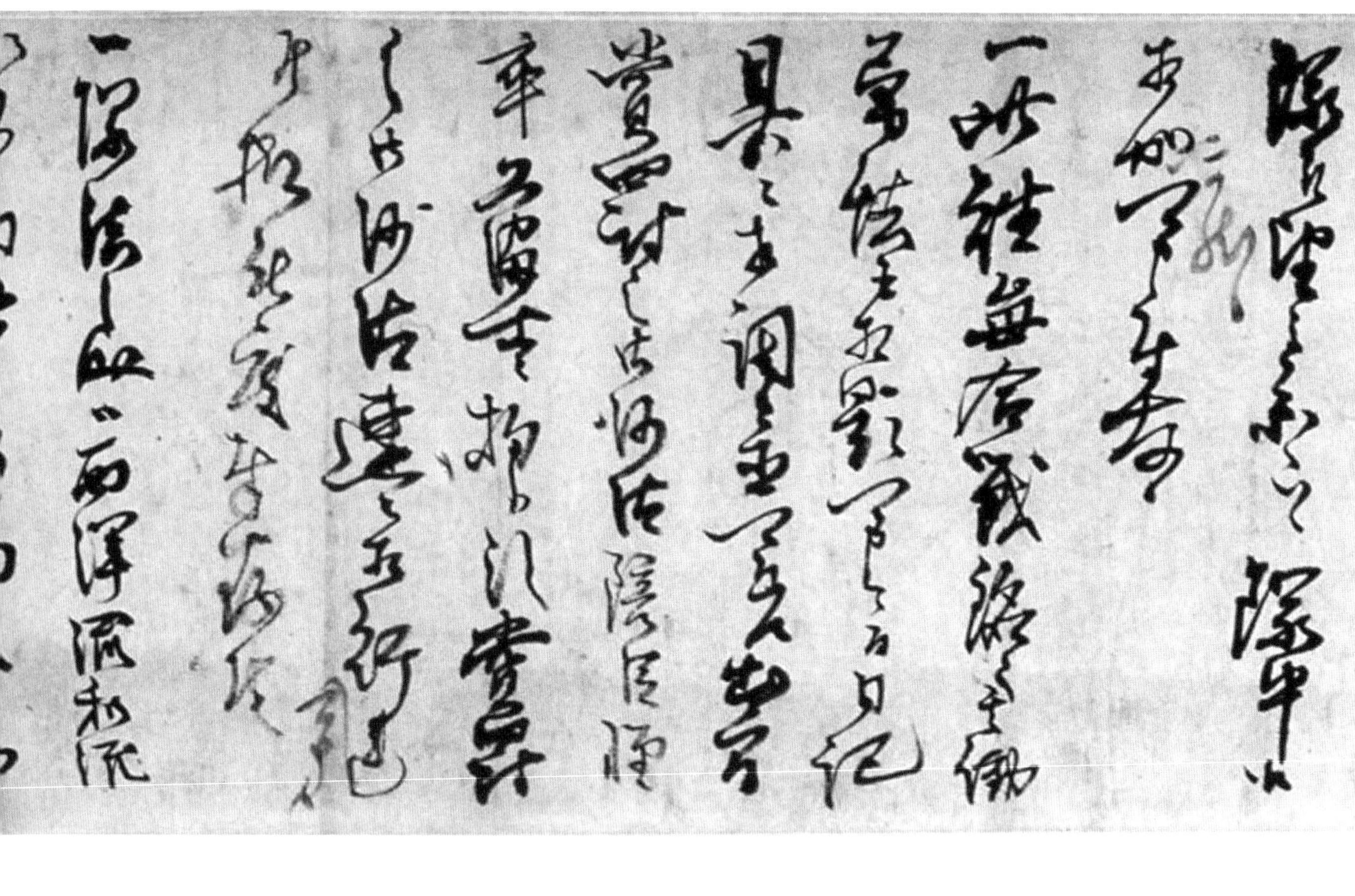

【読み下し文】

赤間関、一昨日五日の変に付き、私儀御前に召し出され、防禦方御委任仰せ付けらる段、御直に仰せ聞かれその旨を得奉り候、馬関到着仕り候所、有志の者日増しに相集い候模様これ有り候間、不日に奇兵隊相調（ととの）え、きっと防禦の手段仕るべく存じ奉り候、それに付き廉々（かどかど）左の存じ付きに仰せ付けられたく願い奉り候、

一、奇兵隊の儀は有志の者相集い候儀に付き、藩士・陪臣・軽卒を撰ばず同様に相交わり、専ら力量を貴び、堅固の隊相調え申すべくと存じ奉り候、

一、この後御伺い申し上ぐべく候廉々、書面を以て前田孫右衛門まで差し出し申すべく候間、直に御前へ差し出され候よう願い奉り候、

一、奇兵隊人数日々相加わり候に付いては、是まで小銃隊の内もこれ有り、又は小吏相勤め候者もこれ有り、その内御一手人数の内もこれ有るべく候えども、畢竟匹夫（ひっきょうひっぷ）の志（こころざし）を奪うべからず候えば、是等も拒み難き趣に御座候、素より御組立の人数内を是より相招くは仕らず候えども、自然奇兵隊へ望み参り候わば、隊中へ相加え申すべく存じ奉り候、

一、此往毎合戦銘々その働き勇怯（ゆうきょう）も相顕（あら）われ申すべくに付き、日記つぶさに相調え置き差し出すべく候間、賞罰の御沙汰、陪臣・軽卒・藩士に拘らず、賞罰の御沙汰速やかに相行われ候よう仕りたく存じ奉り候、

一、隊法の儀は西洋流・和流に拘わらず、おのおの得物を以て接戦仕りたく存じ奉り候、（後略）

隊江望ミ参候ハヽ、隊中江
相加可申奉存候、

一、此往毎合戦銘々其働
勇怯も相顕可申ニ付、日記
具ニ相調置可差出候間、
賞罰之御沙汰陪臣・軽
卒・藩士ニ拘らす、賞罰
之御沙汰速ニ相行れ
候様仕度奉存候、

一、隊法之儀ハ西洋流・和流
ニ不拘、各々得物を以接
戦仕度奉存候、

高杉東行

六月七日　春（花押）

本状は、文久三年（一八六三）六月、奇兵隊を結成した高杉晋作によって作成された「奇兵隊結成綱領」である。当時、高杉は剃髪し、名を「東行」と改めていた。

六月五日、アメリカとフランスの軍艦による報復攻撃で敗北した長州藩は、亡命の罪で謹慎中の身だった高杉を赦免し、「防禦方御委任」として下関の防禦を任じた。そこで高杉は、翌六日に下関へ赴き、豪商白石正一郎宅において「有志之者」を集めた奇兵隊を組織し、本状をもって藩庁へ上書したのである。

まず第一項では、「藩士・陪臣・軽卒」という藩内の身分制によらず、個人の能力を重視し、「堅固之隊」を組織する、としている。また第三項では、今後奇兵隊への参加を請う者がいれば、加入させるようにする、とある。第四項では、賞罰などが円滑に行われるように、日記を作成すると述べている。そして最後の第五項は、「隊法」については、西洋流・和流に拘らず、隊士各々が長ずる武器を持って戦うものとした。

この奇兵隊は、民兵や義勇兵ではなく、藩から給与を支給され、常備の有志隊として結成されたことが一つの特徴である。こうして長州藩内では、藩の正規兵のほかに奇兵隊をはじめとして、遊撃隊・撃剣隊・神威隊・狙撃隊などのいわゆる「諸隊」と呼ばれる非正規有志者軍事集団が組織されていくようになっていく。

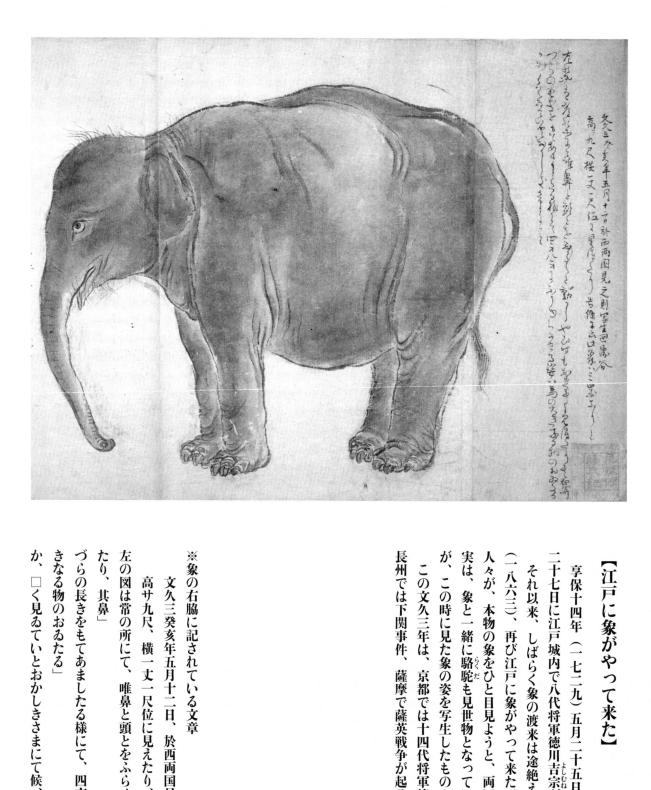

【江戸に象がやって来た】

享保十四年（一七二九）五月二十五日、ベトナム象が江戸へやって来て、二十七日に江戸城内で八代将軍徳川吉宗が象を観覧した。

それ以来、しばらく象の渡来は途絶えていたが、百三十四年後の文久三年（一八六三）、再び江戸に象がやって来た。絵でしか象を見たことのない大勢の人々が、本物の象をひと目見ようと、両国や浅草に押し掛けたといわれている。実は、象と一緒に駱駝も見世物となっていた。上に掲げた絵は、絵師の岡勝谷が、この時に見た象の姿を写生したものの一つである。

この文久三年は、京都では十四代将軍徳川家茂の上洛や八月十八日の政変が、長州では下関事件、薩摩で薩英戦争が起こった動乱の年でもあった。

※象の右脇に記されている文章

文久三癸亥年五月十二日、於西両国見之、則写生、岡勝谷

高サ九尺、横一丈一尺位に見えたり、告條に云、此象ハ三、四歳なりと、

左の図は常の所にて、唯鼻と頭とをふら〳〵と動かし、やむ時もなき事之見えたり、其鼻」

づらの長きをもてあましたる様にて、四方八方にふりゆらかせる姿ハ、馬の大きなる物のおゐたる」

か、□く見ゐていとおかしきさまにて候、

八月十八日の政変

文久三年（一八六三）三月、十四代将軍徳川家茂の上洛中、孝明天皇は攘夷祈願のために賀茂神社と石清水八幡宮に行幸し、攘夷実行の期日が五月十日と決定した。長州藩は攘夷を実行するため、馬関海峡を通過するアメリカ商船およびフランス・オランダ艦船を砲撃したが、アメリカ・フランスから報復攻撃を受けた。諸藩はこれを傍観していた。

攘夷が実行されないことを危ぶんだ尊攘過激派の公家らは、孝明天皇の大和行幸を計画した。これは神武陵・春日大社に天皇が行幸して親征の軍議をなし、伊勢神宮に行幸するというものだった。八月十三日、大和行幸の詔が下されるが、孝明天皇自身は攘夷主義者ではあったものの、尊攘過激派の横暴を快く思ってはいなかった。一方、会津・薩摩両藩を中心とする公武合体派は、中川宮朝彦親王を擁して尊攘過激派を一掃しようと、クーデターを計画した。

八月十八日の午前一時頃、朝彦親王と京都守護職松平容保・京都所司代稲葉正邦らが参内した。さらに、武装した会津・淀・薩摩の諸藩兵が御所の九門を閉鎖した。そこで行われた朝議で、大和行幸の延期、三条実美ら尊攘派公家の参内・他行・面会の禁止、長州藩の御所警衛の解除、長州藩毛利慶親父子の入京禁止などが決定された。

これによって、長州藩およびそれに同調する尊攘過激派の公家が京都から追放され、朝廷の主導権は公武合体派の手に移った。三条実美・三条西季知・東久世通禧・壬生基修・四条隆謌・錦小路頼徳・沢宣嘉の七卿は、長州藩兵らと共に、十九日、長州へと下ることになるのである（いわゆる七卿落ち）。

文久三年十月九日付け孝明天皇宸翰写（松平容保宛て）

会津若松市所蔵

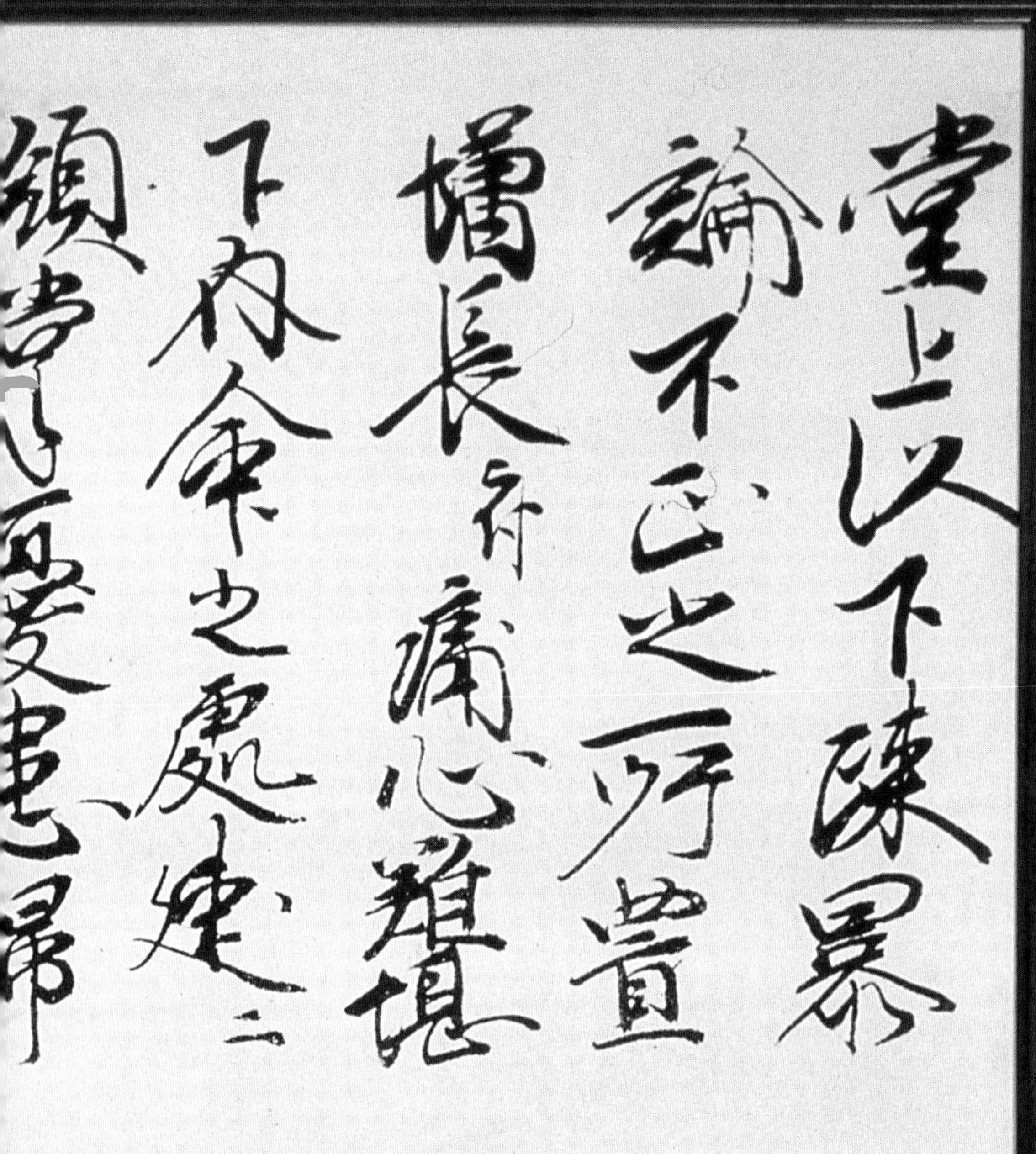

堂上以下陳暴
論、不正之所(処)置
増長ニ付、痛心難堪、
下内命之処、速ニ
領掌、憂患掃

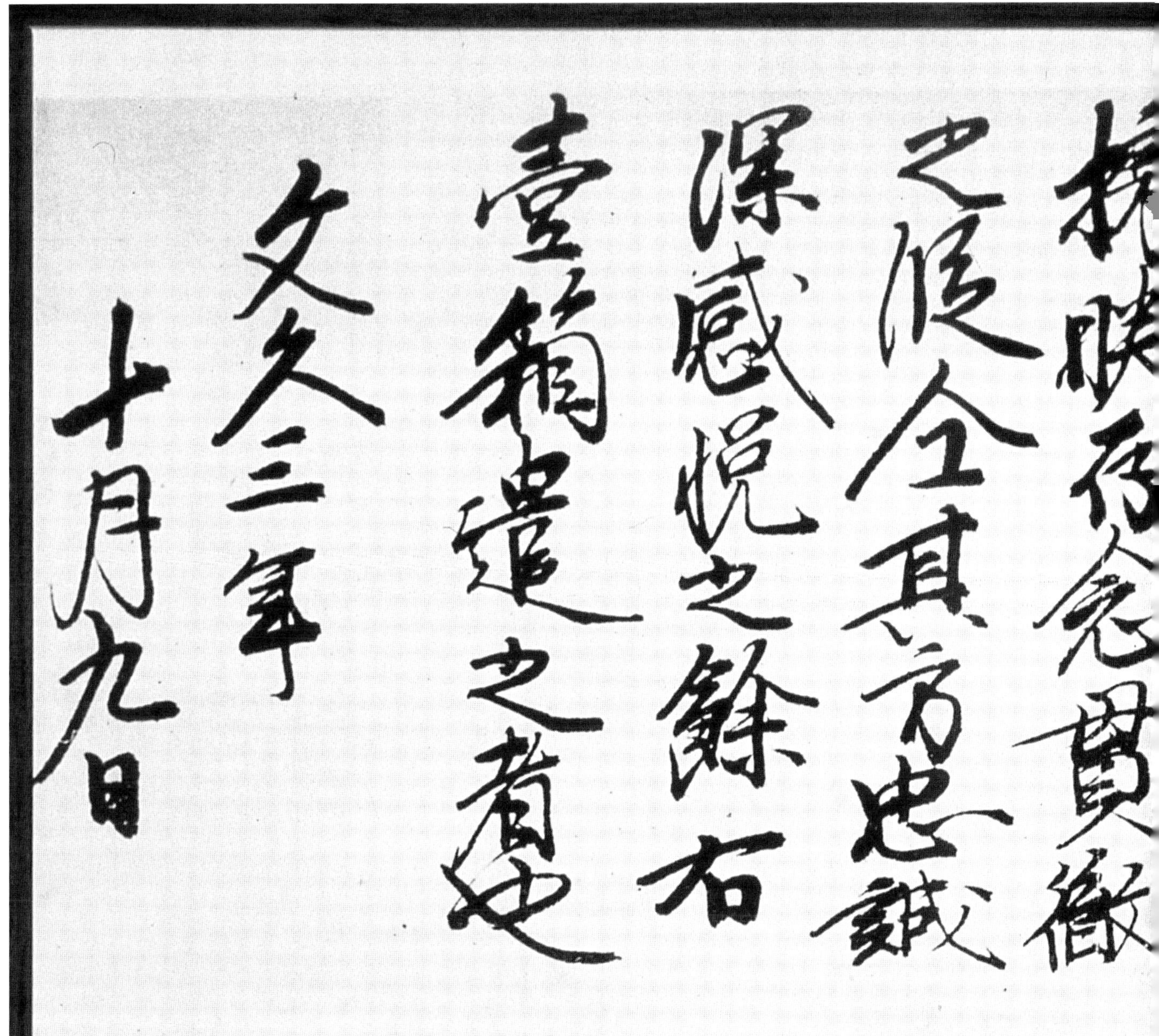

之段、全其方忠誠
深感悦之余、右
壱箱遣之者也、
文久三年
十月九日

孝明天皇宸翰写（松平容保宛て）

【読み下し文】

堂上以下暴論を陳べ、不正の処置増長に付き、痛心耐え難く内命下したる処、速やかに領掌、憂患を掃攘し、朕が存念貫徹の段、全くその方の忠誠深く感悦の余り、右壱箱これを遣わすもの也、（後略）

本状は、いわゆる八月十八日の政変における功労に対し、孝明天皇が右大臣二条斉敬を通じて京都守護職である会津藩主松平容保に下賜した宸翰の写しである。宸翰とは、天皇が自ら書き、自身の考えを直接伝える書のことである。また容保は、この宸翰と共に、公武合体への叡慮が表現された御製二首も賜っている。

その内容は、昨今「堂上以下」（公家ほか）の者が粗暴な論を連ねて、不正な行いを重ねていたことは痛心で堪えがたく、内命を下したところ、早急に対処し、憂患を排除してくれたことは朕の存念の貫徹するところであり、その忠誠心は「感悦」の極みであると、容保の政変での活躍に対する賛辞が述べられている。孝明天皇の容保への篤い信頼を物語る史料の一つである。

容保は、この孝明天皇の言葉に感激し、この宸翰と御製を竹筒に入れて生涯肌身離さず持ち歩いたという。維新後に、容保自身がこの宸翰を拝領した背景や経緯を書き留めた添書きの史料も残されている。また、写しは徳川将軍家（現、徳川記念財団）に伝来しているものも存在している。

しかし、この孝明天皇の容保に対する篤い信頼は、その後の会津藩の運命を左右することになっていくのである。

将軍徳川家茂の再上洛

十四代将軍徳川家茂は、九年間という短い将軍職在位中に、三度も上洛している。

徳川将軍としては二百二十九年ぶりとなる文久三年（一八六三）三月の家茂の上洛で、朝廷に攘夷を約束した幕府は、横浜を鎖港し、通商の窓口を長崎・箱館のみとすることで、攘夷の姿勢を示そうと考えた。文久三年十月、朝廷は将軍後見職の徳川慶喜および将軍家茂に、再び上洛せよと命じた。この時の朝廷は、八月十八日の政変を経て、長州勢力や過激派の公家などが一掃され、薩摩の島津久光ら公武合体派が勢力を占めており、家茂の上洛要請には公武合体の実現という名目もあった。三月に上洛したばかりだったため、幕府側は当初これを辞退したが、再度朝命があり、家茂と慶喜は上洛することになった。

まず慶喜が海路で京都に入り、続いて十二月二十七日、家茂が同じく海路で京都に向かった。一月十五日、二条城に入った家茂は、右大臣の宣下を受け、孝明天皇から公武一和の勅諭を賜っている。

一度目の上洛とは異なり、公武合体派の主導によって、家茂と慶喜の二度目の上洛は滞りなく運んだ。大坂開市・兵庫開港に備え、摂海（大坂湾）および禁裏の警備のため、慶喜は一月二十五日に将軍後見職を解かれ、禁裏御守衛総督・摂海防禦指揮に任命されて、引続き在京することになった。

一方の家茂は、五月二日に参内して御暇をもらい、七日に二条城を出発、二十日に約五か月にわたる上洛を終えて帰還したのだった。

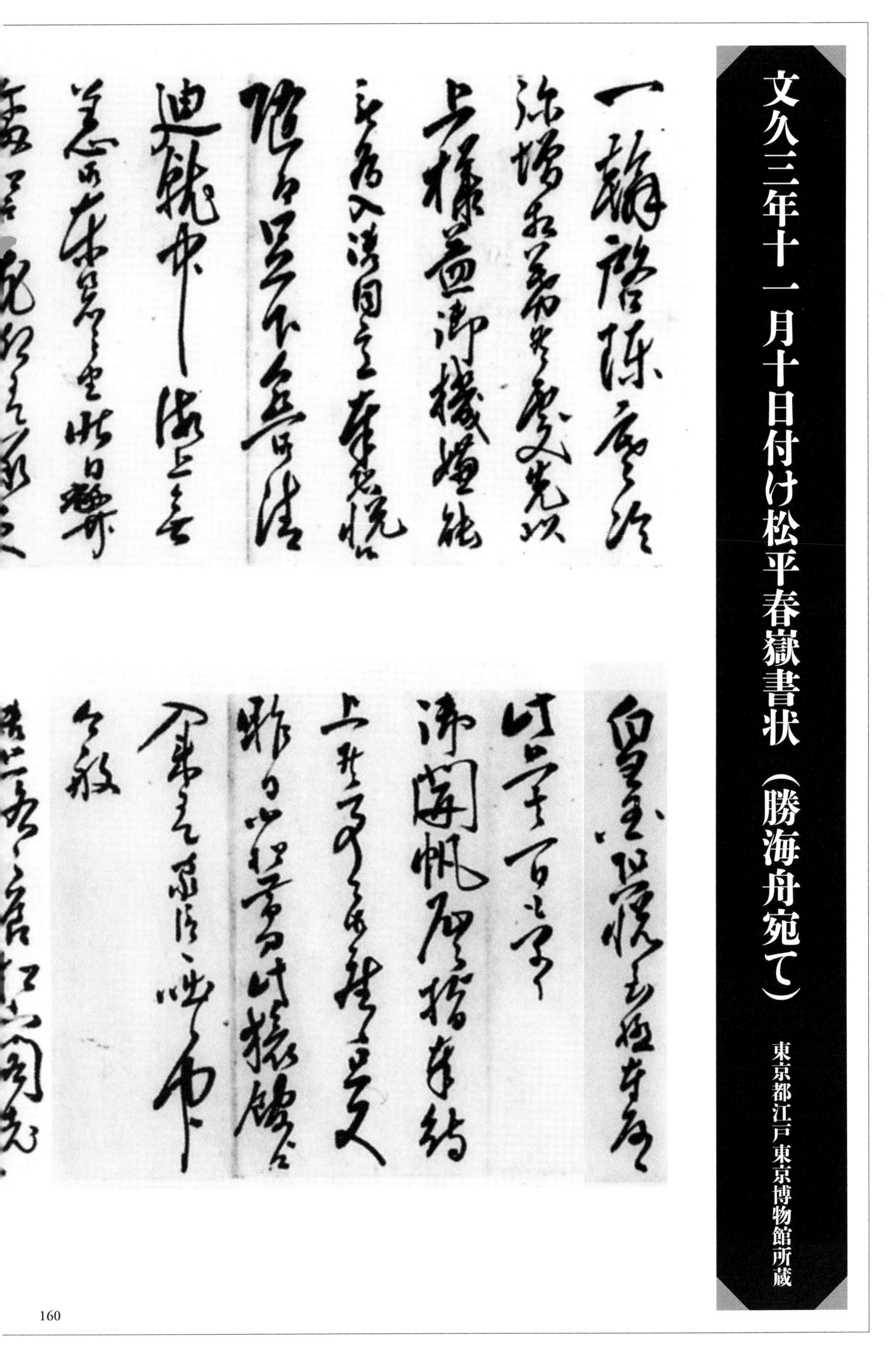

文久三年十一月十日付け松平春嶽書状（勝海舟宛て）

東京都江戸東京博物館所蔵

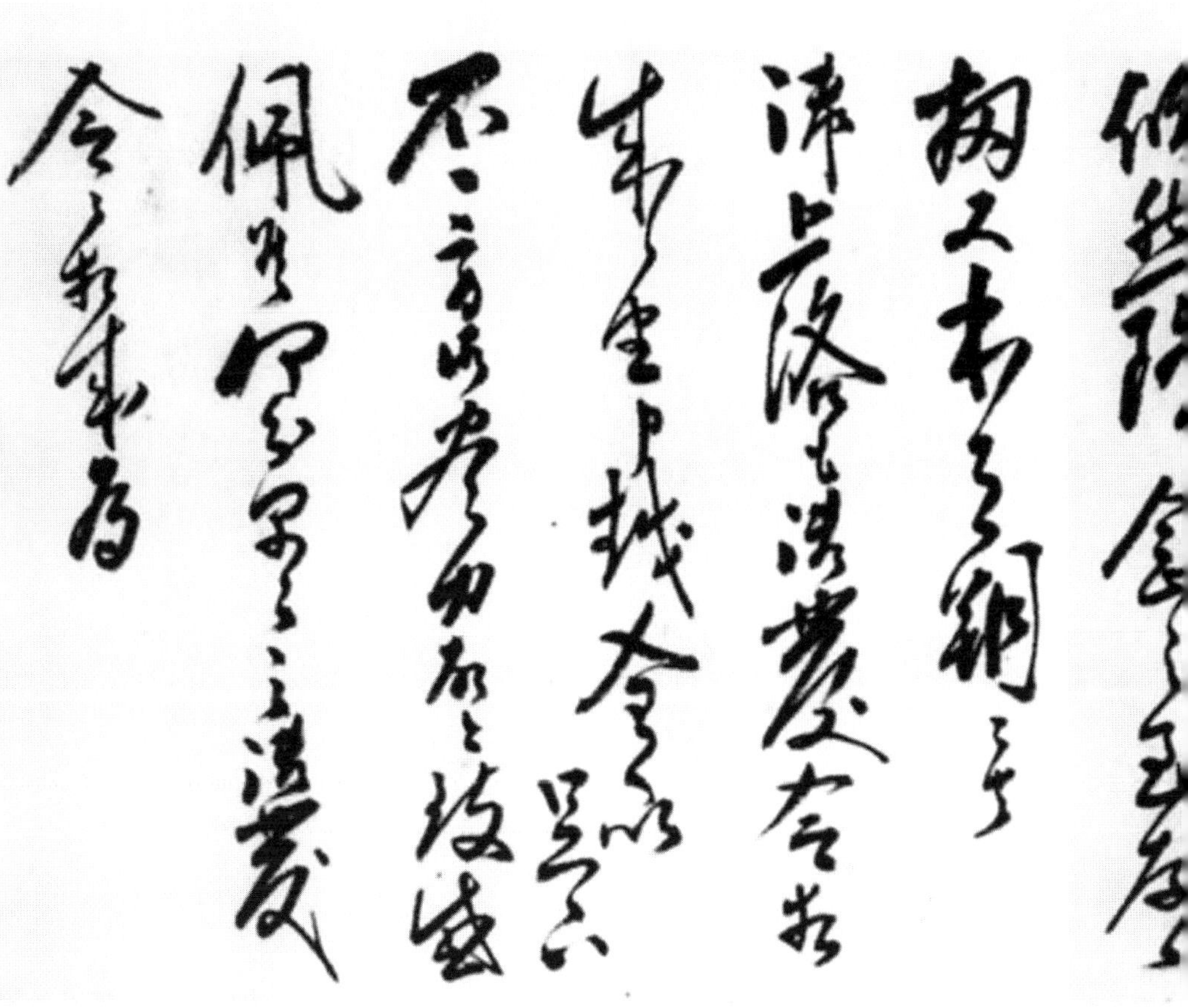

一翰啓陳、寒冷
弥増相募候処、先以
上（徳川家茂）様益御機嫌能
被為入、御同意奉恐悦候、
随而足下愈御清
迪、就中海上無
恙御東着之由、昨日弊
藩江戸飛脚にて承之、
欣然降念之至存候、
扨又本月朔ニ者
御上洛も御発令相
成候由中越、全く以足下
不一方御尽力故と致感
佩候、何分早々之御発
令ニ相成、為

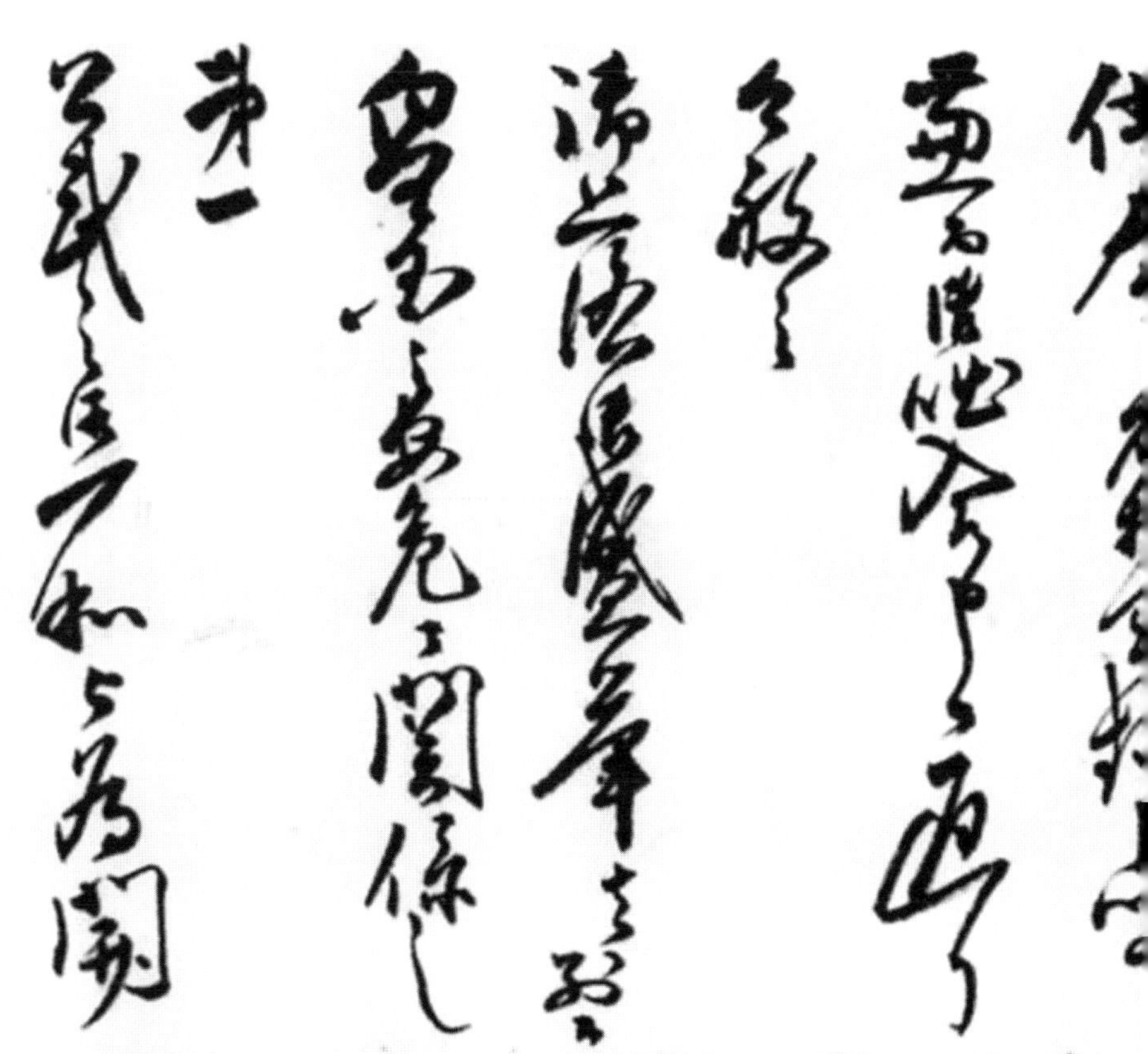

皇国恐悦至極奉存候、
此候へ者一日も早く
御開帆屈指奉待
上候事ニ御座候、且又
昨日小松帯刀、此旅館ゟ
入来にて家臣へ咄候中、
今般
御上洛之節、松山閣老（板倉勝静）者
供奉ニ不相成趣中聞候、
兼而御咄合中候通り、
今般之
御上洛御盛挙者、別而
皇国之安危ニ関係し、
第一
公武之御一和被為開、

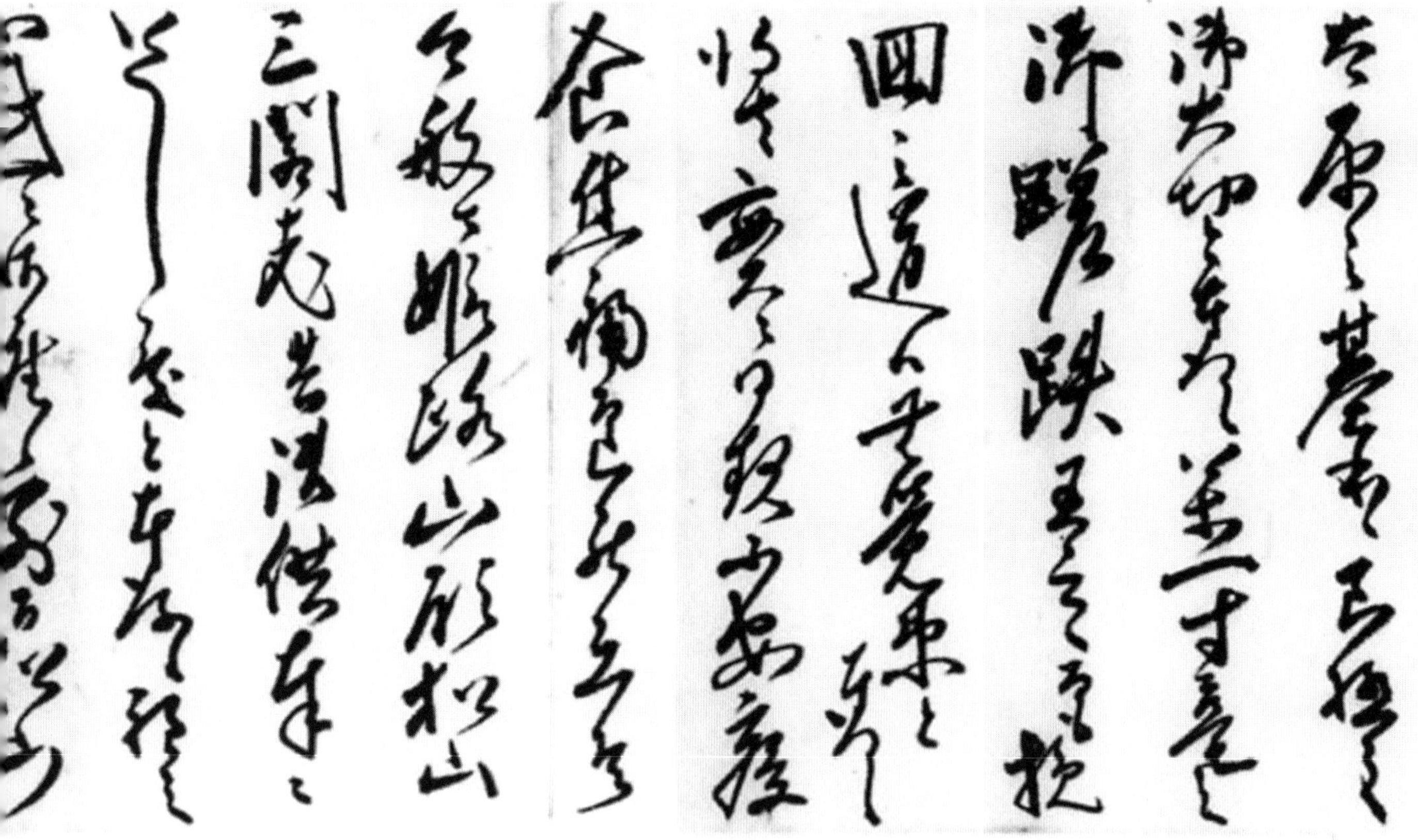

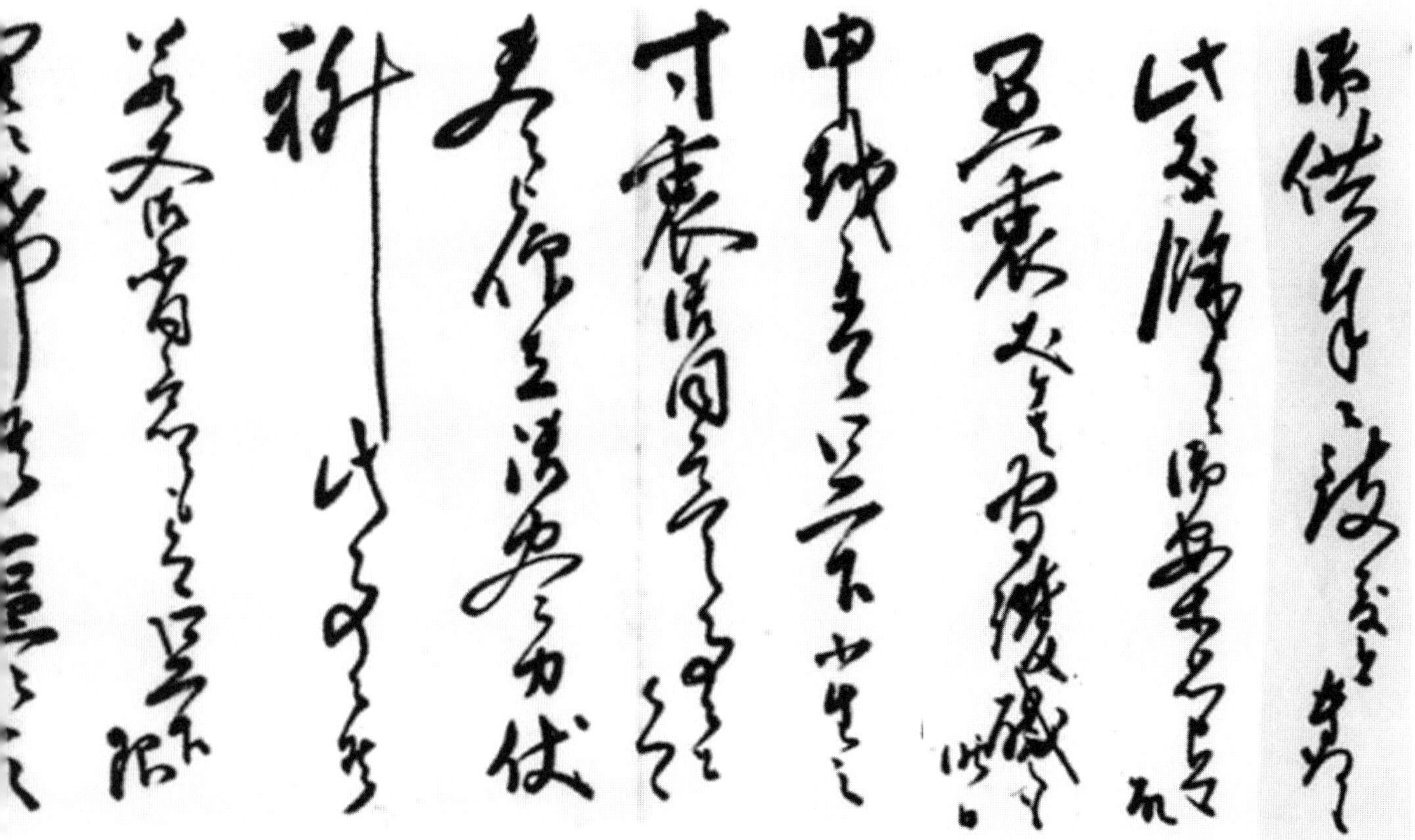

太平之基本候、至極之
御大切と奉存候、万一寸毫之
御蹉跌有之候而も、挽
回之道ハ無覚束と奉存候
得者、実ニ日夜不安、寝
食焦痛而已罷在候、
今般者姫路（酒井忠績）・山形（水野忠精）・松山
三閣老共御供奉ニ
いたし候処と奉存候程之
心底ニ御座候、別而松山

閣老御供奉無之候而者、
実ニ不相済与為天下
心配此事ニ御座候間、是非
松山閣老者御供奉相
成候様致度、姫路・山
形両閣老之内ニ而御一人

御供奉ニ致度と奉存候、
此義余リニ御案思迄候故、
愚衷丈ヶ者守護職（松平容保）へも昨日
申越候にて、足下小生之
寸衷御同意之事ニ候ハ、
夫々被仰立、御尽力伏
祈此事ニ候、
若又御不同意ニも候ハヽ、足下限
りニ希候、区々之

意衷咄寄、着来
感邪平臥之把筆
仁免可給候、寒気
別而為天下深爰専
祈専禱、不具、

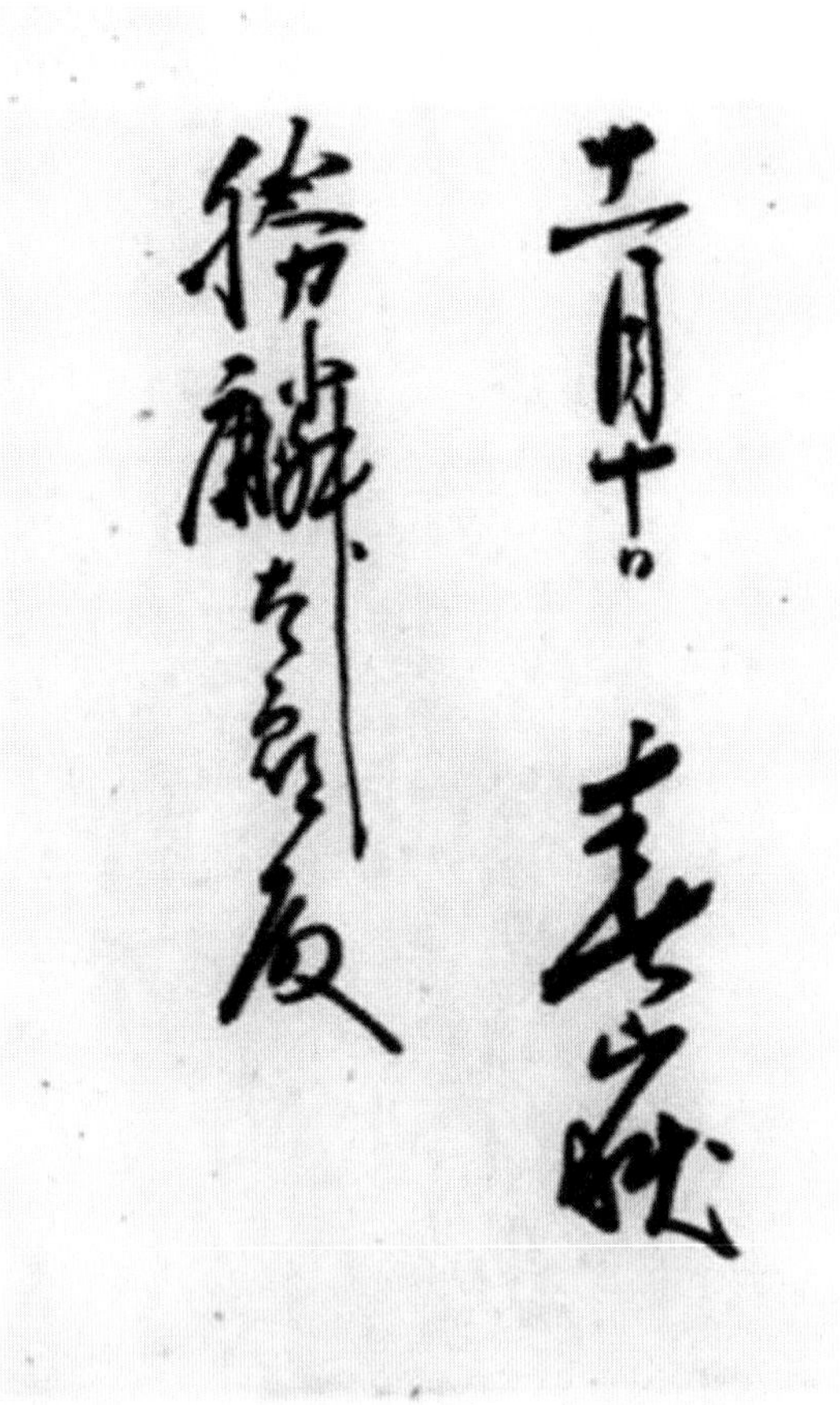

十一月十日　春嶽（松平）

勝麟（海舟）太郎殿

【読み下し文】

一翰啓陳、寒冷弥増相募り候処、先ず以て上様ますます御機嫌よく入らせられ、御同意恐悦に奉り候、随って足下いよいよ御清迪、就中海上恙無く御東着の由、昨日弊藩江戸飛脚にてこれを承り、欣然降念の至りに存じ候、さて又本月朔には御上洛も御発令相成り候由と申し越し、全く以て足下ひとかたならざる御尽力ゆえと感佩致し候、何分早々の御発令に相成り、皇国のため恐悦至極に存じ奉り候、これに候えば一日も早く御開帆屈指待ち上げ奉り候事に御座候、且又昨日小松帯刀、この旅館より入来にて家臣へ咄候中、今般御上洛の節、松山閣老は供奉に相成らざる趣申し聞き候、兼ねて御咄合い申し候通り、今般の御上洛御盛挙は、別して皇国の安危に関係し、第一公武の御一和開かせられ、太平の基本に候、至極の御大切と存じ奉り候、万一寸毫の御蹉跌これ有り候ても、挽回の道は覚束なしと存じ奉り候えば、実に日夜不安、寝食焦痛のみ罷り在り候、今般は姫路・山形・松山三閣老とも御供奉にいたし候処と存じ奉り候程の心底に御座候、別して松山閣老御供奉これ無く候ては、実に相済まざると、天下のため心配この事に御座候間、是非松山閣老は御供奉相成り候よう致したし、姫路・山形両閣老の内にて御一人御供奉に致したしと存じ奉り候、この義余りに御案思まで候ゆえ、愚衷だけは守護職へも昨日申し越し候にて、足下小生の寸衷御同意の事に候わば、それぞれ仰せ立てられ、御尽力伏祈この事に候、若し又御不同意にも候わば、足下限りに希候、区々の意衷咄寄り、着来感邪、平臥の把筆、仁免給うべく候、寒気別して天下のため深くここに専祈専禱、不具、（後略）

本状は、当時在京中の松平春嶽から勝海舟へ宛てた書状である。春嶽と勝は、共に幕府の文久改革派の人物であり、安政期以来、親交のあった間柄として知られている。

ここではまず、十四代将軍徳川家茂の再上洛決定に関して、「足下不一方御尽力」によるものであるとして、勝への感謝の旨が述べられている。その上で、「今般御上洛之節、松山閣老者供奉ニ不相成趣申聞候」と、老中板倉勝静が上洛の供奉をしない件に話が移る。当時、将軍後見職だった徳川慶喜は、横浜鎖港方針を掲げて、国事審議のために有力諸侯を京都へ招集した。その要請によって、春嶽をはじめ、島津久光・山内容堂・伊達宗城が相次いで入京し、審議が行われた。いわゆる、参予会議である。諸侯側は、現行条約承認の立場であり、春嶽はこの上洛に際して「姫路・山形・松山三閣老共御供奉ニいたし候」と、横浜鎖港反対の立場を採っていた板倉・酒井忠績・水野忠精の三老中の供奉を強く求めていた。中でも、「別而松山閣老御供奉」とあるように、特に板倉が供奉するよう要請していたことがわかる。そして、「足下小生之寸衷御同意之事」であれば、格別の尽力を願いたいと勝に依頼している。

こうして、将軍再上洛の日程は、幕府内での反論もあって延引したものの、勝の指揮の下、文久四年（一八六四）一月八日、将軍が座乗する軍艦は大坂湾に入港した。

松平容保の決意

松平容保は、天保六年（一八三五）十二月に美濃高須藩主松平義建の六男として生まれた。兄の尾張藩主の徳川義勝・茂徳、弟の桑名藩主で京都所司代の松平定敬と合わせて「高須四兄弟」と呼ばれる。実の叔父である会津藩主松平容敬の養子となり、嘉永五年（一八五二）二月、会津藩主に就任した。

文久二年（一八六二）五月、十四代将軍徳川家茂から幕政参与に任じられたのに続き、文久改革における人事で新設された京都守護職への就任を要請された。容保や藩の重臣らは再三これを固辞したが、政事総裁職の松平春嶽らが会津藩祖保科正之の「家訓」まで持ち出して説得を重ね、ついにこれを承諾。八月一日、京都守護職に就任する。

就任にあたって容保は、外国人の江戸府内での居住を制限すること、すでに開港した三港（長崎・横浜・箱館）以外の開港を拒絶すること、江戸へ下る勅使の待遇を改めることの三点を幕府に建言し、採用された。十二月に上洛、翌文久三年（一八六三）一月に参内して衵（束帯装束に着用するもの）を賜るが、これは勅使の待遇改善の功によるもので、以来、孝明天皇の信任を得る。

当時の京都は治安が悪化し、略奪や暗殺が横行していた。容保は配下の京都見廻組や新選組と共に治安向上を目指した。八月十八日の政変では、容保は薩摩藩と結んで公武合体派の中川宮朝彦親王に奏請し、長州勢力および過激派公家の排斥に一役買った。孝明天皇は容保の忠誠を称え、その功によって宸筆と御製を賜っている。十二月には公武合体派の徳川慶喜・松平春嶽・山内容堂・伊達宗城と参与に任じられるが、参与会議は二か月余りで解体した。

文久四年（一八六四）二月十日、容保は上洛以来の功績によって五万石を増封され、翌日、陸軍総裁（軍事総裁職）に任じられることになる。

文久四年二月十八日付け松平容保書状（国家老宛て）

福島県立博物館所蔵

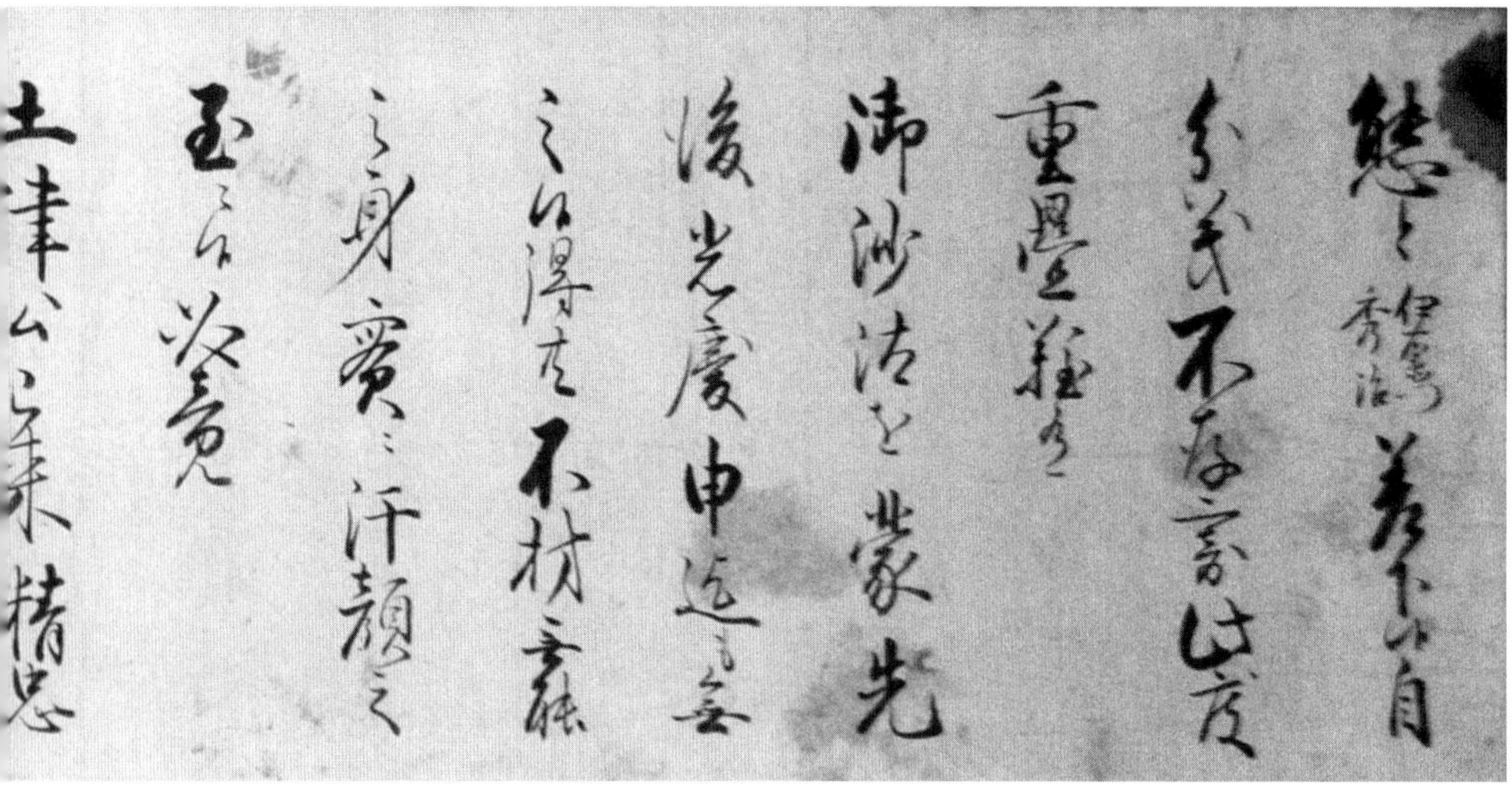

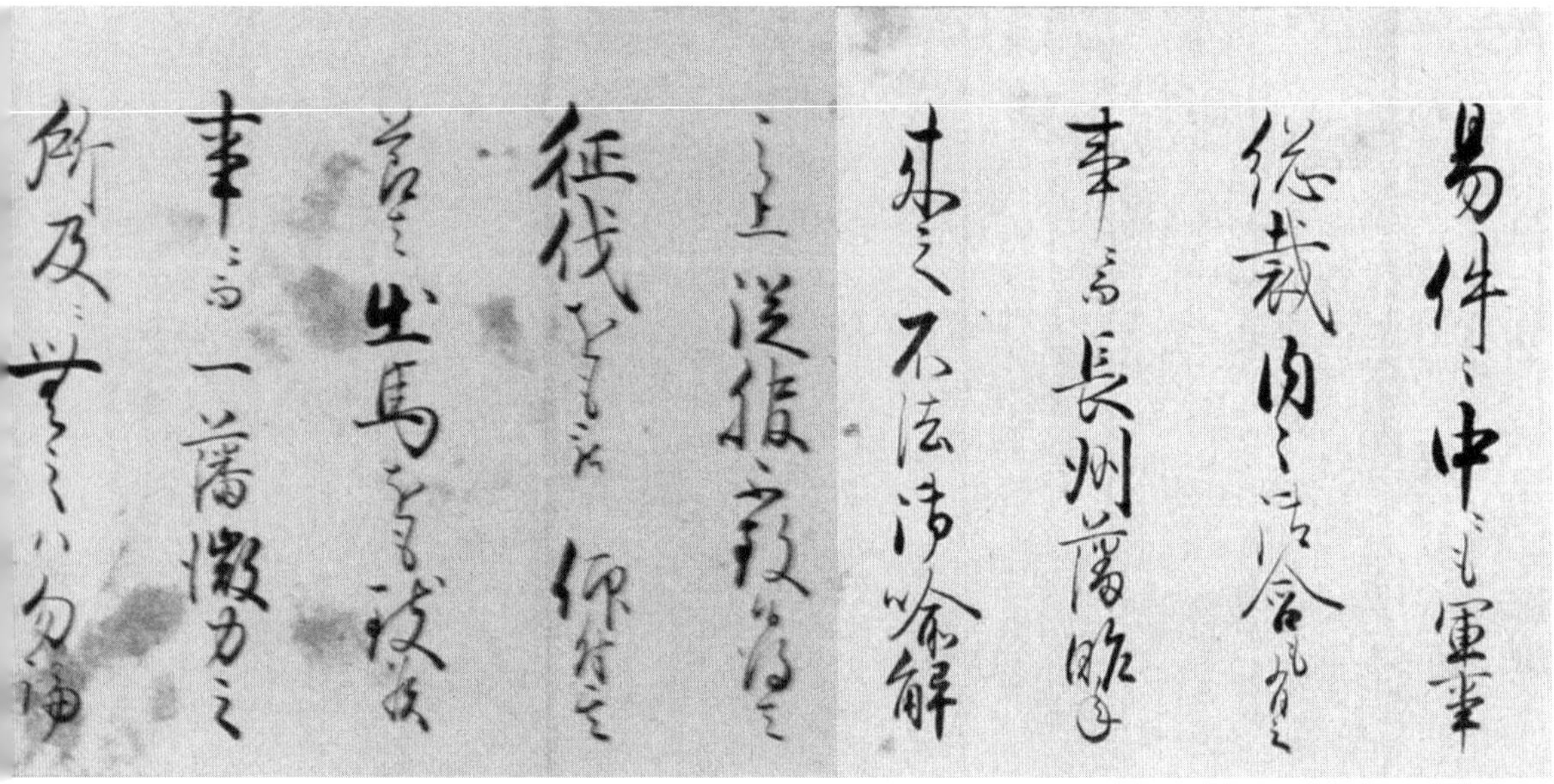

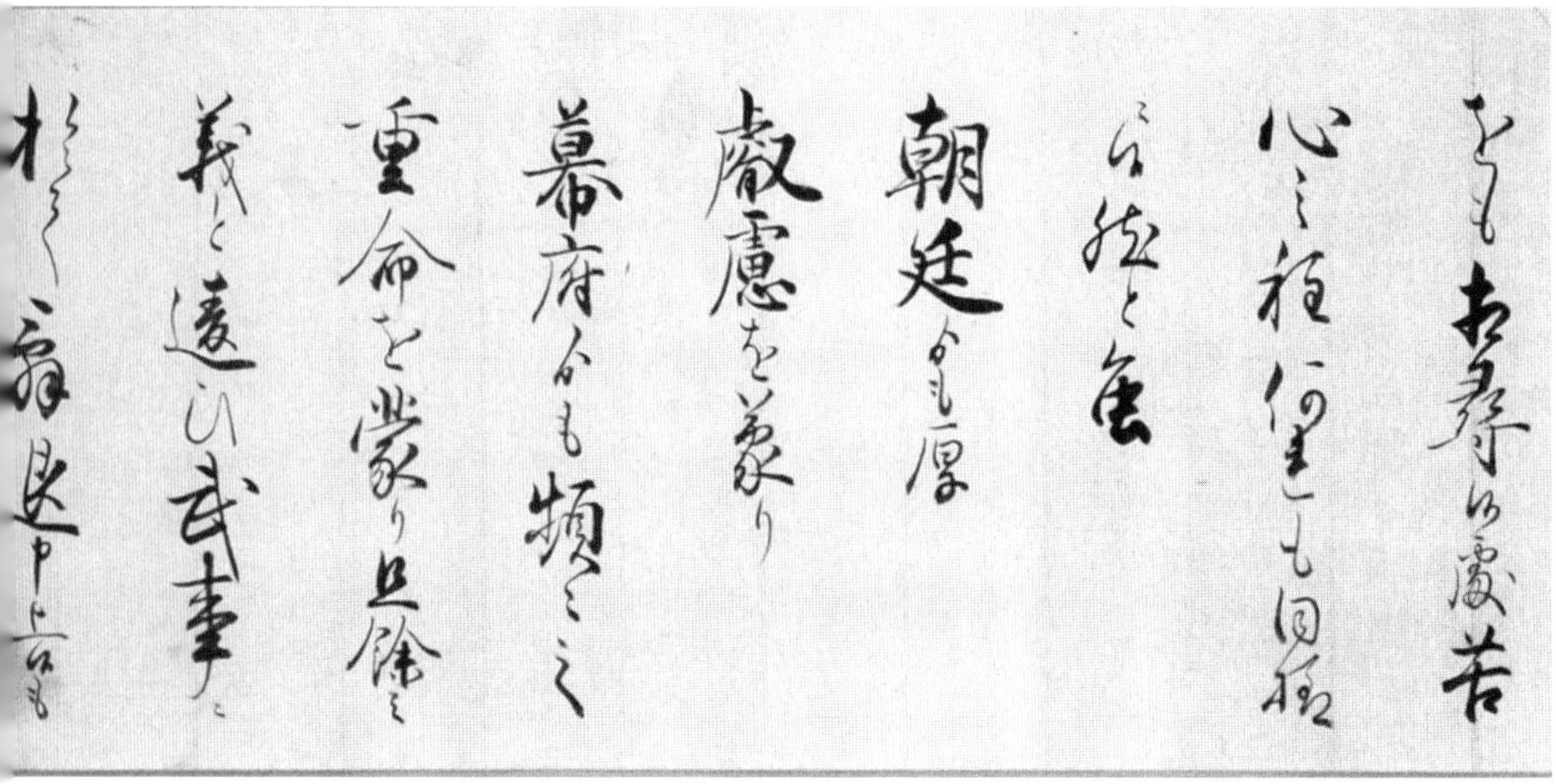

態と伊右衛門秀治差下候、自分茂不存寄、此度重畳難有御沙汰を蒙、先後光慶中迄も無之候得共、不材無能之身、実ニ汗顔之至ニ候、必竟（保科正之）土津公已来誠忠実義之遺風、随而其方共始一統一和一力ニ相成、精々輔翼致候故、大過失も無之、今日迄之都合ニ者相成候得共、此度蒙候御沙汰之趣者不容易件々、中ニも軍事総裁内々御含も有之事ニ而、長州藩昨年来之不法御論解之上、従服不致候得者征伐をも被 仰付、其節者出馬をも致候事ニ而、一藩微力之所及ニ無之ハ勿論之事、旧来疲弊之上、又々新ニ大役を引受候而者国内と爰元と共ニ困窮ニ相迫り、末如何成行哉、苦心千万ニ候、依而直ニ御請も不申上、家老共始、夫々見込をも相尋候処、苦心之程何れも同様ニ候、然と雖朝廷ゟも厚叡慮を蒙り、幕府ゟも頻々之重命を蒙り、且余之義と違ひ、武事ニ於て辞退申上候も不都合も有之、熟々天下之形勢を考ひ、一藩之私を去り、徳川御家長久之道を謀候処、外ならぬ思召も有之候家柄ニ候得者、此上者如何成行候とも一藩死力を尽候

外夷之筋ニ一変致
御請申上候ニ付而者
百廻議論紙上ニ相認候
就而も二百里外ニ者
又ハ出張彼表ニ而
米ニ而合候而者顕然
一代之家之儀
不肖なから自分義
を以て先ち處置
一致候国元之儀ニ者
方今始一統人心を合

百姓を撫育し商
賈を憐ミ一藩挙而
親和鎮静ニ相専
一ニ自分万一出馬
致候ハゝ中々ハ別而深
米も一致一藩之人
氣ニも相響候事を
馳せ候ハゝ事も
雜汁ニ候而ハ国を
中ニも是ハ佐致候而も
敬を大切と致候様

雖然上猶遠之例
別而当米内ニ第一
之地ニ本ニ付候念
致候ハゝ相ニ有候而
大事ニ臨ミ精神
不専奉對
公武恐懼至極
ニ候前後ニ越厚
去ル頃深自分之心を
致右江戸艦表ニ而も
貫通致候様相ニ而
如く寄ハ伊右衛門

外無之筋ニ一決致、
御請申上候、其間
百廻議論紙上難尽候、
就而も二百里外ゟ
又々出張、彼我共ニ
案事合候事顕然
之義ニ候、爰元之儀
不肖なから自分身
を以て先ち処置
可致候、国元之儀、其
方共始、一統心を合、
此方をして案事しめ
さる様頼入候、兼而
中聞置候通、
土津公御遺訓を
本とし、旧来之家
風を守り、士道を研き、
文武之修業を励、
非常之倹節を行、

百姓を撫育し、商
売を憐ミ、一藩挙而
脇和鎮静候様専
一ニ候、自分万一出馬
致候と聞ハ別而深
案も可致、一藩之人
気ニも相響き、中ニ者
馳登り候等之事も
難計候得共、其国を
守候も此ニ供致候も分
数を大切と致候事ニ而、
万一国内ニ虚隙
生候而者決而不相成候
間、各頭々にて無油
断能々深く可心得候、昔
土津公之御上京者、
暫時之御逗留なから
国内者深御案事、夫々
御処置も有之候義ニ候、
況不肖之自分、久敷

離候上、猶遠ク隔り、
別而案候内ニ万一
其地之事ニ付係(懸)念
致候様之事有之候而者、
大事ニ臨ミ精神
不専、奉対
官武恐懼至極
ニ候間、前段之趣厚
相心得、深自分之心を
汲取、江戸・蝦夷江も
貫通致候様頼入候、
猶委詳ハ秀治(伊右衛門)ゟ直ニ
聞取、形勢可相察候、
将又去月中難有
宸翰を
将軍家江下し賜り、
拝見被　仰付候、
右写差遣候間、一同
拝見、当時天下之
形勢一変致候時ニ

当り泰も
朝命台命を蒙り
候之儀而も一國中之
人々制度ニ拘泥
致居候様ニ而者[illegible]不
相済候得者緩言なから
文武両道ニ於而も
能々研窮致し
當時急務たる所ニ
大炮巨艦等を始
列而[illegible]地も有之
[illegible]

之費を省実意ニ
相守候様専要ニ候条
面々予か心肝相察
勉励致呉候様
入々伝而一書差
出し置也
二月十日
容保
家老中
猶々此書於江戸表
蝦夷地之も有之[illegible]

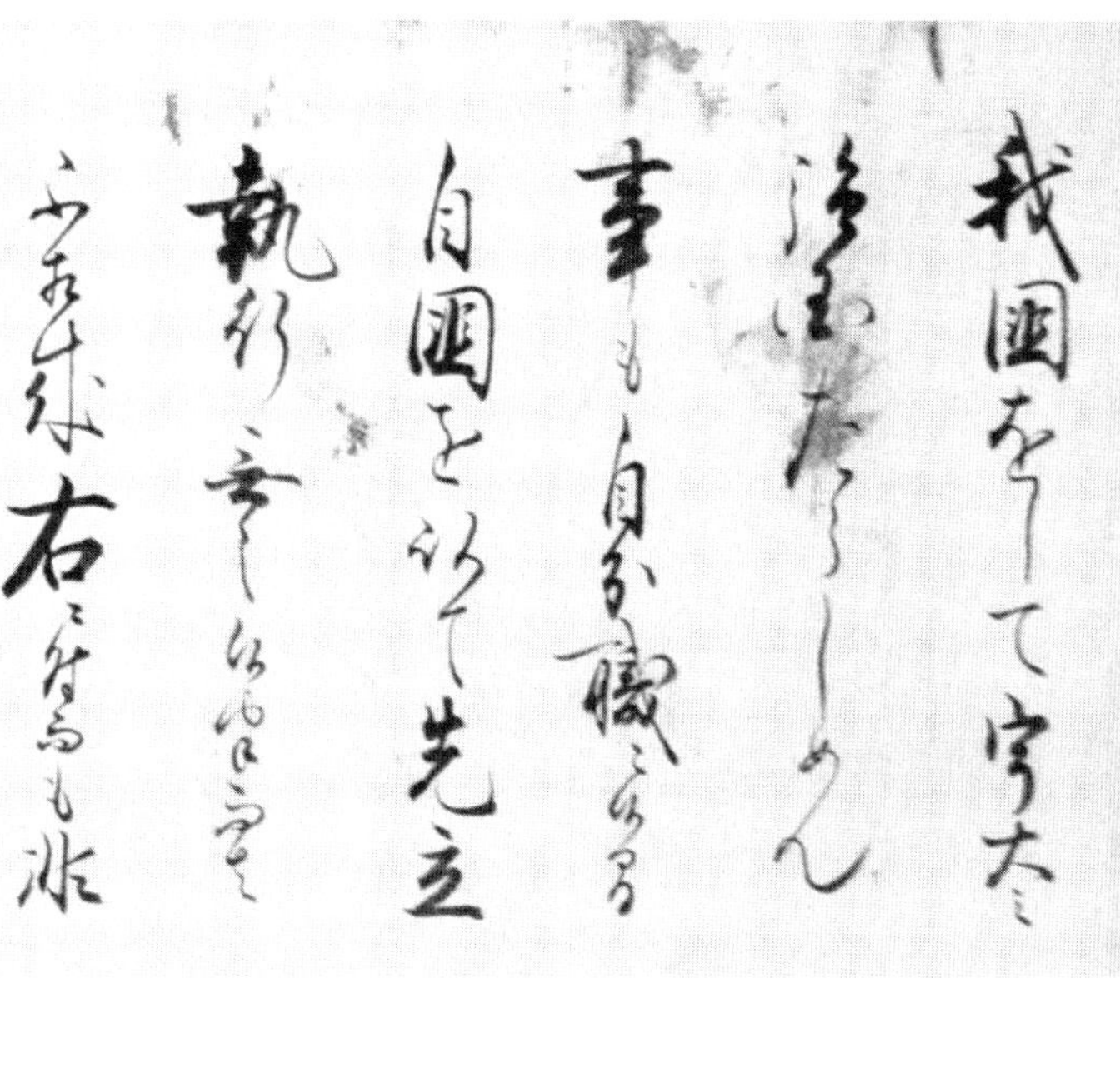

当り、忝も朝命・台命を蒙り候ニ付而も、一国中是迄之制度而已ニ拘泥致居候様ニ而者犇と不相済候間、繰言なから文武両道ニ於而者飽迄研窮致し、当時急務たる処之大炮巨艦を始、別而蝦夷地も有之候而能折柄ニ付、海軍之用意迄整備、我国をして宇大之強国たらしめん事も自分職ニ候間、自国を以て先立執行無之候半而者不相成、右ニ付而も非常之節倹致、無用之費を省、実意ニ相守候儀専要ニ候条、面々予か心肝を察、勉励致呉候様頼入候、依而一書差遣し候也、

二月十八日　容保

家老中

猶々、此書状江戸表・蝦夷地迄も十分以上之者江者追々もれなく為見遣し候様、其以下江ハ頭々ゟ細かニ口達演説可致候、尤国内地下迄も本文之趣意取捨して中聞候様、

【読み下し文】

態と（伊右衛門・秀治）差し下し候、自分も存じ寄らず、この度重畳有り難き御沙汰を蒙り、先後光慶申すまでもこれ無く候えども、不材無能の身、実に汗顔の至りに候、必竟土津公已来、誠忠実義の遺風、随ってその方ども始め一統一和一力に相成り、精々輔翼致し候ゆえ、大過失もこれ無く、今日までの都合には相成り候えども、この度蒙り候御沙汰の趣は容易ならざる件々、中にも軍事総裁内々御含みもこれ有る事にて、長州藩昨年来の不法御論解の上、従服致さず候えば征伐をも仰せ付けられ、その節は出馬をも致し候事にて、一藩微力の及ぶ所にこれ無くは勿論の事、旧来疲弊の上、又々新たに大役を引き受け候ては国内と爰元とともに困窮に相迫り、末は如何成り行く哉、苦心千万に候、依って直に御請けも申し上げず、家老ども始め、それぞれ見込みをも相尋ね候処、苦心の程何れも同様に候、然りと雖も朝廷よりも厚き叡慮を蒙り、幕府よりも頻々の重命を蒙り、且余の義と違い、武事に於いて辞退申し上げ候も不都合もこれ有り、熟々天下の形勢を考え、一藩の私を去り、徳川御家長久の道を謀り候処、外ならぬ思し召しもこれ有り候家柄に候えば、この上は如何成り行

き候とも一藩死力を尽くし候外これ無き筋に一決致し、御請け申し上げ候、その間百廻議論紙上に尽くし難く候、就ても二百里外より又々出張り、彼我ともに案事合い候事顕然の義に候、爰元の儀、不肖ながら自分身を以て先だち処置致すべく候、国元の儀、その方ども始め、一統心を合わせ、この方をして案事しめさるよう頼み入り候、兼ねて申し聞き置き候通り、土津公御遺訓を本とし、旧来の家風を守り、士道を研き、文武の修業を励み、非常の倹節を行い、百姓を撫育し、商売を憐れみ、一藩挙げて脇和鎮静候よう専一に候、自分万一出馬致し候と聞けば、別して深案も致すべし、一藩の人気にも相響き、中には馳せ登り候等の事も計り難く候えども、その国を守り候も、ここに供致し候も、分数を大切と致し候事にて、万一国内に虚隙生まれ候ては決して相成らず候間、各頭々にて油断無く、よくよく深く心得べく候、昔土津公の御上京は、暫時の御逗留ながら、国内は深く御案事、それぞれ御処置もこれ有り候義に候、況んや不肖の自分をや、久しく離れ候上、猶遠く隔たり、別して案じ候内に、万一その地の事に付き懸念致し候ようの事これ有り候ては、大事に臨み、精神専らならず、官武に対し奉り恐懼至極に候間、前段の趣厚く相心得、深く自分の心を汲み取り、江戸・蝦夷へも貫通致し候よう頼み入り候、猶委詳は（伊右衛門・秀治）より直に聞き取り、形勢相察すべく候、はた又去月中有り難き宸翰を将軍家へ下し賜り、拝見仰せ付けられ候、右写し差し遣わし候間、一同拝見、当時天下の形勢一変致し候時に当り、忝くも朝命・台命を蒙り候に付ても、一国中是までの制度のみに拘泥致し居り候ようにては犇と相済まず候間、繰り言ながら文武両道に於いては飽くまで研窮致し、当時急務たる処の大炮巨艦を始め、別して蝦夷地もこれ有り候てよき折柄に付き、海軍の用意まで整備、我が国をして宇大の強国たらしめん事も自分職に候間、自国を以て先立ち執行これ無く候わんては相成らず、右に付ても非常の節倹致し、無用の費えを省き、実意に相守り候儀専要に候条、面々予が心肝を察し、勉励致しくれ候よう頼み入り候、依って一書差し遣わし候也、

（中略）

猶々、この書状、江戸表・蝦夷地までも士分以上の者へは追々もれなく見せ遣わし候よう、それ以下へは頭々より細かに口達演説致すべく候、尤も国内地下までも本文の趣意取捨して申し聞き候よう、

本状は、当時在京中で陸軍総裁職（軍事総裁職）に任命された第九代会津藩主松平容保から国許の家老たちへ宛てた親書である。容保は、長州征討に向けた人事異動によって、京都守護職から陸海軍の指揮を掌る職へと転任した。ただし、その職掌柄からも、藩内では慎重な議論が重ねられた上での受諾だったとされる。本状では、そうした容保の就任にあたっての決意を見ることができる。

まず、このたびの陸軍総裁の拝命については、「先後光慶申迄も無之」いが、「不材無能之身、実ニ汗顔之至」りであるとして、身に余る光栄なことだと述べている。そして、今日このような大役を預かる身となったのは、家老らが藩祖の「土津公」（保科正之）以来の遺訓を忠実に守って、自身を補佐してくれていたためであるとしている。しかし、八月十八日の政変という「長州藩昨年来之不法」の「征伐」を仰せつかる重要な役職であり、以前にも増して会津も京都も共に困窮するであろうことなども考慮したが、「一藩之私」を捨て、「徳川御家長久之道」を思い、苦心の上で引き受けたことなのだと、就任をめぐって容保が苦悩していた様子が見てとれる。また、引き受けたからには「一藩死力を尽候外」はないと、断固とした決意が語られる。そして、家老らに対し、国許を離れる自身に代わって「土津公御遺訓」を旨として、「其方共始一統」心を合わせて領内の留守を守ってくれるよう、何度も念を押している。

このように、相当な覚悟をもって陸軍総裁職（軍事総裁職）を拝命した容保だったが、その後まもなく、孝明天皇の強い要請もあって、京都守護職へと復帰することになるのである。

なお、本文中に出てくる「伊右衛門」と「秀治」は、会津藩士の遠山伊右衛門と柴秀治のことで、この当時は容保の側に仕えていた。

八月十八日の政変によって、長州勢力や尊攘過激派の公家が京都から一掃されたことで、公武合体派が主流となり、参与会議などが実現した。しかし翌文久四年（元治元年、一八六四）には、利害の不一致から参与会議は解散し、公武合体派の諸大名は京都を離れていく。京都市中には勢力回復の機会を狙う尊攘派浪士が潜伏しており、京都守護職松平容保や京都所司代松平定敬は、新選組に京都市中の警備や捜索を行わせた。

河原町三条の旅館池田屋（現、京都市中京区）は、志士らの出入りが多いといわれていた。新選組の山崎烝らは池田屋に潜入し、河原町四条の炭薪商枡屋喜右衛門が怪しいと突き止めた。枡屋は本名を古高俊太郎といい、梅田雲浜らとも交流のあった人物である。そして古高への激しい拷問の末、志士らが祇園祭前後の強風の日を狙って御所に放火し、中川宮朝彦親王を幽閉、徳川慶喜や松平容保らを暗殺し、孝明天皇を長州に連れ去ろうと計画していること、古高の逮捕を受けて今後の策を講ずるため、池田屋で会合することが判明したとされる。

池田屋に張り込んでいた新選組隊士近藤勇らは、六月五日夜、長州藩・熊本藩・土佐藩の浪士らが密談するのを発見。京都守護職・所司代の出兵が遅れたため、近藤勇・沖田総司・永倉新八・藤堂平助が突入し、戦闘が繰り広げられた。浪士らも応戦したが、九名が命を落とし、四名が捕縛された。なお、桂小五郎

元治元年八月四日付け幕府感状（松平容保宛て）

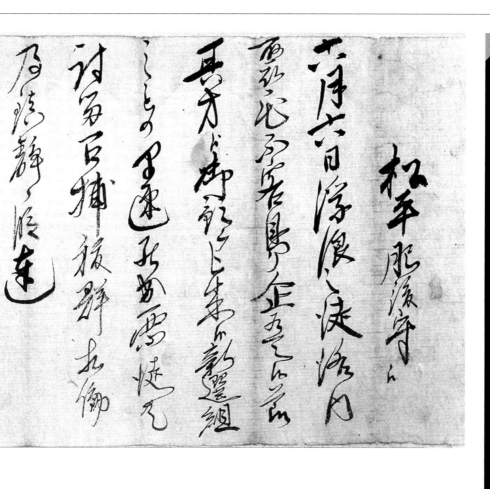

霊山歴史館所蔵

松平肥後守（容保）江

六月六日、浮浪之徒、洛内
聚屯、不容易企有之候節、
其方江御預ヶ被成候新選組
之もの、早速罷出、悪徒共
討留召捕、抜群相働、
及鎮静候段、達
御聴候、右者常々申付方
行届候而已ならす、忠勇
義烈之志、厚被
成進度御旨意之趣
相心得候より一際奮発
相働候段、一段之事ニ候、
依之新身料別帋之通
割賦為取候様可被致候、
猶此上弥忠勤相励、
御旨趣行届候様可被申渡候、
八月四日

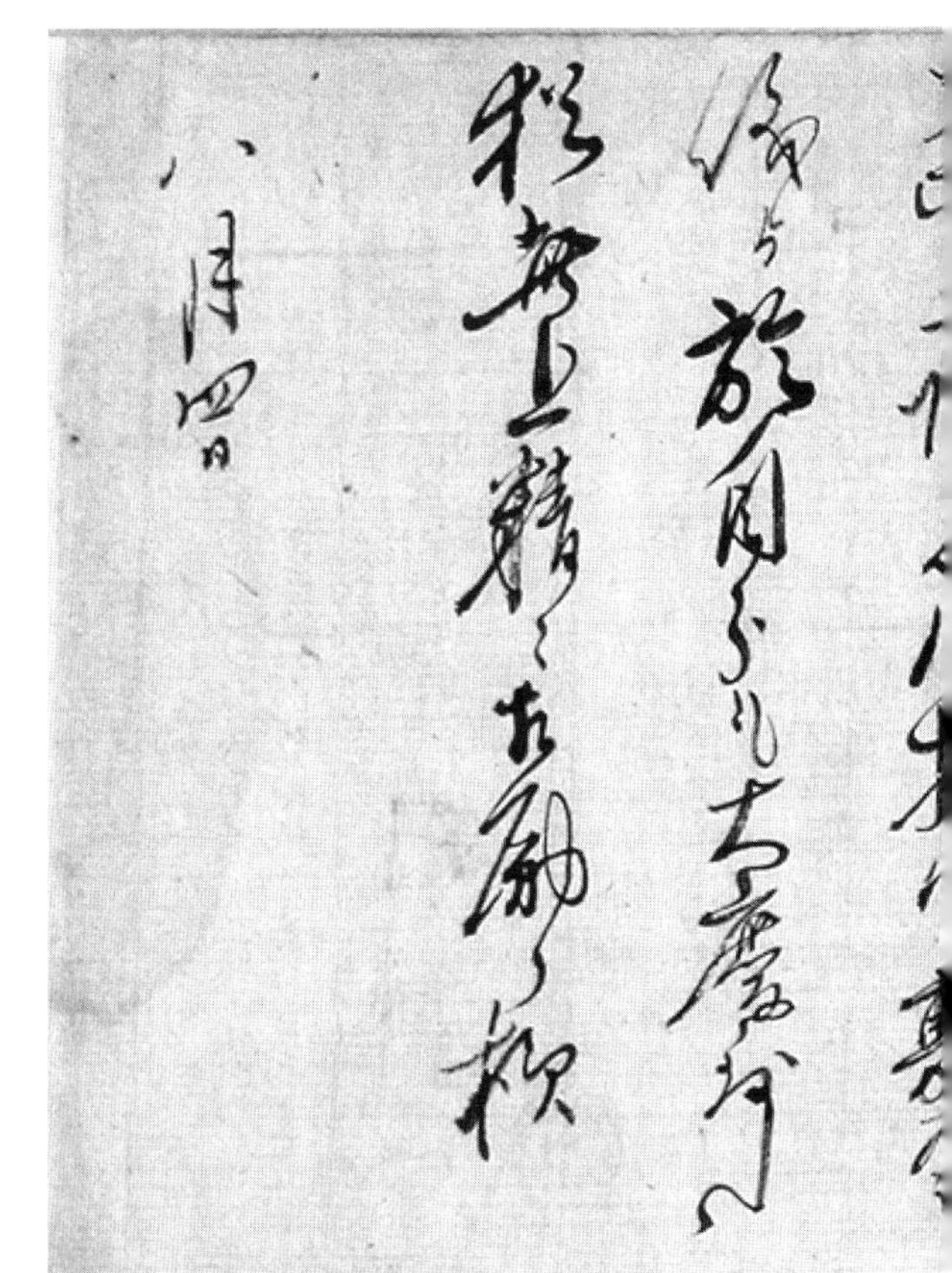

松平肥後守御預リ
新選組

去六月六日之働、
上様（徳川家茂）ニも御満悦ニ被思召
候上より、難在別帋之通
被仰出候、畢竟其方共、
兼而誠忠心掛宜敷故之
儀与於自分も大慶致し候、
猶此上精々相励候様、
八月四日

【読み下し文】

（前略）

六月六日、浮浪の徒、洛内聚屯、容易ならざる企みこれ有り候節、その方へ御預け成され候新選組の者、早速罷り出で、悪徒どもを討ち留め召し捕り、抜群相働き、鎮静に及び候段、御聴に達し候、右は常々申し付け方行き届き候のみならず、忠勇義烈の志、厚く進度なされ、御旨意の趣相心得候より一際奮発相働き候段、一段の事に候、これに依り新身料別帋の通り割賦取らせ候よう致さるべく候、猶この上いよいよ忠勤相励み、御旨趣行き届き候よう申し渡さるべく候、

（中略）

去る六月六日の働き、上様にも御満悦に思し召され候上より、在り難く別帋の通り仰せ出だされ候、畢竟その方ども、兼ねて誠忠心掛け宜しきゆえの儀と、自分に於いても大慶致し候、猶この上精々相励み候様、（後略）

本状は、幕府（徳川将軍）から会津藩主松平容保へ、さらに容保から配下の新選組に宛てられた、池田屋事件の感状である。文久二年（一八六二）、京都守護職を拝命し、上洛した容保は、京都の不逞浪士の対策に苦慮していた。そこで、京都市中の治安維持と警備のために取り立てられたのが、清河八郎と決別して京都に残った近藤勇ら浪士組だった。彼ら浪士組は、文久三年（一八六三）の八月一八日の政変に際して、「松平肥後守御預り新選組」（会津藩御預新選組は俗称）の隊名を与えられた。

元治元年（一八六四）六月五日、京都の旅宿池田屋で京都奪還策などを密談していた長州藩や土佐藩らの尊攘派志士たちに対して、新選組が捕縛に及んだのが、池田屋事件と呼ばれるものである。幕府は、後日その事件を、「悪徒共討留召捕、抜群相働、及鎮静候段」と、尊攘派志士らの謀議を未然に防いだ新選組の働きを評価したのである。また、彼らの奮闘ぶりは「忠勇義烈之志」であり、「新身料」（武器修繕費）を下賜するので隊士を慰労せよと、している。そして最後に、「猶此上弥忠勤相励……」と、今後も一層の忠勤に励むようにと容保に申し渡したのである。

そして、容保から新選組には、「上様にも御満悦」に思し召され、ありがたくも別紙（前半部分）のように仰せ出だされた。これは平静からの「誠忠」の心掛け宜しきによるものだ。自分も「大慶」に思っている。なお、この上も精々励むように、と感状を認めたのである。

なおこの際、褒賞金として朝廷からは百両、幕府からは京都守護職の松平容保を通じて五百両が下賜された。しかし、この池田屋事件の発生によって、長州藩と会津藩との確執はより深刻さを増し、長州激派の進発論を刺激したことで、七月十九日に勃発する禁門の変の遠因となったのである。

佐久間象山は、文化八年（一八一一）二月、信濃松代藩士で藩主の右筆を務める佐久間一学の長男として生まれた。父の死後、江戸に出て佐藤一斎に詩文・朱子学を学び、自らも江戸の神田於玉ヶ池で象山書院を開き、儒学を教えた。

天保十三年（一八四二）六月、松代藩主真田幸貫が老中で海防掛に任命されると、象山は幸貫から海外情勢の研究を命じられた。アヘン戦争に清が敗北したことに衝撃を受け、大船・大砲を充実させて海防を強化すべきであるとする「海防八策」を藩に上書。オランダ語および蘭学を学び始め、大砲の鋳造にも成功した。嘉永四年（一八五一）に象山が江戸木挽町の松代藩邸に開いた五月塾には、吉田松陰・勝海舟・坂本龍馬などが入塾し、西洋の学問や兵学などを学んだ。

嘉永六年（一八五三）六月のペリー来航時、象山は視察のために浦賀（現、神奈川県横須賀市）を訪れた。翌七年（一八五四）一月、再びペリーが来航すると、松

元治元年六月二十九日付け佐久間象山書状（勝海舟宛て）

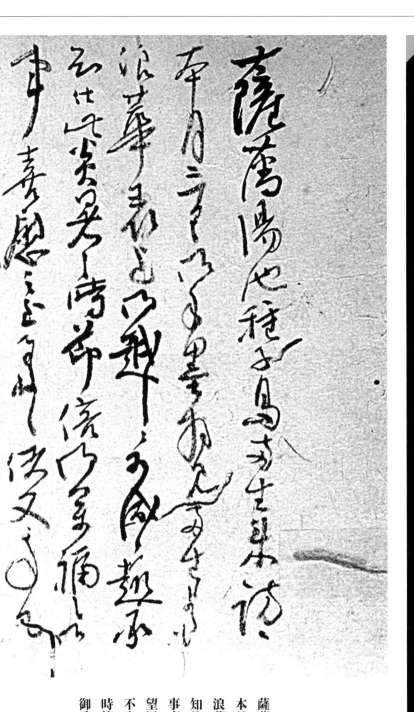

象山神社所蔵

薩藩湯地（定基）・種子島（敬輔）両生来訪候、
本月三日之御手墨拝見、両生よりも
浪華表迄御越しニ相成候趣承
知仕、此炎暑之時節、倍御栄福之御
事喜慰之至奉存候、偖又かねて
望居候拳銃、相応の品御見当り御坐候とて、
不取敢御調、両生ニ附し、御届け被成下、
時節柄別して難有、銘佩不已奉存候、
御帋上ニて承候へハ、今度も横浜ニて兼て

等も大分御見当、且荷蘭人より御手ニ
入り候品も御坐候趣、いつれ其内御面晤
も可被下との御事、延頷ニ堪えす候仕合ニ
御坐候、英の陸軍上岸仮屋出
来の模様、御一見御感服の御事ニ被
仰下、其他艦内備へ候砲の大略并ニ
米の北部千廿の大砲を製し、南部
を打撃、大ニ功の有之候風説書をも御一
覧御坐候趣、兼々出て益々奇と被存候、
天下の陋見を破て、専ら彼れの所長
を学ひ、其所長を集めて、国本を
牢くし候、国是の定まり候様ニ至らす候てハ
成り申ましくと存し候へとも、いつ左様ニ成リ可
申哉、定て御伝聞も可有御坐、近日長人(長州)の

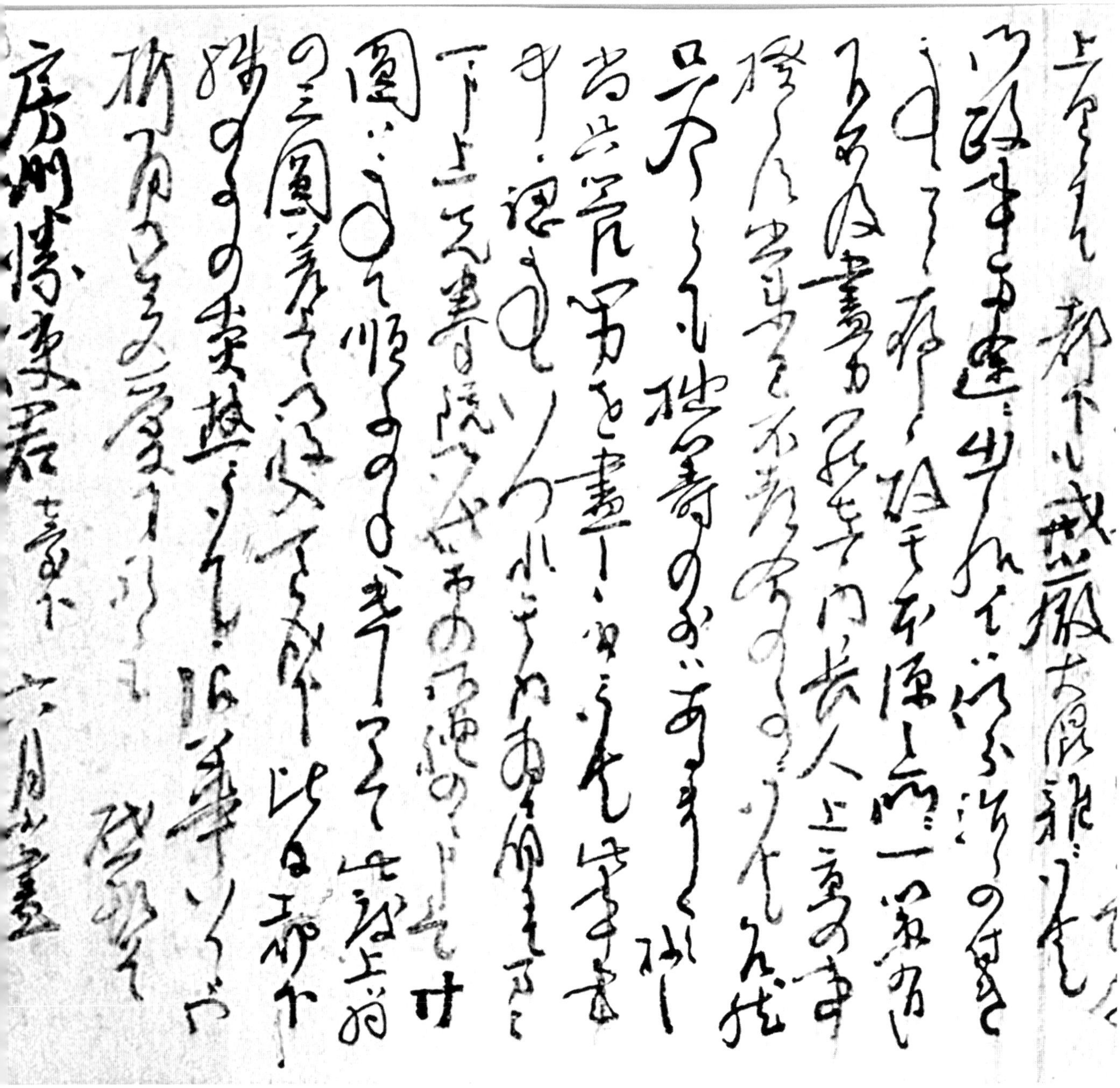

上り候にて、都下も戒厳大混雑ニ御坐候、
御政事両途ニ出候様ニてハ何分治リの付き
かね候こと丶存し候故、其本源之所ニ一策有之、
乍不及尽力罷在候内、長人上京の事
揆らす出来り、不都合の事ニ御坐候、乍然
只今とても拙籌の外ハあるましくと存し候、
尚只管心力を尽し候義ニ御坐候、此事書
中ニ認かね候、いつれ其内拝眉にて、万々
可申上、先拳銃御代市の御礼のミ申上候、廿
円ハかねて順子の手へ遣し置候、此度上ハ羽
の三円差上候、御収入可被成下候、比（頃）日都下
殊の外の炎熱ニ御坐候、浪華いか丶や、
折角御多愛奉願候、以上、　　啓（佐久間象山）、頓首、
房州勝使君（勝海舟）　台下　六月小尽

過日御任官の御悦ニ一函呈上候所、
出違ひ候と被存候、此日頃御落手も被成下候
かと奉存候、

（後筆）
「甲子六月余、右于大坂七月五日書到、同十九日先生遭
災、終不得面語、是為絶筆、嗚呼又遺千載之憾矣、」

【読み下し文】

薩藩湯地・種子島両生来訪候、本月三日の御手墨拝見、両生よりも浪華表まで御越しに相成り候趣承知仕り、この炎暑の時節、ますます御栄福の御事、喜慰の至りに存じ奉り候、さて又かねて望み居り候拳銃、相応の品御見当り御坐候とて、取り敢えず御調え、両生に附し、御届け成し下され、時節柄別して有り難く、銘佩已まずと存じ奉り候、御帋上にて承り候えば、今度も横浜にて兼ねて御面識の英人とも御出会い、新式砲書等も大分御見当、且荷蘭人より御手に入り候品も御坐候趣、いずれその内御面晤も下さるべきとの御事、延領に堪えず候仕合いに御坐候、英の陸軍上岸、仮屋出来の模様、御一見御感服の御事に仰せ下され、その他艦内備え候砲の大略ならびに米の北部千廿の大砲を製し、南部を打撃、大に功のこれ有り候風説書をも御一覧御坐候趣、兼々出て益々奇と存ざれ候、天下の陋見を破って、専ら彼れの所長を学び、その所長を集めて、国本を牢くし候、国是の定まり候ように至らず候ては成り申すまじくと存じ候えども、いつ左様に成り申すべく哉、定めて御伝聞も御坐有るべし、近日長人の上り候にて、都下も戒厳大混雑に御坐候、御政事両途に出で候ようにては何分治まりの付きかね候ことと存じ候ゆえ、その本源の所に一策これ有り、及ばず乍ら尽力罷り在り候内、長人上京の事揆らず出で来たり、不都合の事に御坐候、然し乍ら只今とても拙籌の外はあるまじくと存じ候、尚ひたすら心力を尽くし候義に御坐候、この事書中に認めかね候、いずれその内拝眉にて、万々申し上ぐべし、先ず拳銃御代市の御礼のみ申し上げ候、廿円はかねて順子の手へ遣わし置き候、この度上羽の三円差し上げ候、御収入成し下さるべく候、頃日都下、殊の外の炎熱に御坐候、浪華いかがや、折角御多愛祈り奉り候、以上、啓頓首、（中略）

　尚々この一封幸便に御逓致し仰ぎ奉り候、過日御任官の御悦びに一函呈上候所、出違い候と存ざれ候、これ日頃御落手も成し下され候かと存じ奉り候、

（後筆）

「甲子六月余、右大坂に七月五日書到、同十九日先生遭災、終に面語を得ず、是れ絶筆たり、嗚呼又千載の憾を遺す、」

本状は、当時在京中の佐久間象山から勝海舟に宛てた書状である。嘉永四年（一八五一）、象山は江戸木挽町で私塾を開き、兵学や砲術を教えるが、勝はその門人の一人として知られている。そして、翌嘉永五年（一八五二）に、象山は、勝の妹順子を娶って正妻とし、その後も交流が見られた。何よりも、「海舟」とは象山の書斎号「海舟書屋」からとったものである。

　まず、本状の冒頭では、兼ねてより所望していた拳銃を薩摩藩士らの手を伝って届けられたことに対するお礼が述べられ、また新式の砲術書など西洋砲術に関する情報のやりとりや、アメリカの南北戦争の情報交換が行われていたことがわかる。そして、西洋の「所長」を取り入れることによって、「国本を牢く」して「国是」を定めることが肝要であると説いている。象山は、西洋技術の優れている面を摂取した上での、国力の充実を重視していた。

　また、禁門の変を前にして、「長人上り候にて、都下も戒厳大混雑」とし、不穏な京都の情勢を伝えている。そのような政情下で、自身には「一策」があり、尽力しているものの、「長人上京」の模様で不都合である、これらのことは書中には書けないと述べている。当時、幕命によって上洛していた象山は、天皇を彦根に遷座させようと画策していた。しかし、この彦根遷都計画が原因となり、勝への書状を認めてから約十日後の七月十一日、尊攘派志士らに暗殺されることとなった。

　なお本状の末尾には、勝自身の筆によって「絶筆」と認められており、象山からの最後の書状になったことが記されている（ただし、象山が「遭災」した日が十九日となっている）。

禁門の変

文久三年（一八六三）の八月十八日の政変により、長州藩は京都での地位を失った。家老井原主計や藩士久坂玄瑞らは、同年十一月、「奉勅始末」を提出して藩主父子の無実を訴えようとしたが、入京できなかった。長州藩内では、来島又兵衛や尊攘派志士真木保臣らが事態打開のために京都への進発を主張していた。

元治元年（一八六四）三月、横浜鎖港の実行を求めて、筑波山で水戸藩の尊攘派が蜂起した。これを天狗党の乱という。また、京都池田屋で新選組に自藩士を殺害されたことを知った長州藩は、藩論は進発に転じ、世子毛利定広と三家老が上京し、京都藩邸に兵を集めて陣営を構えることを決定した。朝廷や禁裏御守衛総督の徳川慶喜らは、会津・桑名・薩摩以下の諸藩に命じて長州藩兵の入京を阻止せんと警備を固めた。

七月十九日早朝、京都御所蛤御門付近で長州藩兵と会津・桑名藩兵が衝突、戦端が開かれた。長州藩兵は中立売門を突破して京都御所内に侵入するも、乾門を守る薩摩藩兵が援軍に駆けつけると形勢が逆転して敗退。来島又兵衛は戦死、真木・久坂らは自害した。

勝敗は一日で決したが、逃亡する長州勢が放った火によって、京都市街は二十一日朝にかけて延焼した。

御所に向かって発砲したことで、藩主父子は官位を剥奪され、長州藩は朝敵となった。七月二十三日、朝廷は幕府に長州藩の征伐を命じる。禁門の変によって、京都における長州藩の尊攘運動には終止符が打たれた。一方、朝廷・幕府の公武合体派は分解し、その後の京都政局は徳川（一橋）慶喜・会津容保・桑名定敬の「一会桑」の協調によって主導されることとなる。

元治元年八月三日付け毛利慶親乞罪書

京都大学附属図書館所蔵

去月十八日之夜、私家来
脱走之者共、諸浪士江相
加り、
闕下近く罷出及騒擾
候趣、不奉憚
朝廷次第、深奉恐入候、

右一件者脱走之者共
為鎮静、国司信濃（親相）差登、
其折柄益田右衛門介（親施）・福原
越後（元僴）茂罷出居候付、申談
鎮静可仕筈之処、却而

脱走之者ニ被誘、私并
同氏長門守（毛利定広）宿志を
取違、自己之了簡を以
書附迄茂相認差出、終ニ
及騒擾候段、甚以不屆
至極、不謂儀ニ付、右三人

之者共、末家毛利淡路守（元蕃）江
先預置候、此余如何可
申付哉、御差図奉伺候、
猶又於父子不存儀与者
乍申、兼而示方不行届故

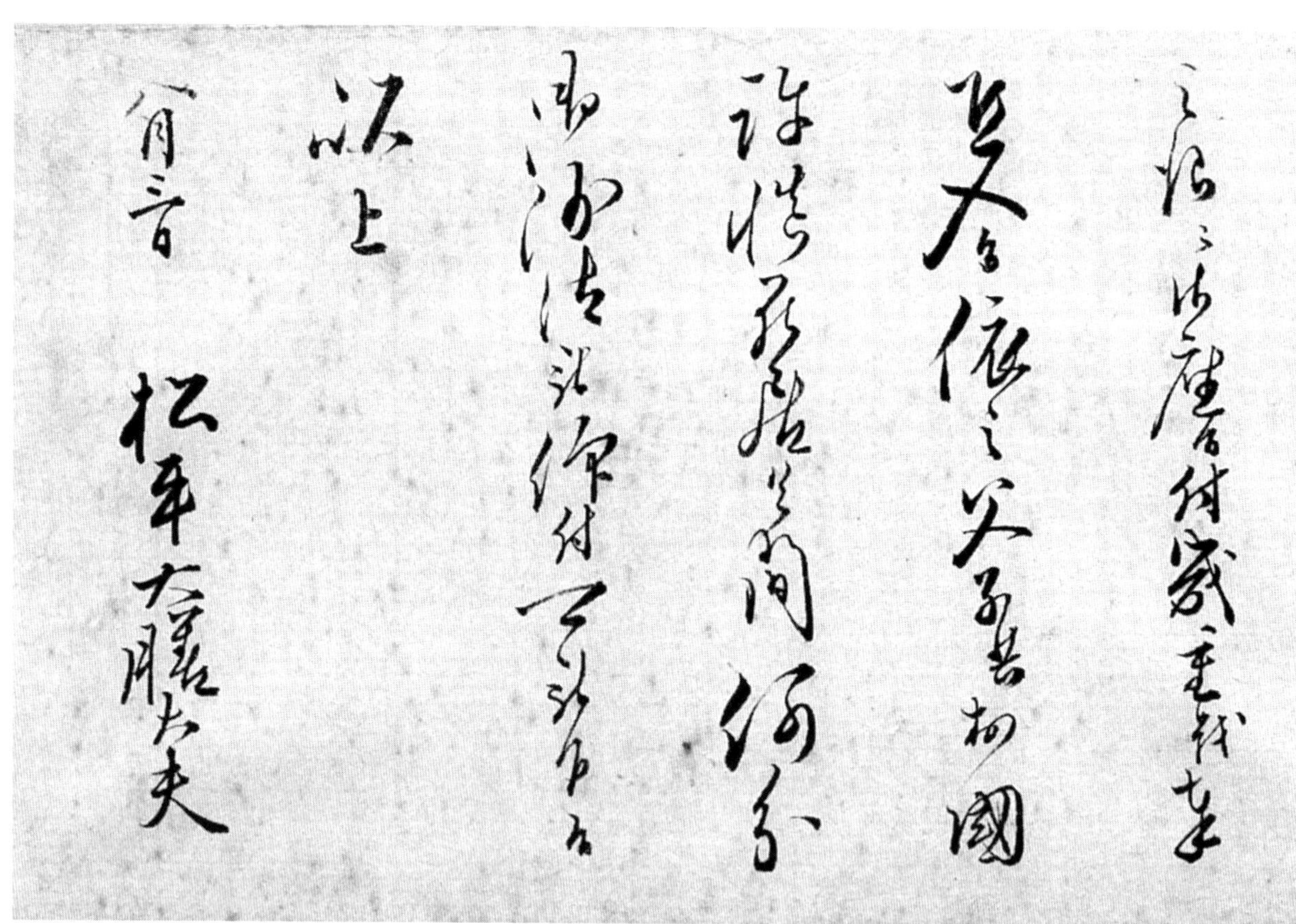

之儀ニ御座候付、幾重茂奉
恐入候、依之父子共於国
許慎罷居候間、何分
御沙汰被仰付可被下候、
以上、
八月三日　　松平大膳大夫（毛利慶親）

【読み下し文】

去月十八日の夜、私家来脱走の者ども、諸浪士へ相加わり、闕下近くに罷り出で騒擾に及び候趣、朝廷を憚り奉らざる次第、深く恐れ入り奉り候、右一件は脱走の者ども鎮静のため、国司信濃差し登り、その折柄益田右衛門介・福原越後も罷り出で居り候に付き、申し談じ鎮静仕るべく筈の処、却って脱走の者に誘われ、私ならびに同氏長門守宿志を取り違い、自己の了簡を以て書附までも相認め差し出し、終に騒擾に及び候段、甚だ以て不届き至極、謂われざる儀に付き、右三人の者ども、末家毛利淡路守へまず預け置き候、この余り如何申し付くべき哉、御差図伺い奉り候、猶又父子に於いては存ぜざる儀とは申し乍ら、兼ねて示し方不行き届きゆえの儀に御座候に付き、幾重も恐れ入り奉り候、これに依り父子ども国許に於いて慎しみ罷り居り候間、何分御沙汰仰せ付けられ下さるべく候、以上、（後略）

本状は、長州藩主毛利慶親の名によって出された乞罪書である。禁門の変における大敗によって「朝敵」となった長州藩では、藩の立て直しなどをめぐって抗争が激化していた。しかし、藩の生き残りを図るために恭順方針が採られることとなり、本状を作成して藩主自らが処分を受け入れる姿勢を示したのである。

まず、冒頭では「去月十八日之夜」と禁門の変の顛末について、「深奉恐入候」と謝罪の旨が述べられている。次いで、この一件については、国司信濃・益田右衛門介・福原越後の三家老が我ら父子の「宿志を取違」えたことからこのような事態にまで発展してしまったので、差し当たり三者を分家へ預かりの身としているので処分を指示してくれるよう要求している。また、藩主父子も知らなかったとはいえ、監督不行き届きの責任を負って、国許で謹慎していることが記されている。

このののち、藩主父子の位階官職は停止されて無位無官となり、毛利家は大名としての公式的な立場を失った。また、将軍家から許されていた「松平」の称号が剥奪され、偏諱も召し上げとなり、慶親は敬親へと改め、子の定広は広封という元の名へ戻した。これ以降、領外での政治活動を禁じられた長州藩では、藩主父子の復権が大きな政治課題となっていく。

なお、第一次幕長戦争では、征長総督の徳川慶勝（前々尾張藩主）の命により、禁門の変に際して兵を率いて上京した責任者として、上記の三家老は切腹となり、広島の国泰寺で首実検が行われた。

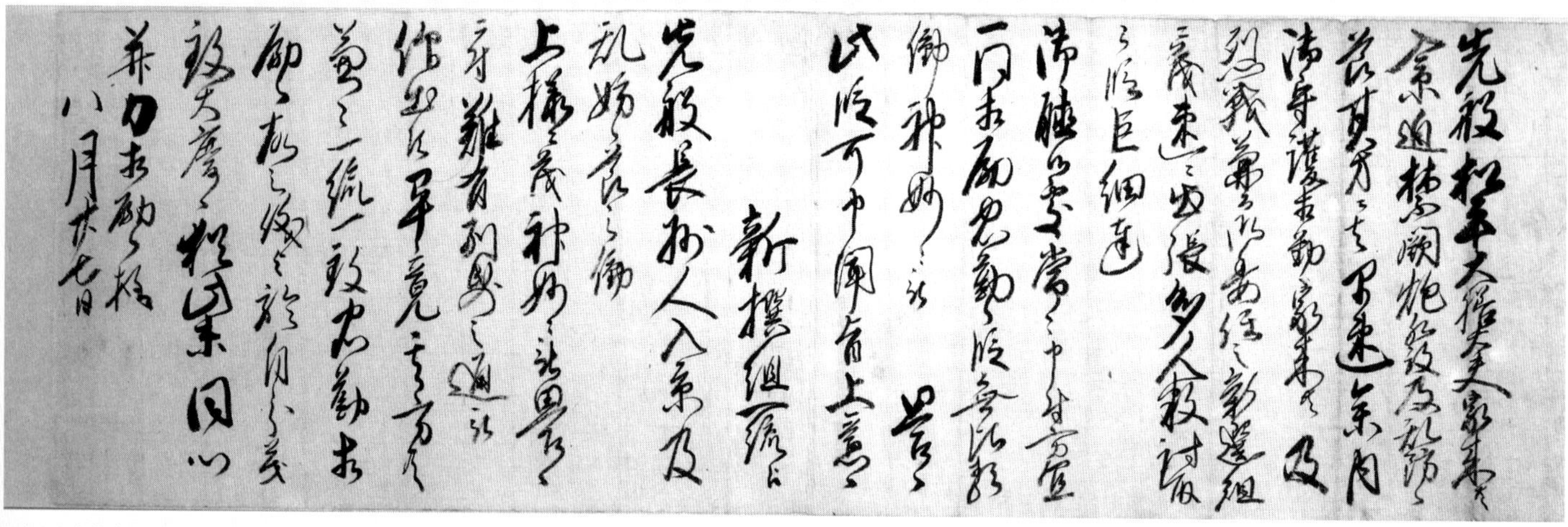

霊山歴史館所蔵

先般、松平大膳大夫（毛利慶親）家来共入京、迫禁闕、炮発乱防（妨）候節、其方ニ者早速参内、御守護相勤、家来共及烈戦、兼而御委任之新選組ニ茂速ニ出張、多人数討取候段、巨細達御聴候処、常々申付方宜、一同相励忠勤候段、無比類働、神妙ニ被　思召候、此段可申聞旨上意候、

新撰組一統江

先般、長州人入京、及乱妨候節之働、上様（徳川家茂）ニ茂神妙ニ被思召候ニ付、難有別帋之通被仰出候、畢竟其方共兼々一統一致、忠勤相励候故之儀与、於自分茂致大慶候、猶此末同心幷力相励候様、

八月廿七日

【禁門の変】

上に掲げた文書は、一七四・一七五頁に掲載した幕府感状（松平容保宛て）と同じ形式の文書で、禁門の変における松平容保（かたもり）と会津藩兵の活躍を称えた感状である。「先般」から十一行目の「上意候」までが、松平容保宛てに書かれた部分であり、「新撰組一統江」以降は、容保が新選組に対して書き送った部分だろう。前半の十一行を指して「別帋」としていることから、本来は別々の文書だったものと思われる。

【読み下し文】

先般、松平大膳大夫家来ども入京、禁闕に迫り、炮発乱防候節、その方には早速参内、御守護相勤め、家来ども烈戦に及び、兼ねて御委任の新選組にも速やかに出張り、多人数討ち取り候段、巨細（こさい）御聴に達し候処、常々申し付け方宜しく、一同相励み忠勤候段、比類無き働き、神妙に思し召され候、この段申し聞くべき旨上意に候、

新撰組一統へ

先般、長州人入京、乱妨に及び候節の働き、上様にも神妙に思し召され候に付き、有り難く別帋の通り仰せ出だされ候、畢竟（ひっきょう）その方ども兼々一統一致、忠勤相励み候ゆえの儀と、自分に於いても大慶致し候、猶この末同心幷力相励み候様、（後略）

第一次幕長戦争

文久三年（一八六三）七月二十三日、朝廷は幕府に対して長州追討の勅命を発した。幕府は長州藩主毛利慶親と世子定広の罪を問うべく、尾張藩・福井藩および西国二十一藩に出兵を命じ、征長軍を編成した。さらに八月十三日には将軍の進発を布告し、二十四日には長州藩主毛利敬親・世子定広をはじめ支藩主の官位を剝奪した。

征長総督には前々尾張藩主の徳川慶勝、副総督には福井藩主の松平茂昭が任命された。十月二十二日、征長軍は大坂城で軍議を開き、諸藩を十一月十一日までに所定の場所に着陣させ、十八日に総攻撃を開始すると決定した。総督は広島の国泰寺（現、広島市西区）に、副総督は豊前小倉城に営所を置き、十五万もの兵が長州藩を囲んだ。

当時、長州藩では、四国艦隊下関砲撃事件（馬関戦争）での敗北もあって尊攘派の勢力が衰え、佐幕派（俗論派）が藩政を握っており、藩庁は幕府に謝罪恭順する姿勢を示した。総攻撃を控えた十一月四日、征長総督の命令によって周防岩国（現、山口県岩国市）に入った西郷隆盛は、岩国領主吉川経幹と会談した。その会談に基づき、長州藩が三家老と参謀の首級を差し出すことで、戦闘は行われず、事態は収拾されたのである。

総攻撃が行われるはずだった十一月十八日、征長軍より、藩主父子からの謝罪文書の提出、三条実美ら尊攘派公家の追放、山口城破却の命令が出され、長州藩はこれを受諾した。十二月二十七日、征長総督は参軍した諸藩に撤兵を命じ、征長軍は不戦解兵に終わるのである。

これらの処断に対して、徳川慶喜は「総督は芋焼酎に酔った。銘柄は大島（西郷）だ」と残念がったという。

元治元年七月二十四日付け徳川家茂書状（徳川慶勝宛て）

徳川美術館所蔵

一翰致粛啓候、残
暑之節、愈御安
寧珍重之御事ニ候、
然ハ今般長藩多
人数京・摂其外江も
屯集致シ、歎願
筋申立、不穏景況ニ

有之、同所守衛人
数も出張之趣、痛
心之至ニ候、然■ル所、方
今之形勢一方
而已、全力を尽
候儀ニも難成、不

得止事態ニ付、
御苦労無申計
候得共、早々御出京
御鎮圧被下候様
致度候、兼而京・摂之方者
慶喜儀守衛、惣
督心得居候儀ニ候

得共、今般之騒
擾、偏ニ御賢労
御頼申候様、同人江も
御談合之上可然
御尽力可給候、此段
御領承所希

候、不備、

家茂

七月廿四日

（徳川慶勝）
前大納言殿

再伸、折角時気御保護

可被成候、此品菲薄ニ候得共、

表微衷候迄ニ致進覧候、

将又北地ニ於ても兇徒嘯

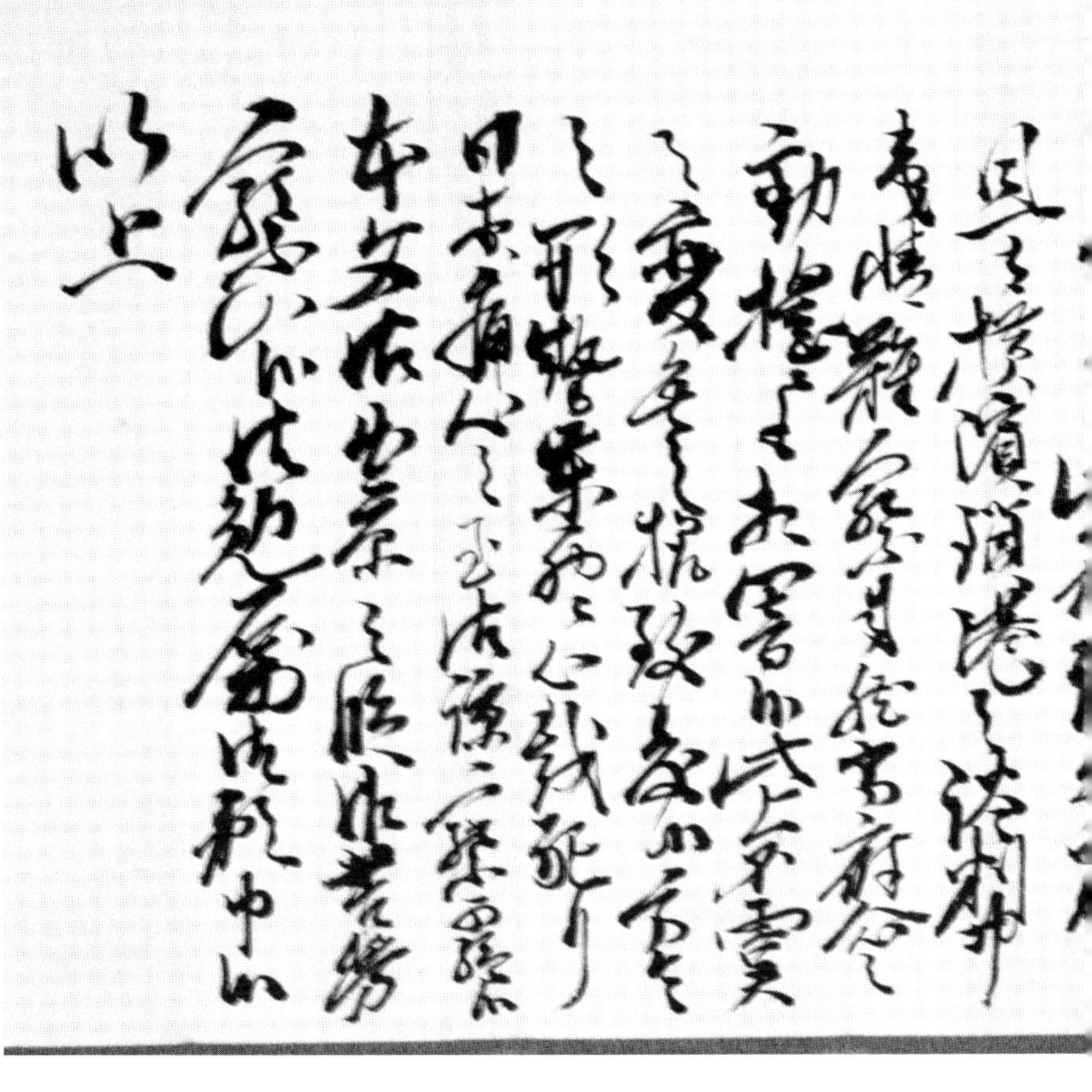

且者横浜鎖港之談判中
夷情難察、自然当府人心之
動揺ニも相響候、此上不慮
之変無之様致度候、方今
之形勢東西ニ心を配り、
日本痛心之至、御諒察可給候、
本文御出京之段、御苦労
察心候、御勉励御頼申候、
以上、

【読み下し文】

一翰粛啓致し候、残暑の節、いよいよ御安寧珍重の御事に候、然らば今般長藩多人数京・摂その外へも屯集致し、歎願筋申し立て、不穏景況にこれ有り、同所守衛人数も出張の趣、痛心の至りに候、然る所、方今の形勢一方のみ、全力を尽し候儀にも成り難く、止むを得ざる事態に付き、御苦労申す計り無く候えども、早々御出京御鎮圧下され候よう致したく候、兼ねて京・摂の方は慶喜儀守衛、惣督心得居り候儀に候えども、今般の騒擾、ひとえい御賢労御頼み申し候よう、同人へも御談合の上、然るべく御尽力給うべく候、この段御領承希う所に候、不備、

（中略）

再伸、折角時気御保護成さるべく候、この品菲薄に候えども、微衷を表し候までに進覧致し候、はた又北地に於いても兇徒嘯集致し、この程討手差し遣わし候、且は横浜鎖港の談判中、夷情察し難く、自然当府人心の動揺にも相響き候、この上不慮の変これ無きよう致したく候、方今の形勢東西に心を配り、日本痛心の至り、御諒察給うべく候、本文御出京の段、御苦労察心に候、御勉励御頼み申し候、以上、

本状は、元治元年（一八六四）七月二十四日付けで十四代将軍徳川家茂から前々尾張藩主の徳川慶勝に宛てられた書状である。この書状が作成された同日に、長州藩追討の勅命を受けていた幕府が、西国二十一藩に対して出陣を命じた。いわゆる第一次幕長戦争である。

そして、この征長軍の総督に就任するよう家茂から懇願されたのが、慶勝だった。本状では、その前段階として、「今般長藩多人数京摂其外江も屯集」と七月十九日の禁門の変後の京都・大坂などの緊迫した情勢を受けて、慶勝へ「早々御出京御鎮圧被下候様」と上洛の上で治安維持にあたるよう依頼している様子が見える。また、これに先立って京都および大坂湾の警衛には徳川慶喜が禁裏御守衛総督兼摂海防禦指揮に任命され、軍事指揮権を掌握していたが、慶喜に相談するようにとしつつ、慶喜とは別に尽力を要請されていることからも、家茂の慶勝に対する篤い信頼が表れている。

その後、家茂の強い意向によって総督への就任を要請される一方で、慶勝当人はそれを頑なに拒否し続けた。慶勝自身はこの征長に対して、武力を行使せずに極力穏便なかたちで収束することを望んでいた。なぜなら、このまま内乱になると、西洋列強による侵略が現実のものになり兼ねなかったからである。

慶勝は再三の督促を受け、総督への就任を承諾することになるが、それと引き替えに、征長に関する全権委任を要求するに至る。こうして十月には、家茂から軍事委任状を発給され、慶勝はようやく正式に征長総督就任を受諾することとなるのである。

四国艦隊下関砲撃事件

文久三年（一八六三）五月十日、長州藩は攘夷を決行すべく馬関海峡（関門海峡）を通過する外国船を砲撃するが、アメリカ・フランス軍艦の報復攻撃に遭い、壊滅的な打撃を受けた（下関事件）。その後も下関海峡は封鎖され、通航不能となっており、貿易に不都合を生じていた。

駐日イギリス公使ラザフォード・オールコックは、フランス・オランダ・アメリカに呼びかけ、馬関海峡の封鎖解除を求めて武力行使をすることに決定した。六月十九日、四国連合は二十日以内に海峡封鎖が解かれなければ武力行使を実行すると幕府に通達。七月二十七・二十八日の両日にわたって、イギリス海軍中将キューパーを総司令官とする四国連合艦隊十七隻（イギリス軍艦九隻、フランス軍艦三隻、オランダ軍艦四隻、アメリカ仮装軍艦一隻）が横浜を出航した。

八月四日、四国連合艦隊は戦闘態勢に入り、翌五日午後に攻撃を開始した。長州藩兵も応戦したが、火力・兵力に圧倒的な差があり、長州藩は惨敗。八日に休戦交渉を申し入れ、長州藩は脱藩の罪で入獄していた高杉晋作、イギリスから急遽帰国した伊藤博文と井上馨を派遣して講和にあたらせた。そして、馬関海峡の通航の自由および必要物資の購買や悪天候時の上陸の許可、下関の砲台の撤去、賠償金三百万ドルの支払い（ただし請求先は幕府）などを約諾した。

なお、長州藩は、禁門の変に敗れて朝敵となり、幕府は長州藩の征伐に取りかかる。藩内では佐幕派（俗論派）が主導権を握り、こののち征長軍に謝罪恭順することになるのである。

元治元年（八月）毛利慶親布令書（領内宛て）

光市文化センター寄託

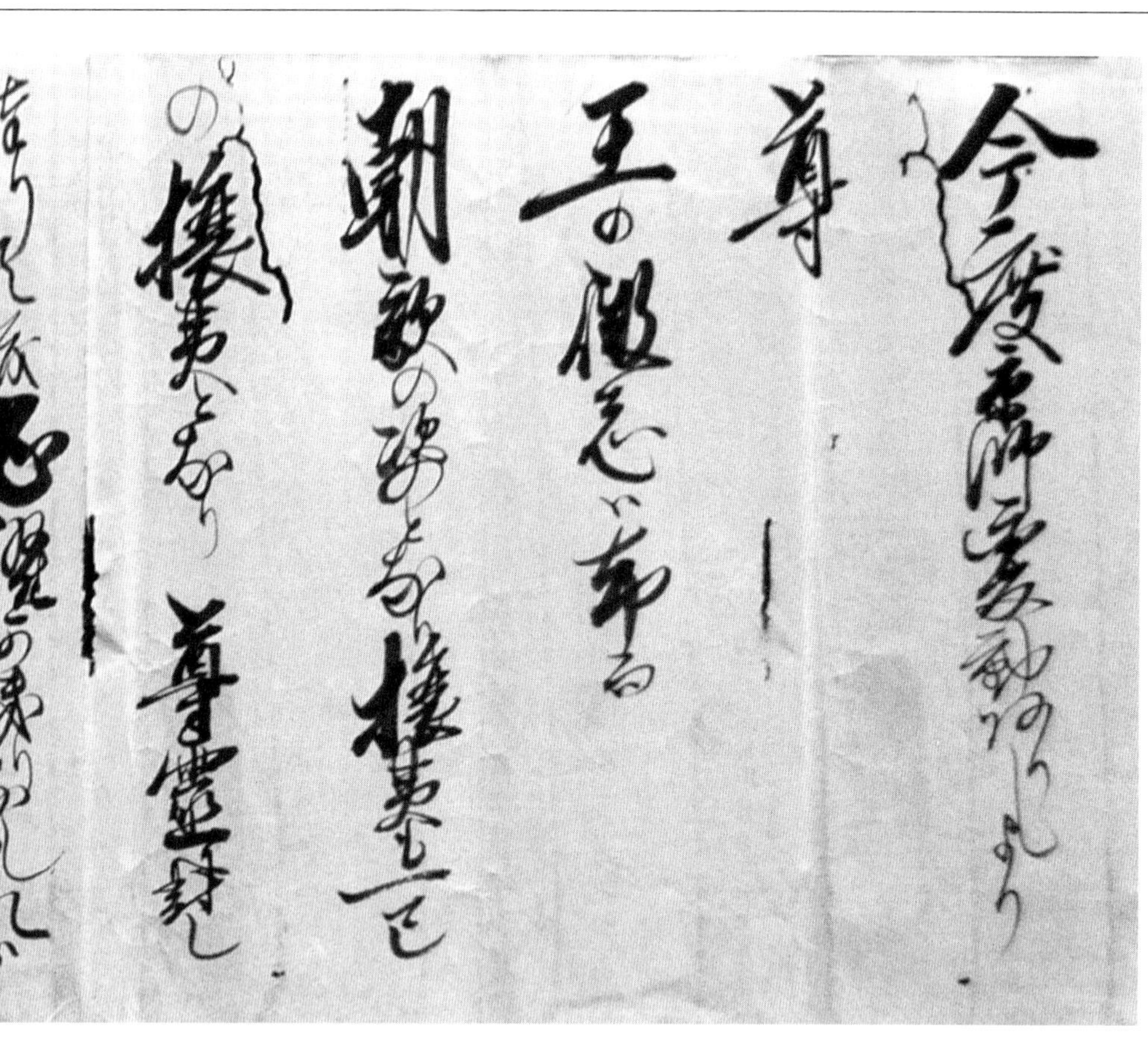

と、欲する所以なり、汝等此
深意を熟考し、遂謹慎、
勉励し、父子の指揮ニ随ひ、
進退肝要ニ候也、

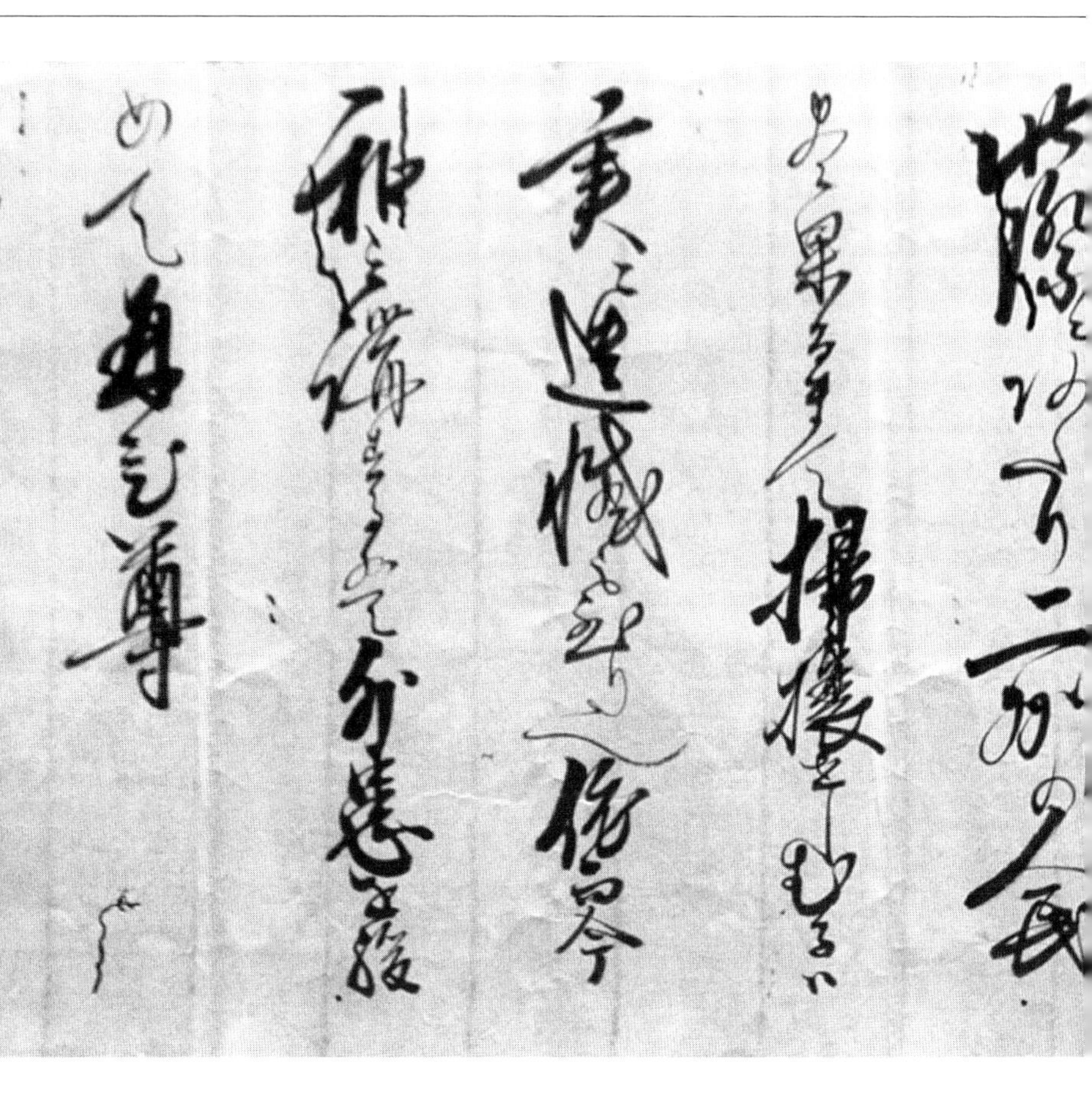

今度、京師変動ありしより、
尊
王の微志ハ却而
朝敵の姿となり、攘夷も一己
の攘夷となり、尊霊に対し
奉りて茂、恐懼かきりなし、されハ
是まて覚悟せし事なれとも、
此際ニあたり、二州（長門・周防）の人民
尽果るまて掃攘せしむるハ、
実ニ遺憾之至り也、依而今
和を講するにて、外患を緩
めて、再ひ尊
王の大義を天下ニ貫徹せん

【読み下し文】

今度、京師変動ありしより、尊王の微志は却って朝敵の姿となり、攘夷も一己の攘夷となり、尊霊に対し奉りても、恐懼かぎりなし、さればこれまで覚悟せし事なれども、この際にあたり、二州の人民尽き果てるまで掃攘せしむるは、実に遺憾の至り也、依って今和を講ずるにて、外患を緩めて、再び尊王の大義を天下に貫徹せんと、欲する所以なり、汝等この深意を熟考し、遂に謹慎、勉励し、父子の指揮に随い、進退肝要に候也、

本状は、四国艦隊下関砲撃事件（馬関戦争）に際して、長州藩主毛利慶親から領内へ出された布令書である。英仏蘭米による四か国の連合艦隊が下関へ来襲すると、藩内では厳戒態勢が布かれた。そして、藩では井上馨（聞多）と伊藤博文（俊輔）が外艦応接掛へと任命され、慶親・定広父子の臨席の下、外国側への対応を協議するために会議が行われた。そこでは、外国艦隊が襲来しても反撃のみに限定するとされ、従来の「攘夷」方針に変わって、避戦講和策が決定されることとなる。

まず本状では、そうした藩内方針の変化の経緯について、これまで天皇の意向のもとに行ってきた「攘夷」は、今や「一己の攘夷」の形となってしまい、「二州（長門と周防）の人民」の命が尽き果てるまで全うするのは「遺憾」であると、変更の事情が述べられている。しかし領内では、突如として「講和」方針が打ち出されたことから、人々の間で混乱が生じている状況となっていた。そのため慶親は、これ以降は「和を講するにて、外患を緩めて、再ひ尊王の大義を天下ニ貫徹せん」ことが趣旨であるとして、「尊王」に変更はないことを確認し、領内に「講和」方針への理解を諭旨している。

このあと、藩庁では支藩である長府・清末・徳山・岩国へと使者を派遣し、この方針を長州藩の正式のものとして決定した。こうして、文久二年（一八六二）以来、長州藩がリードしてきた破約攘夷論の破綻を、この戦争を契機として自ら認めることとなり、破約攘夷の時代は終焉を迎えたのである。

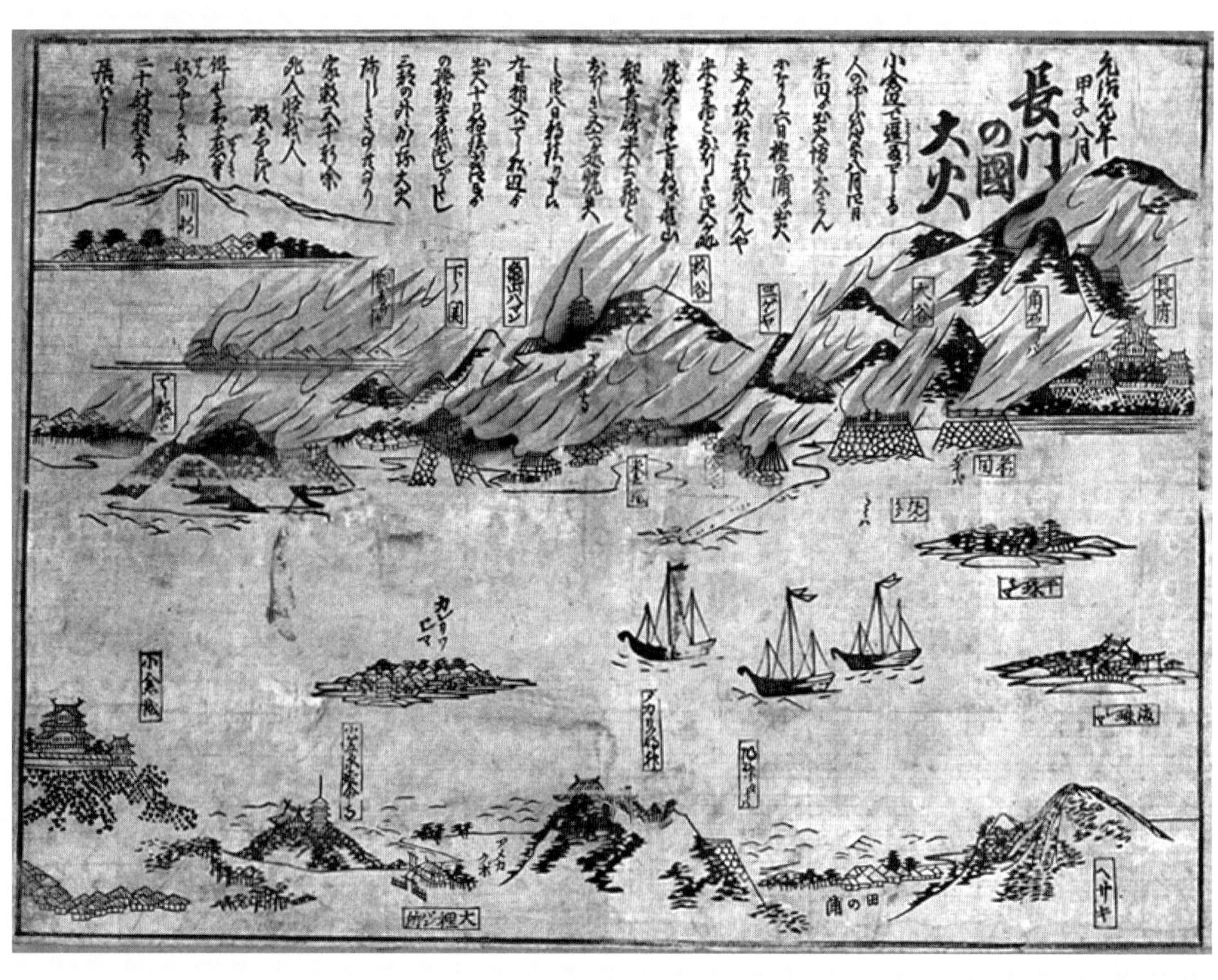

【四国艦隊下関砲撃事件】

この瓦版「長門の国大火」は、四国艦隊下関砲撃事件に関するもので、豊前小倉に逗留中の商人の話を速報するという形をとっていて、記事の内容に臨場感を与えている。しかし、「死人・怪我人数しれず」など、かなり誇張した記述も見られる（死傷者は長州側で五十人弱とされる）。

元治元年甲子八月
長門
の国
大火
小倉辺ニて逗留せし商
人の咄しを聞に、八月四日
前田ゟ出火、増々火さかん
になり、六日壇の浦ゟ出火、
夫ゟ杦谷三軒家八けんや
米土蔵とおぼしき四五ケ処
焼失之由、七日朝ゟ亀山
観音崎米土蔵と
おぼしき五六ケ処焼失
之由、八日朝鎮り申候、
九日朝又候てし松辺より
出火、十日朝鎮り申候、四日ゟ
の騒動筆紙ニ尽しかたし、
三都の外ニか丶る大火
珍らしき事共なり、

家数五千軒余、
死人・怪我人
数しれず、
但し其前より蒸気
船のやうな舟
二十艘程来り
居候よし、

薩長同盟の締結

慶応二年（一八六六）一月二十一日、京都にあった薩摩藩家老小松帯刀の邸宅において、薩摩藩と長州藩の政治・軍事同盟である薩長同盟が締結された。幕末の京都において対立した二つの雄藩は、利害の一致によって手を結んだのである。

第一次幕長戦争は、長州藩の謝罪恭順によって、戦火を交えることなく終わった。しかし、長州藩が幕府の命令に従わなかったため、慶応元年（一八六五）五月十六日、再び長州藩を征伐すると発表した。

この時、長州藩では内戦が起こっており、高杉晋作が下関で挙兵して勝利し、政権が交代した。藩の主導権を握った高杉らは武備恭順の方針をとり、幕府への抗戦を決意して軍制改革を進めた。一方、薩摩藩でも、幕政改革が期待できないことから、大久保利通や西郷隆盛らを中心に、幕府への反発が高まっていった。

こうした両藩の間を取り持ったのが、土佐藩出身の坂本龍馬と中岡慎太郎である。坂本らの仲介により、薩摩藩は、第二次幕長戦争に際して長州藩を支援することを約束した。密約は六か条からなり、幕府と長州藩の交戦時には薩摩藩は京坂に出兵して守衛すること、戦争の帰趨にかかわらず薩摩藩は朝廷に長州藩の復権を働きかけること、それが拒否された場合には武力を行使すること、長州藩の復権がなれば両藩は連合することなどをを定めた。薩長同盟が対幕府への同盟なのか、「一会桑」（徳川〈一橋〉慶喜・会津容保・桑名定敬）政権に対する同盟なのかは議論がある。それはともかく、この密約に基づき、薩摩藩は幕府による第二次幕長戦争に際して出兵を拒否し、以降は薩長両藩の連携関係が深まっていくことになる。

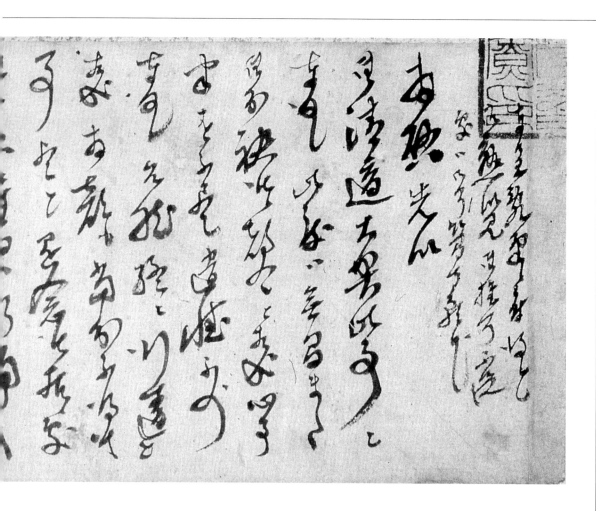

慶応二年正月二十三日付け木戸孝允書状（坂本龍馬宛て）

宮内庁書陵部所蔵

奉呈乱筆候ニ付、得と
御熟覧御推了不足之
処ハ御了簡奉願上候、

拝啓、先以
御清適大賀此事ニ
奉存候、此度ハ無間また
御分袂仕候都合ニ相成、心事
半を不尽、遺憾不少
奉存候、乍然終ニ行違と
相成、拝顔も当分不得仕
事歟と懸念仕居候処、
御上京ニ付候而ハ折角之
旨趣も小（小松）・西（西郷）両氏等へも得と
通徹、且両氏どもよりも将
来見込之辺も御同座ニ而、
い（委）曲了承仕、無此上上ハ
皇国天下蒼生之為め、
下ハ主家之為ニおゐても感
悦之至ニ御座候、他日、自然も
皇国之事開運之場合
ニも立至り、勤

王之大義も天下ニ相伸ひ、
皇威更張之端も相立候
節ニ至り候ハヽ、大兄と御同
様此事ハ滅せぬ様後来
之為にも明白分明ニ称述
仕置申度、乍然今日之処
ニ而ハヽ、決而少年不羈之徒
へ洩らし候ハヽ、終ニ大事ニも
関係仕候事ニ付、必心ハ相用
ひ居申候間、御安心ハ可被
遣候、弟も二氏談話之
事も呑込居候へ共、前申上
候通、必竟ハ
皇国之興復ニも相係り
候大事件ニ付、試ニ左ニ件々
相認申候間、事其場ニ至り
候時ハ、現場
皇国之大事件ニ直ニ相
係り、事そこに不及して
平穏に相済候とも、将来之
為にハ相残し置度儀ニ付、

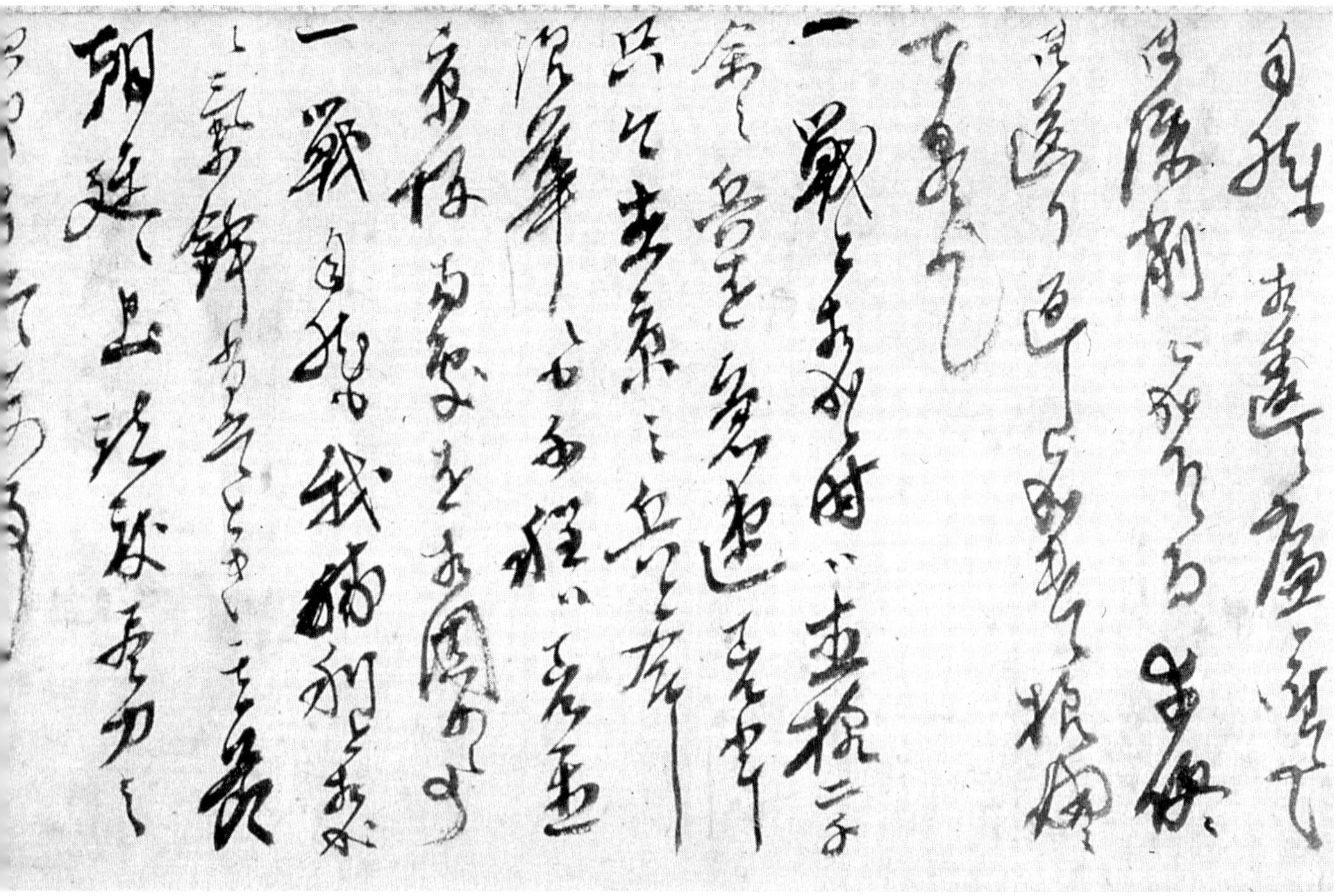

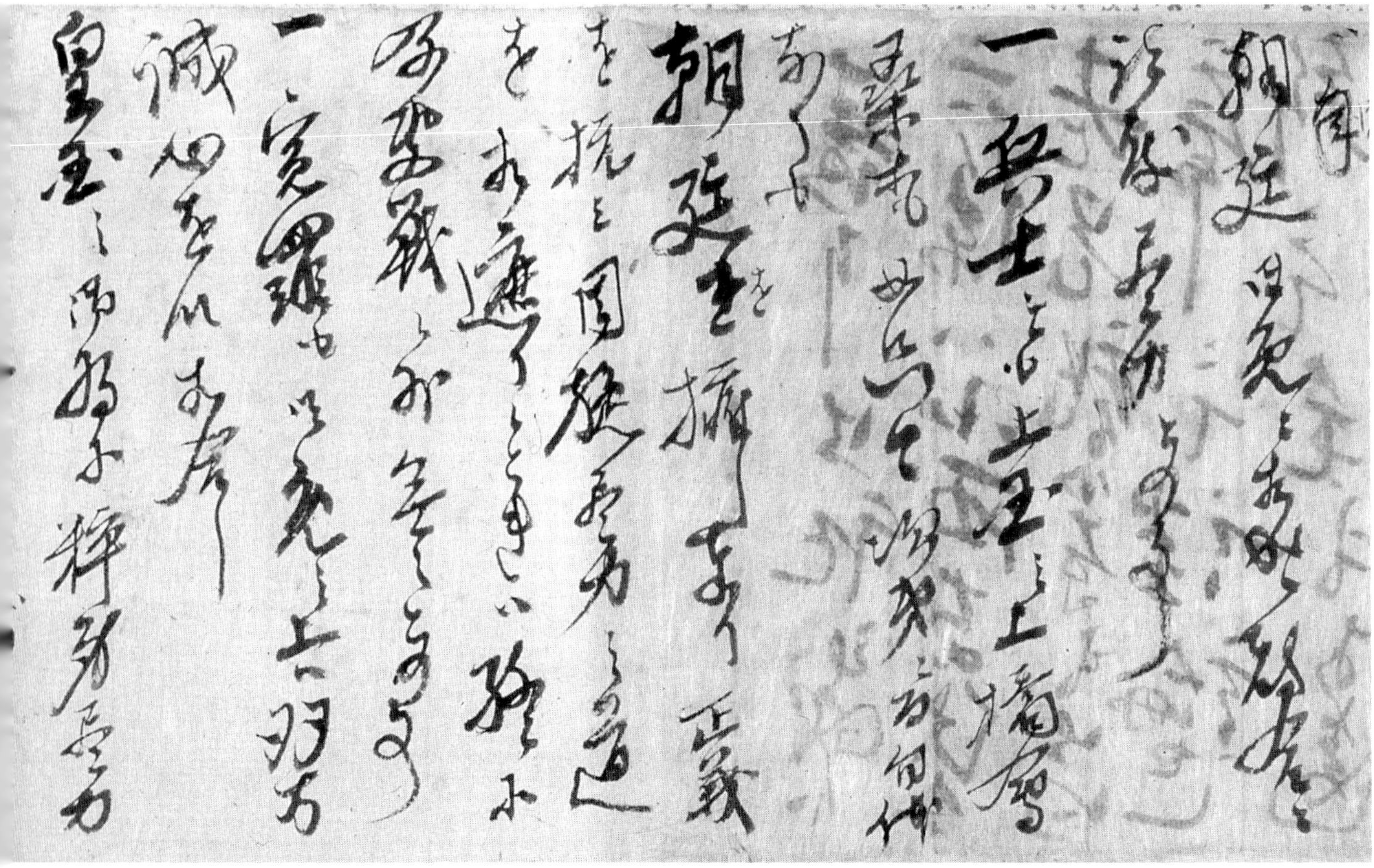

自然も相違之廉御座候ハ、
御添削被成下候而、幸便ニ
御送り返し被成遣候様、偏ニ
奉願上候、
一、戦と相成候時ハ、直様二千
余之兵を急速差登し、
只今在京之兵と合し、
浪華へも千程ハ差置、
京坂両処を相固め候事、
一、戦自然も我勝利と相成
候気鋒有之候とき、其節
朝廷へ申上、屹度尽力之
次第有之候との事、
一、万一戦負色ニ有之
候とも、一年ヤ半年ニ決
而潰滅致し候と申事ハ
無之事ニ付、其間ニは
必尽力之次第屹度有之
候との事、
一、是なりにて幕兵東帰
せしときハ、屹度
朝廷へ申上、直様冤罪

ハ自
朝廷御免ニ相成候都合ニ
屹度尽力との事、
一、兵士をも上国之上、橋(一橋)・会(会津)・
桑(桑名)等も如只今次第ニ而、勿体
なくも
朝廷を擁し奉り、正義
を抗ミ、周旋尽力之道
を相遮り候ときハ、終に
及決戦候外無之との事、
一、冤罪も御免之上ハ、双方
誠心を以相合し、
皇国之御為に粋身尽力
仕候事ハ不及申、いづれ之
道にしても今日より双方
皇国之御為
皇威相暉き、御回復ニ
立至り候を目途ニ誠心
を尽し、屹度尽力可仕
との事、
弟におゐてハ、右之六廉之
大事件と奉存候、為念前
中上候様、戦不戦とも後来

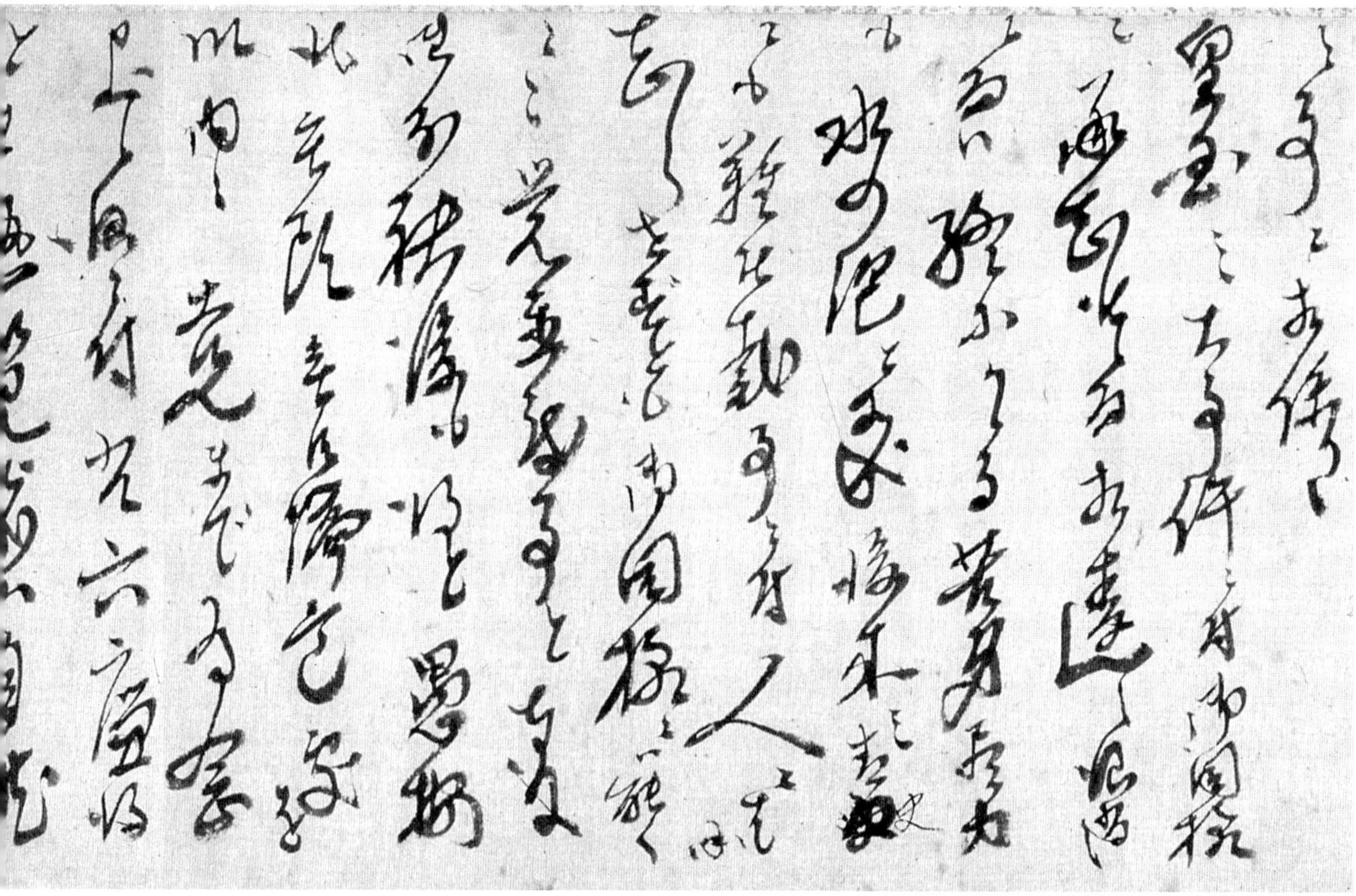

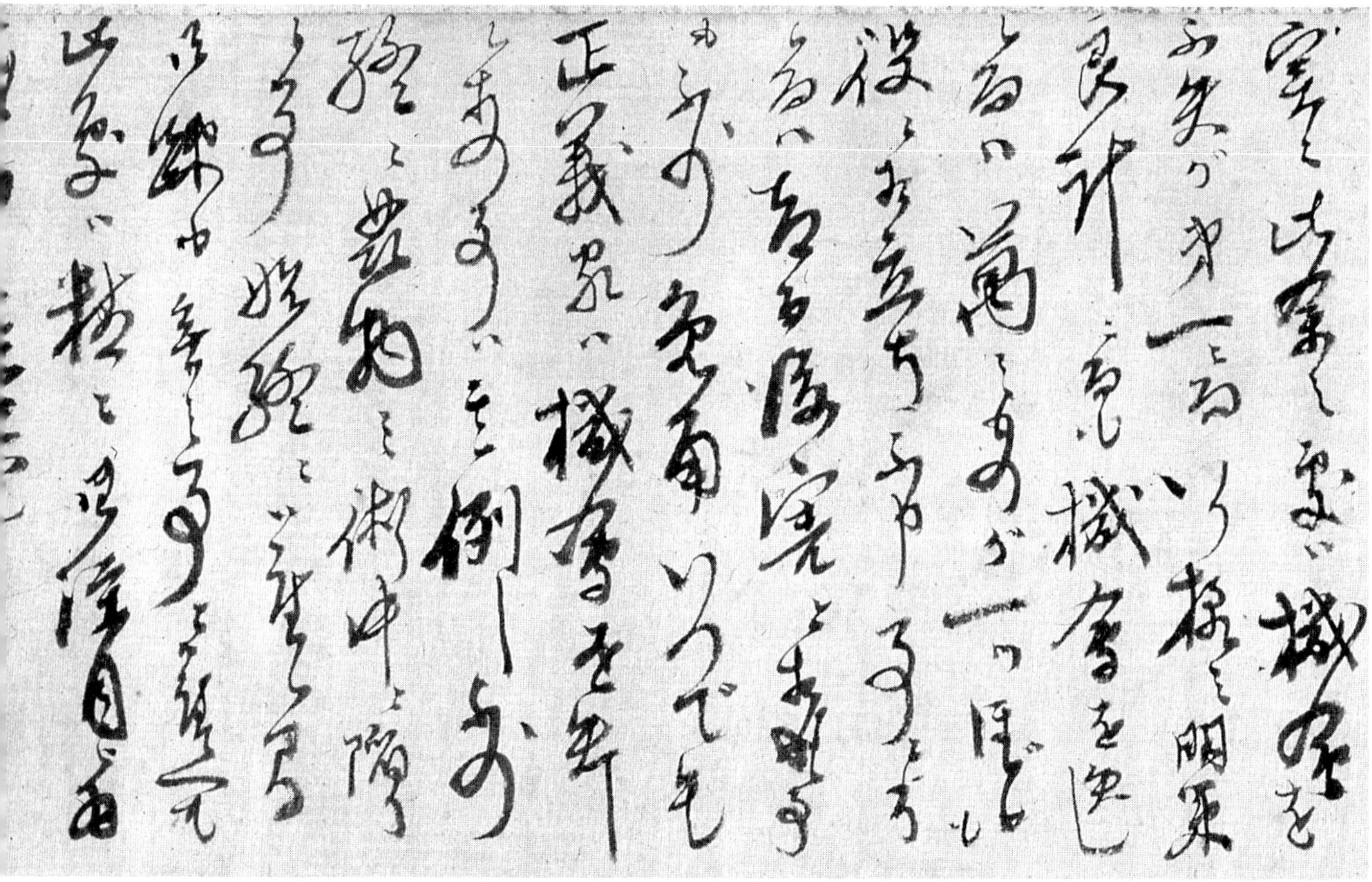

之事ニ相係り候、皇国之大事件ニ付、御同様ニ承知仕候而相違之儀有之候而ハ、終にかゝる苦身尽力も水の泡と相成、後来之青史ニも難被載事ニ付、人ニは必しらせずとも、御同様ニハ能く々々覚置度事と奉存、御分袂後も得と愚按仕、毛頭無御隔意処を以、内々　大兄まで為念

中上候儀ニ付、右六廉得と御熟覧被成下、自然も弟之承知仕候儀相違之儀も有之候ハヽ、必々御存分ニ御直し被成遣候而、此書状之裏へ乍失敬御返書御認め被下候而、幸便ニ屹度無御相違御投し被成遣候様、偏ニ々々奉願上候、

実ニ此余之処ハ機会を不失が第一ニ而、いか様之明策良計ニ而も機会を失し候而ハ、万之ものが一ツほども役ニ相立ち不申事ニより候而ハ、却而後害と相成候事も不少、兎角いつでも正義家ハ機会を失し候等の事ハ、其例し不少、終ニ姦物之術中ニ陥り候事始終ニ御座候間、御疎も無之事ニ御座候へ共、

此処ハ精々御注目被為成候而、御論述皇国之大機必無御失脚御回復之御基本相立候処奉祈処ニ御座候、○乙丑丸一条、小事ニハ御座候へ共、い曲（委）御承知之如く一身ニ取り候而ハ困苦千万ニ而、且海軍興廃ニハ屹度相係り候事ニ付、何も逐一御存之訳ニ付、兼而存じ

木戸孝允書状（坂本龍馬宛て）3

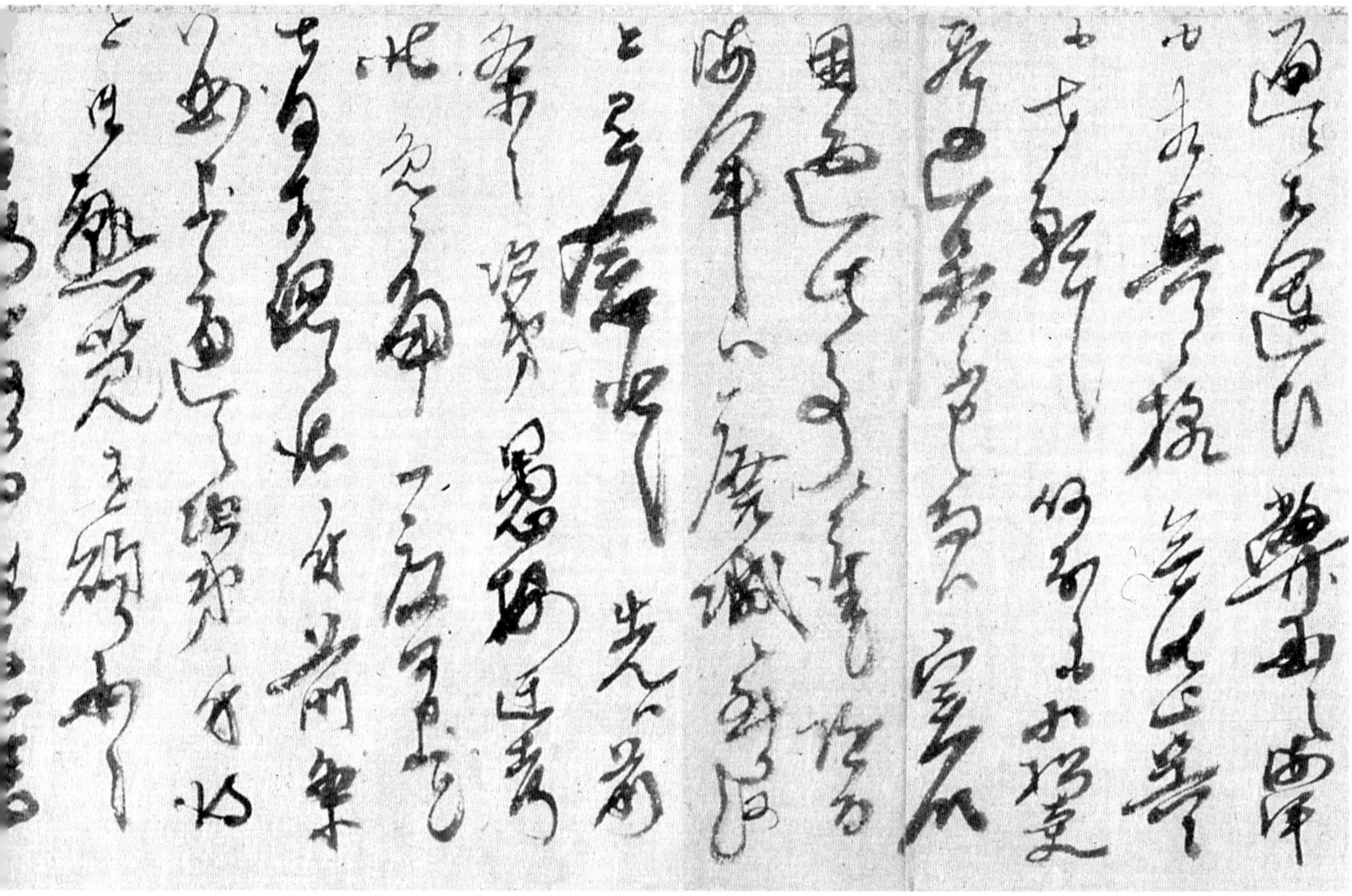

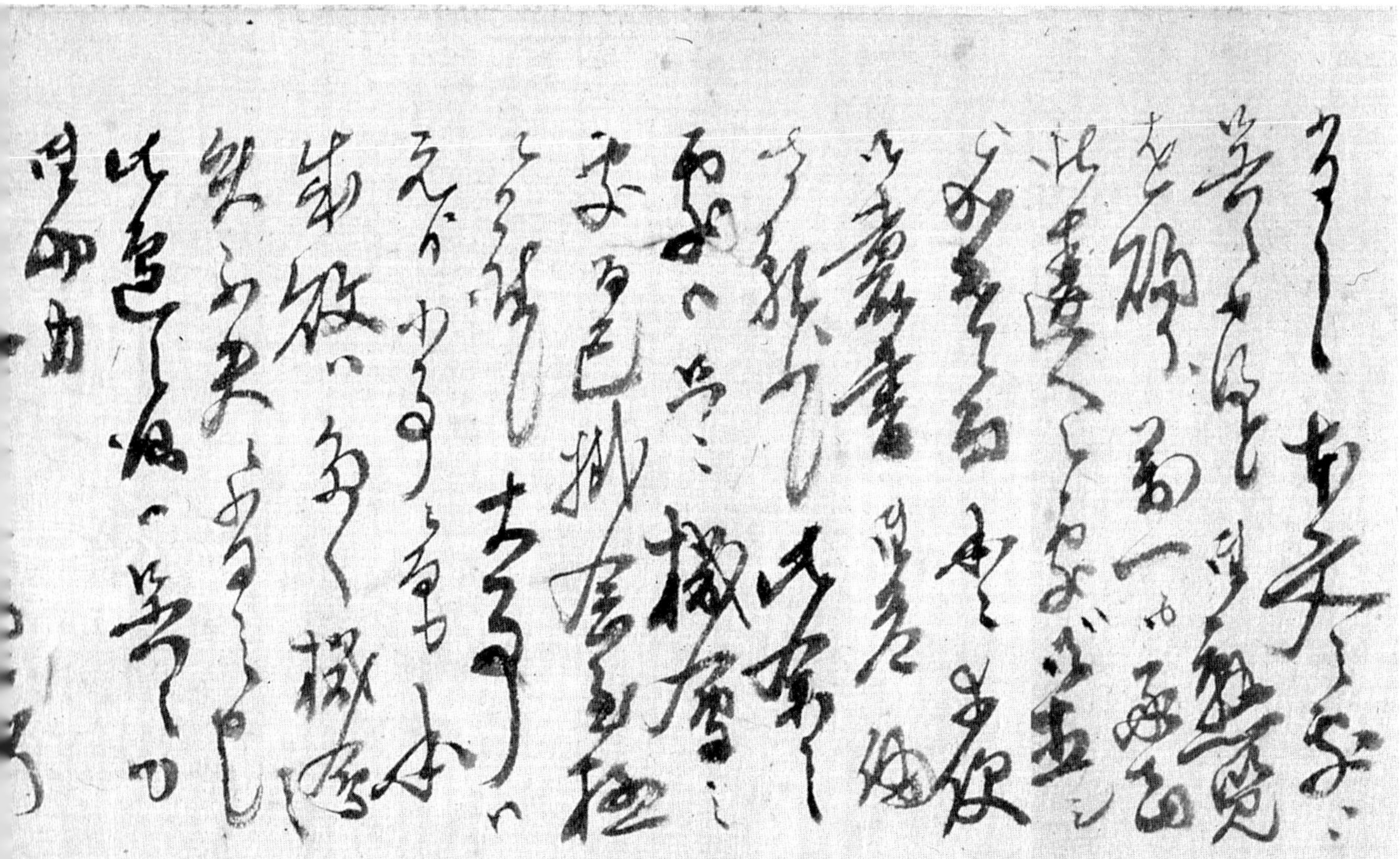

通ニ相運ひ、弊国之海軍
も相興り候様、無此上呉々
も奉願候、何分にも小松大夫（帯刀）
呑込呉不申候而ハ、実以
困迫此事ニ御座候、随而
海軍ハ廃滅ニ至り可申
と懸念仕候、先ハ前
条之次第愚按迂考
仕、兎ニ角一応可申上と
奉存相認候儀ニ付、前条
い（委）曲申上候通之次第ニ付、得

と御熟覧を賜り、必々
御裏書ニ而御返書
偏ニ奉願上候、其中
必々時下御厭第一ニ奉存上
候、乍失敬御序之節
小（小松）・西（西郷隆盛）吉氏等其外諸彦
へ可然御致意奉願候、
い（委）曲御礼書ハ帰国之上
出し可申と奉存候、為其
匆々頓首拝、
正月念三

尚々、本文之処ハ
呉々も得と御熟覧
を賜り、万一も承知
仕違へ候処ハ御直シ
被成遣候而、必々幸便
御裏書御答、偏
奉願上候、此余之
処ハ只々機会之
処而已掛（懸）念至極
ニ御座候、大事ハ
元ゟ小事ニ而も必
成敗ハ多く、機会之
失不失ニ有之中候、

此辺之儀ハ呉々も
御助力
皇国之御為奉祈
念し候、○前田恭斎
子へ薬礼之事
御願仕奉恐入候、
且恭斎子ゟ詩作
も送られ候ニ付、其
返答も可仕と奉存居、
如御承知出立前
大混雑ニ而、且々出立
仕候位之次第ニ付、

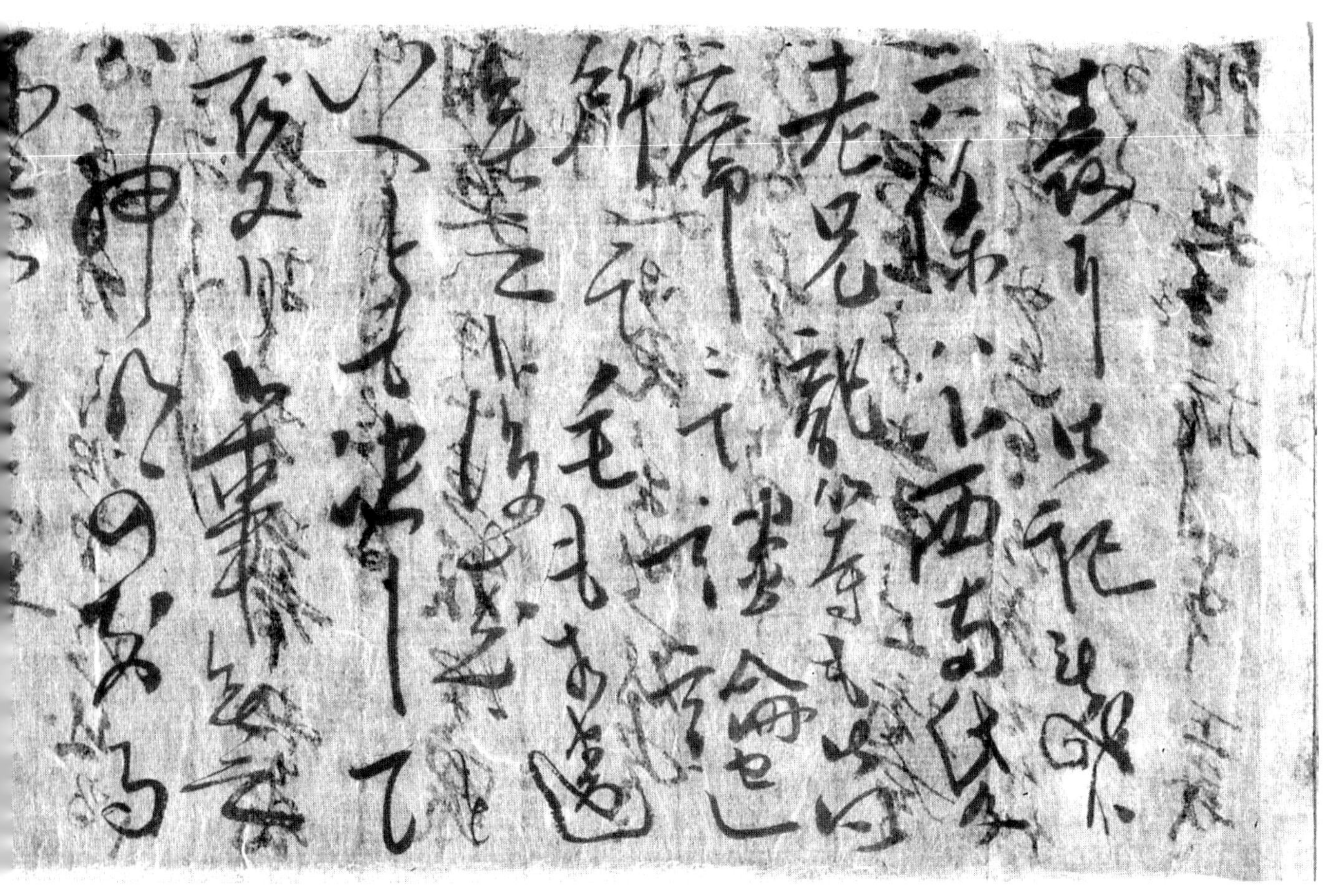

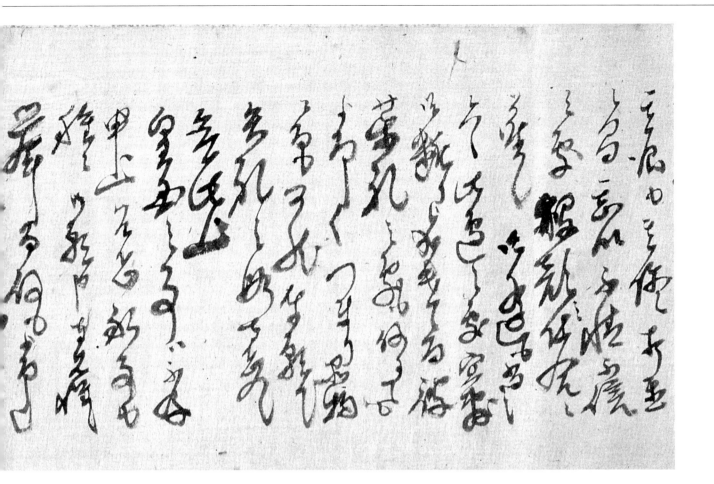

其儀も其儘打置
候間、甚以不情不信
之処、赧顔之仕合ニ
御座候、御逢も有之
候ハ、、此辺之処宜敷
御断り被成遣候而、彼
薬礼之処も何にても
よろしく、つまり品物
ニ而も可然奉願上候、
失礼之段奉恐入候、
無此上
皇国之事ハ不及

中上、乍恐私事も
種々御願申、奉恐惶候、
挙而何もよろしく
奉願候、只々
御面会之折を
奉待候、其中
御答ハ幸便ニ奉願上候、
為其閣筆、頓首、
龍大兄（坂本龍馬）　松菊生（木戸孝允）
極密御独拆

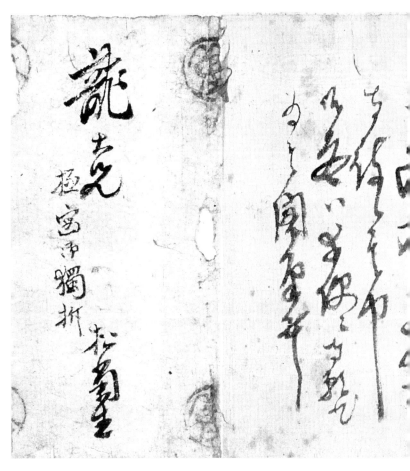

（裏書・朱筆）
表に御記被成候
六條ハ、小・西両氏及
老兄・龍等も御同
席ニて談論せし
所ニて、毛も相違
無之候、後来と

いへとも決して
変り候事無之
ハ、神明の知る
所ニ御座候、
丙寅
二月五日　坂本龍

【読み下し文】

拝啓、先ず以て御清適大賀この事に存じ奉り候、この度は間無くまた御分袂仕り候都合に相成り、心事半ばを尽くさず、遺憾少なからず存じ奉り候、然し乍ら終に行き違いと相成り、拝顔も当分仕るを得ざる事かと懸念仕り居り候処、御上京に付き候ては折角の旨趣も小・西両氏等へも得と通徹、且両氏どもよりも将来見込みの辺も御同座にて、委曲了承仕り、この上無き上は皇国天下蒼生のため、下は主家のためにおいても感悦の至りに御座候、他日、自然も皇国の事開運の場合にも立ち至り、勤王の大義も天下に相伸び、皇威更張の端も相立ち候節に至り候わば、大兄と御同様この事は滅せぬよう後来のためにも明白分明に称述仕置き申したく、然し乍ら今日の処にては、決して少年不羈の徒へ洩らし候は、終に大事にも関係仕り候事に付き、必ず心は相用い居り申し候間、御安心は遣わさるべく候、弟も二氏談話の事も呑み込み居り候へども、前申し上げ候通り、必竟は皇国の興復にも相係り候大事件に付き、試みに左に件々相認め申し候間、事その場に至り候時は、現場皇国の大事件に直に相係り、事そこに及ばずして平穏に相済み候とも、将来のためには相残し置きたき儀に付き、自然も相違のかど御座候わば御添削成し下され候て、幸便に御送り返し成し遣わされ候よう、ひとえに願い上げ奉り候、

一、戦と相成り候時は、直様二千余の兵を急速差し登し、只今在京の兵と合し、浪華へも千程は差し置き、京坂両処を相固め候事、

一、戦自然も我が勝利と相成り候気鋒これ有り候とき、その節朝廷へ申し上げ、きっと尽力の次第これ有り候との事、

一、万一戦負け色にこれ有り候とも、一年や半年に決して潰滅致し候と申す事はこれ無き事に付き、その間には必ず尽力の次第きっとこれ有り候との事、

一、是なりにて幕兵東帰せしときは、きっと朝廷へ申し上げ、すぐさま冤罪は朝廷より御免に相成り候都合にきっと尽力との事、

一、兵士をも上国の上、橋・会・桑等も只今の如き次第にて、勿体なくも朝廷を擁し奉り、正義を抗み、周旋尽力の道を相遮り候ときは、終に決戦に及び候外これ無しとの事、

一、冤罪も御免の上は、双方誠心を以て相合し、皇国の御ために粋身尽力仕り候事は申すに及ばず、いづれの道にしても今日より双方皇国の御ため皇威相暉き、御回復に立ち至り候を目途に誠心を尽くし、きっと尽力仕るべきとの事、

弟においては、右の六廉の大事件と存じ奉り候、念のため前申し上げ候よう、戦不戦とも後来の事に相係り候、皇国の大事件に付き、御同様に承知仕り候て相違の儀これ有り候ては、終にかかる苦身尽力も水の泡と相成り、後来の青史にも載せられ難き事に付き、人には必ず知らせずとも、御同様にはよくよく覚え置きたき事と存じ奉り、御分袂後も得と愚按仕り、毛頭隔意無き処を以て、内々大兄まで念のため申し上げ候儀に付き、右六廉得と御熟覧成し下され、自然も弟の承知仕り候儀相違の儀もこれ有り候わば、必々御存分に御直し成し遣わされ候て、この書状の裏へ失敬乍ら御返書御認め下され候て、幸便にきっと御相違無く御投じ成し遣わされ候よう、ひとえにひとえに願い上げ奉り候、実にこの余りの処は機会を失わざるが第一にて、如何様の明策良計にても機会を失し候ては、万のものが一つほども役に相立ち申さず事により候ては、却って後害と相成り候事も少なからず、兎角いつでも正義家は機会を失し候等の事は、その例し少なからず、終に姦物の術中に陥り候事始終に御座候間、御疎もこれ無き事に御座候へども、この処は精々御注目成させられ候て、御論述皇国の大機必ず御失脚無く御回復の御基本相立ち候処祈り奉る処に御座候、○乙丑丸一条、小事には御座候えども、委曲御承知の如く一身に取り候ては困苦千万にて、且海軍興廃にはきっと相係り候事に付き、何も逐一御存じの訳に付き、兼ねて存じ通りに相運び、弊国の海軍も相興り候よう、この上無くくれぐれも願い奉り候、何分にも小松大夫呑み込みくれ申さず候ては、実以て困迫この事に御座候、随って海軍は廃滅に至り申すべしと懸念仕り候、先ずは前条の次第愚按迂考仕り、兎に角一応申し上ぐべしと存じ奉り相認め候儀に付き、前条委曲申し上げ候通りの次第に付き、得と御熟覧を賜り、必々御裏書にて御返書ひとえに願い上げ奉り候、その中必々時下御厭い第一に存じ上げ奉り候、失敬乍ら御序での節、小・西吉氏等その外諸彦へ然るべく御致意願い奉り候、委曲御礼書は帰国の上出し申すべくと存じ奉り候、そのため匆々頓首拝、

（中略）

尚々、本文の処はくれぐれも得と御熟覧を賜り、万一も承知仕違え候処は御直し成し遣わされ候て、必々幸便御裏書御答え、ひとえに願い上げ奉り候、この

余りの処は只々機会の処のみ懸念至極に御座候、大事は元より小事にても必ず成敗は多く、機会の失不失にこれ有り申し候、この辺の儀はくれぐれも御助力、皇国の御ため祈念し奉り候、○前田恭斎子へ薬礼の事御願い仕り恐れ入り奉り候、且恭斎子より詩作も送られ候に付き、その返答も仕るべしと存じ奉り居り、御承知の如く出立前大混雑にて、且々出立仕り候位の次第に付き、その儀もそのまま打ち置き候間、甚だ以て不情不信の処、赧顔（たんがん）の仕合いに御座候、御逢もこれ有り候わば、この辺の処宜しく御断り成し遣わされ候て、彼薬礼の処も何にてもよろしく、つまり品物にても然るべく願い上げ奉り候、失礼の段恐れ入り奉り候、この上無く皇国の事は申し上ぐるに及ばず、恐れ乍ら私事も種々御願い申し、恐惶奉り候、挙げて何もよろしく願い奉り候、只々御面会の折を待ち奉り候、その中御答えは幸便に願い上げ奉り候、そのため閣筆（かくひつ）、頓首、

　奉呈乱筆候に付き、得と御熟覧御推了不足の処は御了簡願い上げ奉り候、

（中略）

＊＊＊

（裏書・朱筆）

表に御記成され候六條は、小・西両氏及び老兄・龍等も御同席にて談論せし所にて、毛も相違これ無く候、後来といえども決して変わり候事これ無くば、神明の知る所に御座候、（後略）

慶応二年（一八六六）一月二十一日（ただし、日にちについては諸説ある）、薩摩藩士小松帯刀（こまつたてわき）の京都邸で、土佐藩浪士坂本龍馬の仲介により、薩摩藩代表の西郷隆盛・小松帯刀、長州藩代表の木戸孝允（きどたかよし）が会談し、第二次幕長戦争に際しての軍事同盟を結んだ。しかし、会談内容は記録されず、正式な盟約書も交わされなかったため、薩長同盟の内容は、木戸孝允が坂本龍馬に宛てた本状からのみ知ることができる。

本状で木戸は、先日京都で行われた会談は「皇国之大事件」に直ちに関係し、事が大ごとにならないことになっても、将来のために残しておきたい、と述べている。そして相違があれば添削して欲しいとして、六か条を挙げている。

第一条は、幕府と長州藩の間で戦争が起こった場合、薩摩藩はすぐに2千の兵を派兵して京都・大坂の守りを固めることを約束している。続いて第二条・第三条・第四条は、戦争の勝敗にかかわらず、薩摩藩は長州藩の復権に尽力するというものである。第五条では、「橋会桑」（一橋・会津・桑名のいわゆる「一会桑」政権のこと）が、薩摩藩の尽力を遮った場合は、「橋会桑」と決戦する以外にない、として、この軍事同盟が対「橋会桑」を仮想敵としたものだったことが読み取れる。

第六条は、長州藩の「冤罪」が許された場合には、両藩が協力して皇国のために誠心を尽くして尽力することを盟約している。

書状の後段には「乙丑丸（いっちゅうまる）」が登場する。これは全長四十五メートル・排水量三百トンの木製蒸気船「ユニオン号」の、長州藩での呼び名である。慶応元年（一八六五）、幕府との戦いに備える長州藩は、五万両を出資し、英国商人グラバーから薩摩藩の名義でユニオン号を購入した。しかし購入の経緯や運営方法について、両藩内で議論が紛糾し、「桜島丸条約」「桜島丸改定条約」と二度の条約締結をもって落着した。

龍馬は、木戸の依頼に応じ、六か条の内容を確認した。そして書状の裏に朱筆で「表に記された六か条は、小松・西郷両氏および老兄（木戸）と自分らが同席して談論したことと、少しも相違するところはありません」と認め、二月五日付けで返信している。

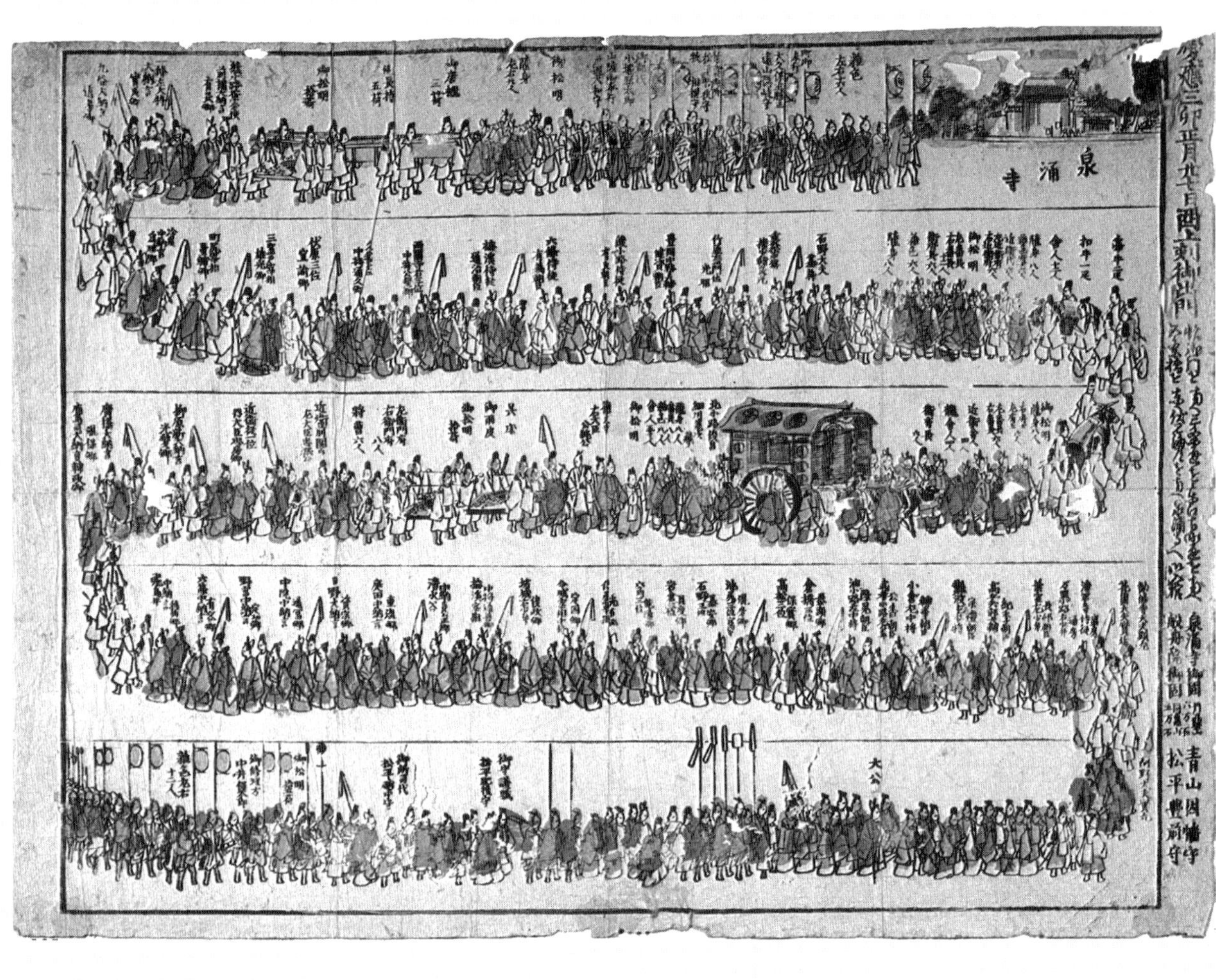

【孝明天皇の急死】

この瓦版は、慶応三年（一八六七）一月に執行された孝明天皇の葬儀の様子を描いたものである。

慶応二年（一八六六）十二月二十五日、第百二十一代孝明(こうめい)天皇が急死した。十二月五日には、十五代将軍徳川慶喜(よしのぶ)が就任したばかりである。孝明天皇は天保二年（一八三一）六月に生まれ、弘化四年（一八四七）九月に即位した。在位中は、強硬な攘夷方針をとるが、妹の和宮(かずのみや)を十四代将軍徳川家茂(いえもち)に降嫁させるなど公武合体の立場もとった。慶応二年には第二次幕長戦争が行われていたが、七月に将軍家茂が死去。天皇は征長の停止を幕府に指示している。その後、強硬な尊攘派の公家、特に岩倉具視(いわくらともみ)らが京都回復を狙って、薩長による武力倒幕の動きが具体化し始めることになるが、そんな折の天皇の急死は、本当に病死だったのか、陰謀による毒殺だったのではないか、槍で突かれたのではないかなど、諸説が当時から出されている。

※瓦版の欄外に記されている文字
慶応三卯正月十七日酉上刻御出門
蛤御門を南へ三条通を東江寺町通を南へ
五条橋を東へ伏見海道を南へ泉涌寺へ御入棺
泉涌寺御固、丹州笹山六万石青山因幡守
般舟院御固、同亀山五万石松平豊前守

第二次幕長戦争

元治元年（一八六四）の第一次幕長戦争は、長州藩の謝罪恭順によって不戦解兵に終わった。しかし、長州藩内にはそのことに不満を持つ者も多かった。その一人である高杉晋作は、十二月十五日、佐幕派（俗論派）の打倒を目指して下関で挙兵し、翌年政権交代を成し遂げた。

一方の幕府は、罪を認めて謝罪した長州藩に対し、藩主父子を江戸に差し出すよう命じたが、当然のごとく実現しなかった。慶応元年（一八六五）五月、十四代将軍徳川家茂は長州藩を再度征伐するために江戸を出発し、上洛して長州征伐の勅許を得た。

慶応二年（一八六六）六月七日、幕府艦隊が周防大島を砲撃し、占領したことで、戦いの火ぶたが切って落とされた。大島口・芸州口・石州口・小倉口の国境で征長軍と長州軍が抗戦。長州藩海軍総督高杉晋作は丙寅丸で幕府軍艦を夜襲し、大島の奪還に成功する。洋式の兵器を備え、西洋戦術で訓練された士気の高い長州軍の前に、征長軍はいずれの戦闘でも苦戦を強いられた。

戦闘が長期化する中、七月二十日、将軍家茂が大坂城で死去した。徳川慶喜が自ら名代として出陣すると宣言したが、豊前小倉城の落城を受けてこれを中止する。幕府は家茂の喪を発し、朝廷は休戦の勅命を下した。

九月二日、安芸宮島で勝海舟と長州藩の広沢真臣・井上馨の会談が行われ、停戦の合意が成った。さらに翌慶応三年（一八六七）一月、孝明天皇が急死し、幕府は征長軍を解兵した。事実上の幕府側の敗北であり、第二次幕長戦争の失敗によって幕府の威信は地に落ちたのである。

慶応元年九月二十三日付け大久保利通書状（西郷隆盛宛て）

国立歴史民俗博物館所蔵

【前略】

【前略】

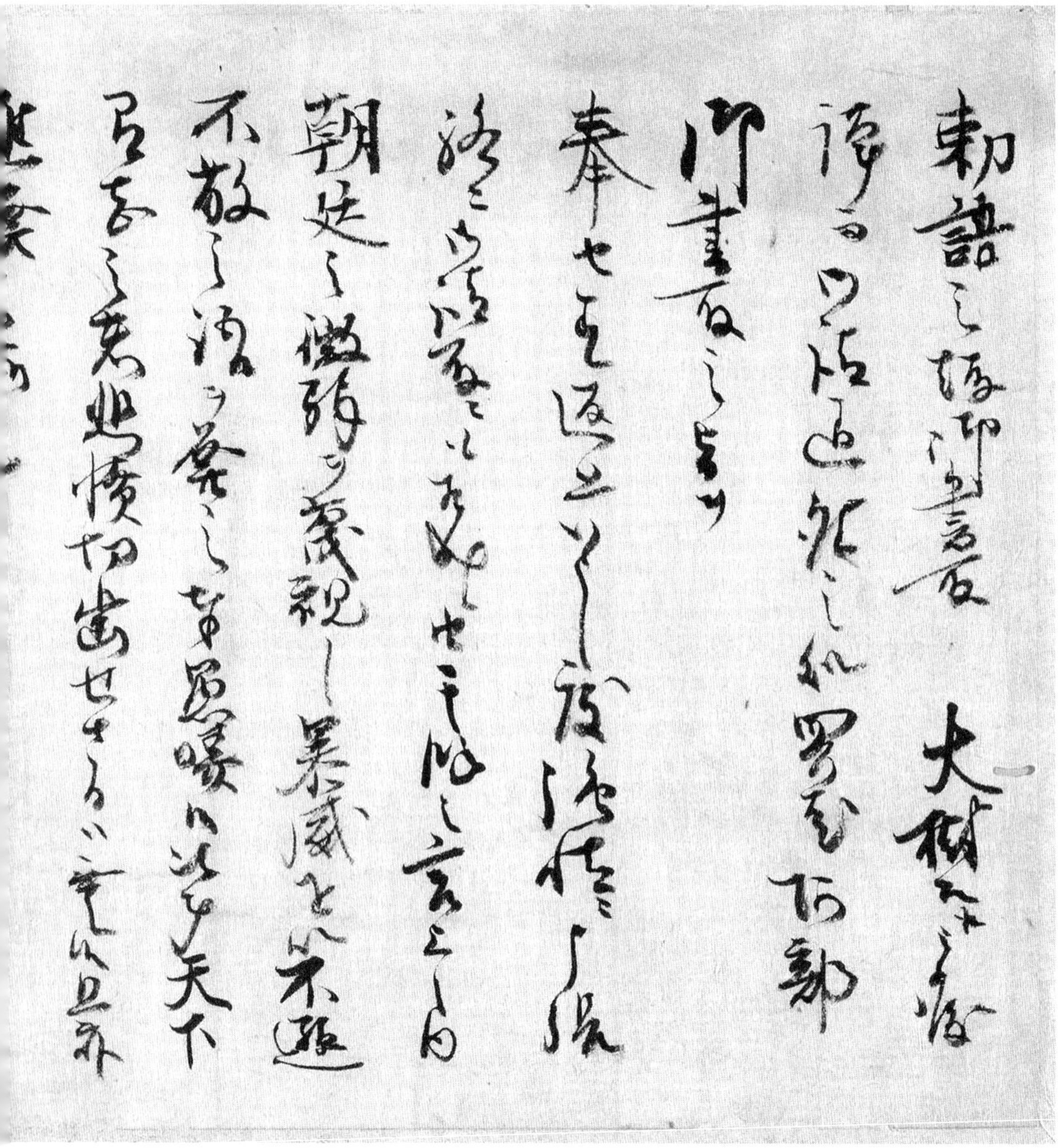

勅語之趣御書取　大樹公（徳川家茂）江被為渡、
謹而御請退座之処、閣老阿部（正外）
御書取之旨ヲ
奉セす返上いたし度強情ニ申張、
終ニ御請取ニも相成候由、其余之言上之内
朝廷之微弱ヲ蔑視し、暴威を以不遜
不敬之語ヲ発之、奉愚嘆候次第、天下
有志之者悲憤切歯せさるハ無之候、且亦
進発之趣意

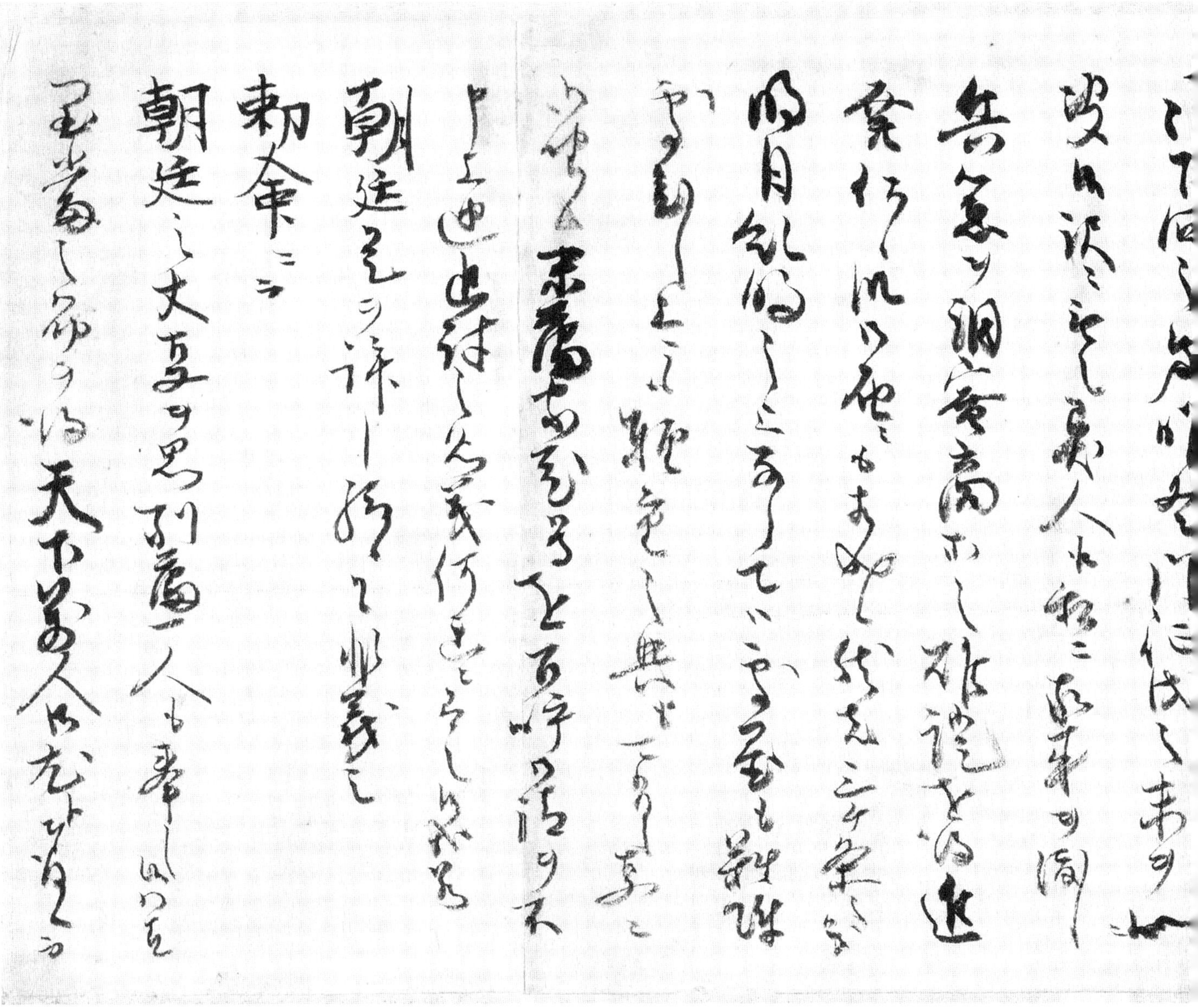

決候訳ニ無之、異人江私ニ家来ヲ渡し、
兵器ヲ調蜜(密)商等之確証を得、進
発仕候段、御届ニも相成候、然者三ヶ条之義、
明白糺明之上ならてハ処置も難附、
処置之上ニも軽重之典も可有之事ニ
御坐候、末藩家老等を召呼、御請ヲ不
申上迚、追討之名義何れニ有之候哉、若
朝廷是ヲ許し給候ハ、非義之
勅命ニ而
朝廷之大事ヲ思、列藩一人も奉し候ハす、
至当之筋ヲ得、天下万人御尤ト奉存候而

こそ、
勅命与可申候得ハ、非義
勅命ハ
勅命ニ有らす候故、不可奉所以ニ御坐候、
しかれハ只今ニ而ハ防長二ケ国ニ候処、右通
列藩　命ヲ不奉、日至ツテハ前后左右
長州たらん時ハ如何之御処置可被成哉、
只今衆人之怨、幕府ニ帰し候処、則
朝廷へ背候様相成候得ハ、幕府之
難を御買被成候道理ニ御座候、ケ様申上
候得ハ、長州同意或ハ討幕之趣意トか

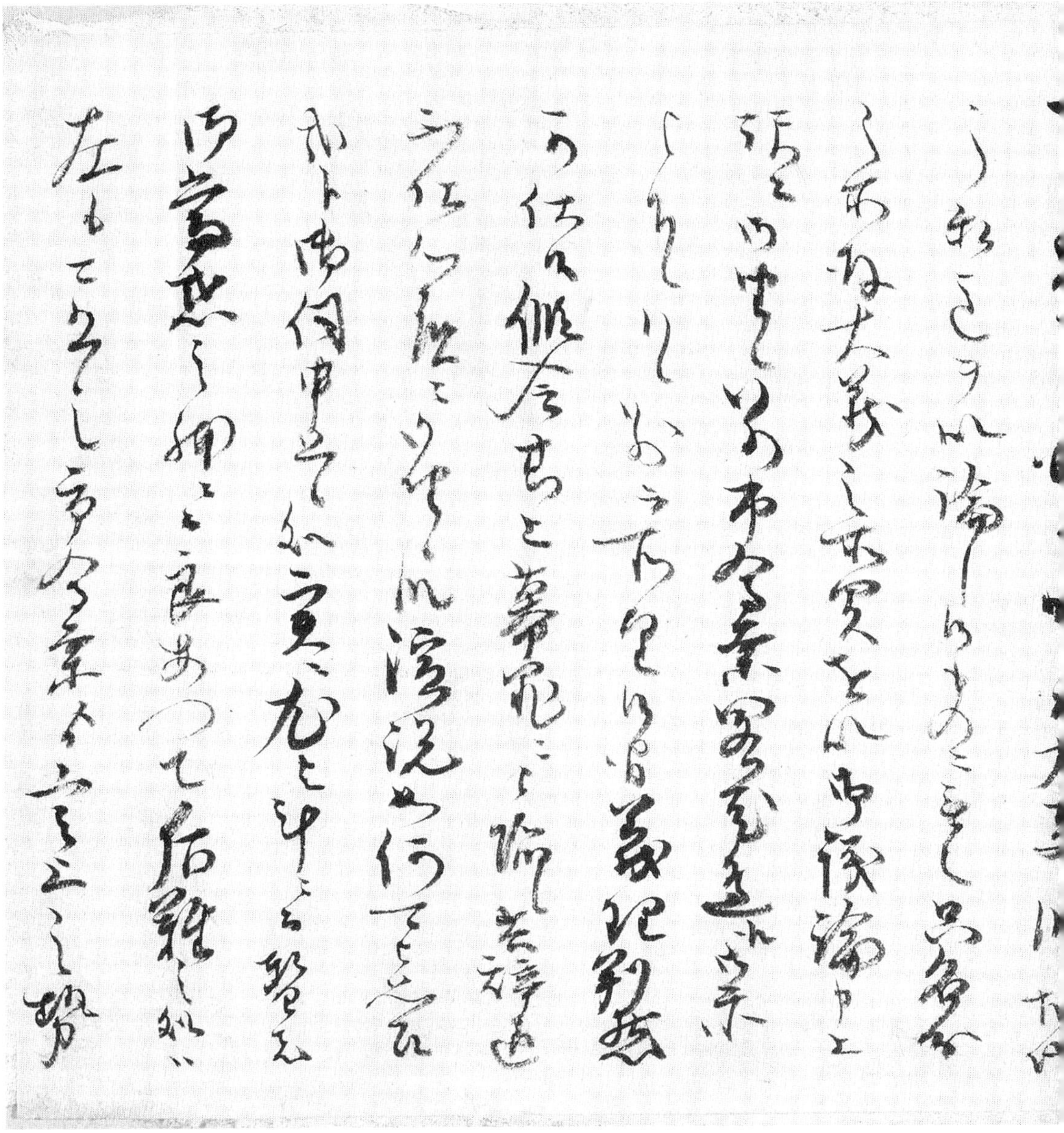

之私意ヲ以論し候ものニ無之、只名分
之所存、大義之所関を以御議論申上
訳ニ御坐候、若市(一橋)・会(会津)・桑(桑名)閣老辺江御示
被下候ハヽ、別而所望候間、義理判然
可仕候、仮令其上幕罪ニ被陥候共、辞退
不仕心底ニ御坐候段、演説如何可被思召
哉ト御伺申上候処、実ニ尤与計ニ而暫者
御当惑之躰ニ而、良あつて后難之処ハ
左も可有之、市・会・桑ㇷ゚言上之勢

【中略】

【中略】

やうなる事ニてハ大変ニ候間、決而不平ヲ
不生やうトくと〳〵敷　御沙汰奉承知候付、
全躰言上仕候も為
朝廷ニて、決而私論ヲ以薩之ためニ申上候
義ニ無之候間、不被行とて不平ヲ生候なと丶ハ
不思寄事ニ御坐候、しかし此度之大事
去れりと可申候得ハ、
皇国忽チ暗夜与成候心持ニ而、千載之
遺憾ニ御座候与申上、退出いたし候、
右之通、大略之形行ニ而御坐候、急卒
之間、不綴之文言余計之小事等
書載候間、御取捨ヲ以御推読所仰候、以上、

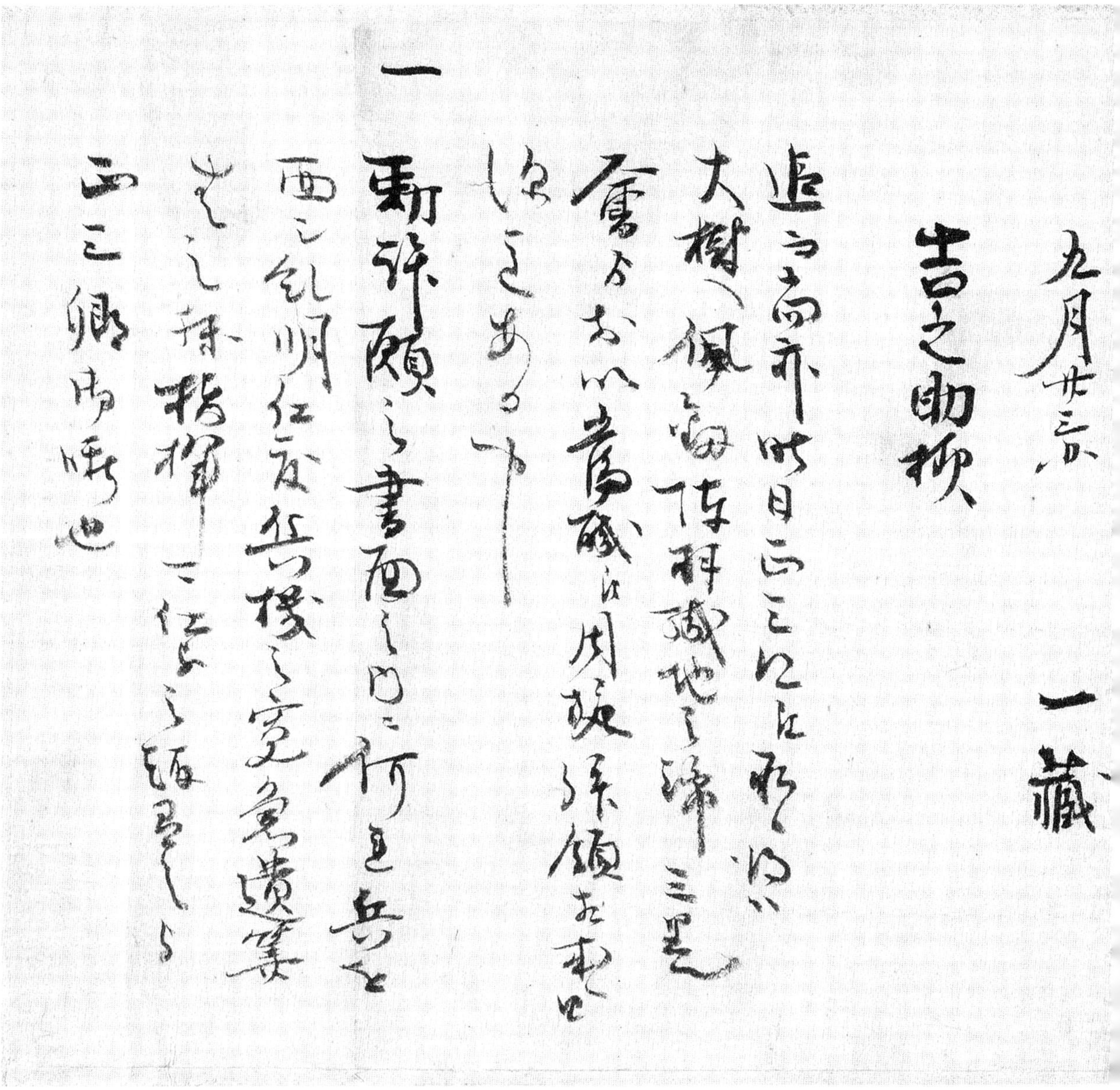

（西郷）吉之助様

追而尚亦昨日正三卿江承候得ハ、
大樹へ佩釼・陣羽織地之錦三巻
（会津）会ゟ前以当職江周旋拝領相成候由、
深意あるへし、

一、勅許願之書面之内ニ、何れ兵を
西シ、糺明仕度、兵機之寛急遺算
無之様指揮可仕与之趣有之与
正三卿御噺也、

慶応二年五月十五日付け中岡慎太郎書状（木戸孝允宛て）

宮内庁書陵部所蔵

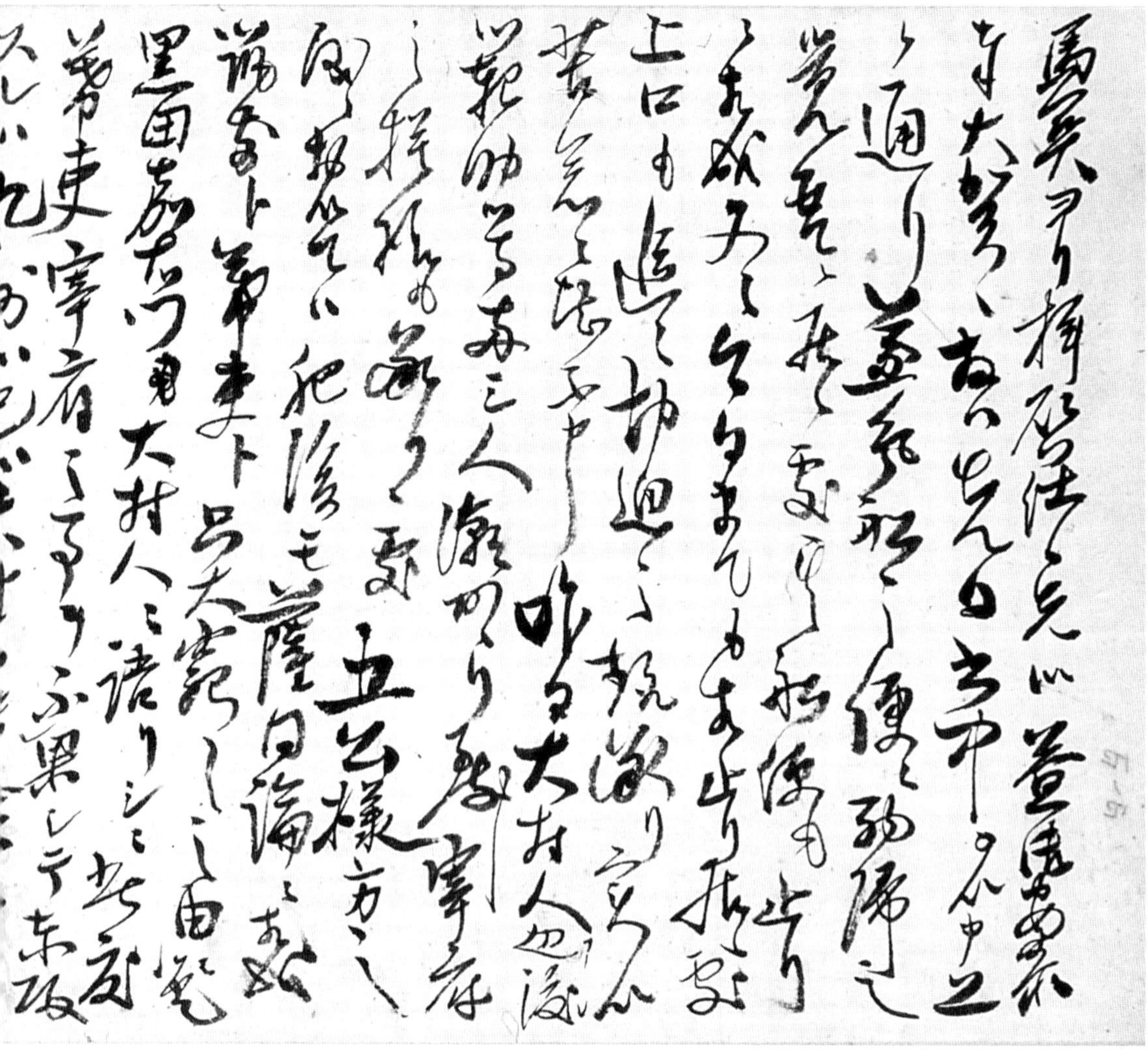

馬関ヨリ拝啓仕候、先以益御安泰
奉大賀候、扨ハ先日書中ヲ以申上
候通り、蒸気船之便ニ西帰之
覚吾（悟）ニ居候処、其船便も止り
ニ相成、又々今日までも相止り居候処、
上口も追々切迫之趣承り、実以
苦念ニ堪不申、昨日大村人辺渡（渡辺）
範助等両三人、潮かゝり致し、宰府（大宰府）
之模様も承り候処、五公様方之
儀ニおいてハ肥後モ薩同論ニ相成、
筑前ト幕吏ト只大窮し之由ニ而也（カ）、
黒田嘉右衛門（清綱）も大村人ニ語リシニ、此度
幕吏、宰府之事ヲ不レ果シテ東帰
スレハ、九州ハ已ハ大半幕命ニ反セシ

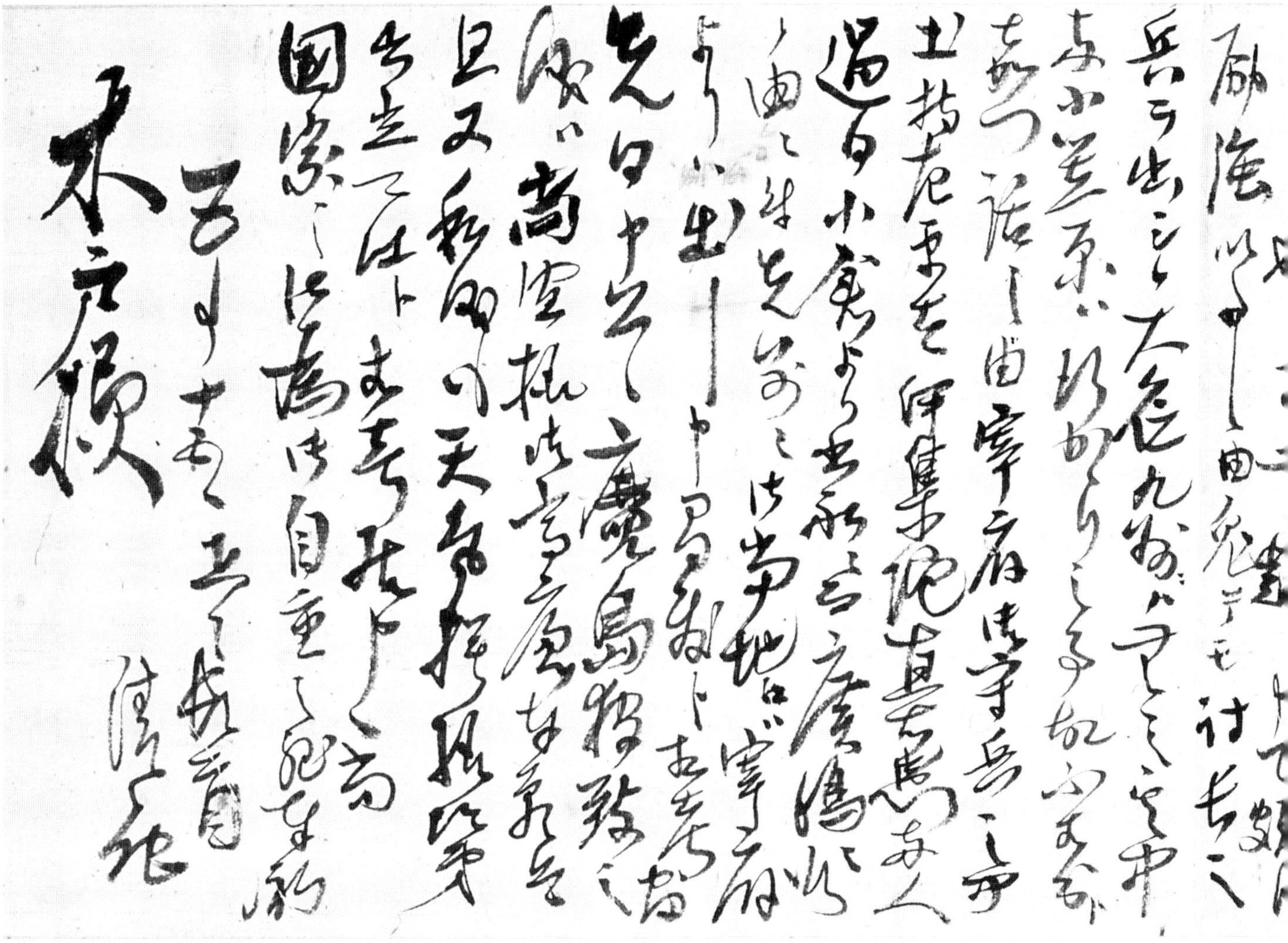

励強いたし候由、兎テモ討長之
兵ヲ出シ候大名、九州ニハ無之、其中
両小笠原ハ行かゝり之事故、不相分ト
嘉右衛門話之由、宰府御守兵之中、
土持左平を伊集院直右衛門（兼寛）両人、
過日小倉より出船ニ而廣嶋ニ行
候由ニ付、先万々御当地江ハ宰府
よりハ出し申間敷ト相考候間、
先日申上候鹿児島報致之
儀ハ、尚宜様御高慮奉願上候、
且又私儀も天気模様次第
出立可仕ト相考居申候、尚
国家之御為御自重之程奉祈候、
五月十五日　恐々頓首、
清之助（中岡慎太郎）
木戸（孝允）様

【読み下し文】　大久保利通書状

（前略）

勅語の趣御書き取り、大樹公へ渡せられ、謹みて御請け退座の処、閣老阿部御書き取りの旨を奉せず返上いたしたしと強情に申し張り、終に御請け取りにも相成り候由、その余の言上の内朝廷の微弱を蔑視し、暴威を以て不遜不敬の語をこれ発す、愚嘆奉り候次第、天下有志の者悲憤切歯せざるはこれ無く候、且また進発の趣意御下問の処、昨冬御征伐の末を以て決め候訳にこれ無く、異人へ私に家来を渡し、兵器を調え密商等の確証を得、進発仕り候段、御届けにも相成り候、然らば三ヶ条の義、明白糺明の上ならでは処置も附け難く、処置の上にも軽重の典もこれ有るべき事に御坐候、末藩家老等を召し呼び、御請を申し上げずとて、追討の名義何れにこれ有り候哉、若し朝廷これを許し給い候わば、非義の勅命にて、朝廷の大事を思い、列藩一人も奉じ候わず、至当の筋を得、天下万人御尤もと存じ奉り候てこそ、勅命と申すべく候えば、非義の勅命は勅命に有らず候ゆえ、奉るべからず所以に御坐候、しかれば只今にては防長二ヶ国に候処、右の通り列藩命を奉らず、日至っては前后左右長州たらん時は如何の御処置なさるべき哉、只今衆人の怨み、幕府に帰し候処、則ち朝廷へ背き候よう相成り候えば、幕府の難を御買い成され候道理に御座候、ケ様申し上げ候えば、長州同意或いは討幕の趣意とか思し召さるべく候えども、かかる大事に臨み、左様の私意を以て論じ候ものにこれ無く、只名文の所存、大義の所関を以て御議論申し上ぐる訳に御坐候、若し市・会・桑閣老辺へ御示し下され候わば、別して所望候間、義理判然仕るべく候、たとえその上幕罪に陥れられ候とも、辞退仕らず心底に御坐候段、演説如何思し召さるべき哉と御伺い申し上げ候処、実に尤もと計りにて暫くは御当惑の躰にて、良あって后難の処は左もこれ有るべし、市・会・桑より言上の勢い、

（中略）

ようなる事にては大変に候間、決して不平を生ぜざるようと、くどくどしく御沙汰承知奉り候に付き、全躰言上仕り候も朝廷のためにて、決して私論を以て薩のために申し上げ候義にこれ無く候間、行われずとて不平を生じ候などとは思い寄らざる事に御坐候、しかしこの度の大事去れりと申すべく候えば、皇国忽ち暗夜と成り候心持ちにて、千載の遺憾に御座候と申し上げ、退出いたし候、右の通り、大略の形行にて御坐候、急卒の間、綴らずの文言余計の小事等書き載せ候間、御取り捨てを以て御推読仰ぐ所に候、以上、

（中略）

追って尚また昨日正三卿へ承り候えば、大樹へ佩釼・陣羽織地の錦三巻、会より前以て当職へ周旋拝領相成り候由、深意あるべし、

一、勅許願いの書面の内に、何れ兵を西し、糺明仕りたく、兵機の寛急遺算これ無きよう指揮仕るべしとの趣これ有りと正三卿御噺也、

本状は、当時在京中の薩摩藩士大久保一蔵（利通）が大坂にいた西郷吉之助（隆盛）に宛てた書状である。相当な長文のため、本書では部分的に写真を掲載した。

慶応元年（一八六五）九月二十一日、将軍徳川家茂は朝廷から長州再征の勅許を受けた。大久保は、その二日後、再征の勅命に対する痛烈な批判を認めた。それが本状である。

大久保はこの長州再征について、勅命によらず、諸藩の衆議によって決定すべきであると近衛忠房に入説し、朝議を動かそうと試みた。しかし、征討反対の意見は受け入れられず、将軍の進発が内決されると、大久保は朝廷の実権を握っていた中川宮朝彦親王に朝議の様子を聞き取り、強く抗議を行った。本状の冒頭では、その談判の模様が記されているが、征討の根拠に対して、「追討之名義何れニ有之候哉」と大義名分の立たないものであると反論している。そして、そのような「名義」のない追討は「非義之勅命」であるとまで断じている。また、そのあとには、大久保の有名な言葉として知られる「天下万人御尤ト奉存候而こそ、勅命与可申候得ハ、非義勅命ハ勅命ニ有らす候故、不可奉所以ニ御坐候」との文章が続いている。つまり大久保は、天下万人が納得のいくものでこそ真の勅命であり、正義のない勅命は勅命ではない、と述べるのである。また、そのあとには、大久保の有名な言葉として知られる「天下万人御尤ト奉存候而こそ、勅命与可申候得ハ、非義勅命ハ勅命ニ有らす候故、不可奉

所以ニ御坐候」との文章が続いている。つまり大久保は、天下万人が納得のいくものでこそ真の勅命であり、正義のない勅命は勅命ではない、と述べるのである。また、このように忠告するのは、自身が「長州同意」や「討幕之趣意」の立場だからではなく、「大義」のあるところを論じているまでである、としている。本状からは、大久保が天皇の権威を必ずしも絶対視しない見方を示しながら、「非義」の勅命を下した朝廷と、それを要請した幕府を批判している姿勢が見てとれる。

こうした朝議の裏で暗躍する大久保の動きを耳にした徳川慶喜は、「匹夫」の議論に左右されるとは何事か、と激怒したという。しかし、前述の朝議の結果から、以後、大久保は朝廷と幕府を見限り、薩摩藩は長州藩との提携へと進んでいくこととなるのである。

【読み下し文】　中岡慎太郎書状

馬関より拝啓仕り候、先ず以てますます御安泰大賀奉り候、さては先日書中を以て申し上げ候通り、蒸気船の便に西帰の覚悟に居り候処、その船便も止まりに相成り、又々今日までも相止まり居り候処、上口も追々切迫の趣承り、実以て苦念に堪え申さず、昨日大村人渡辺範助等両三人、潮がかり致し、宰府の模様も承り候処、五公様方の儀においては肥後も薩同論に相成り、筑前と幕吏と只大窮しの由にて也、黒田嘉右衛門も大村人に語りしに、この度幕吏、宰府の事を果たせずして東帰すれば、九州は已は大半幕命に反せし訳と相成り候事疑い無しと申して、頗る励強いたし候由、とても討長の兵を出し候大名、九州にはこれ無し、その中両小笠原は行きがかりの事ゆえ、相分らずと嘉右衛門話すの由、宰府御守兵の中、土持左平を伊集院直右衛門両人、過日小倉より出船にて廣嶋に行き候由に付き、先ず万々御当地へは宰府よりは出し申すまじくと相考え候間、先日申し上げ候鹿児島報致の儀は、尚宜しきよう御高慮願い上げ奉り候、且又私儀も天気模様次第出立仕るべしと相考え居り申し候、尚国家の御ため御自重の程祈り奉り候、恐々頓首、（後略）

本状は、五卿の衛士として当時下関（馬関）に滞在していた土佐藩志士石川清之助（中岡慎太郎）が、在山口の長州藩士木戸孝允に宛てた書状である。

当時幕府では、棚上げされていた長州処分問題に関して、第一次幕長戦争後、九州の大宰府に移転していた五卿をひとまず上坂させることを決定した。中岡は、肥前大村藩の渡辺範助らを通じて「宰府之模様」を聞き取り、この五卿をめぐる動向について木戸へ報告している。そこでは、そうした五卿上坂問題に対し、「肥後モ薩同論」であると、特に移転後に五卿の警衛にあたっていた薩摩藩のみならず、肥後熊本藩もが反対の姿勢をとっていた様子が記されている。また、薩摩藩士の黒田嘉右衛門が、幕府側の五卿問題への対応いかんによって、九州諸藩の幕府への向背が決し兼ねないとの認識を示していると述べていたことについても知らせている。こうしたやりとりからは、薩摩藩では、もはや九州諸藩では小倉・唐津藩の「両小笠原」家を除いては、長州への出兵を行う藩はないとの見解を引き合いに出した上で、諸藩へ「幕命ニ反」させるよう働きかけていたことがわかる。

第二次幕長戦争の実施を前にして、内戦への危機感が高まると、このような五卿の上坂阻止への動きなどを契機とし、九州諸藩の間では政治的提携が模索されていくのである。その背景には、西欧列強による植民地化への危機感が共有されていた。

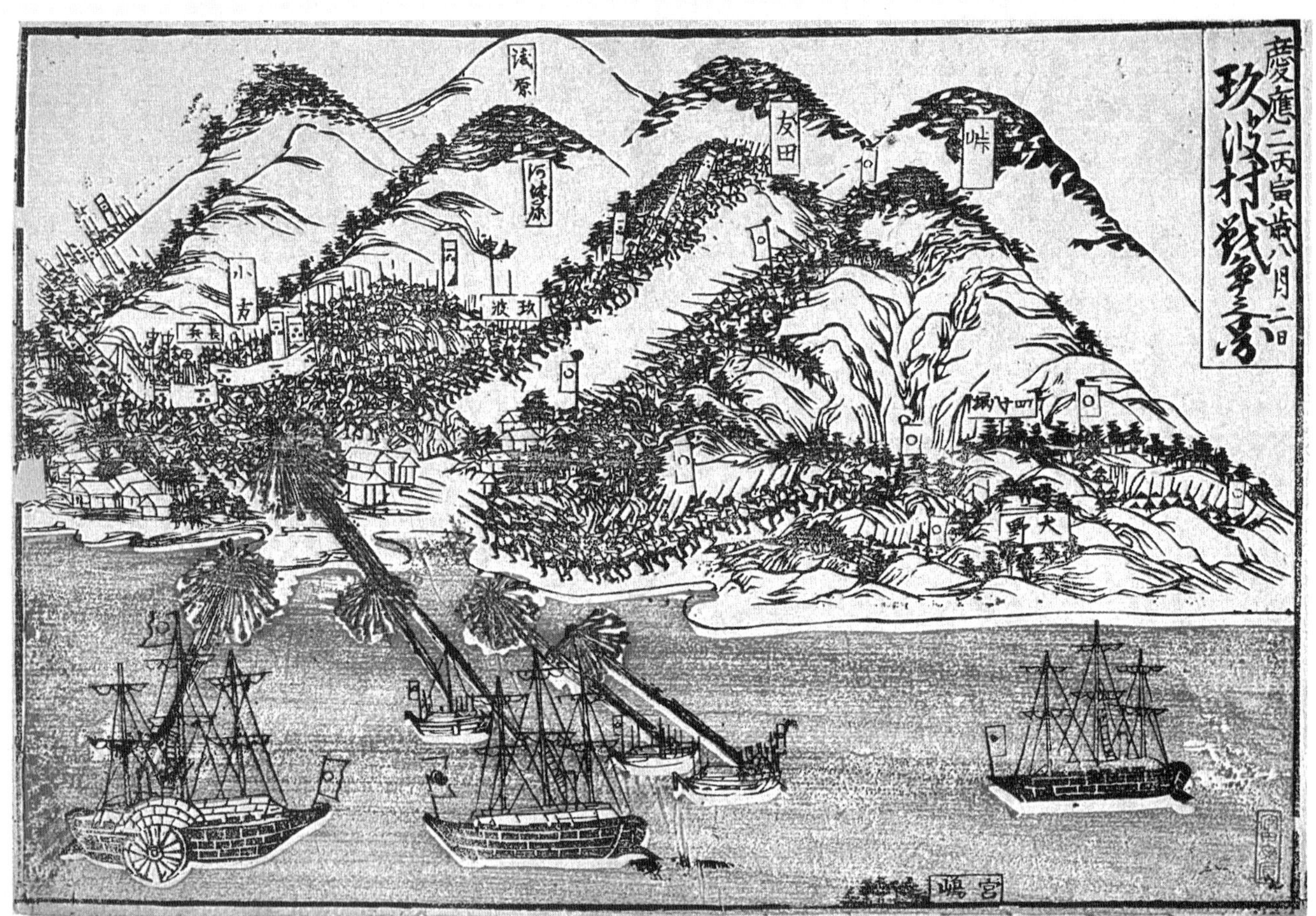

慶応二丙寅歳八月二日　玖波村戦争之図

第二次幕長戦争に関する瓦版。軍備で圧倒する長州軍が安芸国へ攻め入り、幕府軍が海上から砲撃して応戦している様子を描いている。玖波村は現在の広島県大竹市。

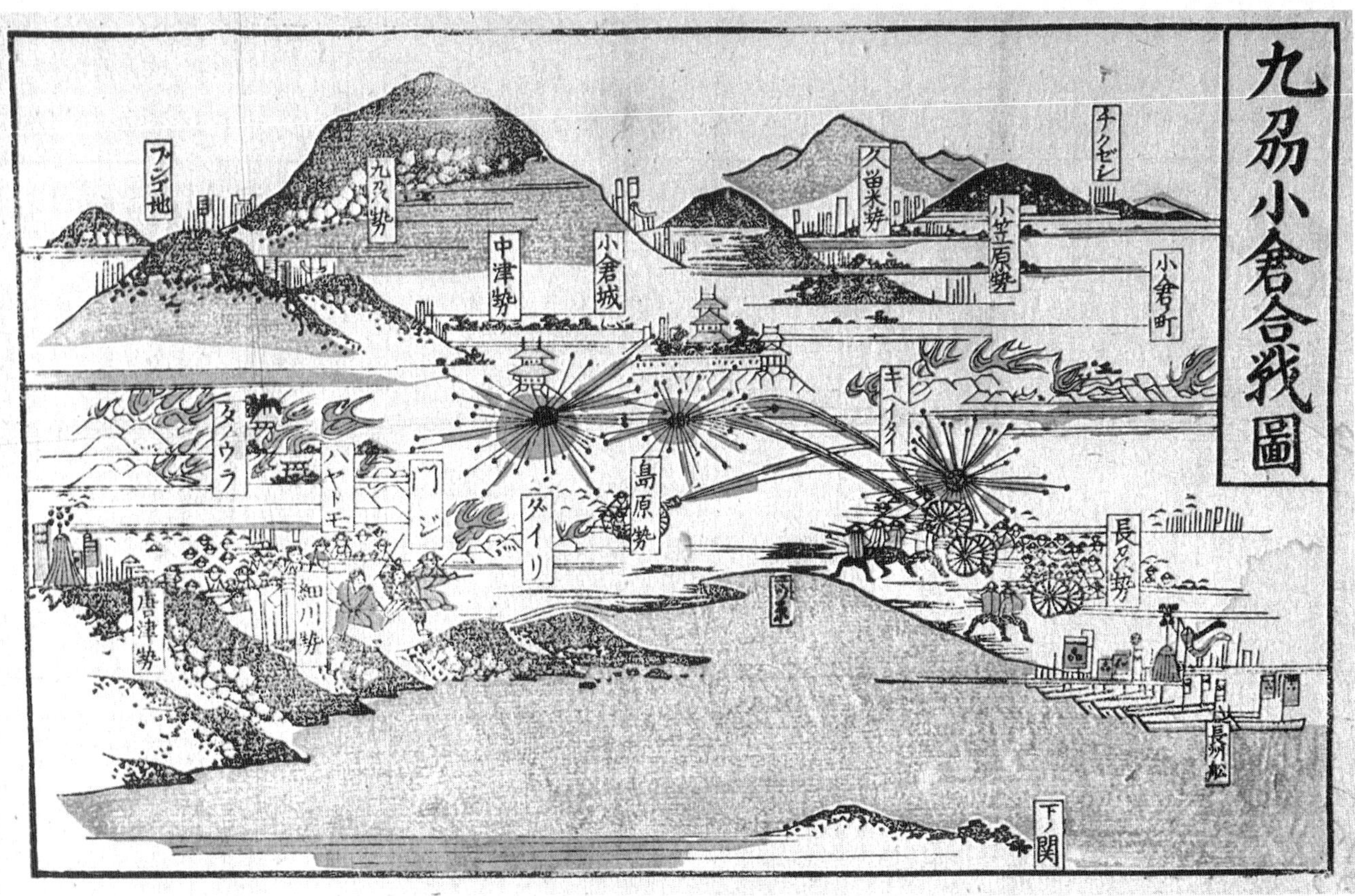

九州小倉合戦図

同じく第二次幕長戦争に関する瓦版。高杉晋作率いる長州軍は、馬関海峡を渡って門司を占領。その勢いを駆って豊前小倉城をも攻め落とした。「キヘイタイ」の文字が見える。

討幕の密勅

慶応二年（一八六六）一月に、これまで対立してきた薩摩藩と長州藩の間で薩長同盟が締結された。これは、あくまで第二次幕長戦争に際しての政治・軍事同盟だったが、翌慶応三年（一八六七）九月十九日、討幕のために出兵することで両藩は結ばれたのである。そして翌二十日、長州藩の働きかけで広島藩（芸州藩）がこれに加わり、薩長芸三藩盟約が結ばれるに至った。薩摩藩からは大久保利通、長州藩からは木戸孝允（桂小五郎）・広沢真臣、芸州藩からは植田乙次郎が、それぞれ代表として派遣された。

協定を結んだ三藩は、クーデターを計画。しかし芸州藩は、公議政体論を主張する土佐藩とも連携していた。また、薩摩藩ではいまだ武力倒幕に反対する意見も根強く、出兵が遅れた。長州藩は「失機改図」を決め、結局、三藩による挙兵は中止となっている。

一方で大久保らは、討幕挙兵のための名目として勅許を得るべく、中山忠能や中御門経之ら公家に働きかけていた。十月十三日、広沢と共に岩倉具視を訪ねた大久保は、朝敵となっていた長州藩主父子の官位復旧の沙汰書を受け取り、翌十四日、正親町三条実愛の邸で、大久保と広沢にいわゆる「討幕の密勅」が手渡された。この背後には、長らく蟄居を命じられ、出家して京都岩倉村（現、京都市左京区）に身を潜めながら討幕派と手を結び、機会を窺っていた岩倉具視の存在があった。

しかし同じ日、十五代将軍徳川慶喜が政権奉還（大政奉還）を上奏し、翌十五日に受理されたことで、薩長両藩は挙兵の名分を失い、計画の変更を余儀なくされるのである。

同日に討幕の密勅が下り、また政権奉還の上奏が嘉納されるなど、朝廷内部がいかに混乱していたかが窺える。

慶応三年十月十四日付け討幕の密勅（毛利父子宛て）

毛利博物館所蔵

参議大江敬親

左近衛権中将大江定廣

詔源慶喜藉累世之威恃闔族之強妄

賊害忠良數棄絶

王命遂矯

先帝之詔而不懼擠萬民於溝壑而不

顧罪悪所至

神州将傾覆

参　議　大江（毛利）敬親

左近衛権少将大江定廣

詔、源慶喜、藉累世之威、恃闔族之強、妄
賊害忠良、数棄絶
王命、遂矯
先帝之詔而不懼、擠万民於溝壑而不
顧、罪悪所至、
神州将傾覆焉、朕今為民之父母、是
賊而不討、何以上謝
先帝之霊、下報万民之深讎哉、此
朕之憂憤所在、諒闇而不顧者、万不可
已也、汝宜体　朕之心、殄戮賊臣慶喜、
以速　奏回天之偉勲、而措生霊于山
嶽之安此　朕之願無敢或懈、

慶応三年十月十四日　正二位藤原忠能（中山忠能）　奉

正二位藤原實愛（正親町三条實愛）

権中納言藤原経之（中御門経之）

討幕の密勅（毛利父子宛て）

慶応三年十月付け討幕の密勅請書写（岩倉具視ほか宛て）

毛利博物館所蔵

当節不容易御危急之砌、為
皇国不被為顧忌諱、御内々
御尽力確定不抜之
叡慮被為　伺取、
勅書降下、両藩深
御依頼被為
思食候御旨趣奉謹承、卑
賤小臣等
不奉堪感激、流涕奉存候、
早々帰国、寡君共へ報知、兼て
決定之宿志、益以貫徹
仕、拋国家堂々大挙仕、

可奉安
宸襟候、此段盟天地
御受仕候、謹言、

慶応三丁卯

十月

廣澤兵助（真臣）
福田俠助（平）
品川弥二郎
小松帯刀
西郷吉之助（隆盛）
大久保一蔵（利通）
各花押

中山前大納言（忠能）様
正親町三条前大納言（實愛）様
中御門中納言（経之）様
岩倉入道（具視）様

討幕の密勅請書写（岩倉具視ほか宛て）

【読み下し文】 討幕の密勅

（前略）

詔す、源慶喜累世の威を藉り、闔族の強を恃み、妄りに忠良を賊害し、しばしば王命を棄絶し、遂に先帝の詔を矯めて懼れず、溝壑に万民を擠れて顧みず、罪悪の至る所、神州まさに傾覆せんとす、朕今民の父母たり、是の賊にして討たずんば、何を以て上先帝の霊に謝し、下万民の深讎に報ぜん哉、これ朕の憂憤の在る所、諒闇にして顧みざるは、万已むべからざる也、汝宜しく朕の心を体し、賊臣慶喜を殄戮し、以て速やかに回天の偉勲を奏し、しかして生霊を山嶽の安きに措くべし、これ朕の願い敢えて懈ある無かれ、（後略）

本状は、いわゆる「討幕の密勅」として知られるものである。薩・長・芸の三藩間での出兵計画が挫折し、計画の変更を求められると、特に薩摩藩側では藩主の率兵上京を促すため、中山忠能ら公家に対し「詔」（宣旨）の発給を働きかけた。この「討幕の密勅」は、十月十三日付けで薩摩藩主宛て、また翌十四日付けで長州藩主宛てに下されている。密勅の文面の起草には、岩倉具視の側近である玉松操が関わり、その筆は薩摩宛てが正親町三条実愛、長州宛てについては中御門経之によるものとされている。

本状は、そのうち「参議大江敬親　左近衛権少将大江定廣（「定廣」は「広封」の誤り）」とあり、長州藩主父子を宛名とするもので、毛利家に交付されたものである。中山・正親町三条・中御門の署名のもとに発給された同文書は、「賊臣慶喜」を「殄戮」せよとの主旨だった。文中には、「討幕」の語や出兵を要請する文言は特に見受けられないが、これにより薩長両藩主による出兵同意が可能となった。その後、薩摩藩では藩主島津茂久（のちの忠義）の兵を率いての上京が実現する。

現在では、この「討幕の密勅」はその様式や作成に伴う一連の手続きなどの経過から、「偽勅」とされている。当時、秘密裡に作成された同文書は、このような経緯から長く非公開とされていたが、昭和十一年（一九三六）に出版された維新史料編纂事務局編『維新史料聚芳』に写真版が掲載され、初めて公表されるに至ったのである。

【読み下し文】 討幕の密勅請書写

当節容易ならざる御危急の砌、皇国のため忌諱を顧みさせられず、御内々御尽力確定不抜の叡慮を伺い取らせられ、勅書降下、両藩深く御依頼思し食され候御旨趣謹承奉り、卑賤小臣等感激に堪え奉らず、流涕存じ奉り候、早々帰国、寡君どもへ報知、兼ねて決定の宿志、ますます以て貫徹仕り、国家を抛ち堂々大挙仕り、宸襟を安んじ奉るべく候、この段天地に盟い御受け仕り候、謹言、

（後略）

本状は、いわゆる「討幕の密勅」の降下に対する、薩長の藩士が提出した請書の写である。長州藩からは、広澤兵助（真臣）・福田俠平・品川弥二郎、薩摩藩からは小松帯刀・西郷吉之助（隆盛）・大久保一蔵（利通）の計六名による署名があり、長州側に残されたものである。

本文の前半では、先の密勅への謝辞と拝承する旨が記され、続いて、その叡慮をもって早々に帰国を遂げ、国許の藩主へも周知するとしている。そして、「兼て決定之宿志、益以貫徹仕、抛国家堂々大挙仕、可奉安宸襟候」とあるように、四侯会議の失敗以来、武力を伴う政変決行の意志を固めてきた薩長両藩だったが、これを契機としてさらなる武力挙兵方針への結束力を強めていったのである。また、本状の宛先には、密勅の署名者である中山忠能・正親町三条実愛・中御門経之の三名に加え、岩倉具視の名が見える。いずれも、公家倒幕派として知られる人物である。ここに岩倉が名を連ねていることは、彼が密勅の作成に大きく関わっていた背景を物語っている。

ところが、こうした薩長および公家による画策は、十月十四日に将軍徳川慶喜が政権を奉還し、翌十五日に天皇にこれが聴許されたことで、画餅に帰した。そして、公家側から密勅の内容を見合わせる沙汰書が示され、出兵計画の変更を迫られることとなるのである。

政権奉還（大政奉還）

第二次幕長戦争の敗北は、幕府の権威を大きく失墜させた。薩摩藩は、長州藩の政治的復権を目指し、朝廷を中心とした公武合体の政治体制への変革を考えていた。そこで薩摩藩主の父島津久光は、前土佐藩主山内容堂、前福井藩主松平春嶽、前宇和島藩主伊達宗城を参集し、十五代将軍徳川慶喜を加えて四侯会議を開き、合議制で諸問題を解決しようとした。しかし、会議は慶喜の主導するところとなって、崩壊したのである。

薩長両藩は、武力倒幕路線に舵を切った。一方の土佐藩は、天皇の下で諸大名の合議によって政権を運営する「公議政体」の樹立を目指した。土佐藩の後藤象二郎は、坂本龍馬からかつて幕臣大久保忠寛が主唱した大政奉還論を聞いた。すなわち、幕府政治の大原則は、天皇は将軍に政治を委任しているのであり、幕府は政治の大権を朝廷から預かっているにすぎないという「大政委任」だった。龍馬は、幕府が大政を奉還して公議政体体制を平和的に実現すべしと考えたのである。この路線を採用した土佐藩は、慶応三年（一八六七）七月、幕府に大政奉還を勧告し、平和的に公議政体へと移行することで、薩摩藩と提携した（薩土盟約）が、両者の立場の違いから間もなく盟約は解消されている。

そこで土佐藩は、慶応三年十月三日、山内容堂の名で将軍慶喜に大政奉還の建白書を差し出した。慶喜はこれを受け入れ、十月十四日、政権奉還（大政奉還）の上表文を朝廷に提出した。翌十五日、これを許可する勅許が出された。機先を制した政権奉還により、薩長両藩の倒幕の名目は失われたのである。

慶応三年十月十四日付け徳川慶喜建白書写（政権を朝廷ニ奉帰建白写）

松戸市戸定歴史館所蔵

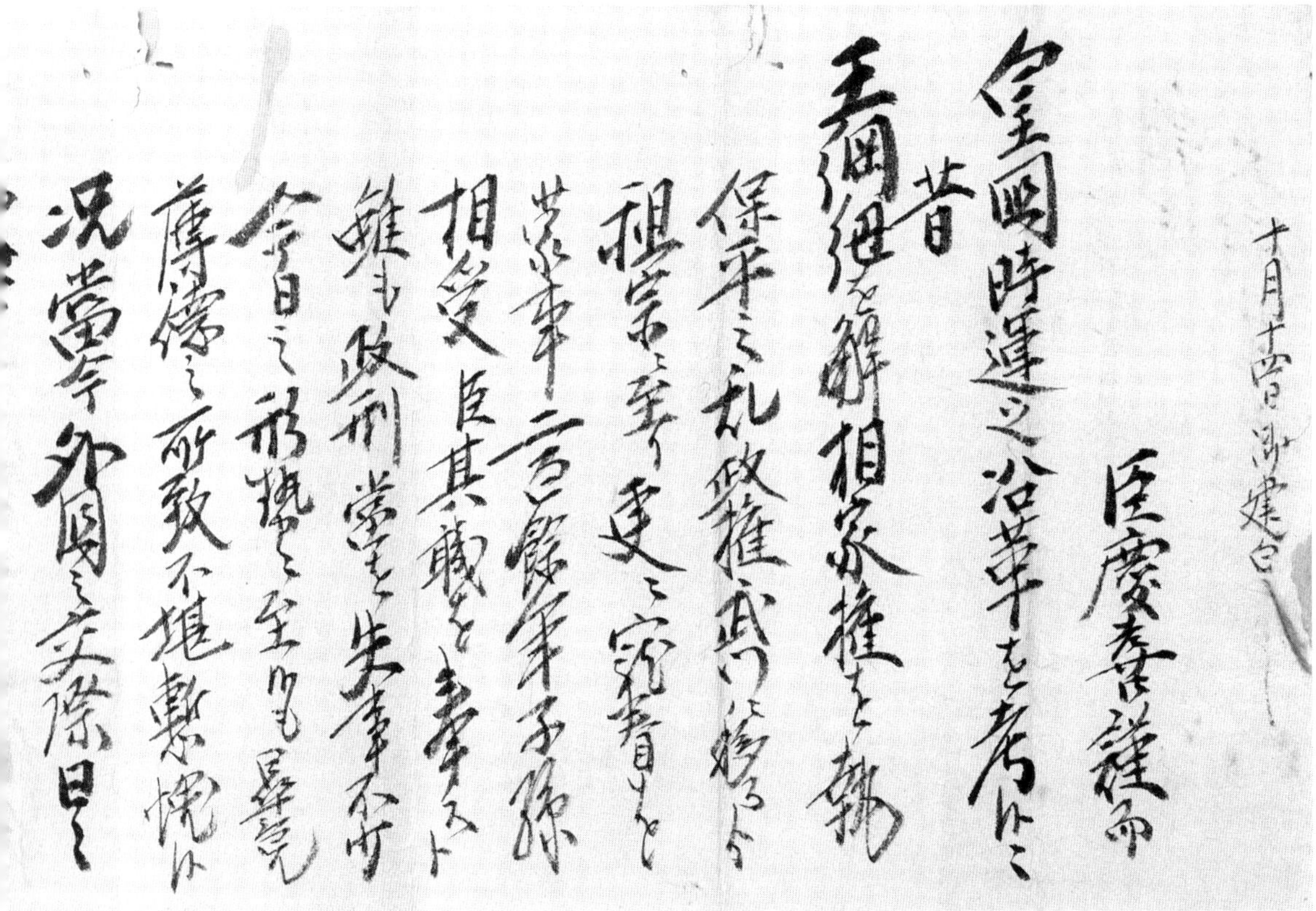

十月十四日御建白
臣慶喜謹而
皇国時運之沿革を考候ニ
昔
王綱紐を解、相家（藤原氏）権を執、
保平之乱（保元・平治の乱）政権武門ニ移スゟ
祖宗（徳川家康）ニ至リ、更ニ寵眷を
蒙事、二百余年、子孫
相受、臣其職を奉スト
雖も、政刑当を失事不少、
今日之形勢ニ至候も、畢竟
薄徳之所致、不堪慙愧候、
況当今外国之交際、日々
盛なるゟ、愈

政権一途ニ出不申候而者　綱紀
難立候間、従来之旧習を
改メ政権を
朝廷ニ奉帰、広天下之公儀
を尽シ、
聖断ヲ仰キ、同心協力、共ニ
皇国ヲ保護仕候得共、必海外
万国と可並立候、臣慶喜
国家ニ所尽、是ニ不過奉
存候、乍去見込之儀茂
有之候得者、可申聞之旨、
諸侯へ相達置候、此段
謹而奏聞仕候、以上、

十月十四日　　　慶喜

徳川慶喜建白書写（政権を朝廷ニ奉帰建白写）

【読み下し文】

十月十四日建白

臣慶喜謹みて皇国時運の沿革を考え候に、昔王綱紐を解き、相家権を執り、保平の乱政権武門に移すより、祖宗に至り、さらに寵眷を蒙る事、二百余年、子孫相受け、臣その職を奉ずと雖も、政刑当を失する事少なからず、今日の形勢に至り候も、畢竟徳の致す所、慙愧に堪えず候、いわんや当今外国の交際、日々盛んなるより、いよいよ朝権一途に出で申さず候ては、綱紀立ち難く候間、従来の旧習を改め、政権を朝廷に帰し奉り、広く天下の公儀を尽くし、聖断を仰ぎ、同心協力、ともに皇国を保護仕り候えども、必ず海外万国と並び立つべく候、臣慶喜国家に尽くす所、是に過ぎず存じ奉り候、去り乍ら見込みの儀もこれ有り候えば、申し聞くべきの旨、諸侯へ相達し置き候、この段謹しみて奏聞仕り候、以上、(後略)

本状は、土佐藩による建白を受けて、慶応三年(一八六七)十月十四日、将軍徳川慶喜が朝廷へ提出した上表文の写しであり、いわゆる「大政奉還」に関する史料である。料紙には、上質の鳥の子紙が使用されている。同内容の史料は、このほかにも伝存しているが、本状では随所に擡頭(改行の上で一段高く書き出す敬意表現の一つ)が見られるのが特徴である。

本文の内容には、まず「相家」(藤原氏)から「祖宗」(徳川家康)に至るまでの政権の移り変わりが述べられ、家康以来二百余年その職掌を受け継いできたものの、今や政権運営が当を得ないことも少なくなく、それは自身の不徳の致すところであり慙愧の念に堪えないとして、自省の旨が記されている。そして、日増しに外交も盛んとなっている今日に至っては、朝廷と幕府が存在するより、朝廷の権力が一途となることが肝要であるため、「政権を朝廷ニ奉帰、広天下之公儀を尽」くし、天皇の命を奉じて「同心協力」し、「共ニ皇国ヲ保護」して、「海外万国」と肩を並べられる国とする、との決意が示されている。さらに「見込」があるならば、私(慶喜)に上申するよう諸侯に言っておきましたとも書いており、返上後の朝廷でも慶喜は外交を担い、重要な役割を演じようとしていたことが濃厚に文言ににじみ出ている。

こうして、慶喜は政権を朝廷へと返上するに至り、翌十五日にはこれが聴許された。将軍職の権限の一つだった領地宛行権は朝廷が吸収し、将軍家と諸大名の主従関係が解消されたのである。さらに十月二十四日には、将軍職の辞表を提出したことにより、諸大名への軍事指揮権も朝廷が収容した。しかし、外交権、外国交際の実務については依然として慶喜の手元に残された。それは朝廷も認めるところだったのである。

新政府綱領八策

坂本龍馬は、幕府が崩壊したあとに成立するであろう「新国家」（新政府）の政策綱領を作成していた。現在、慶応三年（一八六七）十一月付けの二通が、龍馬の自筆のものとして残っており、「八義」あるいは「新政府綱領八策」と呼ばれている。これは、由利公正が作成した「議事之体大意」と共通するところが多いと指摘されている。「議事之体大意」はさらに福岡孝弟が手を入れ、さらに木戸孝允や岩倉具視が手を入れて「五箇条の御誓文」として公表された明治新政府の国是となった。

龍馬や由利の考えに、大きな影響を及ぼしたのは横井小楠だった。小楠は文化六年（一八〇九）八月、肥後国熊本城下に、熊本藩士の次男として生まれた。福井藩に招聘され、政事総裁職にして福井藩主松平春嶽（慶永）の政治顧問として、越前藩政を指導した。慶応四年（明治元年。一八六八）の新政府樹立後は、徴士・参与・制度局判事に就任したが、病いがちで、十分に活躍できないまま、翌明治二年（一八六九）一月五日に兇刃に倒れた。

小楠は、春嶽に示した『国是七条』で、優れた人材を登用すること、多くの人が言論を述べ「天下公共の政」をすること、海軍をつくり、国による貿易をすることで富国強兵することなどを主張している。これが、龍馬の「八義」（「新政府綱領八策」）、そして由利公正の「議事之体大意」の根底に流れる思想だった。

由利公正は、安政六年（一八五九）と文久二年（一八六二）の二度にわたって、熊本の小楠宅を訪ねている。また龍馬は、神戸海軍操練所の設立資金を借用するためなどの目的で、三度、越前藩を訪問しており、春嶽に小楠を紹介され、その後は仲違いするまで議論を重ねたという。小楠は酒好きで、由利や龍馬とも、酒を酌み交わしながら国家の行く末を議論したといわれている。

慶応三年十一月付け八義（「新国家」構想八項目。坂本龍馬筆）

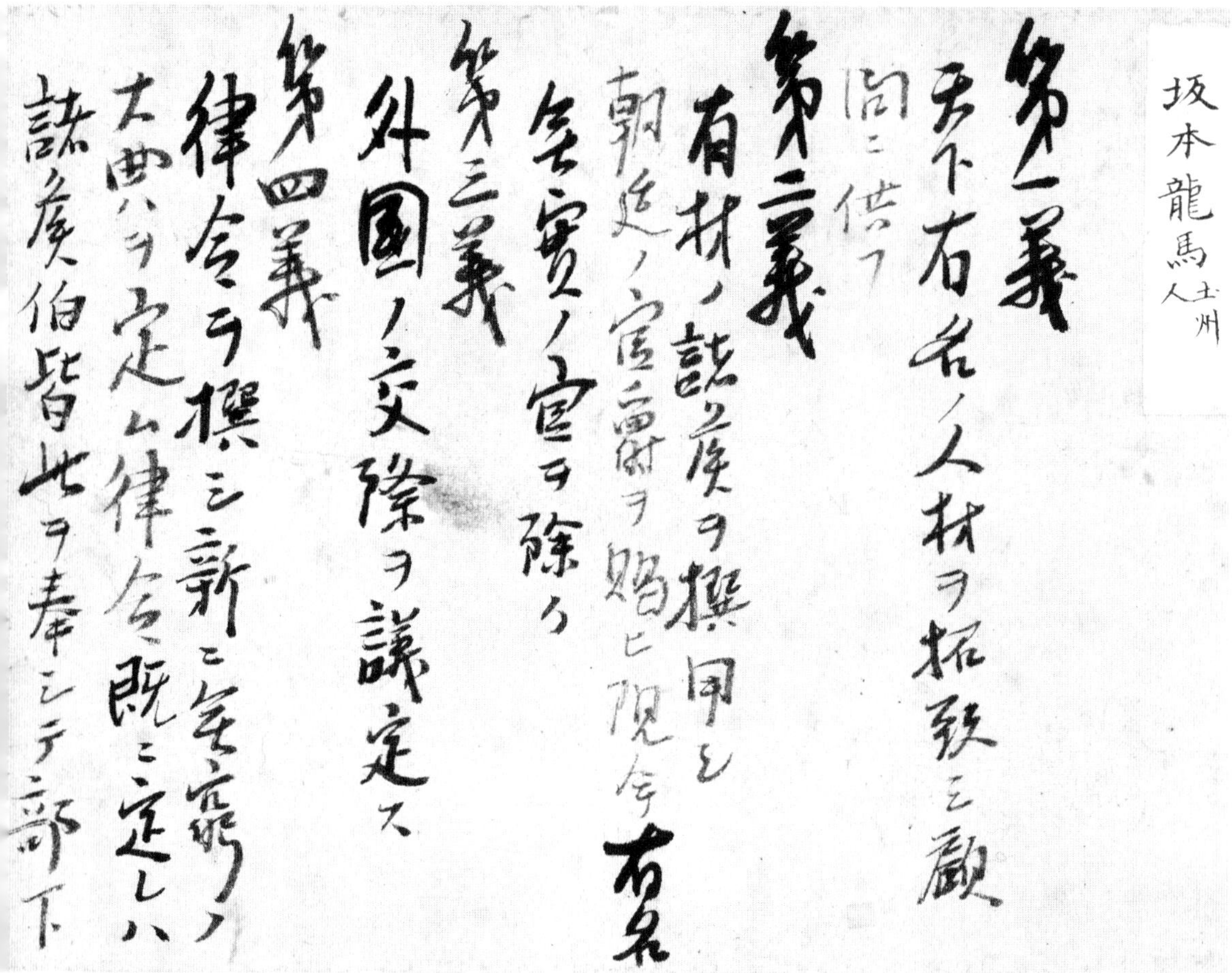

坂本龍馬 土州人

第一義
天下有名ノ人材ヲ招致シ顧
問ニ供フ
第二義
有材ノ諸侯ヲ撰用シ
朝廷ノ官爵ヲ賜ヒ現今有名
無実ノ官ヲ除ク
第三義
外国ノ交際ヲ議定ス
第四義
律令ヲ撰シ新ニ無窮ノ
大典ヲ定ム律令既ニ定レハ
諸侯伯皆此ヲ奉シテ部下

第一義
天下有名ノ人材を招致シ顧
問ニ供フ、
第二義
有材ノ諸侯ヲ撰用シ
朝廷ノ官爵ヲ賜ヒ、現今有名
無実ノ官ヲ除ク、
第三義
外国ノ交際ヲ議定ス、
第四義
律令ヲ撰シ、新ニ無窮ノ
大典ヲ定ム、律令既ニ定レハ
諸侯伯皆此ヲ奉シテ部下
ヲ率ユ、

国立国会図書館所蔵

上下議政所、

第六義

海陸軍局、

第七義

親兵、

第八義

皇国今日ノ金銀物価ヲ

外国ト平均ス、

右預メ二三ノ明眼士ト議定
シ、諸侯会盟ノ日ヲ待ツテ云云、
○○○自ラ盟主ト為リ、此ヲ以テ
朝廷ニ奉リ、始テ天下万民ニ
公布云云、強抗非礼、公議ニ
違フ者ハ断然征討ス、権
門貴族モ貸借スルコトナシ、

慶応丁卯十一月　坂本直柔（龍馬）

新政府綱領八策（坂本龍馬筆）

【読み下し文】

第一義
天下有名の人材を招致し顧問に供う、
第二義
有材の諸侯を撰用し朝廷の官爵を賜い現今有名無実の官を除く、
第三義
外国の交際を議定す、
第四義
律令を撰し、新たに無窮の大典を定む、律令既に定れば諸侯伯皆これを奉じて部下を率ゆ、
第五義
上下議政所、
第六義
海陸軍局、
第七義
親兵、
第八義
皇国今日の金銀物価を外国と平均す、
右預め二三の明眼士と議定し諸侯会盟の日を待って云云、〇〇〇自ら盟主となり、これを以て朝廷に奉り、始めて天下万民に公布云云、強抗非礼、公議に違う者は断然征討す、権門貴族も貸借することなし、（後略）

坂本龍馬は、維新後に設立される新政府（「新国家」）の政治綱領（「八義」あるいは「新政府綱領八策」）を、複数作成していた。龍馬の自筆のものとして二点確認されており、国立国会図書館と下関市立歴史博物館に所蔵されている。掲げたのは慶応三年（一八六七）十一月に作成されたものである。

第一義に天下の有用な人材を顧問として登用すること、第二義で有材の諸侯を選び、朝廷の官爵を与えること、名ばかりの役職を廃止することなど、人事について定める。第三義は、外交にあたっては方針を話し合うこと、第四義は、「無窮ノ大典」すなわち憲法を制定すること、第五義は、上下議政所の二院制議会を設置すること。そして第六義は、海陸軍局の設置、第七義では親兵を設置することを書く。第八義は、金銀の物価を外国と平均すること、すなわち為替レートを導入することである。

そして、これらを二、三人の有志と話し合い、諸侯を招集した会議を開き、会議の盟主がこれを朝廷に奉じて、天下万民に公布すると提言している。これに反対したり抗議したりする者は、権門・貴族といえども、断固征伐するとしている。

なお、伏せ字（〇〇〇）の部分には、その諸侯会議の盟主となる人物名が入るのだろうが、徳川慶喜、山内容堂、松平春嶽など諸説があって定かではない。読む人が自由に名前を想定することができるように伏せ字にしたともいわれている。

本状は、慶応三年（一八六七）六月に龍馬が起草した「船中八策」と共通するところが多い。「船中八策」は、いろは丸沈没事件を解決させた龍馬が、土佐藩の船「夕顔丸」の船中で後藤象二郎に対して口頭で提示したものを、海援隊士の長岡謙吉が書き留め、成文化したものとされている。長岡の自筆のものは残っておらず、後世の創作との指摘もある。したがって、龍馬の「新国家」構想は、「八義」（「新政府綱領八策」）をもとに検討すべきと考えられる。

坂本龍馬暗殺

坂本龍馬は、天保六年（一八三五）十一月十五日、土佐藩郷士の家の次男として生まれた。江戸で剣術や西洋事情を学ぶ。文久元年（一八六一）、武市半平太（瑞山）が土佐勤皇党を結成すると、龍馬もこれに加盟し、活動した。翌文久二年（一八六二）、薩摩の島津久光が卒兵上洛するとの報を聞くと、土佐勤皇党のメンバーの中にはこれに呼応して挙兵しようと脱藩する者が相次ぎ、龍馬も三月二十四日に脱藩した。

しかし、龍馬は挙兵計画には加わらず、諸国を遊歴したのち、江戸へ向かう。松平春嶽の仲介で勝海舟に弟子入りしたが、元治元年（一八六四）に海舟が軍艦奉行を罷免されたため、龍馬は薩摩藩に預けられた。そこで龍馬は、薩摩藩の支援を受けて長崎に亀山社中を開いた。のちの海援隊である。

慶応二年（一八六六）一月二十二日、龍馬は対立していた薩摩藩と長州藩を仲介し、薩長同盟を成立させた。その翌日、京都伏見の船宿寺田屋で幕臣の襲撃を受けるが、妻お龍の機転で難を逃れた。慶応三年（一八六七）一月、長崎で土佐藩の後藤象二郎に独自の国家構想を語り、これがのちに十五代将軍徳川慶喜の政権奉還（大政奉還）の実現に繋がった。

龍馬は、京都では寺田屋を定宿にしていたが、襲撃を受けたため、慶応三年十月頃には河原町の醤油屋である近江屋に移っていた。龍馬の誕生日の十一月十五日、中岡慎太郎と近江屋の二階で語らっていた龍馬は、刺客の襲撃を受けた。龍馬はほぼ即死、瀕死だった中岡も二日後に死亡した。実行犯は京都見廻組とされるが、そのほかにも黒幕説など諸説が飛び交っている。

慶応三年十二月二日付け伊藤九三書状（三吉慎蔵・印藤聿宛て）

個人所蔵

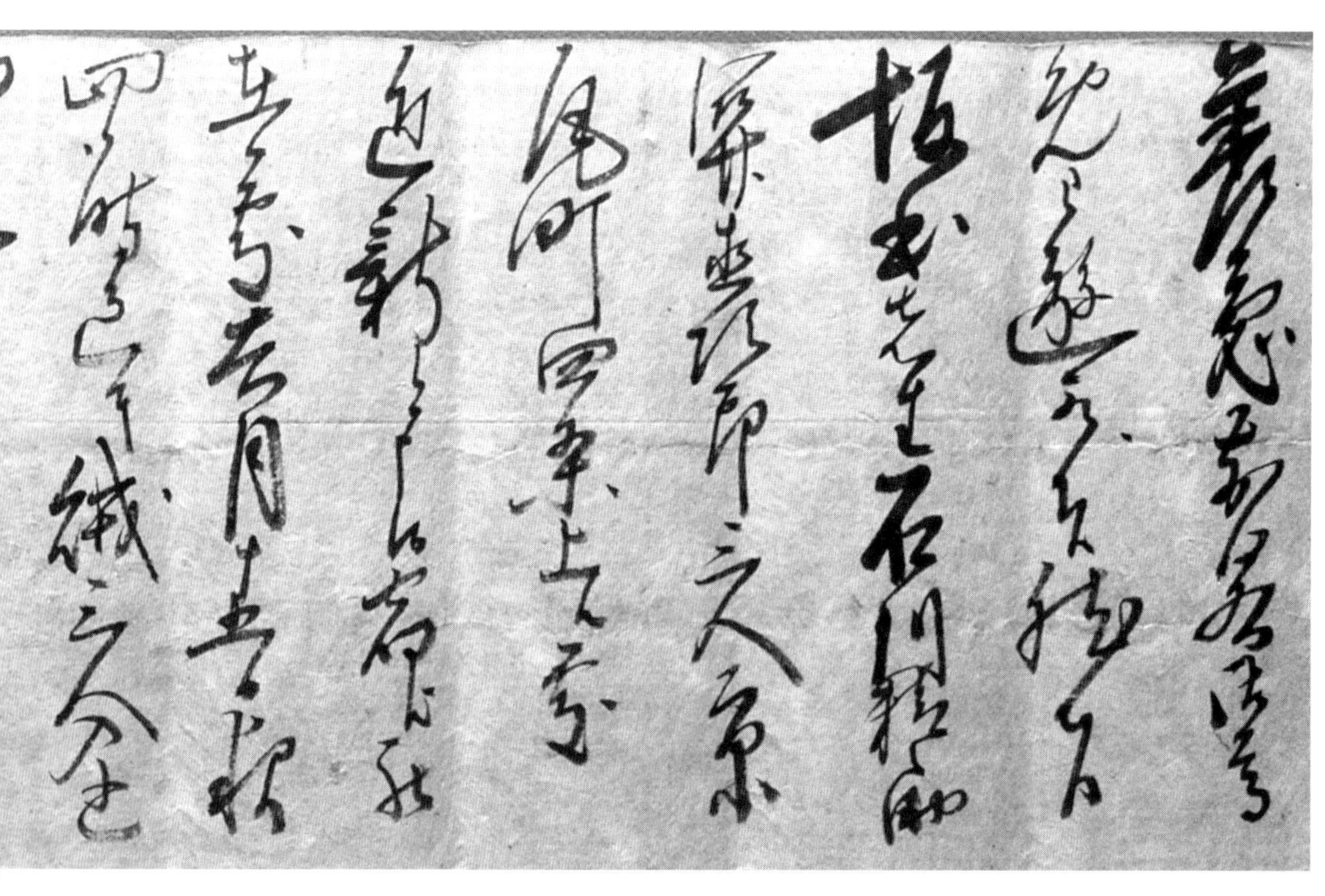

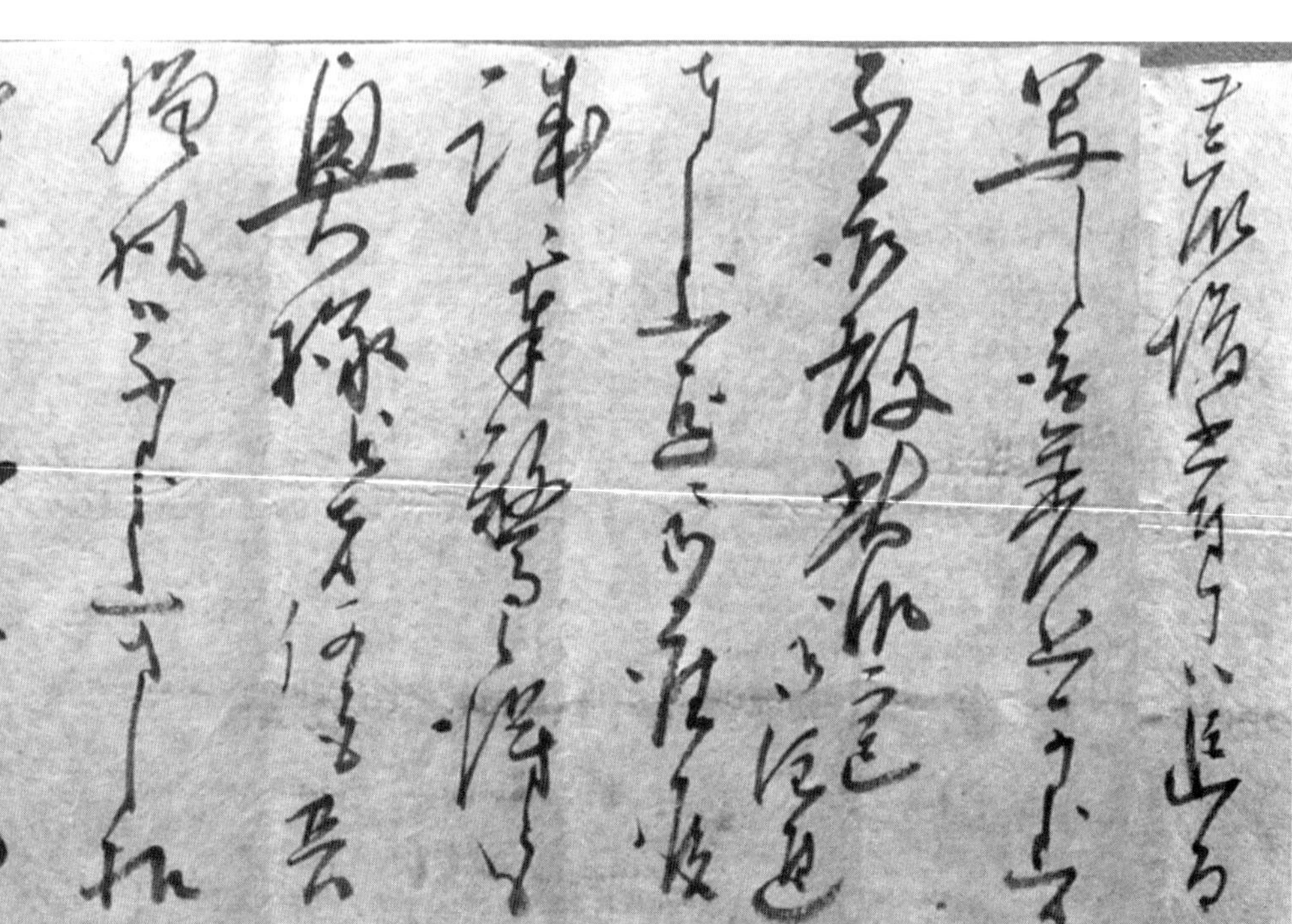

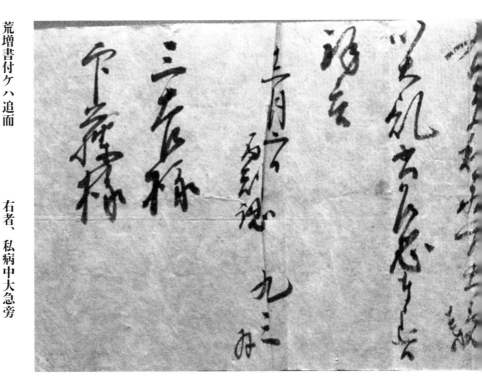

差急前略、御高
免被遊可被下候、然者
坂本先生(龍馬)・石川精之助(中岡慎太郎)・
関直次郎三人、京
瓦町四条上ル処、
近新と申候宿江罷
在候処、去月十五日夜
四ツ時過キ、賊三人入込、
切殺し逃去り申候由、
龍先生ハ同夜御果ニて、
精之助ハ十七日ニ相果、直次郎ハ
十六日ニ相果申候との事、
唯今長崎ゟ浦田
軍次郎飛脚ニ而
罷越し申候、同人者直ニ
今晩ゟ引返し、長崎へ
帰り申候、右一件之
荒増書付ケハ追而
写し取、差上可申上候、
不取敢此段而已御注進
奉申上迄ニ御座候、
誠ニ奉驚候得とも、
奥様江者何とも其
模様ハ不申上、さし扣
居申候、追々御差
図之程を奉待上候、
右者、私病中大急旁
以大乱書乍恐奉申上候、
謹言、

十二月二日　　九三(伊藤)
酉刻認　　拝

三吉様(慎蔵)
印藤様(聿)

伊藤九三書状（三吉慎蔵・印藤聿宛て）

【読み下し文】

差し急ぎ前略、御高免遊ばされ下さるべく候、然らば坂本先生・石川精之助・関直次郎三人、京瓦町四条上ル処、近新と申し候宿へ罷り在り候処、去月十五日夜四つ時過ぎ、賊三人入り込み、切り殺し逃げ去り申し候由、龍先生ハ同夜御果てにて、精之助は十七日に相果て、直次郎は十六日に相果て申し候との事、唯今長崎より浦田軍次郎飛脚にて罷り越し申し候、同人は直に今晩より引き返し、長崎へ帰り申し候、右一件の荒増書き付けは追って写し取り、差し上げ申し上ぐべく候、取り敢えずこの段のみ御注進申し上げ奉るまでに御座候、誠に驚き奉り候えども、奥様へは何ともその模様は申し上げず、さし扣え居り申し候、追々御差図の程を待ち上げ奉り候、右は、私病中大急かたがた以て大乱書、恐れ乍ら申し上げ奉り候、謹言、（後略）

本状は、下関の豪商伊藤九三から、長府藩士の三吉慎蔵と印藤聿に宛てた、龍馬の死を伝える書状である。伊藤は、下関の大年寄で本陣主を務めていた人物である。伊藤・三吉・印藤の三者は、慶応期に下関を拠点として活動していた龍馬のよき理解者であり、様々な側面から支援を行っていたことで知られる。

まず冒頭では、慶応三年（一八六七）十一月十五日（龍馬の誕生日にあたっていた）、龍馬が京都近江屋で暗殺された事件の概要について述べられている。「誠ニ驚愕候」とあるように、報知した伊藤自身にとっても衝撃の出来事として受け止められていた様子が見てとれる。そこで、懸案事項となったのが、妻であるお龍にいつ話すかについてだった。当時、お龍は下関の伊藤家に身を寄せていた。文書の後半では、伊藤が龍馬死去という事実をお龍に知らせることについて、三吉と伊藤にその判断を仰いでいる。

伊藤らは相談の上、その数日後、お龍に龍馬の死が伝えられた。伊藤家では龍馬の法事が執り行われ、生前の龍馬の遺言の通り、お龍の後事は三吉のもとに託されることとなった。なお、龍馬の死に際し、お龍には長府藩主から扶助米が支給されている。三吉は約三か月の間、お龍の面倒を見たのち、海援隊の協議に従って高知の坂本家へ送り届けた。その後、お龍は坂本家を出て、京都や東京・横浜・横須賀などで暮らし、明治三十九年（一九〇六）一月十五日に歿している。

王政復古のクーデター

慶応三年（一八六八）十月、十五代将軍徳川慶喜の政権奉還（大政奉還）を認めた朝廷は、新政体への移行を協議するために諸侯を召集し、諸侯会議によって新体制を定めることにした。しかし、情勢を傍観する大名がほとんどで、上洛する大名は少なかった。

薩長両藩は、諸侯会議を経ることなく武力を行使して新政体を樹立しようと、十一月に蟄居処分を赦免された岩倉具視と連携し、クーデターを計画した。

当初、十二月八日の決行を予定していたが、延期されて九日に決行された。十二月九日の朝、前日からの朝議が終わって摂政二条斉敬ら公家衆が退出すると、薩摩・土佐・安芸・尾張・越前五藩の兵が京都御所の九門を封鎖した。これは文久三年（一八六六）の八月十八日の政変に倣ったものだった。そこに岩倉具視らが参内し、「王政復古の大号令」を発したのである。

その内容は、将軍職の辞職を勅許すること、京都守護職・京都所司代および幕府や摂政・関白を廃止すること、国政審議機関として総裁・議定・参与の三職を新設することだった。この宣言は、諸大名には十二月十四日、庶民には十六日に布告された。

王政復古の大号令は、幕府の廃止だけでなく、摂政・関白以下の朝廷内の諸職をも解体した。三職には雄藩大名とその家臣、および公家が任命され、天皇の下に一部の公家および五藩に長州藩を加えた有力六藩が主導する「新政府」が発足したのである。

慶応三年十二月八日付け岩倉具視書状（大久保利通宛て）

国立歴史民俗博物館所蔵

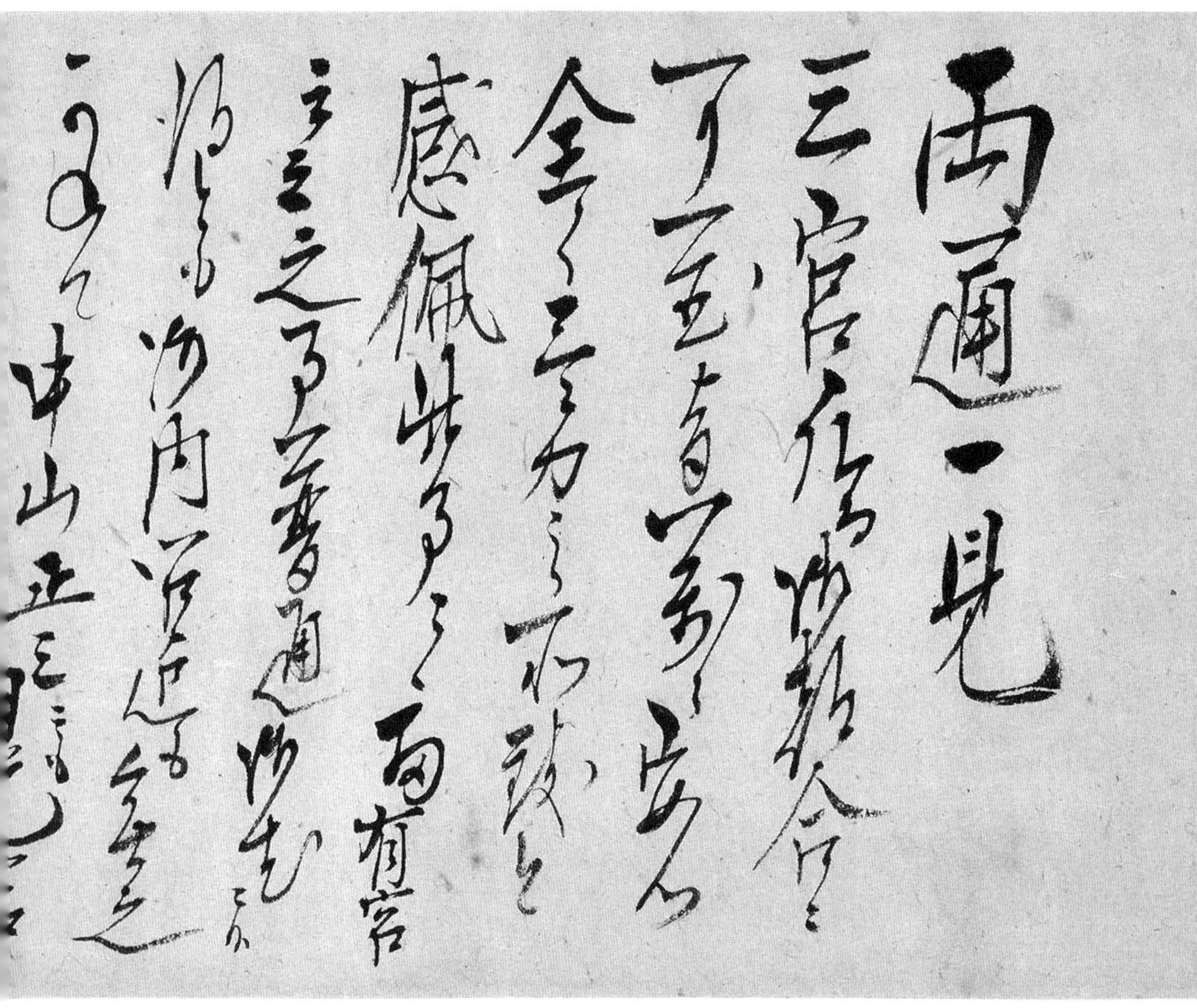

両通一見
三宮凡而御都合ニ
可置旨、万々安心
全く尽力之所致と
感佩此事ニ候、扨、有宮（有栖川宮）
云云之事、普通御尤ニ候
得とも、御内問迄も無之、
かねて中山正三（忠能）ニも日光宮

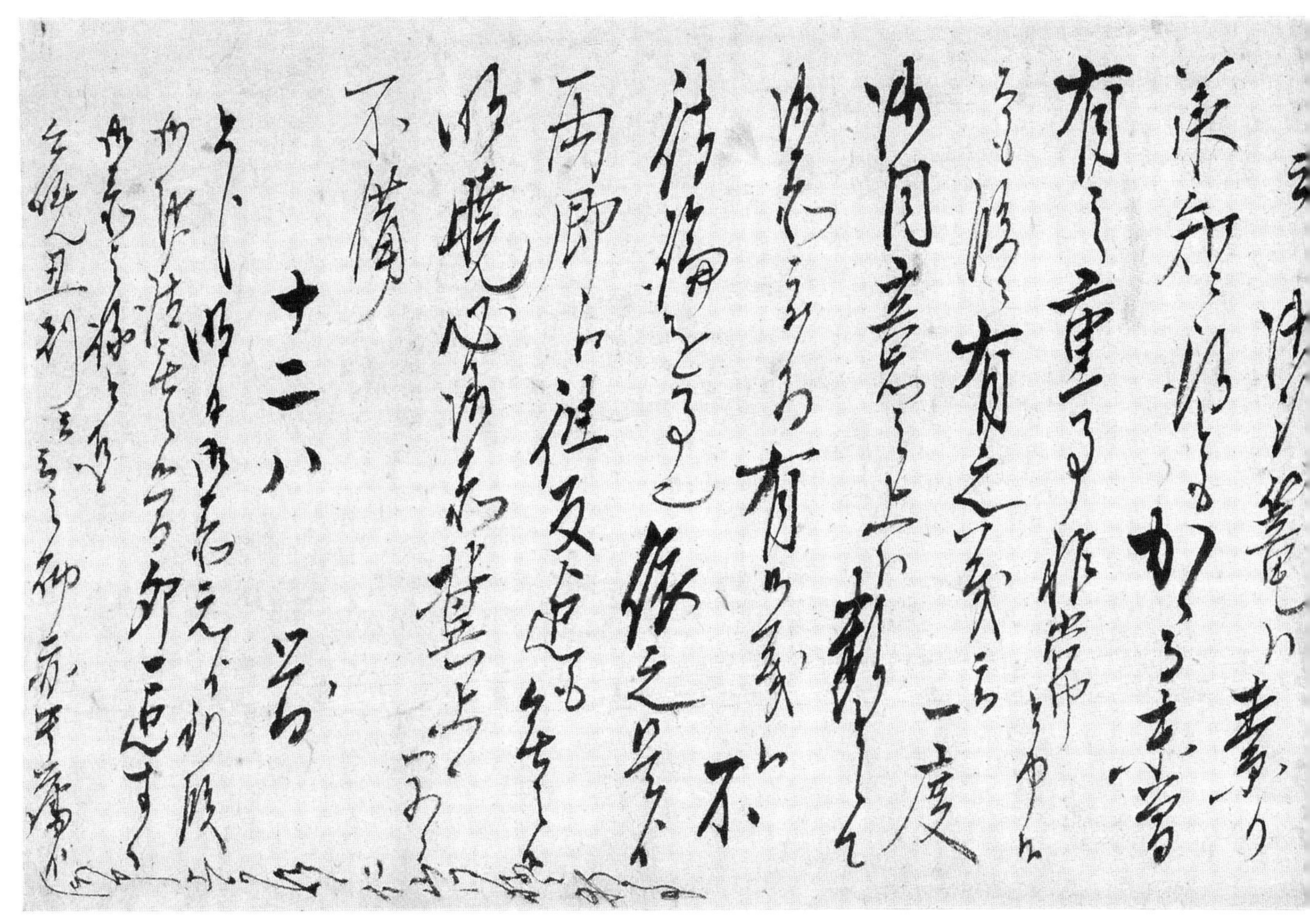

云云ニ付　御弓箭ハ素ゟ
承知ニ候得とも、か丶る未曾
有之重事、非常と申候
而も、段々有之義ニ而、一度
御同意之上ハ断として
御参被為有候義ハ、不
待論を事也、依之是ゟ
両卿江往反迄も無之候、
明暁必御参冀上候、早々
不備、

十二八　対（岩倉具視）

尚々、明日御参、元ゟ別段
御沙汰無之候間、卯一迄すく
御参之様と存候、
今晩丑刻云云之砌、亦貴藩ゟ
御申上可給候、仁山同様と頼事、

岩倉具視書状（大久保利通宛て）

【読み下し文】

両通一見、三宮すべて御都合に置くべき旨、万々安心全く尽力の致す所と感佩この事に候、さて、有宮云云の事、普通御尤もに候えども、御内間までもこれ無く、かねて中山正三にも日光宮云云に付き、御引き籠もりは素より承知に候えども、かかる未曾有の重事、非常と申し候ても、段々これ有る義にて、一度御同意の上は断として御参り有らせられ候義は、論を待たざる事也、これに依り是より両卿へ往反までもこれ無く候、明暁必ず御参り冀い上げ候、早々不備、

（中略）

尚々、明日御参り、元より別段御沙汰これ無く候間、卯一まですぐ御参りの様と存じ候、今晩丑刻云云の砌、また貴藩より御申し上げ給うべく候、仁山同様と頼む事、

本状は慶応三年（一八六七）十二月八日、王政復古のクーデター前日の書状である。差出人「対」は「対岳」の号を持つ岩倉具視のことで、宛名はないが大久保利通に宛てられたものである。本状で岩倉は、中山忠能について、未曾有の重大事であり手順も踏んだことなので、一度同意したからには必ず来るように念を押した、と述べている。

王政復古のクーデターは、最初は十二月八日に行う計画だった。というのも、この時の大きな政治課題として兵庫開港問題があったからである。この国際合意上の開港期日が慶応三年十二月七日であり、兵庫開港が予定通りに実行されると慶喜の政治的復権を内外に強く印象づけることになるため、大久保らは当初、開港翌日の十二月八日を予定していたのである。

しかし七日になって、計画に加わっていた土佐藩の後藤象二郎から、前藩主山内容堂の入京が遅れたのでクーデター決行を二日延期して欲しいとの要請があった。岩倉は、延期は不可能であると返答した。ところが今度は中山が、九日でないと朝廷の準備が整わないと言ってきたのである。結局、一日延期して十二月九日に決行することになった。

岩倉は大久保に、別の書状で、クーデターの決行が九日になるのは「実に残心（残念）」だが決定したことなので同志にも伝えて欲しい、と述べているが、西郷隆盛などのように延期に納得していない者も多かった。そこまでして変更した決行日であるから、中山に対して念を押す気持ちが強く表れたのであろう。

戊辰戦争① ―― 鳥羽・伏見の戦い

慶応三年（一八六七）十月十四日、十五代将軍徳川慶喜は政権奉還（大政奉還）の上表文を提出し、翌日受理された。慶喜の狙いは武力倒幕を避け、諸侯会議の頂点に君臨することだったが、薩長両藩と岩倉具視が王政復古の大号令を発したことで幕府は廃止され、慶喜には辞官納地が命じられた。

一方、「討幕の密勅」は政権奉還によってその効力を失ったが、薩摩藩の西郷隆盛ら急進派はこれでは収まらず、旧幕府・徳川家を挑発するため、江戸内外で攪乱事件を起こした。一二月二五日庄内藩を主力とする旧幕府軍が江戸の薩摩藩邸を焼き討ちする事件が発生すると、慶喜の周囲では「討薩」の期待が高まっていった。

慶応四年（一八六八）一月二日、「慶喜公上京の御先供」の名目で旧幕府軍は、大坂から京都へ向けて出兵を開始。鳥羽方面で銃砲声が鳴り響くと、伏見でも戦闘が始まった。

この時の兵力は、薩長中心の新政府軍五千に対して旧幕府軍は一万五千であり、旧幕府軍のほうが数では勝っていた。しかし四日、薩長軍の軍営に官軍（天皇の軍隊、正義の軍隊）の印である「錦旗」が翻ると、この戦いは私闘ではなく「官」対「賊」の戦いとなり、傍観していた西国諸藩が薩長新政府軍に呼応したため、戦況は一変した。

大坂城にいた慶喜は、六日の夜、数名の側近と老中板倉勝静と酒井忠惇、会津藩主松平容保、桑名藩主松平定敬と共に城を脱出し、艦長榎本武揚不在のまま軍艦開陽丸で江戸に逃げ帰ってしまった。総大将の逃亡によって旧幕府軍は戦闘意欲を失うことになり、さらに翌七日、朝廷は慶喜らの追討令を発し、慶喜らは朝敵となるのである。榎本は、阿波沖海戦で薩摩海軍に勝利しており、報告のために大坂城へ赴いたが、慶喜は逃亡したあとだった。

慶応四年正月十日付け大久保利通書状（蓑田伝兵衛宛て）

国立歴史民俗博物館所蔵

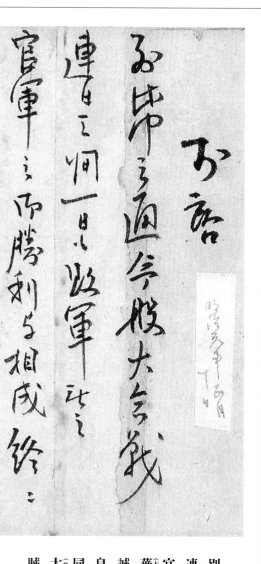

別啓

別帋之通、今般大合戦
連日之間、一日も敗軍無之、
官軍之御勝利与相成、終ニ
華（大坂）城を捨、賊徒落去之次第、
誠ニ
皇運之然らしむる所以、先々御
同慶奉存候、乍恐
太守公（島津茂久）にも別而御安堵被遊候、
賊徒姦謀、実ニ可悪次第ニ而、

別帋ニ逆罪状を明シ　御国を
宛にして先鋒をクリ出シ
朝廷ニ奏し、一挙して可討与
之策ニ相見得申候、然るニ早断然
朝廷之御達も有之、機先を制シ
一撃して打払ひ候故、蜜(密)策も
画餅ト相成候姿ニ御坐候、いかほど
罪名を数へ候而も
朝命を相反シ候筋合無之、固より
九日之挙ニおひてハ五藩同意、各
君侯参
朝警衛被差出候得ハ、一藩をさし

候道理も無之、尤両事件官位領地

之儀ハ第一御国〻之論ニ候得共、是ハ

宇内之公論にて寸毫私ヲ容るニ

地なきもの与いふへし、独関東浪士之

事ハ失なしとも難謂候得共、是も

渡ス渡ましとの事〻及砲発候

訳ニ而、武門之不可止者も可有之、何分ニも

当らざる之罪名おかしなものニ御坐候、

幾重にも

朝廷無御動揺御確定、征東

将軍宮被置、錦籏ヲ翻し、

御出軍被為在候故、三軍鼓

舞いたし候事ハ勿論、四方孰れか

（藩）堂如キも砲発ニ及ひ、賊ヲ討候時宜
ニ而、今日ニ至候而者、弥
官軍勢盛ニ相輝キ申候、順逆
曲直明瞭たる次第ニ而、誠ニ以無
此上御都合之事ニ御坐候、此上ハ外国
御交際之儀第一ニ而、則将軍
宮、華城御入城、三條公なとも
御下坂御取掛之御賦御坐候、賊
関東ニ退キ候儀、万々遺憾之至
候得共、（足利）尊氏西国より再挙せし
様ニハ今時ニ而ハいたり不申、尤早々
御処置なくんハあるへからす事ニ候、此跡

朝廷之御処置振御大事ニ而、寸毫
被失候得ハ人心相背、必武家を
幕ノ復轍を可被為踏御事候間、
精々尽力もいたし候事ニ御坐候、既ニ賞
罰之御内話も承候間、談合之上、決而
長薩ニ私し給ハす、戦候藩ニハ同様ニ
御褒賞被為在（候様）精々申上置候処、
先其通御治定ニ而御坐候、内実ハ
両藩之力ヲ以社此にいたり候訳
なから、外ニ同様賞ヲ被与候得ハ
大ニ感動之場も可有御坐与奉存候、
爾後ハ合力同心を以
皇国維持不致候而者万々相済

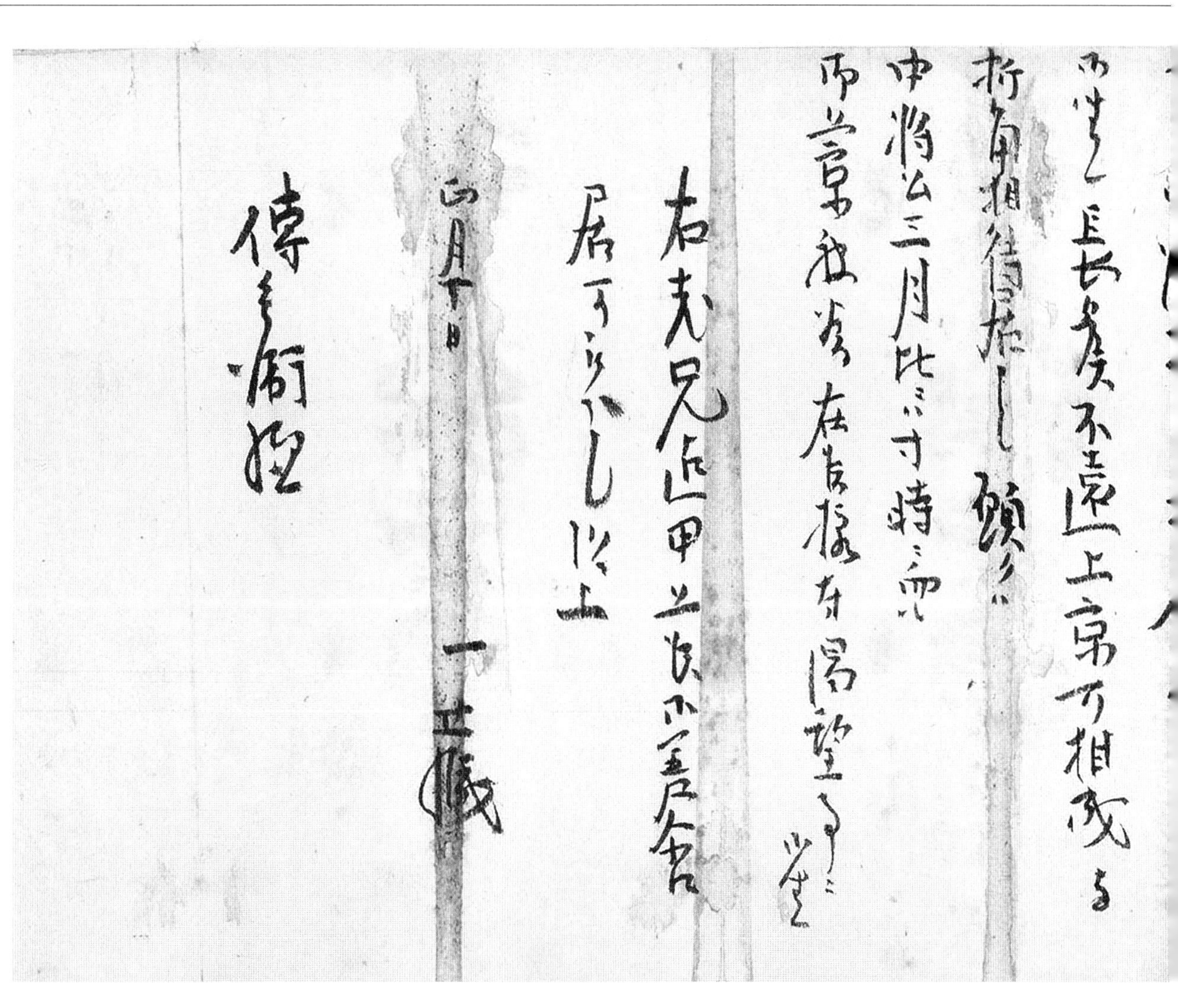

御坐候、長侯（毛利広封）不遠上京可相成与
折角相待居申候、願クハ
中将公（島津久光）三月比ニハ寸時ニ而も
御上京被為在候様奉渴望事ニ御坐候、
　右老兄迄申上候、御差含
居可被下候、以上、

正月十日　　　一蔵（大久保）

伝兵衛（蓑田）様

大久保利通書状（蓑田伝兵衛宛て）3

【読み下し文】

別啓、別啇の通り、今般大合戦連日の間、一日も敗軍これ無く、官軍の御勝利と相成り、終に華城を捨て、賊徒落ち去りの次第、誠に皇運の然らしむるゆえん、先々御同慶に存じ奉り候、恐れ乍ら太守公にも別して御安堵遊ばされ候、賊徒姦謀、実に悪むべき次第にて、別啇三通罪状を鳴らし、御国を宛てにして先鋒をくり出し、朝廷に奏し、一挙して討つべきとの策に相見え申し候、然るに早断然朝廷の御達しもこれ有り、機先を制し一撃して打ち払い候ゆえ、密策も画餅と相成り候姿に御坐候、いかほど罪名を数え候ても朝命を相反し候筋合これ無く、固より九日の挙においては五藩同意、各君侯参朝警衛差し出され候えば、一藩をさし候道理もこれ無く、尤も両事件（官位・領地）の儀は第一御国よりの論に候えども、是は宇内の公論にて寸毫私を容るるに地なきものというべし、独り関東浪士の事は失なしとも謂い難く候得共、是も渡す渡まじとの事より砲発に及び候訳にて、武門の止むべからざる者もこれ有るべし、何分にも当らざるの罪名おかしなものに御坐候、幾重にも朝廷御動揺無く御確定、征東将軍宮を置かれ、錦旗を翻し、御出軍在らせられ候ゆえ、三軍鼓舞いたし候事は勿論、四方孰れか移靡帰響せざるべき、既に因州・藤堂如きも砲発に及び、賊を討ち候時宜にて、今日に至り候ては、いよいよ官軍勢盛んに相輝き申し候、順逆曲直明瞭たる次第にて、誠に以てこの上無き御都合の事に御坐候、この上は外国御交際の儀第一にて、則ち将軍宮、華城御入城、三條公なども御下坂御取り掛かりの御賦に御坐候、賊関東に退き候儀、万々遺憾の至りに候えども、尊氏西国より再挙せしようには今時にてはいたり申さず、尤も早々御処置なくんばあるべからず事に候、この跡朝廷の御処置振り御大事にて、寸毫失われ候えば人心相背き、必ず武家を慕うの復轍を踏ませらるべき御事に候間、精々尽力もいたし候事に御坐候、既に賞罰の御内話も承り候間、談合の上、決して長・薩に私し給わず、戦い候藩には同様に御褒賞在らせられ候よう精々申し上げ置き候処、先ずその通り御治定にて御坐候、内実は両藩の力を以て社ここにいたり候訳ながら、外に同様賞を与えられ候えば大に感動の場も御坐有るべきと存じ奉り候、爾後は合力同心を以て皇国維持致さず候ては万々相済み申さず候間、折角談合もいたし候事に御坐候、長侯遠からず上京相成るべくと折角相待ち居り申し候、願わくば中将公三月ころには寸時にても御上京在らせられ候よう渇望奉る事に御坐候、右老兄まで申し上げ候、御差し含み居り下さるべく候、以上、（後略）

本状は、戊辰戦争の緒戦となった鳥羽・伏見の戦いが終結した直後の慶応四年（一八六八）正月十日に、薩摩藩士大久保利通が、同藩士の蓑田伝兵衛に宛てた書状である。伝兵衛は島津久光の側役を務め、大久保らと久光の間に立って連絡役にあたっていた。

大久保は鳥羽・伏見の戦いでの新政府軍の勝利を伝え、幕府軍が大坂城（「華城」）を捨て去っていったのは皇運によるものだと喜んでいる。旧幕府側は「三通罪状」を出して、慶喜上京の先供との名目で出兵したが、新政府側が機先を制して打ち払ったので、「密策も画餅」になったと述べている。ここでいう「罪状」は旧幕府が出した「討薩表」のことで、大久保は薩摩の罪状として挙げられた事柄については、薩摩藩には罪はないと反論している。

そして、今後は外国交際を第一に考え、大坂に皇族将軍や三条実美を派遣すべきこと、また現在は賊を討つ好機であり、かつて足利尊氏が西国から再挙した時のように勢いを盛り返すことにはならないだろうが、少しでも間違いがあると、人々は幕府を慕うようになってしまうので、すぐに対応しなければならないと危機感を示している。

また、今回の戦闘における褒賞は、長州・薩摩以外の藩にも同様に出すべきであると進言し、その通りに決まったと報告している。大久保は、心の中では、実際は長州・薩摩両藩の力で勝利したと思っていたが、平等に褒賞すれば大いに感動の場となるであろうし、力を合わせないと皇国を維持できないと考え、このようにしたということである。策士大久保の真価を発揮した書状と言えるだろう。

戊辰戦争②
——徳川慶喜らの官位剥奪

慶応四年（一八六八）一月十日、明治政府は鳥羽・伏見の戦いの責を問い、前将軍徳川慶喜を罪一等、京都守護職で会津藩主の松平容保、京都所司代で伊勢桑名藩主松平定敬を罪二等、老中で伊予松山藩主の松平定昭、同じく老中で備中松山藩主の板倉勝静、同じく老中で播磨姫路藩主の酒井忠惇を罪三等、丹後宮津藩主松平宗武を罪四等、美濃大垣藩主戸田氏共および讃岐高松藩主松平頼聰を罪五等に処し、官位剥奪や入京禁止などの仮処分を発表した。加えて、上総大多喜藩主松平正質を官位剥奪、若狭小浜藩主酒井忠氏、志摩鳥羽藩主稲垣長行・日向延岡藩主内藤政挙を入京禁止処分とした。

なお、姫路藩の家老たちは早い段階で恭順を表明し、一月十七日に姫路城は明け渡された。抵抗していた藩主忠惇らも江戸開城を期に新政府軍に降伏した。大垣藩は、家老の主導によって藩論は恭順で一致し、一月十六日に氏共が上洛して新政府に謝罪した。官軍の東山道鎮撫使の先鋒役を務めたことで朝敵から除外され、賞典禄が授与されている。宮津藩は、鳥羽・伏見の戦い以前から新政府に恭順していたが、戦いの最中に新政府軍へ発砲したために朝敵となった。藩はすぐに降伏を申し入れている。

一方、藩としては恭順の意志を示したが、藩主が新政府と戦う道を選ぶこともあった。容保の弟にあたる桑名藩主松平定敬は慶喜らと江戸に戻ったが、新政府への恭順を決めた国許には戻る居場所がなく、飛地である越後国柏崎（現、新潟県柏崎市）へ渡った。その後、会津へに赴き、榎本武揚の艦隊に合流、箱館に向かい、箱館戦争終了後は上海へ渡って海外逃亡を目論むも断念、五月十八日に横浜へ戻って兄である慶勝の尾張藩に降伏した。備中松山藩主の板倉勝静もまた、藩は新政府に投降したが、勝静は奥羽越列藩同盟の参謀となり、さらに松平定敬や小笠原長行らと箱館五稜郭まで赴き、自藩の藩士と共に戦った。敗戦ののち、勝静は自訴し、上野安中藩で終身禁固刑となった。定敬と勝静は明治五年（一八七二）一月六日、特旨で赦免されている。

慶応四年（正月）徳川慶喜ほか官位剥奪沙汰書写

京都市歴史資料館所蔵

徳川慶喜
會津
桑名
高松
松山
松山
大田喜

目付

新見相模守
設楽備中守
榎本對馬守
牧野土佐守
岡部紀前守
大久保主膳正
小栗下総守

徳川慶喜
奥州会津（松平容保）
勢州桑名（松平定敬）
讃州高松（松平頼聰）
予州松山（松平定昭）
備中松山（板倉勝静）
上総大田喜（松平正質）

若年寄　永井玄蕃頭（尚志）
同並　平山図書頭（敬忠）
同　竹中丹後守（重固）
同　塚原但馬守（昌義）
大目付　戸川伊豆守（安愛）
同　松平大隅守（信敏）

目付　新見相模守（正典）
設楽備中守（岩次郎）
榎本対馬守（享三）
牧野土佐守（成行）
岡部肥前守（右近）
大久保主膳正（忠恕）
小栗下総守（政寧）

星野豊後守（成美）
高力主計頭（直三郎）
小笠原河内守（長遠）
大久保筑後守（忠恒）
大久保能登守（教寛）
戸田肥後守（鐐次郎）
室賀甲斐守（正容）

右今度、慶喜奉欺
天朝、反状明白、既兵端
ヲ開候ニ付、追討被
仰出候、依之右之輩随
従于賊徒、反逆顕然
候間、被止官位候事、

【読み下し文】

（前略）

右今度、慶喜、天朝を欺き奉り、反状明白、既に兵端を開き候に付き、追討仰せ出だされ候、これに依り右の輩、賊徒に随従、反逆顕然に候間、官位を止められ候事、

慶応四年（一八六八）正月十日、旧幕府の徳川慶喜らに対し、朝廷に敵対する意志が明白であるとして追討状が出された。さらに十二日、朝敵である慶喜に「随従」する「賊徒」らに対しても、反逆の意があるとして、官位を剥奪するとの通達が出された。それが本状である。

まず、慶喜、そして六藩の藩主、会津の松平容保、桑名の松平定敬、高松の松平頼聰、伊予松山の松平定昭、備中松山の板倉勝静、上総大多喜の松平正質の名が並ぶ。

続いて、若年寄の永井尚志、若年寄並の平山敬忠・竹中重固・塚原昌義、大目付の戸川安愛と松平信敏、目付の新見正典・設楽岩次郎・榎本亨三・岡部右近・大久保忠恒、歩兵奉行並の牧野成行、陸軍奉行並の大久保忠恕・髙力直三郎・戸田鎬次郎、勘定奉行勝手方の小栗政寧と星野成美、京都見廻役の小笠原長遠、奥詰銃隊頭の大久保教寛、御側御用取次の室賀正容の名が連なる。

ここに名を挙げられたのは、鳥羽・伏見の戦いに主導的な立場で関わった者たちだった。彼らは官位だけでなく屋敷も没収され、京都を追放され、街道の通行も禁止された。なお、正月十日に出された追討状には、目付の小栗以下八名の名は見られない。

官位を剥奪されると、当然朝臣ではなく、非合法な武力集団であり、場合によっては討伐される夜盗の類と見なされた。

戊辰戦争③——徳川慶喜恭順

慶応四年（一八六八）一月七日、朝廷は前将軍徳川慶喜らに対する追討令を発した。その前日の夜に軍艦開陽丸で大坂を脱出した慶喜は、十一日に品川へ到着し、翌十二日に江戸城西の丸へ入って今後の対応を協議している。

旧幕府内では小栗忠順ら主戦派が徹底抗戦を主張したが、慶喜は高橋泥舟の勧めで恭順の意思を固めていた。十三代将軍徳川家定の正室天璋院（篤姫）は、薩摩藩出身で前藩主島津斉彬の養女、十四代将軍徳川家茂の正室静寛院宮（和宮）は、孝明天皇の妹であり、東海道鎮撫総督の橋本実梁は従兄だった。慶喜は、それぞれの伝手を頼って新政府や大総督府に自身の助命と徳川家存続を嘆願して欲しいと働きかけた。和宮は侍女の土御門藤子に橋本実麗・実梁宛ての嘆願書を託した。一方の天璋院もまた、徳川家存続のために、参謀西郷隆盛に使者を派遣している。

二月十二日、慶喜は田安徳川家当主の徳川慶頼と前津山藩主の松平斉民に江戸城を託し、江戸城を出て上野寛永寺大慈院に謹慎した。周囲を高橋泥舟の遊撃隊がしっかり固めた。上野寛永寺には、輪王寺宮公現入道親王（のちの北白川宮能久親王）がいた。輪王寺宮は二十一日に江戸を出発し、駿府で大総督の有栖川宮熾仁親王と面会、慶喜助命と東征の中止を訴え、嘆願書を差し出した。しかしこれは採用されず、十三日に寛永寺へ戻った。輪王寺宮は京都への帰還を勧告されるがこれを拒絶し、やがて寛永寺に立て籠った彰義隊に担ぎ出され、奥羽越列藩同盟の盟主に擁立されるなど、戊辰戦争に巻き込まれていくことになるのである。

慶応四年正月付け徳川慶喜書状（静寛院宮宛て）

京都市歴史資料館所蔵

慶喜相続已来相替らす
尊
王の道専ら相心かけ
居候へとも、此程の事件
一時の行違とは乍申、
奉対
朝廷奉恐入候、就てハ
私儀は退隠仕リ、跡式
の義者相撰み候上
申付候積リニ御さ候、然る
処、道路の浮説ニも
可有之哉とハ奉存候得とも、
御軍勢さし向られ候
歟ニも伝承仕リ、只今
右様の御事御さ候てハ
臣子の至情より万一

騒乱を生し奉悩
叡慮候やう相成候てハ、
猶さら私従来尊
王の本意ニ御さなく
候間、此度の
御旨意之趣
御沙汰被成下候やう仕度、
何とそ私心底の程
御照察被遊、猶此上
当家無事永続仕、
不相替忠勤を尽し
候事出来候やう、
御所向御都合宜敷
御周旋被成下候やう
御願申上候、めて度
かしく、

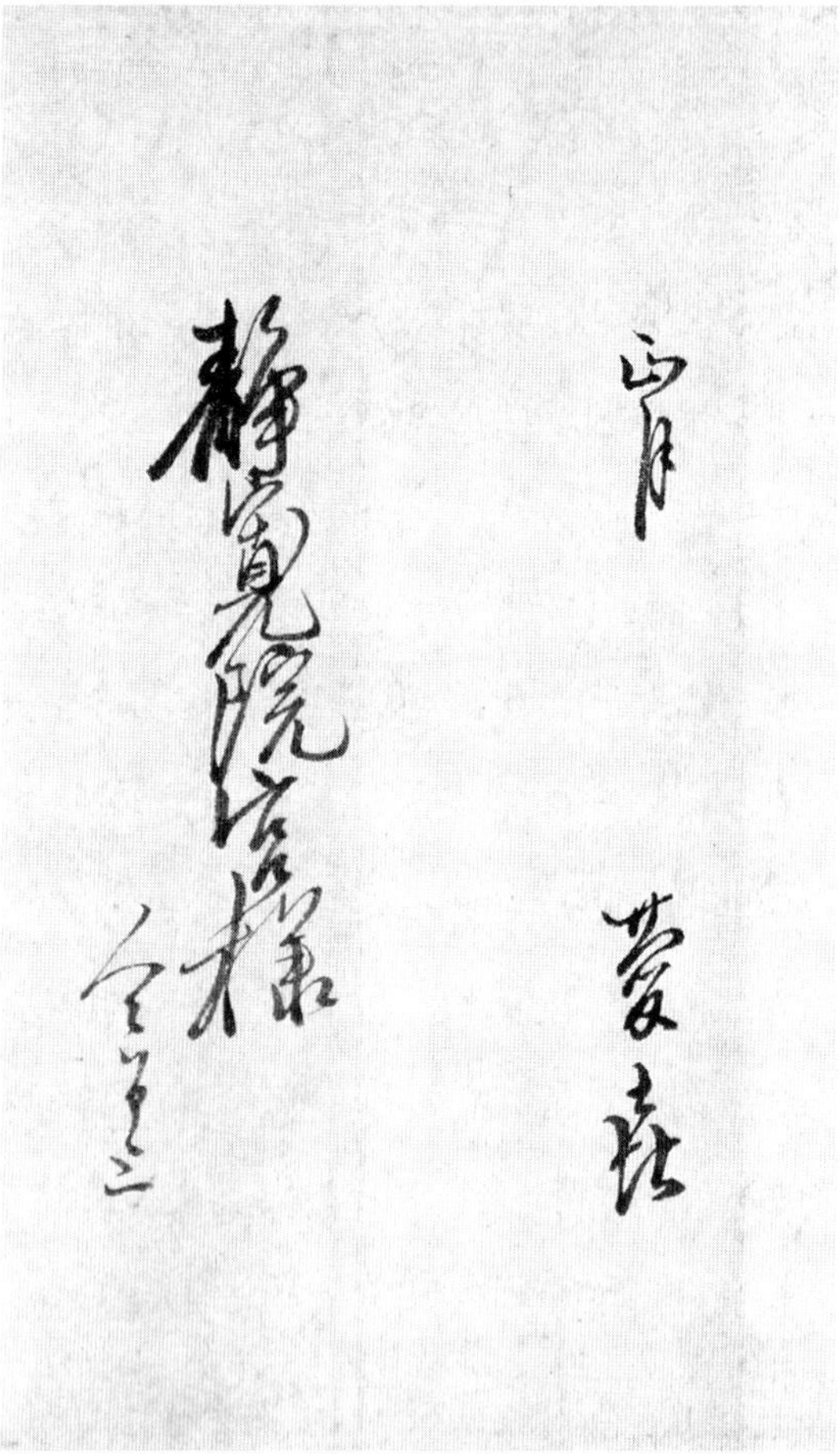

正月　　慶喜

静寛院宮様　　人々御中上

【読み下し文】

慶喜相続已来、相替わらず尊王の道専ら相心がけ居り候えども、この程の事件一時の行き違いとは申す乍ら、朝廷に対し奉り恐れ入り奉り候、就ては私儀は退隠仕り、跡式の義は相撰び候上申し付け候積もりに御ざ候、然る処、道路の浮説にもこれ有るべき哉とは存じ奉り候えども、御軍勢さし向けられ候かとも伝承仕り、只今右様の御事御ざ候ては臣子の至情より万一騒乱を生じ叡慮を悩み奉り候よう相成り候ては、猶さら私従来尊王の本意に御ざなく候間、この度の御旨意の趣御沙汰成し下され候よう仕りたく、何とぞ私心底の程御照察遊ばされ、猶この上当家無事永続仕り、相替わらず忠勤を尽くし候事出来候よう、御所向き御都合宜しく御周旋成し下され候よう御願い申し上げ候、めでたくかしく、（後略）

鳥羽・伏見の戦いに敗れた徳川慶喜は、僅かな人数で大坂城を脱出し、軍艦「開陽丸」で江戸に戻った。最初は主戦論だった慶喜は、形勢の不利を悟り、恭順に心を決め、前将軍家茂の御台所静寛院宮（和宮）への面会を希望した。静寛院宮は、最初は徳川家の社稷を傾けた者には会えないと拒否したが、天璋院（篤姫）の取り成しで、正月十五日に面会が実現する。本状は、その頃に慶喜が認めた、静寛院宮に対して朝廷への周旋を依頼した書状である。

慶喜は、自らの尊王の心は変わらないと述べ、今回のことは行き違いだとしながらも、朝廷への無礼を詫びている。そして、自身の隠居と跡式の選定を宣言する。また、朝廷が軍勢を向けたとも聞いたが、家臣らが騒乱を起こせば天皇の心を悩ませることになり、それは本意ではないとして、朝廷への忠勤を尽くすべく徳川家の相続を願っている。

周旋を引き受けた静寛院宮は、慶喜の嘆願書を何度も訂正して完成させると、自らの嘆願書と共に乳母土御門藤子に持たせ、征討大将軍仁和寺宮および東海道鎮撫総督で叔父の橋本実麗・実梁父子に遣わした。慶喜の嘆願書が身の保全を図ったものであるのに対し、静寛院宮の嘆願書は、慶喜にどのような罰が下っても構わないので徳川家の家名だけは存続させて欲しい、といった内容である。一方で、徳川家が取り潰されれば自分は「きっと覚悟致し候所存」であると、徳川家と命運を共にする立場を示したものだった。

果たして、三月一日、藤子が持ち帰った橋本実麗の文に副えられた正親町三条実愛の書状の写しには、徳川家の存続の可能性を示す文言が書かれていた。このあとも静寛院宮は、天璋院と共に徳川家存続のために奔走する。しかし、実際、徳川家の存続で最も効果があったのは、高橋泥舟の推薦で慶喜に派遣された山岡鉄舟が、死地をかいくぐって三月九日、静岡で西郷隆盛と直接会談したことである。この時、初めて、徳川家の存続とそのための条件（武装解除と江戸城明け渡し）が新政府側から提示された。十三、十四日の田町での勝・西郷会談では、それを追認したに過ぎない。この時も鉄舟が立ち会っている。

戊辰戦争④——松平容保追討

会津藩主松平容保は、文久改革によって京都守護職に就任して以来、配下の京都見廻組や新選組を用いて、幕末京都の治安を守った。八月十八日の政変では薩摩藩と共に長州勢力を京都から追放。新選組は旅館池田屋で密談する長州藩の志士らを襲撃し、これに憤慨した長州藩が禁門の変を起こした際には、会津藩は蛤御門を守って薩摩・桑名藩兵と共に長州勢力を撃退した。こうした功績によって、容保は孝明天皇からの絶大な信頼を得たが、一方で長州藩からは深く恨みを買っていた。

慶応三年（一八六三）十月十四日、十五代将軍徳川慶喜が政権奉還（大政奉還）の上表文を朝廷に提出し、幕府が終焉。その前に薩摩藩と長州藩へ「討幕の密勅」が下されていたが、その時「会津宰相に速やかに誅戮を加えよ」と命じる勅書も添えられていた。なお、前年の十二月に孝明天皇は死去している。

十二月九日、王政復古の大号令によって京都守護職が廃止され、蛤御門の守衛も解かれた。新政府の中には会津藩や容保を敵対視する者が多く、会津藩は孤立していった。

慶応四年（一八六四）一月三日に鳥羽・伏見の戦いが勃発し、旧幕府軍の敗北が濃厚になると、六日、慶喜は大坂から軍艦で江戸に帰還。慶喜と共に大坂城にいた容保は、慶喜の命でこれに随行している。二月四日に藩主の地位を降りたが、十六日、新政府は会津・桑名両藩主を朝敵とする勅命を発した。また慶喜は、容保らに江戸城登城の禁止と江戸追放を言い渡している。

新政府からも旧幕府からも追われる立場となった容保らは、会津に戻ることになった。二月二十二日、会津に到着した容保は、謹慎して朝命を待ったのであるが……。

慶応四年正月付け松平容保追討状（伊達慶邦宛て・上杉斉憲宛て）

米沢市上杉博物館所蔵

仙臺中将

會津容保今度徳川
慶喜之反謀ニ與シ錦旗ニ
炮発シ大逆無道可攻発

上杉弾正大弼

思召有之別紙之通
仙臺中将ニ被
仰付候ニ付其藩ニ於テ
兼而

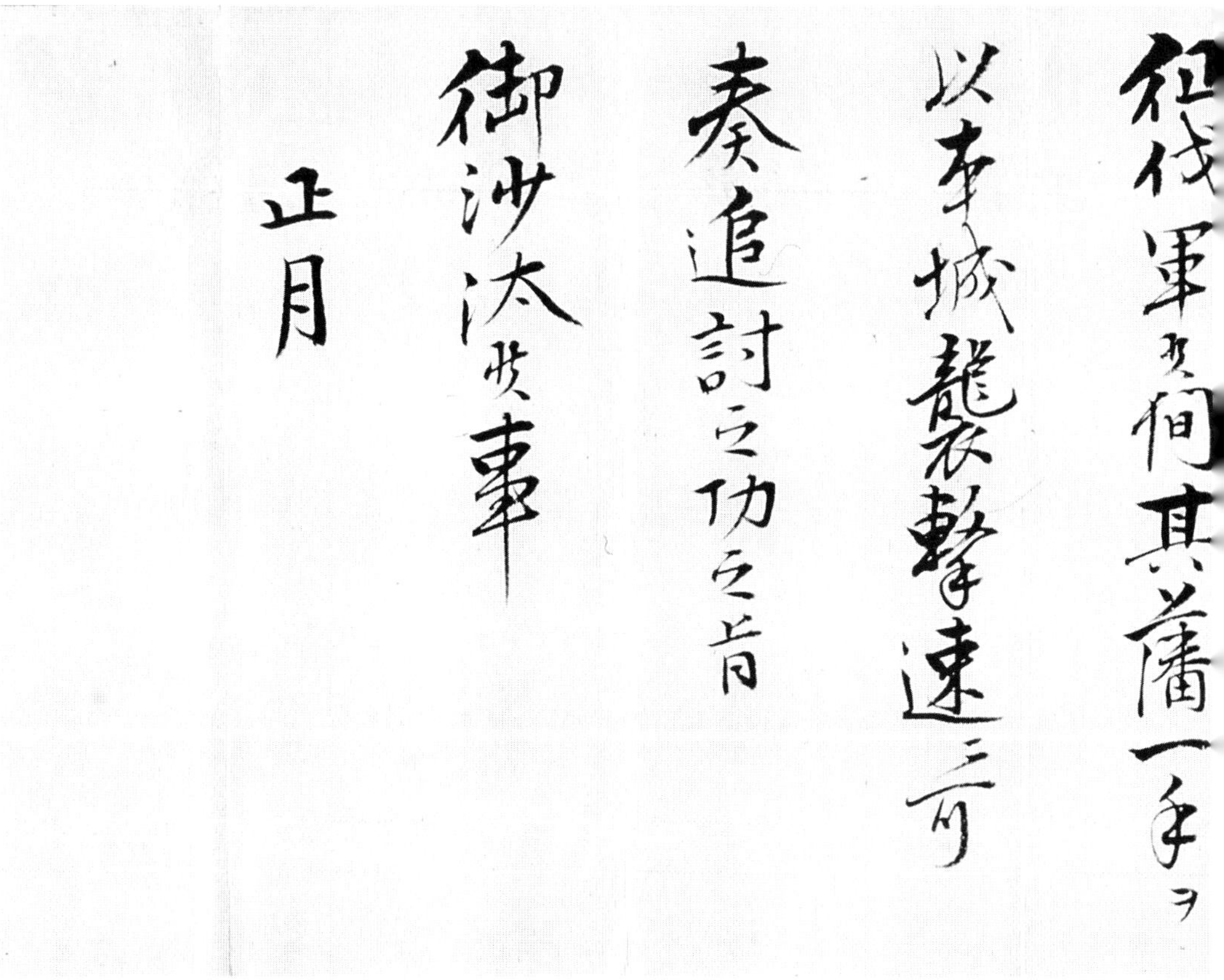

仙台中将（伊達慶邦）
会津容保（松平）、今度徳川
慶喜之反謀ニ与シ、錦旗ニ
炮発シ、大逆無道、可被発
征伐軍候間、其藩一手ヲ
以、本城襲撃、速ニ可
奏追討之功之旨
御沙汰候事、
正月

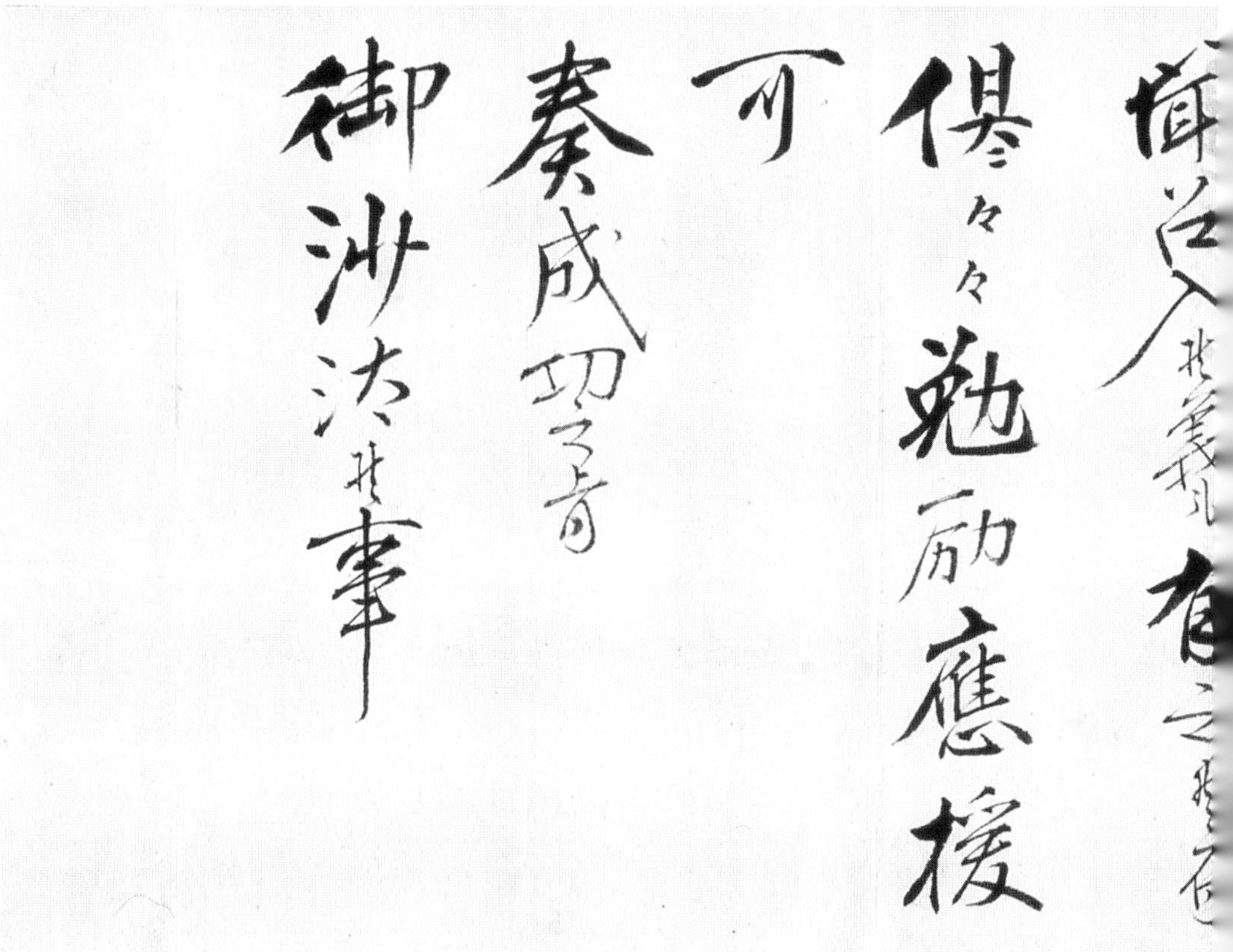

上杉弾正大弼（斉憲）
聞召入候義も有之候ニ付、
思召有之、別紙之通
仙台中将（伊達慶邦）江被
仰付候、随而者其藩ニ於て
兼而被
倶ニ々勉励応援
可
奏成功之旨
御沙汰候事、

松平容保追討状（伊達慶邦宛て・上杉斉憲宛て）

【読み下し文】

仙台中将

会津容保、今度徳川慶喜之反謀に与し、錦旗に炮発し、大逆無道、征伐軍を発せらるべく候間、其藩一手を以て、本城襲撃、速やかに追討の功を奏すべきの旨御沙汰候事、（後略）

上杉弾正大弼

思し召しこれ有り、別紙の通り仙台中将へ仰せ付けられ候、随いては其藩に於いて兼ねて聞こし召し入れられ候義もこれ有り候に付き、倶に倶に勉励応援、成功を奏すべきの旨御沙汰候事、

慶応四年（一八六八）正月、新政府は仙台藩主伊達慶邦に、会津藩主松平容保の追討を命じ、沙汰書を発した。慶喜の謀反に協力し、錦旗に銃口を向けて発砲したことは、「大逆無道」だと断罪する。征伐軍を差し遣わしたので、仙台藩は、一軍をなし、若松城を襲撃して容保を討つ功を挙げるべしと命じるものである。

さらに二月、新政府は米沢藩主上杉斉憲をはじめ、秋田や南部の諸藩に対して仙台藩の支援を指示した。それがもう一通の沙汰書である。伊達に容保の追討を命じたので、米沢藩も仙台藩の会津攻撃を応援して成功させるようにと命じている。

奥羽鎮撫使が仙台藩に会津出兵を迫る中、仙台藩と米沢藩は、「首謀者の首級を差し出すことで赦免していただきたい」と新政府に嘆願するよう会津藩を説得したが、会津藩はこれを拒否した。そこで仙台藩と米沢藩は、奥羽諸藩に列藩会議召集の廻状を出し、「会津藩寛典処分嘆願書」などを提出する。しかし、鎮撫使にこれを握り潰された。新政府に従って恭順を考えていた上杉も、伊達と共に奥羽越列藩同盟の盟主として新政府軍と戦うことになるのである。

八月には米沢藩が北越戦争で敗戦し、九月には仙台藩が降伏、同盟は解体した。戊辰戦争後、仙台藩は全領土を没収されて、藩主は謹慎閉門となり、米沢藩も減封に処された。

五箇条の御誓文

慶応四年（一八六八）一月、新政府の財政担当となった参与の由利公正は、御用金調達の大義として新政府の方針を示さねばならないと、「議事之体大意」五か条を起案した。制度取調参与の福岡孝弟はこれを修正し、「会盟」五か条とした。

王政復古によって発足した新政府は、その具体的方策としての国是を模索しており、この「会盟」を下敷きにすることにした。しかし「会盟」は、天皇と諸侯とを対等に扱うものであり、王政復古の理念に反するという批判もあった。そこで木戸孝允は、天皇が天神地祇を祀り、神前で公家・諸侯を率いて共に誓いの文言を述べ、かつ、その場に伺候する全員が署名するという形式を提案し、表題を「誓」と改めたのである。慶応四年三月、木戸考案の「誓」五か条が、参与の東久世通禧を通じて議定兼副総裁の岩倉具視に提出された。

木戸の「誓」五か条は、天下に布告すべき日本国の国是として明治天皇の裁可を受け、慶応四年三月十四日に誓約された。明治天皇の勅命によって、儀式前日に天皇の書道指南役だった有栖川宮幟仁親王の手で正本が揮毫された。翌十五日、京都御所の正殿である紫宸殿にしつらえられた祭壇の前で、「天神地祇御誓祭」と称する儀式が執り行われた。御誓文の内容は、三条実美が神前で読み上げる形式で示された。

（慶応四年正月）議事之体大意（由利公正筆）

福井県立図書館所蔵

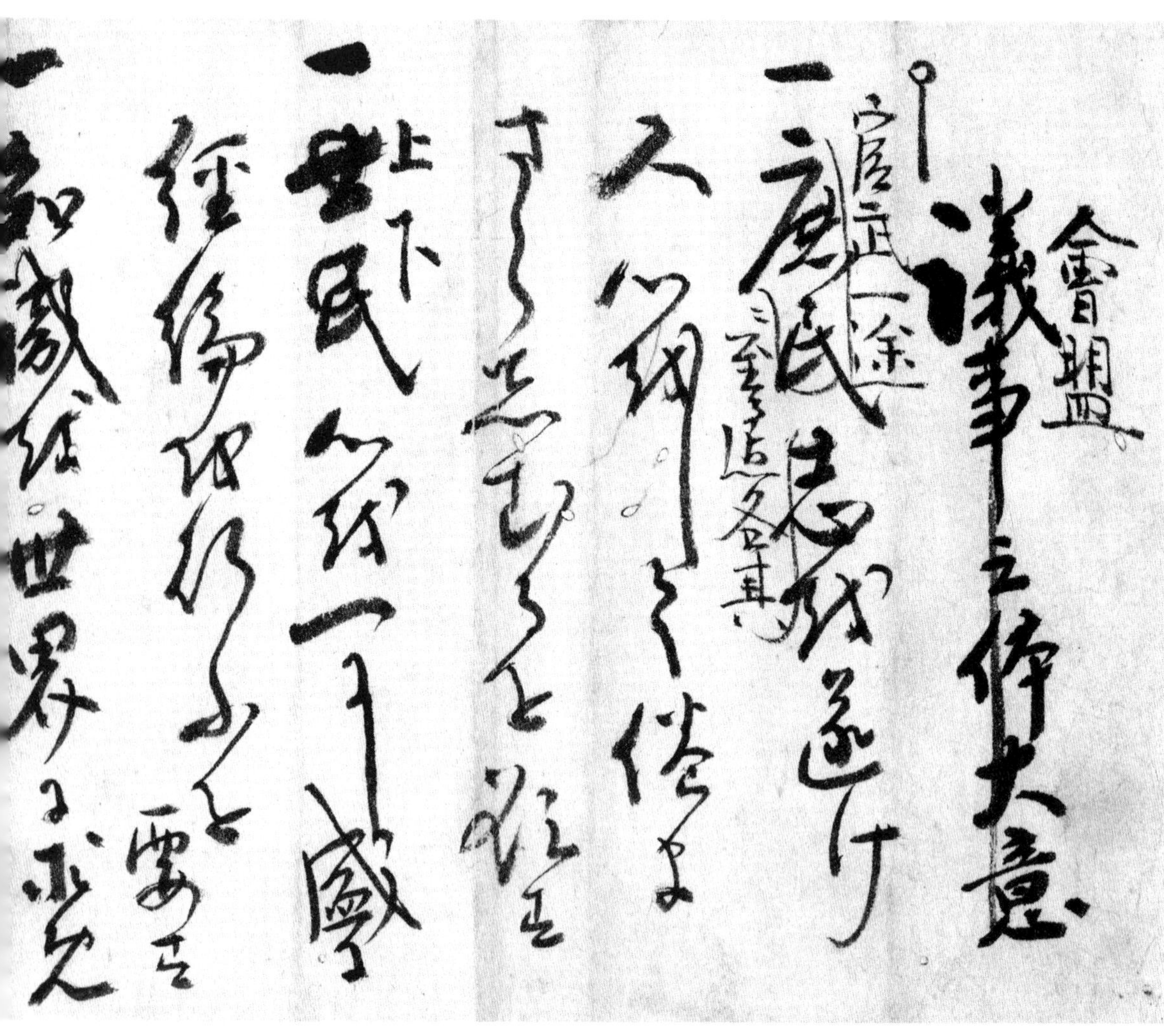

議事之体大意
一、庶民志を遂け人心をして倦まさらしむるを欲す、
一、士民心を一にし、盛に経論を行ふを要す、

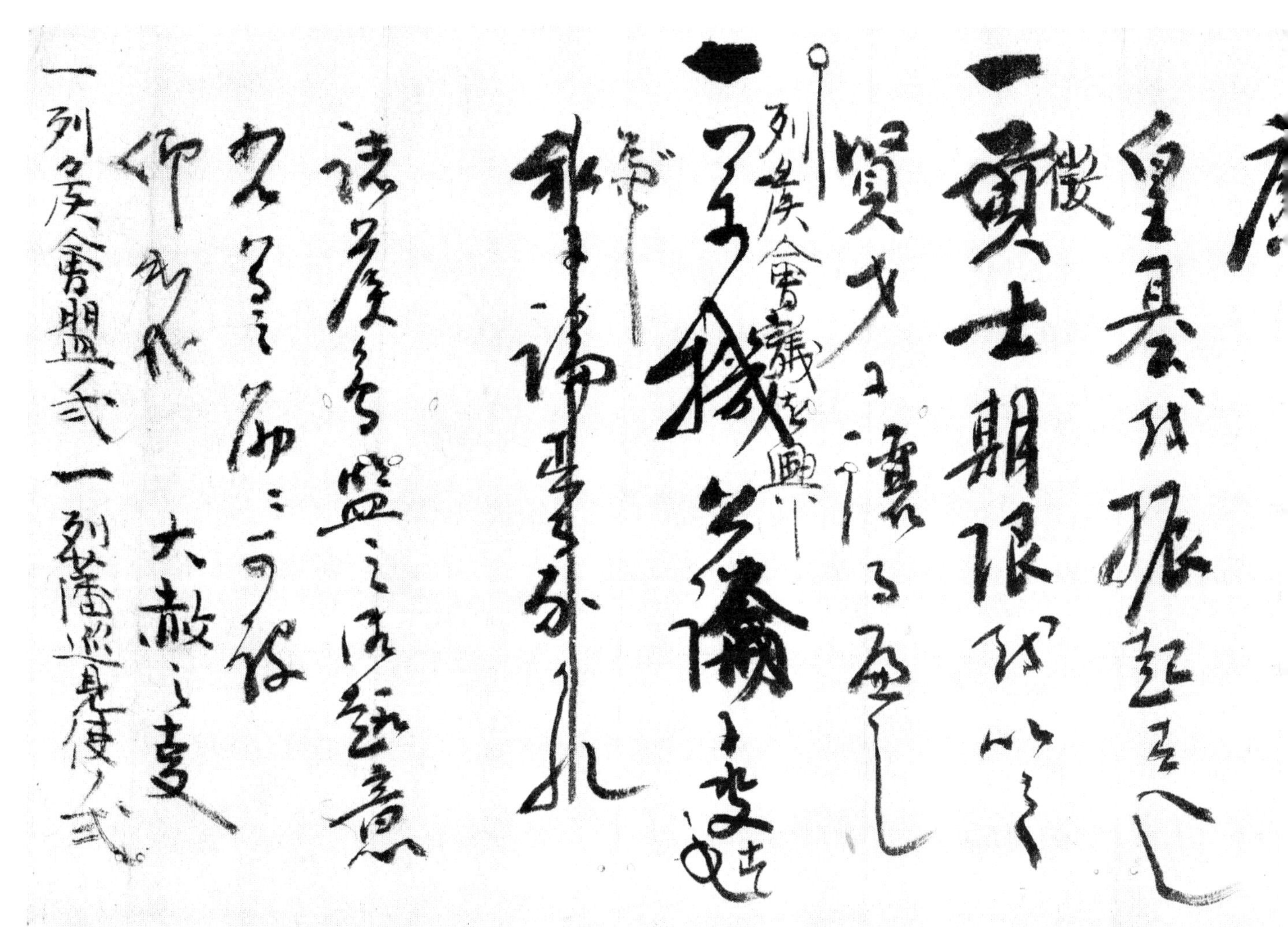

一、知識を世界に求め
広く
皇基を振起すへし、
一、貢士期限を以て
賢才に譲るへし、
一、万機公論に決し
私に論するなかれ、

諸侯会盟之御趣意
右等之筋ニ可被
仰出哉、　大赦之事
一、列侯会盟ノ式　一、列藩巡見使ノ式

議事之体大意（由利公正筆）

【読み下し文】

議事の体大意

一、庶民志を遂げ、人心をして倦まざらしむるを欲す、

一、士民心を一にし、盛んに経論を行うを要す、

一、知識を世界に求め、広く皇基を振起すべし、

一、貢士期限を以て賢才に譲るべし、

一、万機公論に決し、私に論ずるなかれ、

諸侯会盟の御趣意、右等の筋に仰せ出ださるべき哉、　大赦の事

一、列侯会盟の式　一、列藩巡見使の式

※本文の脇に記された修正文字の通りに読むと、以下のようになる。

会盟

一、官武一途、庶民に至るまでおのおのその志を遂げ、人心をして倦まざらしむるを欲す、

一、上下心を一にし、盛んに経論を行うを要す、

一、知識を世界に求め、広く皇基を振起すべし、

一、徴士期限を以て賢才に譲るべし、

一、列侯会議を興し、万機公論に決すべし、

福井藩士由利公正（三岡八郎）は、藩主松平慶永（春嶽）の顧問として招聘された熊本藩士横井小楠に師事した。慶永に抜擢されて藩財政の再建に成功し、慶永の幕府政治総裁職就任に伴って側用人となるが、藩内の反感を買って蟄居・謹慎処分となった。慶応三年（一八六七）十月末、福井を訪れた坂本龍馬と新政府の財政に関して深く会談している。

新政府に財政担当として出仕することになった由利は、国家予算調達の大義を示すべく、慶応四年（一八六八）正月頃、国家の方針として「議事之体大意」を起草した。その第一条は「庶民志を遂げ、人心をして倦まさらしむるを欲す」とし、庶民が志を成就できるような社会をつくり、人民が嫌にならないようにしたいと理想を謳い上げている。そして、経済を振興させること、世界に知識を求めること、世襲ではなく、期限を設け、有能な人材を登用すること、政治は公論に従って決定すること、と続けた。

由利は、庶民の生活の充実が政治の要道であり、民が富めば国が富むと考えていた。これは横井の思想を継承したものであった。第一条は土佐藩士福岡孝弟の加筆修正によって「朝廷と諸侯が一体となって庶民のための政治を行う」といった意味に変わり、長州藩士木戸孝允らによって第三条に移されることになるが、こうした変更が、かえって由利の先覚者的な思想的特徴を強調することになろう。

また、同じく横井に影響された坂本龍馬の「八義」（「新政府綱領八策」）とも、思想的に共通していよう。龍馬は慶応三年十一月十日、福井藩士中根雪江に「新国家」の財政担当に由利公正を出仕させて欲しいと懇願する書状を送っている。五日後に龍馬は命を落とすが、その思いは、翌月十八日の由利の出仕、そして翌慶応四年三月十四日の「五箇条の御誓文」に結実したといえよう。ただし、出来上がった文章は抽象的な表現になり、天皇が天地神明に誓う形式をとっていた。

戊辰戦争⑤——江戸無血開城

慶応四年（一八六八）一月七日、前将軍徳川慶喜に対する追討令が下り、慶喜は朝敵となった。二月三日、明治天皇は「親征の詔」を発し、九日に新政府は東征大総督府を設置。新政府総裁の有栖川宮熾仁親王は自ら志願して東征大総督に就任した。また、先行して設置されていた東海道・東山道・北陸道の鎮撫使を改めて先鋒総督兼鎮撫使として東征大総督府の指揮下に置いた。東征大総督府参謀には正親町公董と西四辻公業が、下参謀には西郷隆盛と林通顕が、軍監として江藤新平が就任している。東征大総督には戦争の指揮権や、徳川家および諸藩の処分の裁量権などが与えられた。

二月十五日、有栖川宮熾仁親王は明治天皇から錦旗と節刀を授けられ、京都を出発した。薩長を主力とする東征軍は、東海・東山・北陸の三道から江戸を目指す。新政府内には、徳川家および前将軍慶喜を厳しく処分すべきであるとする強硬論と、厳罰に反対する寛典論とで意見が割れていたが、熾仁親王は恭順を条件に慶喜を助命する方針を固めていた。三月六日、大総督府は、三月十五日を江戸城総攻撃の日と決める一方で、一定の条件で慶喜の謝罪恭順を受け入れるとの方針を示した。そこに三月九日、慶喜側の使者として山岡鉄舟が、官軍が充満する東海道をかいくぐって駿府の西郷隆盛を訪ねてやって来た。そこで初めて慶喜の謹慎状況が判明し、徳川家寛典の条件が西郷側から提示され、「江戸無血開城」が決定された。その後、十五日の総攻撃は中止された。

四月四日、東海道先鋒総督の橋本実梁と同副総督の柳原前光が江戸城に入り、徳川慶頼に対して「慶喜の死一等を減じて水戸で謹慎せよ」との勅旨を伝えた。四月十一日に江戸城は尾張藩兵が中心の大総督府に接収され、二十一日、熾仁親王らが入城したことで正式に大総督府に明け渡されたのである。

慶応四年三月十四日付け西郷隆盛書状（勝海舟宛て）

東京都江戸東京博物館所蔵

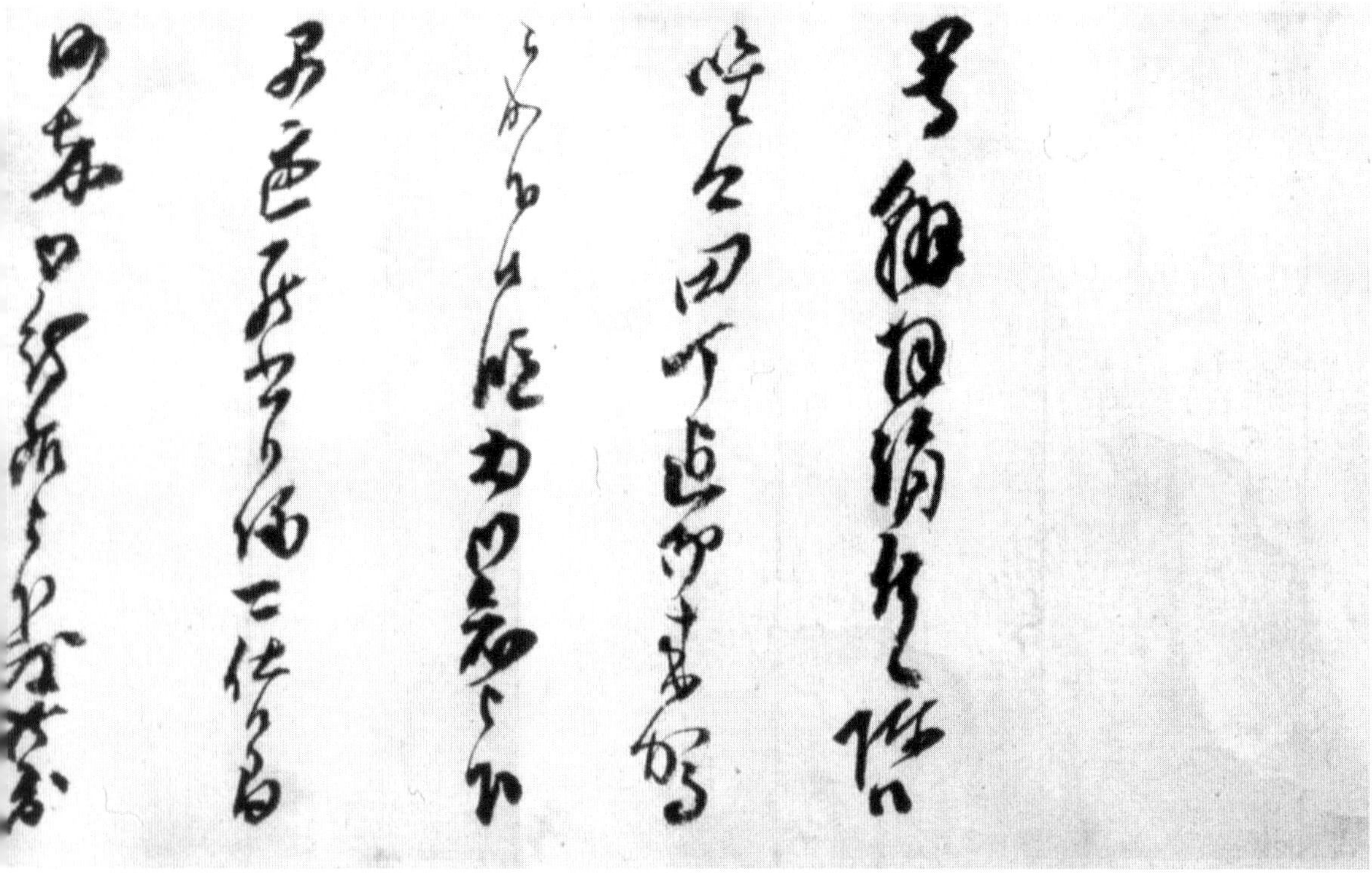

尊翰拝誦仕候、陳ハ
唯今田丁（町）迄御来駕
被成下候段、為御知被下、
早速罷出候様可仕候間、
何卒御待居被下度、此旨

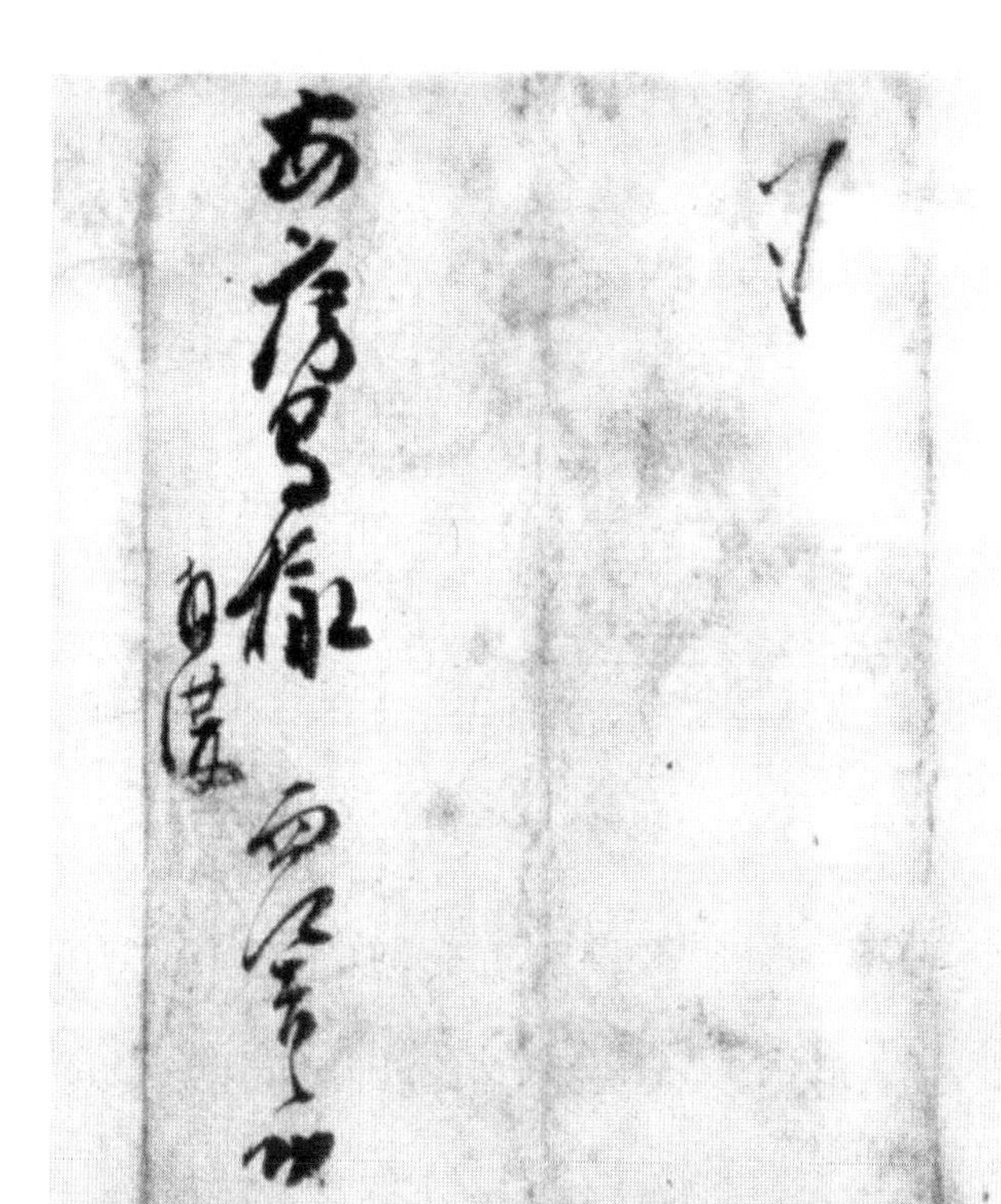

御受迄如此御坐候　頓首

三月十四日

〆

安房守様（勝海舟）　西郷吉之助（隆盛）

拝復

【読み下し文】

尊翰拝誦仕り候、陳ば唯今田町まで御来駕成し下され候段、御知らせ下され、早速罷り出で候よう仕るべく候間、何卒御待ち居り下されたく、この旨御受けまで、かくの如くに御坐候、頓首、（後略）

新政府軍による江戸城総攻撃は、三月十五日に予定されていた。その二日前の十三日、西郷隆盛と勝海舟は高輪の薩摩藩下屋敷で最初の会談を行った。

本状は、その翌日十四日に行われた第二回会談の直前のものである。当日、海舟が早く着いたのか、まだ西郷は到着していなかった。海舟は、会談場所である田町に着いた旨を書状で連絡してきた。その書状を読んだ西郷は、早速向かうので待って欲しいと返事を出した。それが本状である。

田町には薩摩藩の蔵屋敷があった。海舟はのちに『氷川清話』で、西郷は田町の薩摩藩蔵屋敷に来たと記しているが、日記には十三日に高輪の薩摩藩下屋敷に出張し、翌日も「同所」に赴いたとの記述がある。このため、第二回の会談場所には諸説があった。しかしこの書状から、第二回会談の場所は田町の薩摩藩蔵屋敷だったことがわかる。

勝と西郷の二人が行った会談によって江戸城総攻撃は回避され、「無血開城」が成ったといわれるが、内実はそれほど単純ではない。

薩摩屋敷での勝・西郷会談に先立つこと、四日前の三月九日、徳川慶喜側近の高橋泥舟が推薦し、慶喜が派遣した山岡鉄舟が、静岡城下の旅宿松崎屋に滞在中の西郷を訪ね、会談が持たれた（西郷・山岡の静岡会談）。品川宿など東海道筋の各地を官軍が駐屯する中、決死の覚悟で潜り抜け、西郷に会うことができた。そうした鉄舟が、勝の手紙を届け、また、新政府の岩倉具視にもよく知られた泥舟が守護する慶喜の謹慎状況などを誠心誠意説明して、徳川家の処分案（江戸城明け渡し、城内幕臣の向島移転、兵器や軍艦の引き渡し、慶喜の鳥取池田家謹慎など）が、西郷側から初めて示されたのである。それまで、静寛院宮（和宮）や天璋院（篤姫）の使者が来たが、西郷は要領を得なかったという。山岡は慶喜の謹慎だけは保留にして、あとの条件は承諾した。こうして江戸城総攻撃は中止される。翌日、鉄舟は江戸に戻って慶喜と泥舟に報告した。これを受けての前述の勝・西郷会談であり、ここで慶喜の水戸謹慎が決まったのであった（決まったのはこれのみ。大枠は静岡会談で決まっていた。勝は追認のみ）。もちろん、薩摩藩邸での会談に山岡も立ち会っている。山岡の立ち会いがなければ、高輪・田町会談も意味をなさないのである。ともかく、勝の独り舞台ではなく、山岡の働きが抜群であったことは記憶したい。慶喜は、山岡を徳川家存続の最大・最高の功臣としている。勝ではないのである。

戊辰戦争⑥——徳川処分

慶応四年（一八六八）四月十一日、江戸が開城したこの日、前将軍徳川慶喜には死一等を減じて水戸謹慎が命じられた。慶喜は水戸弘道館の至善堂に謹慎した。慶喜は水戸で彰義隊などの動きを気に掛け、幕臣を江戸へ探索に出していた。

閏四月二十九日、関東監察使三条実美は、徳川家達（田安亀之助）が徳川宗家を相続することを許可する勅旨を伝達した。江戸城内田安邸において、御三卿で十四代将軍徳川家茂の将軍後見職も務めた田安家徳川慶頼の三男として誕生した家達は、この時、僅か六歳だった。

五月二十四日、徳川家は駿府七十万石に減封の上、移されることが公表された。六月、家達は静岡藩知事に就任し、駿河府中へ移住することが決まった。八月十五日、家達は榎本武揚の手配した船で、駿府へと向かったのである。

これまでの、直轄領・旗本領合わせて八百万石から七十万石へと大幅に減封されたことで、徳川家は多くの幕臣を養うことが困難になった。新政府に仕えることに抵抗のある旧幕臣の中には、無禄でも徳川家に従いたいと望む者も多かった。静岡に移住してきた旧幕臣は一万三千余名だった。多くが勤番組として、まさに微禄に甘んじた。

家達の駿府移住に伴い、慶喜も謹慎の場所を駿河宝台院（現、静岡市葵区）に場所を移した。この時、慶喜を駿府まで警備したのが、新番組と呼ばれる旧幕臣らだった。新番組の隊長中條景昭は、静岡に移住した旧幕臣らの生計を立てるため、勝海舟や渋沢栄一の支援を受けながら、牧之原台地の開墾に着手した。ここで茶の栽培を始めたのである。「不毛の地」だった牧之原で茶が初めて収穫できたのは、明治六年（一八七三）のことだった。現在、牧之原台地の見事な茶畑の中に、巨大な中條の銅像が誇らしげに建っている。

慶応四年閏四月二十八日付け勝海舟奉答書下書

東京都江戸東京博物館所蔵

人心離散之御答

第一

今■植苗之時ニ当て、下民力役に苦む、東国三十余国悉く其生産を失ハしむ、来歳之生活、何物を以て其生を保たん歟、民は国之本也、下民豈数千年之恩沢を弁すへき、其父母妻子之餗(凍)餒を逃む、目前を知り■て、其他を顧るに暇あらむ哉、

第二
既ニ過日已来　大総督府江建言ス、
第三
王政御維新之際、我徳川氏之領国
を以て、其用途に充られんとするかことし、
此一事、乍恐御規模御狭小にてハ、譬
不残被召上■も、纔に四百万ニ不過、
其俵■■■三百幾十万前後、今全く
■■上るとも、大政従事之諸官俸
金にも可不足、況哉海陸之御武備ハ
何を以て是に充られん歟、且其名
不正、犯罪之如きは其條理を以て

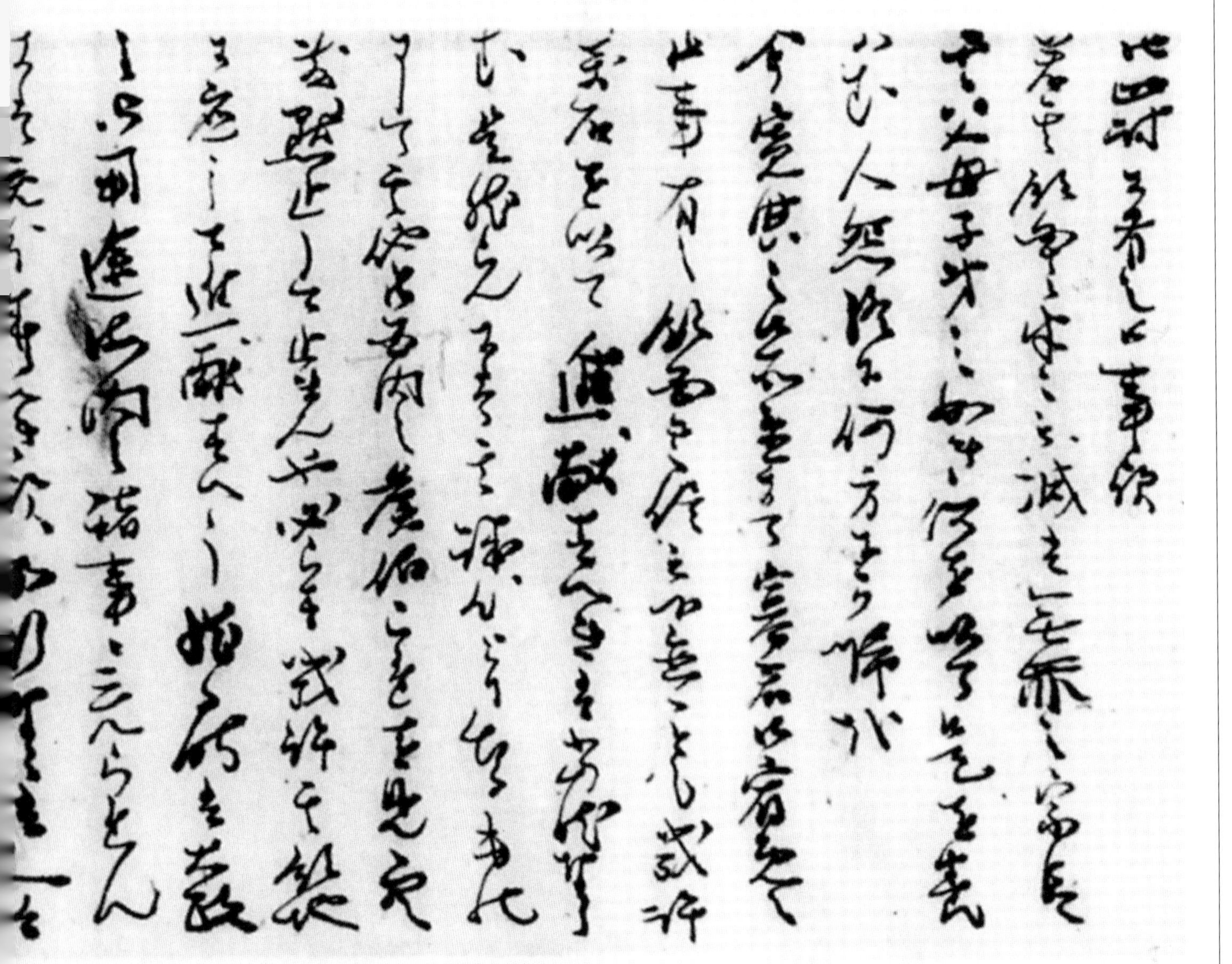

御罰可有之御事歟、
若其領国之半々被滅は、無罪之家臣、
其父母子弟之如き、何を以て是を養
ハむ、人怨終に何方に可帰哉、
今寛典之御所(処)置にて寡 君(徳川慶喜)御宥免之
御事有之、領国其儘被下置候とも、幾許
万石を以て進献すへきは、当然なら
む、是然らんには、其誠心より出るもの
にして、其他御国内之侯伯被進を見、空
敷黙止して止まんや、必らす幾許、其領地
に応して進献すへし、然る時は大政
之御用途、海内之諸事ニ充られん
には充分成るへき歟、如斯ならは人々

其心に快くして悦服すへき事必せり
第四
一家不和を生れは、一家滅亡す、一
国不和を生すれは、其国亡すへし、
海内之人心をして離散せしめは如何、
第五
外国之人員、其御所(処)置如何を以て、
拭目て見、耳を聳て聞く、若一朝御
不正に渉らは、其可否ノ瞬間を以而
海外ニ及ふ、深慮すへきならむ歟、
此他、人心之向背ニ関係するもの、
既ニ幾許、今其御実際之大成る

ものを以て忠告す、これ寡君恭
順して憂慮する所、必らす爰
に出さるを推察す、故に其罪を
恐れて黙止する能ハす、不憚忌諱
冒瀆高明ス、死罪々々、
閏四月廿八日　勝　安房（海舟）

【読み下し文】

人心離散之御答

第一
今植苗の時に当たりて、下民力役に苦しむ、東国三十余国悉くその生産を失わしむ、来歳の生活、何物を以てその生を保たんか、民は国の本也、下民豈数千年の恩沢を弁ずべき、その父母妻子之凍餒を逃れむ、目前を知りて、その他を顧るに暇あらむ哉、

第二
既に過日已来　大総督府へ建言す、

第三
王政御維新の際、我が徳川氏の領国を以て、その用途に充てられんとするがごとし、この一事、恐れ乍ら御規模御狭小にては、譬え残らず召し上げらるるも、纔かに四百万に過ぎず、その俵三百幾十万前後、今全く上るとも、大政従事の諸官俸金にも足らざるべし、況んや海陸の御武備は何を以て是に充てられんか、且その名正しからず、犯罪の如きはその條理を以て御罰これ有るべき御事か、若しその領国の半々減ぜれば、無罪の家臣、その父母子弟の如き、何を以て是を養わむ、人怨終に何方に帰すべき哉、今寛典の御処置にて寡君御宥免の御事これ有り、領国そのまま下し置かれ候とも、幾許万石を以て進献すべきは当然ならむ、是然らんには、その誠心より出るものにして、その他御国内の侯伯進ぜらるを見、空しく黙止して止まんや、必らず幾許、その領地に応じて進献すべし、然る時は大政の御用途、海内の諸事に充てられんには充分成るべきか、かくの如くならば人々その心に快くして悦服すべき事必せり、

第四
一家不和を生ずれば、一家滅亡す、一国不和を生ずれば、その国亡すべし、海内の人心をして離散せしめば如何、

第五
外国の人員、その御処置如何を以て、目を拭いて見、耳を聳て聞く、若し一朝御不正に渉らば、その可否の瞬間を以て海外に及ぶ、深慮すべきならむか、この他、人心の向背に関係するもの、既に幾許、今その御実際の大成るものを以て忠告す、これ寡君恭順して憂慮する所、必ずここに出ざるを推察す、ゆえにその罪を恐れて黙止するあたわず、憚らず忌諱冒瀆高明す、死罪々々、(後略)

本状は、徳川処分について、勝海舟が新政府軍参謀の西郷隆盛に対して、「人心離散之御答」と題して提出した奉答書の下書きである。

海舟は本状で、徳川家の領地を没収してはならないと提言している。たとえ領地を残らず没収したとしても僅か四百万石（三百幾十万俵ほど）であり、諸官吏の給料にも足りないどころか、海陸の軍事費に充てるのは難しいものである。今、情けのある取り扱いでもって徳川慶喜を宥免し、領地のうち数万石を進んで献上させる形をとれば、その他の大名らも同様に進献するだろうから、その時は大政の用途に充てれば良いのではないかというのが、海舟の見解だった。

海舟がこのように主張するのは、一家に不和を生じれば一家は滅亡するように、一国に不和を生じれはその国は亡ぶと考えるからである。そして今、人心が離反してしまえばどうなるかと、相手に十分考えよと促している。

冒頭で海舟は、百姓らは田植えの時期で力仕事に苦しんでおり、彼らを追い込めば来年の生活が成り立たない。「民は国之本」であるが、その彼らは父母や妻子が飢えに苦しむことを悲しんでおり、その他を顧みる余裕がない。徳川家の領地を半分に減ずれば、無罪の家臣はその父母や子弟を養うことができなくなり、怨恨を募らせるであろうと。

海舟はこのように説き、さらに諸外国も朝廷が徳川をどう処分するか注目しており、もし不正に事を進めれば、その可否が瞬時にして海外に伝わるので、深慮すべきであるとの論理を展開して、徳川家の領地を守ろうとしたのである。

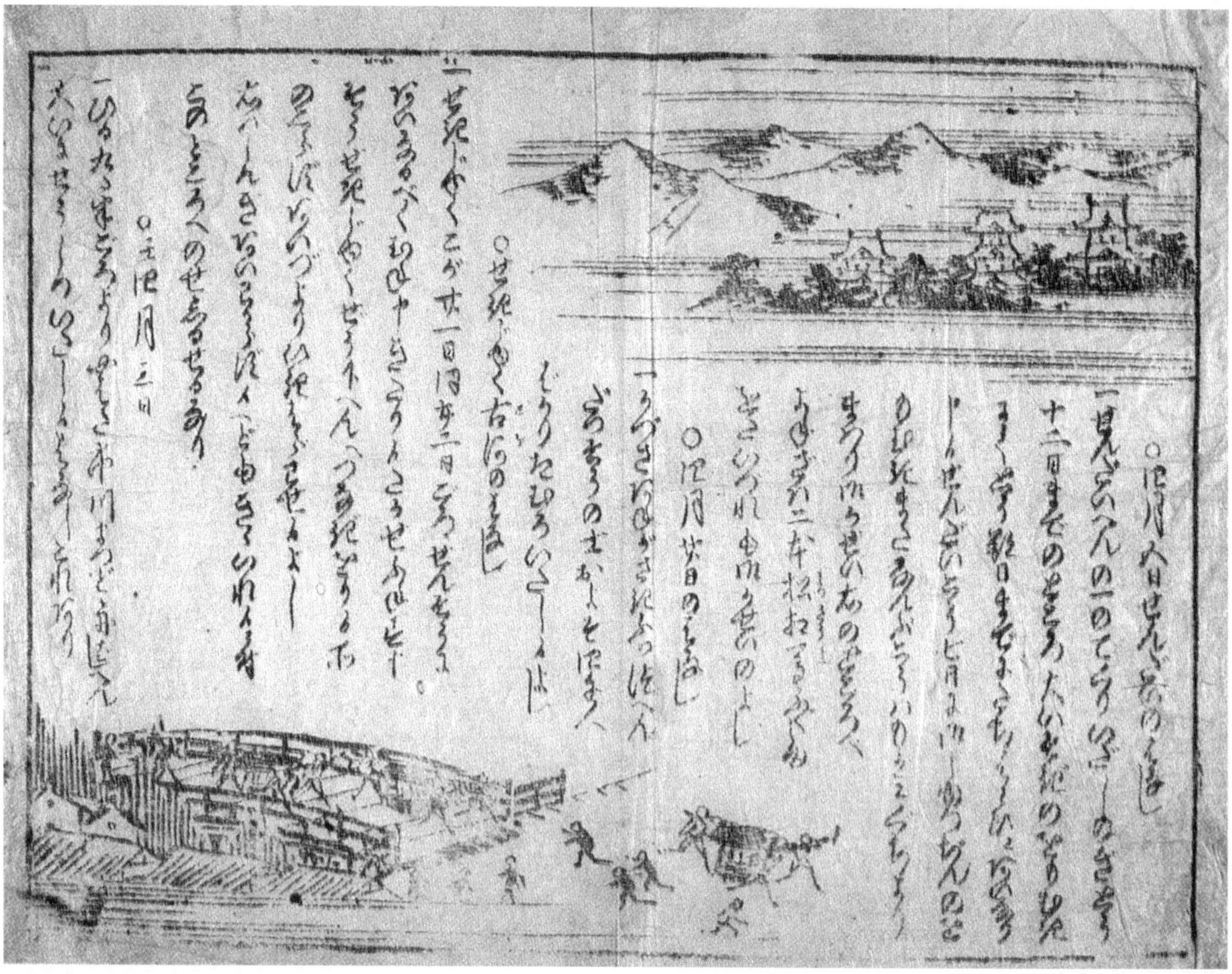

【戊辰戦争を報じた読売】

慶応四年（一八六八）四月四日に江戸城へ新政府軍が入城するが、東北地方をはじめ、北関東や房総周辺では、まだまだ戦争は継続していた。この読売には、仙台藩が四月七日に出陣する話や、上総姉ヶ崎や富津周辺に旧幕府の脱走兵が四千人ほどたむろしている話、下総関宿・古河あたりで四月二十一日か二十二日頃に戦争が始まる話、閏四月三日の昼頃から、下総八幡・市川・松戸・船橋あたりが大いに焼失した話が記されている。「真偽のほどはわからないが、聞いたことを記した」と断っている。

○四月五日せんだいのはなし
一、せんだいへんの一のてくりいだしのぎとう、
十二日までのところ、大いそぎのをむき
にてとう、数日までにたちはらひニあひなり
申候、せんだいとう七日に御しゆつぢんのを
もむき、またなんぶとうハもかミくちより
まハり御かせい、右のところへ
よねざハ・二本松・相馬・ふくしま
をた、いづれも御かせいのよし、

○四月廿日のはなし
一、かづさあねがさき・ふっつへん
だつそうの士およそ四千人
ばかりたむろいたし候よし、

○せきじゆく・古河のはなし
一、せきじゆく・こが廿一日・同廿二日ごろ、せんそうに
あいなるべくむね申きたり候、たかせふねすじ
とう、せきじゆくせう下へんへつなぎをり候所、
のこらずあいづよりひきはらわせ候よし、
右ハしんぎあいわからず候へども、き丶いれ候二付、
このところへのせしるせるなり、

○閏四月三日
一、ひる九ツ半ごろより、やはた・市川・まつど・舟ばしへん
大いにせうしついたし候はなしこれあり、

戊辰戦争⑦——幕府海軍の脱走

山岡鉄舟・勝海舟と西郷隆盛の会談の結果、慶応四年（一八六七）四月十一日、江戸開城がなる。新政府軍は、降伏の条件として、前将軍徳川慶喜の水戸謹慎のほか、旧幕府の武器・軍艦の引き渡しを要求した。海軍副総裁の榎本武揚はこれを拒否し、艦隊八隻で品川沖から安房国館山（現、千葉県館山市）に脱走した。その間、官軍に引き渡す軍艦に設置されていた最新式の大砲を交換したという。勝海舟の説得によって一度は品川沖へ戻り、富士山丸・朝陽丸・翔鶴丸・観光丸の四隻を新政府軍に引き渡した榎本だったが、なおも抗戦の姿勢を崩さなかった。遊撃隊などの脱走兵に手を貸すなどしながら、榎本は着々と江戸脱出の準備を進めていたのである。

減封処分の上で駿府移封と決定した徳川家達らは、八月九日、榎本が手配した旧幕府軍の艦船で駿府城に入った。これを見届けると、八月十九日、榎本は勝海舟に「檄文」と「徳川家臣大挙告文」という趣意書を託し、開陽丸・回天丸・蟠竜丸・千代田形・神速丸・美賀保丸・咸臨丸・長鯨丸の計八艦を率いて、江戸を脱出した。軍艦には元若年寄の永井尚志をはじめ、陸軍奉行並の松平太郎、彰義隊や遊撃隊の残党など、総勢二千余名が乗っていた。目指すは仙台、目的は奥羽越列藩同盟の支援だった。

房総沖で暴風雨に襲われて咸臨丸と美賀保丸の二隻を失うが、六艦が仙台に到着した。九月二日、榎本は仙台城で伊達慶邦に謁見するが、その十日後、仙台藩は降伏を決意する。説得を試みたが果たせず、榎本らは仙台を出港し、石巻（現、宮城県石巻市）を経て蝦夷地へと向かったのである。

慶応四年五月二日付け榎本武揚書状（勝海舟宛て）

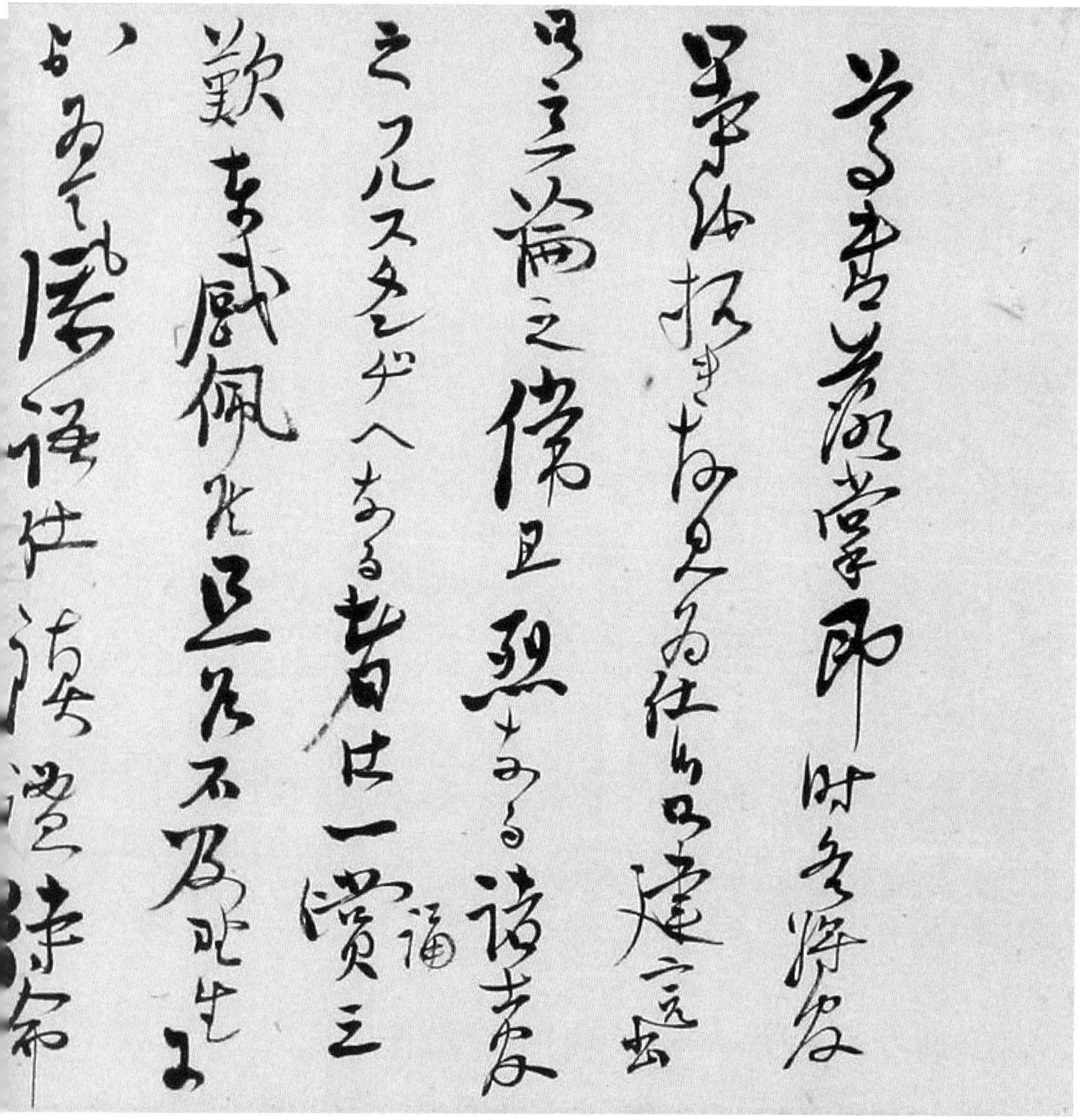

早稲田大学図書館所蔵

尊書落掌、即時各将官
等を招き拝見為仕候、御建言書
御立論之偉、且烈なる諸士官
之フルスタンヂへなる者は一貫[誦]三
歎奉感佩候、且午不及野生（榎本武揚）に
おゐても添語仕、鎮謐待命

可申旨申諭置候　我輩之
所業、公之御素抱を負き
候事者決而仕間敷候、
一、木更津辺を穿鑿為致候処、
過日之一敗後、土人再ひ帰来、
産業如常いたし居候、尤
官軍入来之節、余程暴
虐ニ逢ひ、其惨毒有不可

忍言者、其後又々前橋藩之細吏ニ苛責せられ、町人・百姓一同困却いたし候、とかく我徳川藩士之来て鎮撫するを仰き居候、此事実情ゟ出候事ニ候、模様次第火船一隻さし遣し置可申候、

一、前月以来、各船大砲実地之経 弾丸

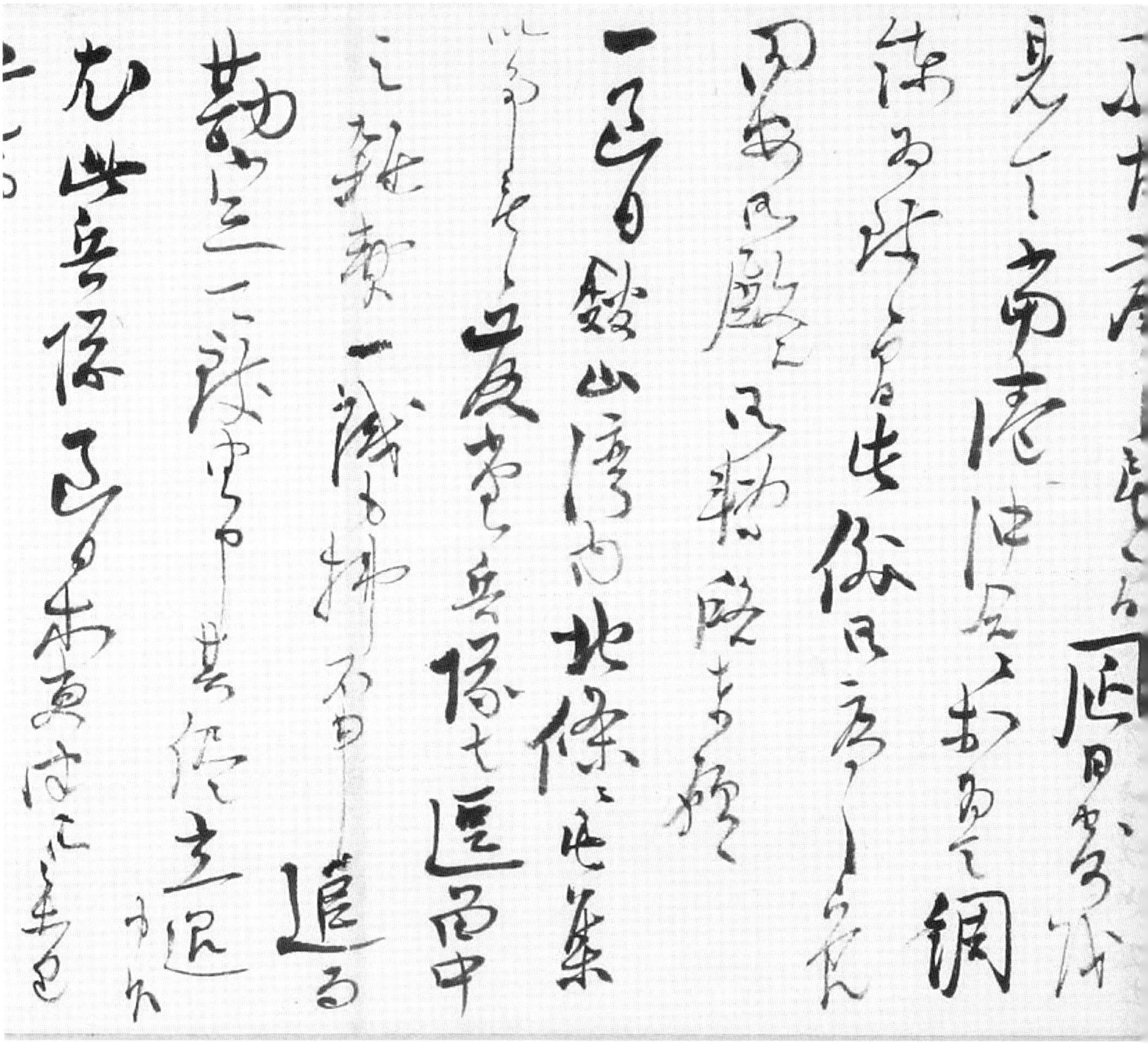

駁を廃し居間　[illegible]害を
見て、当港沖合ニおゐて調
練為致候間、此儀御序之節
田安御殿江御転啓奉願候、
一、過日、館山湾内北條ニ屯集
いたし居候藤堂兵隊者、逗留中
之雑費一銭も払不申、追而
勘定可致由申、其儘立退申候、
尤此兵隊、過日木更津江参り

但シ帰り
がケ　候節者、夫々宿代払ひ申候由、
彼辺いづくにても長州之兵
隊行儀よろしきを感し居申候、
此、偏に主将其人を得ると、練
磨之兵卒なるによるべし、
可羨可歎、
一、偖、昨日申上候通、両三日中ニ
者いつれ一寸上岸、其節
尚万緒可奉伺候、已上、

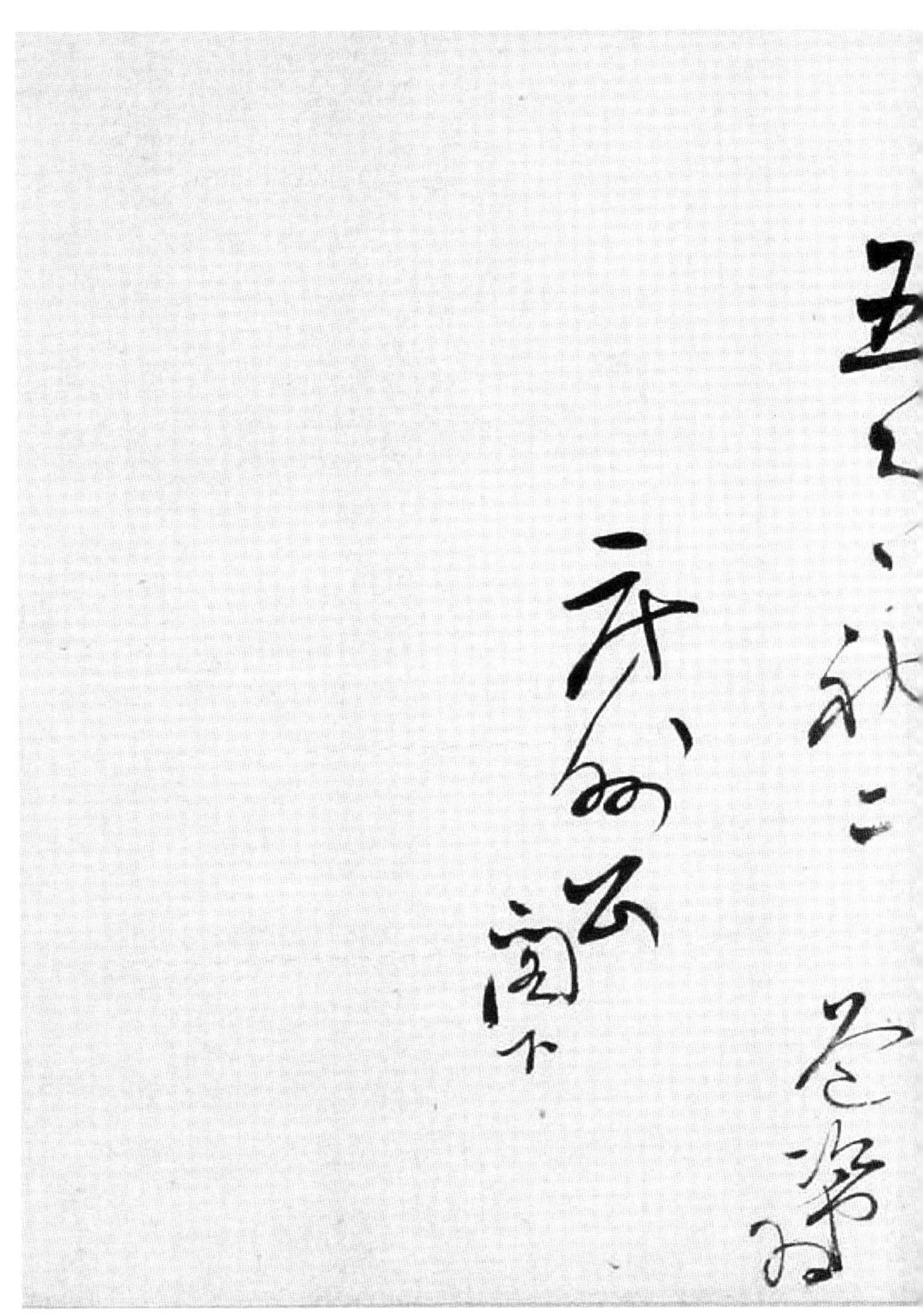

五月初二　釜次郎
拝

房州公（勝海舟）
閣下

榎本武揚書状（勝海舟宛て）3

【読み下し文】

尊書落掌、即時各将官等を招き拝見仕らせ候、御建言書御立論の偉、且烈なる諸士官のフルスタンヂへなる者は一誦三歎感佩奉り候、且及ばず乍ら野生においても添え語仕り、鎮謐待命申すべき旨申し諭し置き候、我輩の所業、公の御素抱を負き候事は決して仕るまじく候、

一、木更津辺を穿鑿致させ候処、過日の一敗後、土人再び帰来、産業常の如くいたし居り候、尤も官軍入来の節、余程暴虐に逢い、その惨毒忍ぶべからずと言う者有り、その後又々前橋藩の細吏に苛責せられ、町人・百姓一同困却いたし候、とかく我が徳川藩士の来て鎮撫するを仰ぎ居り候、この事実情より出で候事に候、模様次第火船一隻さし遣し置き申すべく候、

一、前月以来、各船大砲弾丸の経験を廃し居る間、凪日寄りを見て、当港沖合において調練致させ候間、この儀御序での節田安御殿へ御転啓願い奉り候、

一、過日、館山湾内北條に屯集いたし居り候藤堂兵隊は、逗留中の雑費一銭も払い申さず、追って勘定致すべき由申し、そのまま立ち退き申し候、尤もこの兵隊、過日木更津へ参り（但し帰りがけ）候節は、それぞれ宿代払い申し候由、彼辺いずくにても長州の兵隊行儀よろしきを感じ居り申し候、これ、ひとえに主将その人を得ると、練磨の兵卒なるによるべし、羨むべし歎くべし、

一、さて、昨日申し上げ候通り、両三日中にはいずれ一寸上岸、その節尚万緒伺い奉るべく候、已上、（後略）

慶応四年（一八六八）四月、江戸城が新政府に明け渡され、徳川慶喜の処遇が決定すると、不満を抱く旧幕臣が相次いで江戸を脱出した。榎本武揚（釜次郎）は八艦を率いて安房館山（現、千葉県館山市）に脱走し、大鳥圭介は陸軍を率いて下総市川（現、千葉県市川市）に、福田道直は撤兵隊を率いて上総木更津（現、千葉県木更津市）に入った。榎本は勝海舟の説得に応じて江戸に戻ったが、下総国市川・船橋では新政府軍と撤兵隊分隊の間で戦闘が繰り広げられ、新政府軍の圧倒的な勝利に終わった。本状はその直後、海舟の書状を「フルスダンヂへなる（賢明な）」諸士官と感動しながら読んだとして、その返書として送られたものである。

　榎本は、敗戦後の木更津の状況を述べ、火船一隻を派遣すべきだ、と主張している。官軍が来た時、住民らは暴虐に遭い、その「惨毒」は言うに忍びがたいものがあった。さらに新政府側についた前橋藩の藩士に苛責され、住民は困り果て、「我徳川藩士」が来て新政府軍を鎮撫するのを待っている、と榎本は言う。

　また、市川に配備された津藩（「藤堂兵隊」）の振る舞いについて述べている。彼らは、北条（現、館山市）逗留中は雑費を払わずに退散したが、木更津への帰りがけには宿代を払っていった。どこであっても「長州之兵隊」は行儀がいいと感じていたところだが、素晴らしい主人を得ると、練磨の兵卒となることによるもので羨ましいと言い、幕府軍のふがいなさを嘆いている。

　榎本は、前月以来、各軍艦は大砲の訓練を廃止しているが、凪の日を見て、当港の沖合で調練をさせるとも言っている。一度は江戸に戻ったが、なおも徹底抗戦を訴え続けた榎本の心情が窺える書状である。

戊辰戦争⑧——奥羽越列藩同盟の結成

慶応四年（一八六八）二月十六日、朝廷は会津藩と桑名藩を朝敵として追討する勅令を発した。藩内で恭順派と抗戦派が対立する中、前会津藩主松平容保は謹慎して恭順の意思を示した。しかし新政府は、仙台藩や米沢藩などに会津藩追討を命じたのである。

三月二十二日、奥羽鎮撫総督の九条道孝が仙台に到着した。仙台藩と米沢藩は会津藩と交渉を重ね、謝罪嘆願の内容を協議。四月二十九日、七ケ宿街道の関宿（現、宮城県七ケ宿町）で仙台・米沢・会津の三藩は会談し、会津藩が「謀主」の首級を差し出して降伏するということで同意した。しかし会津藩は、数日後にはそれを翻した内容の嘆願書を持参し、説得は難航した。

一方、庄内藩は江戸の薩摩藩邸を焼き討ちしたために、ゆくゆくは会津藩と同様新政府に追われることになるだろうと予期していた。そこで両藩は会庄同盟を結成。庄内藩は、四月に奥羽鎮撫府軍と戦ってこれに勝利したが、藩主酒井忠篤は官位を剥奪され、庄内藩は討伐の対象となった。

閏四月十一日、奥羽十四藩は仙台藩領の白石城で列藩会議を開き、会津藩・庄内藩赦免の嘆願書などを奥羽鎮撫総督府に提出した。しかし、総督府参謀世良修蔵はこれを一蹴、閏四月十九日、会津藩・庄内藩は謝罪を拒否し、諸藩は解兵を宣言した。

同じ日、世良が仙台藩士に暗殺されたため、奥羽諸藩は朝廷へ直接建白を行う方針に変更した。五月三日、東北二十五藩が仙台城にて盟約書に調印し、会津・庄内両藩への寛典を要望した太政官建白書を作成。四日に越後長岡藩、六日に新発田藩など北越の五藩が加入し、計三十一藩による奥羽越列藩同盟が成立した。七月には盟主として上野輪王寺宮を迎え、白石（現、宮城県白石市）に公議府を設置し、元号を「大政元年」とする構想もあった。東北・北越新国家構想である。その中心人物は、万延元年（一八六〇）に遣米使節に随行した仙台藩士玉蟲左太夫とその師匠、仙台藩儒にして西洋砲術家の大槻磐渓だった。

慶応四年五月三日　奥羽列藩同盟盟約書

米沢市上杉博物館所蔵

今度奥羽列藩
会議於仙台告
鎮撫総督府以
修盟約執公平正
大之道同心協力
上尊王室下撫

一 如同舟渉海可以
信居以義勤事
一 若有不虞危急之
事比隣各藩速
援救可報告
総督府事
一 勿負強凌弱勿計

今度奥州列藩
会議、於仙台告
鎮撫総督府、欲以
修盟約、執公平正
大之道、同心協力
上尊　王室、下撫
恤人民、維持
皇国而安
宸襟、仍條例如左、
一、以仲大義于天下為
目的、不可拘泥小節
細行事、

一、如同舟渉海、可以
信居以義動事、
一、若有不虞危急之
事、此隣各藩速二
援救、可報告
総督府事、
一、勿負強凌弱、勿計
私営利、勿泄漏機
事、勿離間同盟、
一、築造城堡、運搬糧
食雖不得止、勿漫
令百姓労役不勝
愁苦、

【読み下し文】

（前略）

今度奥州列藩会議、仙台に於いて鎮撫総督府に告げ、以て盟約を修め、公平正大の道を執り、同心協力、上は王室を尊び、下は人民を撫恤し、皇国を維持して宸襟を安んぜんと欲す、仍って條例左の如し、

一、大義を天下に伸ぶるを以て目的となし小節細行に拘泥すべからざる事、

一、舟を同じうして海を渉るが如く、信を以て居り義を以て動くべき事、

一、若し不虞危急の事有り、この隣各藩速やかに援救、総督府に報告すべき事、

一、強を負うて弱を凌ぐ勿れ、私を計りて利を営む勿れ、機事を漏泄する勿れ、同盟を離間する勿れ、

一、城堡を築造し、糧食を運搬するは止むを得ずと雖も、漫りに百姓をして労役愁苦に勝へざらしむる勿れ、

一、大事件列藩集議、公平の旨に帰すべし、細微は則ちその宜しきに随うべき事、

一、他国に通謀し、或いは隣境に出兵せば、皆同盟に報ずべき事、

一、無辜を殺戮する勿れ、金穀を掠奪する勿れ、凡そ事不義に渉る者は厳刑を加うべき事、

右條々違背の者有るに於いては、則ち列藩集議厳譴を加うべき者也、

一、大事件列藩集議、可帰公平之旨、細微則可随其宜事、
一、通謀他国、或出兵隣境、皆可報同盟事、
一、勿殺戮無辜、勿掠奪金穀、凡事渉不義者可加厳刑事、
右條々於有違背者、則列藩集議可加厳譴者也、

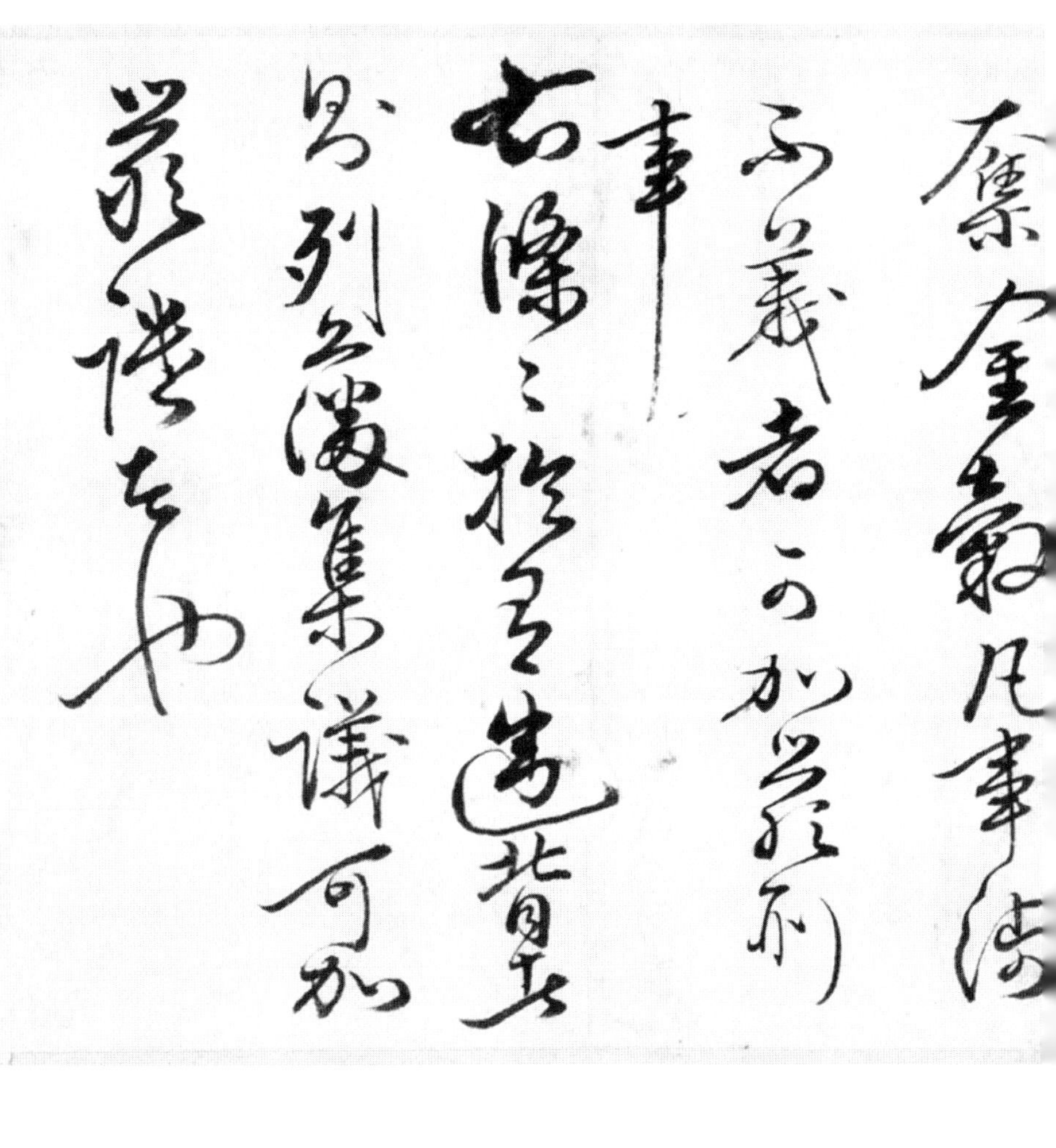
奪金穀凡事渉
不義者可加厳刑
事
右條々於有違背者
則列藩集議可加
厳譴者也

朝敵となった会津藩に対する赦免の嘆願書を新政府の奥羽鎮撫総督府に握り潰された奥羽諸藩は、朝廷に直接嘆願すべく結束を強めるため、閏四月二十三日、白石城（現、宮城県白石市）に集まり、盟約書を作成した（白石盟約書）。さらに五月三日、仙台において、軍事指揮権に関する条項を修正し、二十五藩が調印したのが本状（仙台盟約書）である。

冒頭で、公平正大の道をとり、心を同じくして協力し、天皇を敬い、民を憐れみ、皇国を維持して天皇の心を安らかにすることを宣言し、八つの箇条を掲げた。

第一条では大義を天下に伸ばすことが同盟の目的であるとし、第二条では同じ船で海を渡るように信義をもって行動することと定めている。そのほか盟約書では、弱者や百姓を憐れむこととして、武力で弱者を虐げることをしてはならない、あるいはみだりに百姓を使役してはならない、第八条では罪なき者を殺戮したり、金穀を略奪したりしてはならないとしている。また、諸藩同志の連帯を確認している。急用がある時は近隣諸藩で速やかに救援し合い、総督府に報告すること、機密を保持し、同盟を離脱するようなことがあってはならないこと、出兵の際は同盟に報告することといった内容が見られる。

そして、第五条では「大事件は列藩集議、公平を旨とすべし」と定めた。これに沿って公議府が設置された。極めて民主的な運営が試みられたのは、万延元年（一八六〇）の遣米使節に随行した仙台藩の玉蟲左太夫が、アメリカの民主主義を実践しようとしたためと考えられている。

新政府軍の進路と奥羽越列藩同盟諸藩
松前
弘前(7/15脱退)
八戸
秋田
(7/4脱退)
盛岡
亀田
本荘
矢島
一関
庄内
(9/23降伏)
新庄(7/12脱退)
天童
山形
上山
米沢(8/28降伏)
村上
仙台(9/15降伏)
黒川
新発田
中村(8/7降伏)
三根山
福島
下手渡
村松
二本松(7/29落城)
会津
(9/22降伏)
守山
三春(7/26降伏)
長岡
(7/29落城)
棚倉
(6/24降伏)
平(7/13落城)
湯長谷(6/29落城)
泉(6/27落城)
高田
黒羽
平潟
高崎
金沢
下諏訪
甲府
江戸
(4/11江戸
無血開城)
彦根
名古屋
駿府
京都
(3/5駿府到着)
●奥羽越列藩同盟に参加した
31藩。黒羽・松前藩は列藩
会議招集の廻状が届いたが、
同盟に参加しなかった。
北陸道軍
東山道・東海道軍

戊辰戦争⑨——上野戦争

慶応四年（一八六八）四月十一日、江戸城において、前将軍徳川慶喜の死一等を減じての水戸謹慎などが言い渡され、江戸総攻撃は回避された。しかし、旧幕臣の中には、慶喜の謝罪恭順に納得せず、徹底抗戦を唱える者も多かった。

慶喜に一橋家時代から仕えた渋沢喜作や天野八郎らが、抗戦派の幕臣らと共に結成したのが彰義隊だった。当初は本営を浅草本願寺（現、台東区西浅草）に置き、江戸市中の見回りや警衛にあたったが、やがて上野寛永寺大慈院に謹慎中の慶喜の護衛を名目に、上野寛永寺を拠点とするようになった。勝海舟らは解散を命じたが、これに服さず、輪王寺宮公現入道親王（のちの北白川宮能久親王）を擁立して各地で新政府軍と衝突した。

手に余ると判断した大総督府は、彰義隊の討伐を決定。五月十五日、雨が降る中、大村益次郎が指揮する新政府軍は、本郷台に最新式のアームストロング砲などを設置、寛永寺を包囲し、総攻撃を開始した。彰義隊は東照宮付近に本営を設置して新政府軍を撃退するが、佐賀藩開発のアームストロング砲や四斤山砲で砲撃されて形勢は逆転。寛永寺を取り囲んだ新政府軍が数で圧倒し、わずか一日で戦闘は終結、彰義隊はほぼ全滅した。

上野戦争に勝利したことで、新政府軍は江戸を完全に掌握した。一方、彰義隊の残党は輪王寺宮を連れて、寛永寺を脱出させ、榎本武揚の率いる軍艦に乗船し、東北方面に向かうのである。

慶応四年五月九日付け三条実美書状（岩倉具視宛て）

早稲田大学図書館所蔵

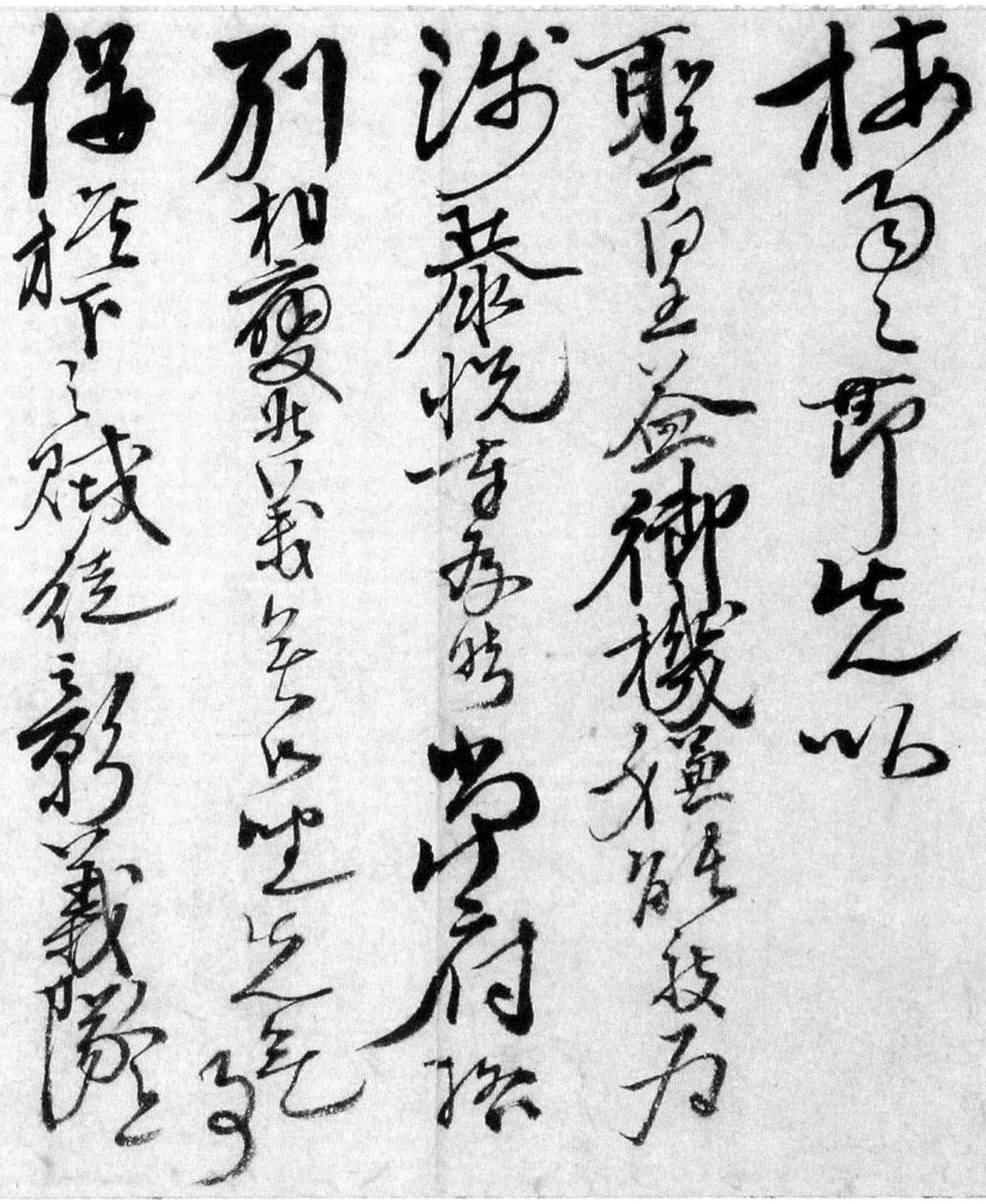

梅雨之節、先以
聖皇益御機嫌能被為
渉、恭悦奉存候、当府格
別相変候義無御坐、先無事、
併旗下之賊徒彰義隊と
唱候者抔頻ニ暴動ヲ働き、

薩藩・肥前藩士を及殺害、
官軍方ニも大ニ憤怒ヲ生し、
甚以鎮定ニ至かね候、猶市中ニ
於て無故(辜)者を殺し、暴金
策等仕、大ニ人民ヲ苦メ、狂
暴之所業相止不申、今日之勢
何れ是儘ニ平定ハ不仕候間、大
村(益次郎)・西郷(隆盛)とも相談し、近日弥

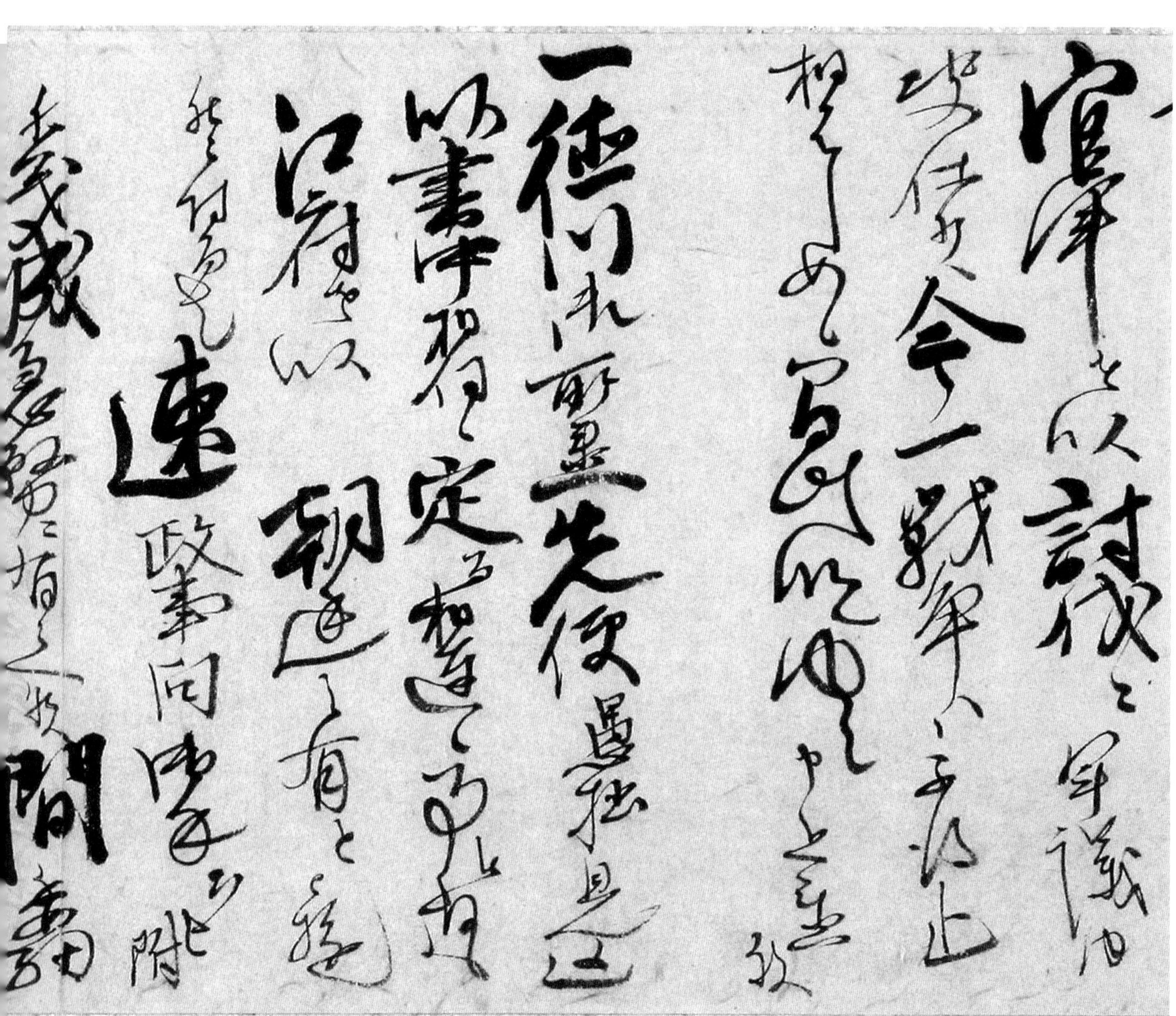

官軍を以討伐ニ軍議内
決仕候、今一戦争ハ不得止
相はしめ候間、此段内々申上置候、
一、徳川御所（処）置、先便愚拙見込
以書中相伺候、定而相達候事と存候、
江府を以　朝廷之有と被遊
候ニ付而者、速政事向御手ヲ被附
候義、誠急務ニ有之候間、委細

木村三郎江申含候間　御直聴可
被下候、何卒迅速人才御下し願度候、
一、奥羽之形勢も一変仕、仙台も全会(会津)ニ
同意相違無之候、即白川城ニて分
捕之中、帳面有之候、此ハ猪苗代と
申所ノ役所ノ帳面ニ候、此中ニ
仙台・会往来之次第、同意相違
無之候、併全ハ兵力も弱ニして、大
義名分ニも暗き処ゟ不得止会賊之
勢ニ属し候事と被察候、九条(道孝)

三条実美書状（岩倉具視宛て）2

総督も無事之由ニハ候得共、甚不容易
情態ニ有之候、何れ大挙して
奥羽一掃無之てハ、承引候内ニハ兵気も
鈍リ、金穀も尽、百端之害を生し候事
目前ニ迫リ候間、此義も速ニ御決議、
二千計之精兵、早々御廻し奉
渇望候、委細大村益次郎ゟ軍防江
可申入候、
一、着府数度差出候書翰、定而御落
手相成候義と被存候、甚懸念候、御入手
否御示可被下候、小生誠不肖短才

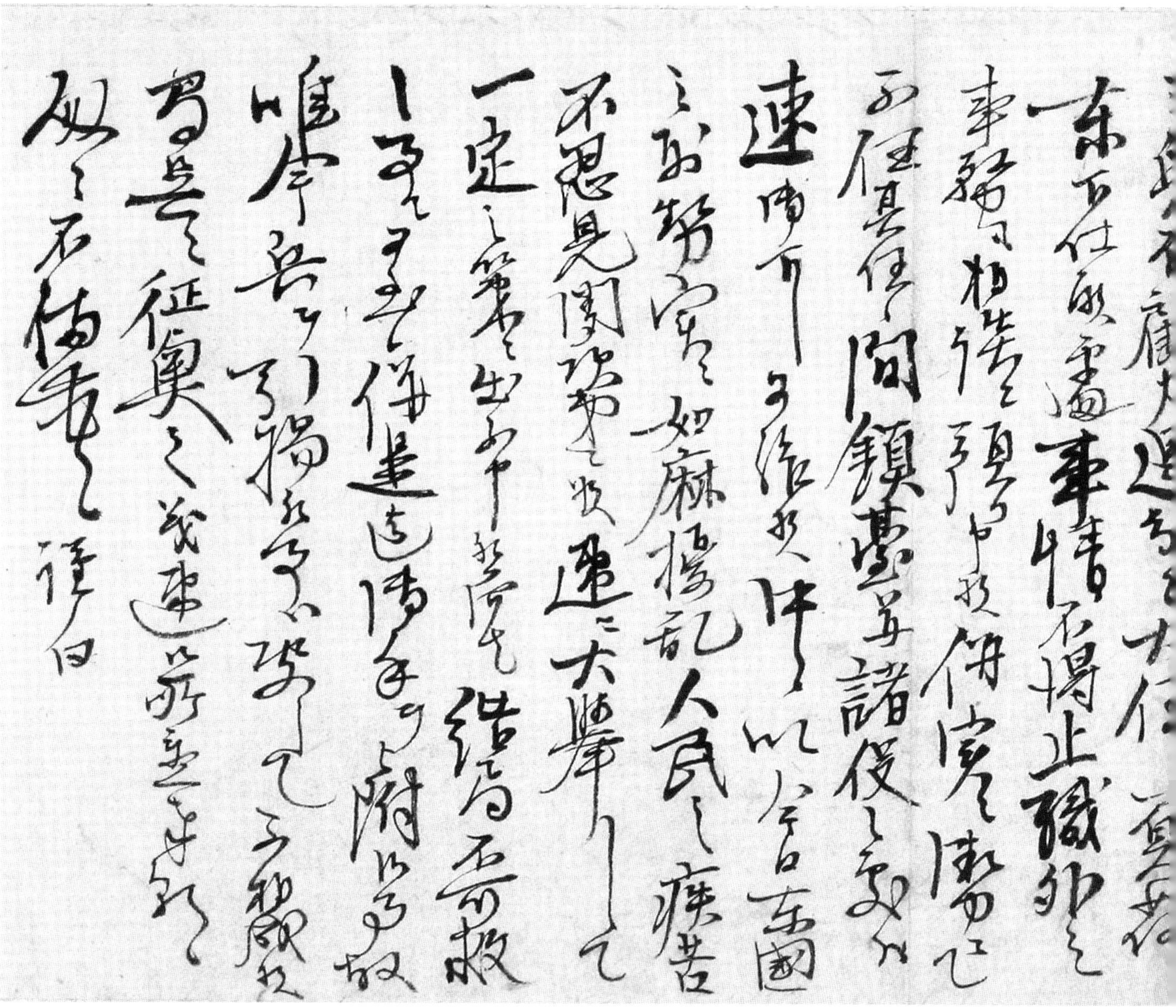

之身不顧力過分ニ大任を負荷し
東下仕候処、事情不得止職外之
事務も相談ニ預リ申候、併実ニ微力ニて
不任其任候間、鎮台并諸役之処ハ
速御下し可給候、中々以今日東国
之形勢、実ニ如麻擾乱、人民之疾苦
不忍見聞次第ニ候、速ニ大挙して
一定之策ニ出不申候得者、結局不可救
之事ニ可至候、併是迄御手ヲ附候事故、
唯今兵ヲ引揚候事ハ決して不相成候
間、呉々征奥之義速御所(処)置奉願候、
匆々不備頓首、謹白、

三条実美書状（岩倉具視宛て）3

五月九日　　　　実美[三条]

岩倉[具視]殿

二伸、時下漸暑気盛、為
御家御自愛[カ]専要存候、定而不
相換御繁繁御励精奉恐
察候、大乱書高免可被下候、猶
中山公御初、宜御伝[カ]声可給候、
諸君江も別段書束呈上可仕筈ニ

候得共、日々誠多忙ニて甚痩弊仕、
乍失敬別段不能呈書候、越前
侯江も御序ニ宜御致声希上候、

【読み下し文】

梅雨の節、先ず以て聖皇ますます御機嫌よく渉らせられ、恭悦に存じ奉り候、当府格別相変わり候義御坐無く、先ず無事、併し旗下の賊徒彰義隊と唱え候者など頻りに暴動を働き、薩藩・肥前藩士を殺害に及び、官軍方にも大に憤怒を生じ、甚だ以て鎮定に至りかね候、猶市中に於いて無辜者を殺し、暴金策等仕り、大に人民を苦しめ、狂暴の所業相止み申さず、今日の勢い何れこのままに平定は仕らず候間、大村・西郷とも相談し、近日いよいよ官軍を以て討伐に軍議内決仕り候、今一戦争は止むをえず相はじめ候間、この段内々申し上げ置き候、

一、徳川御所置、先便愚拙見込みを以て書中相伺い候、定めて相達し候事と存じ候、江府を以て朝廷の有と遊ばされ候に付いては、速やかに政事向き御手を附けられ候義、誠に急務にこれ有り候間、委細木村三郎へ申し含め候間、御直聴下さるべく候、何卒迅速人才御下し願いたく候、

一、奥羽の形勢も一変仕り、仙台も全く会に同意相違これ無く候、即ち白川城にて分捕りの中、帳面これ有り候、これハ猪苗代と申す所の役所の帳面に候、この中に仙台・会往来の次第同意相違これ無く候、併し全くは兵力も弱にして、大義名分にも暗き処より止むを得ず会賊の勢いに属し候事と察され候、九条総督も無事の由には候えども、甚だ容易ならざる情態にこれ有り候、何れ大挙して奥羽一掃これ無くては、承引候内には兵気も鈍り、金穀も尽き、百端の害を生じ候事、目前に迫り候間、この義も速やかに御決議、二千計りの精兵、早々御廻し渇望奉り候、委細大村益次郎より軍防へ申し入るべく候、

一、着府数度差し出し候書翰、定めて御落手相成り候義と存ざれ候、甚だ懸念候、御入手 否御示し下さるべく候、小生誠に不肖短才の身を顧みず、力過分に大任を負荷し、東下仕り候処、事情止むを得ず職外の事務も相談に預り申し候、併し実に微力にてその任を任せず候間、鎮台ならびに諸役の処は速やかに御下し給うべく候、中々以て今日東国の形勢、実に麻の如き擾乱、人民の疾苦見聞きに忍びざる次第に候、速やかに大挙して一定の策に出で申さず候えば、結局救うべからざるの事に至るべく候、併し是まで御手を附け候事ゆえ、唯今兵を引き揚げ候事は決して相成らず候間、くれぐれ征奥の義速やかに御所置願い奉り候、匆々不備頓首、謹白、

（中略）

二伸、時下漸く暑気盛ん、御家のため御自愛専要に存じ候、定めて相換わらず御繁繁御励精恐察奉り候、大乱書高免下さるべく候、猶中山公御初め、宜しく御伝声給うべく候、諸君へも別段書柬呈上仕るべき筈に候えども、日々誠に多忙にて甚だ痩弊仕り、失敬乍ら別段呈書にあたわず候、越前侯へも御序でに宜しく御致声希い上げ候、

慶応四年（一八六八）正月、岩倉具視と並んで副総裁となった三条実美は、戊辰戦争が勃発すると関東監察使となって江戸に赴き、鎮将として関東一円の政務にあたることとなった。本状は、その三条が岩倉に宛てたものである。

三条は、江戸は特段変わったことはないとしながらも、「彰義隊」なる「旗下之賊徒」らがしきりに暴動を働き、薩摩藩や肥前藩など新政府軍兵士の殺害を繰り返しており、鎮定することが難しい状況にある、と述べている。市中で無辜の者を殺し、暴金策などをして大いに人民を苦しめ、狂暴の所業をやめない彰義隊を平定しないわけにはいかないので、大村益次郎や西郷隆盛らと相談し、近日中に討伐すると軍議で内決したと報告している。

また、東北についても容易ならない戦況であり、いずれ大挙して「奥羽一掃」しなくては、兵気も鈍り、金穀も尽き、「百端之害」を生じるので、このこともすぐに決議し、二千ばかりの精兵を早々に回して欲しいと「渇望」している。三条は大変不安を感じていたようで、自分のことを誠に不肖で短才の身だと謙遜し、「職外の事務」も担当しているが、実に微力なので、鎮台や諸役のところは速やかに判断して欲しい、と岩倉に対して切実に述べている。多忙で、ほかの人には書状を書けないほど疲れているので、松平春嶽公によろしく伝えて欲しいとも追伸している。三条と岩倉、春嶽の関係が窺える書状である。

なお、新政府が、彰義隊討伐を布告したのが五月十四日、翌日に総攻撃が開始され、その日のうちに壊滅させ、江戸を制圧している。したがって、この書状は上野戦争を直前に控えた時のものだったことがわかる。

戊辰戦争⑩——北越戦争

慶応四年（一八六八）一月、鳥羽・伏見の戦いに勝利した新政府軍は、朝敵となった徳川慶喜らを討つべく、東海道・東山道・北陸道に分かれて東征した。このうち、北陸道を進軍する新政府軍は、閏四月二十七日、会津藩の飛地である越後小千谷（現、新潟県小千谷市）を占領する。

長岡藩の家老河井継之助は、五月二日、新政府軍の軍監岩村高俊と小千谷慈眼寺で面会した。継之助は、会津藩と米沢藩を説得するので、長岡への侵攻を中止して欲しいと嘆願（小千谷談判）。しかし、岩村に拒絶されたことを受けて、長岡藩は、五月三日に仙台で結成された奥羽列藩同盟に、翌日加入。新発田藩など北越五藩もこれに続き、奥羽越列藩同盟が結成された。

小千谷談判が決裂すると、長岡藩は摂田屋の光福寺に本陣を置き、新政府軍に占領されていた榎木峠を奪回。五月十九日、新政府軍は信濃川を渡河して長岡城に奇襲をかける。榎木峠に主力を配していた長岡藩をはじめ、同盟軍は榎木峠などの守備に回っており、長岡城は半日で落城、長岡藩兵は栃尾に退却した。その後も一進一退の攻防が続いたが、七月二十四日、継之助は増水した八丁沖を渡って奇襲を仕掛け、長岡城の奪還に成功。しかし、この戦いで河井は重傷を負い、指揮官を欠いた長岡藩ら同盟軍は、二十九日の新政府軍の攻撃の前に敗れ、長岡城は再度占領された。さらにこの日、同盟を離脱した新発田藩の裏切りによって、新潟も新政府軍に押さえられ、北越地方は完全に平定されてしまうのである。

慶応四年五月十八日付け河井継之助書状（佐川官兵衛宛て）

福島県立博物館所蔵

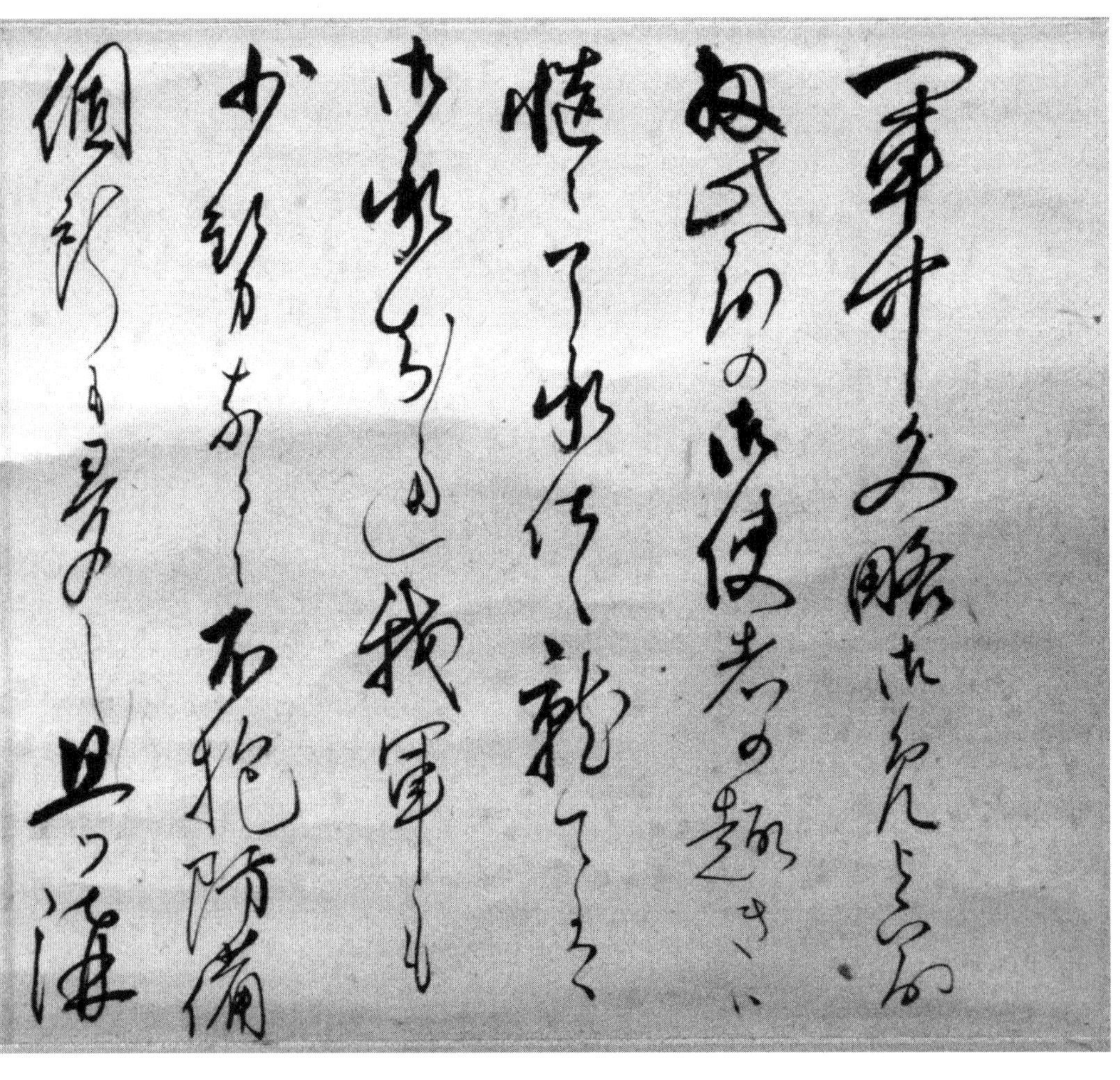

軍中文略御免被下度、
扨此度の御使者の趣きハ
慥ニ了承仕候、就ては
御承知通、我軍も
少勢なるニ不拘、防備
個所も多し、且ツ溝
口軍の進退不審の

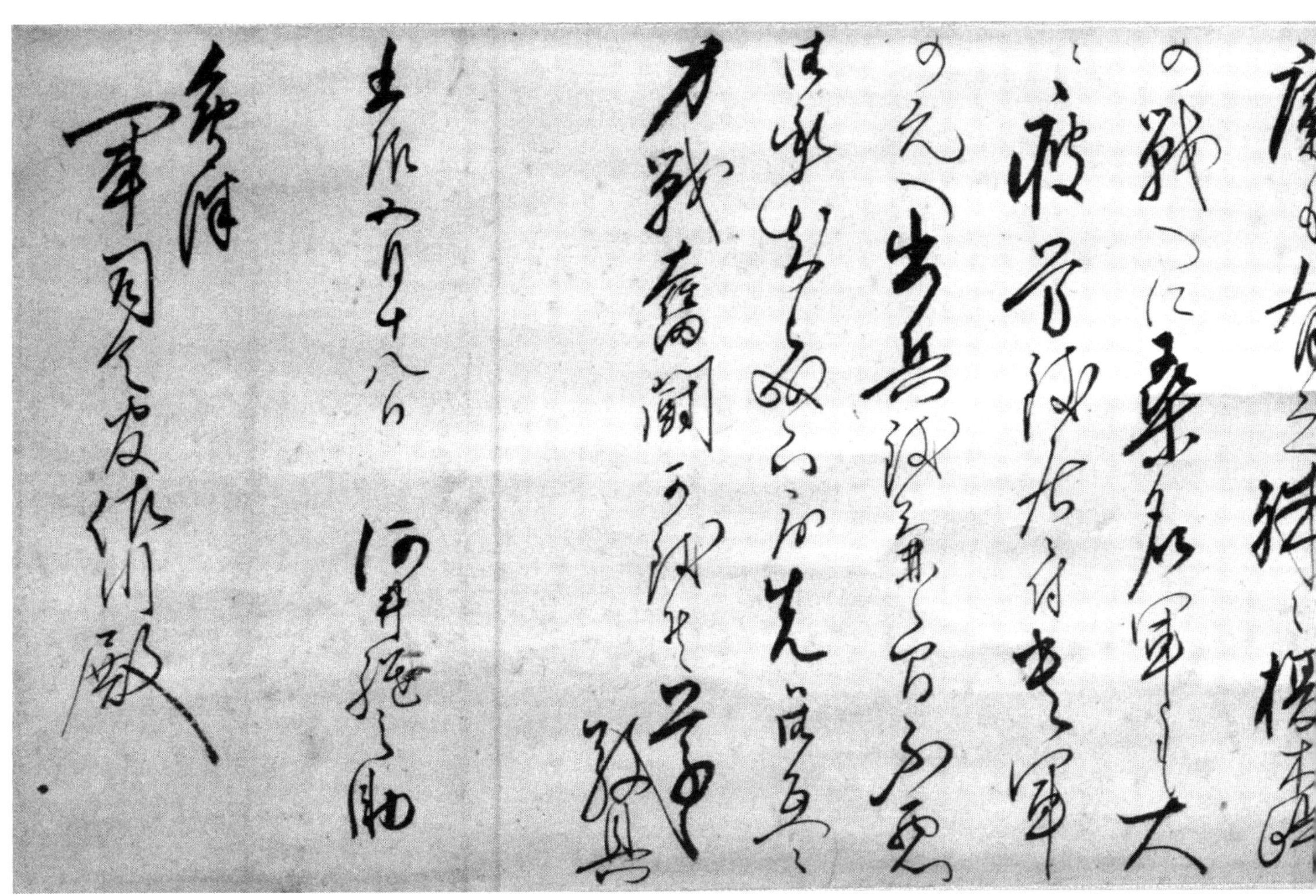

廉も有之、殊ニ榎木峠
の戦へに桑名軍も大
ニ疲労致居ニ付、貴軍
の元へ出兵致兼候間、不悪
御承知被成下度、先ハ御互ニ
力戦奮闘可致候、草々
敬具、
壬(ママ)辰五月十八日　河井継之助
会津
軍司令官佐川(官兵衛)殿

河井継之助書状（佐川官兵衛宛て）

【読み下し文】

軍中文略御免下されたし、さてこの度の御使者の趣きは慥に了承仕り候、就ては御承知通り、我が軍も少勢なるに拘らず、防備個所も多し、且つ溝口軍の進退不審の廉もこれ有り、殊に榎木峠の戦へに桑名軍も大に疲労致し居るに付き、貴軍の元へ出兵致し兼ね候間、悪しからず御承知成し下されたく、先ずは御互いに力戦奮闘致すべく候、草々敬具、（後略）

河井継之助は、文政十年（一八二七）、越後長岡城下に生まれた。江戸に遊学して斎藤拙堂や佐久間象山、山田方谷らに学び、長崎にも遊学して西洋文明に目覚めた。帰藩後は藩政改革に取り組んでいる。

いわゆる「大政奉還」（「政権奉帰」）後も、長岡藩は徳川家を支持していた。戊辰戦争が始まると、継之助はまず、上京中だった藩主牧野忠訓を国許に帰した。そして自らは江戸藩邸を処分し、外国商人からガトリング砲（最新式機関銃、当時日本には三台しかなかった）などの海外の最新兵器を大量に購入し、藩兵を藩境に配置した。新政府軍が小千谷（現、新潟県小千谷市）に迫ると、継之助は新政府軍との談判へ臨み、旧幕府軍らと新政府軍の調停を行うことを申し出、局外中立を宣言した。しかし、新政府はこれを認めず、交渉は決裂、長岡藩は奥羽列藩同盟に加わって北越戦争に突入することになる。

本状は、北越戦争が始まってから十四日後の五月十八日、会津藩の軍司令官佐川官兵衛に宛てて出された書状である。我が軍も少ないが防備する箇所は多く、新発田藩（藩主溝口家）の軍勢には裏切りの動向もあるし、榎木峠の奪還で桑名藩（桑名藩の飛び地が越後柏崎にあり、藩主松平定敬が指揮していた）の軍勢も疲弊しており、会津藩に加勢することは難しいと、厳しい状況を伝えながら、「お互いに力戦奮闘しよう」と激励している。

奇襲作戦で長岡城を奪還するも、戦闘で重傷を負った継之助は、長岡城が再び陥落すると会津に落ち延びるが、破傷風が原因で八月十六日に命を落とした。最後は、長崎医学伝習でオランダ医師ポンペに学んだ旧幕府西洋医学所頭取松本良順（順、のちの初代陸軍軍医総監）の診察を受けたが、治療・回復は困難な状態だった。

会津藩は、朝廷から朝敵として追討されることになった。会津征伐のために派遣された奥羽鎮撫総督府に対し、仙台藩と米沢藩は会津藩と庄内藩の赦免を求めるが、拒否されたことで抗戦を決意し、奥羽越列藩同盟を結成した。

新政府軍は、参謀伊地知正治（薩摩藩士）の指揮の下、二十五日に白河（現、福島県白河市）への攻撃を開始した（白河口の戦い）。五月一日に白河城が落城すると、六月二十四日に棚倉城（現、福島県棚倉町）が、七月二十九日には二本松城（現、福島県二本松市）が落城、会津藩を中心とする同盟軍は北上する新政府軍に追い詰められていく。

八月二十一日、新政府軍は母成峠の戦いにおいて、兵力・兵器の差をもって旧幕府軍を破ると、二十三日朝に若松城下へ突入した。参謀板垣退助（土佐藩士）が指揮する新政府軍の急進に、各方面に戦力を分散させて城を守っていた同盟軍は為すすべもなかった。出撃を命じられた白虎隊のうち、飯盛山に辿り着いた隊士らは、城下で発生した火災を目撃し、若松城の落城と誤認して集団自決するという悲劇もあった。

会津藩は若松城で、約一か月に及ぶ籠城戦を展開して抵抗した。しかし、八

慶応四年八月二十一日付け土方歳三書状（内藤介右衛門ほか宛て）

個人所蔵

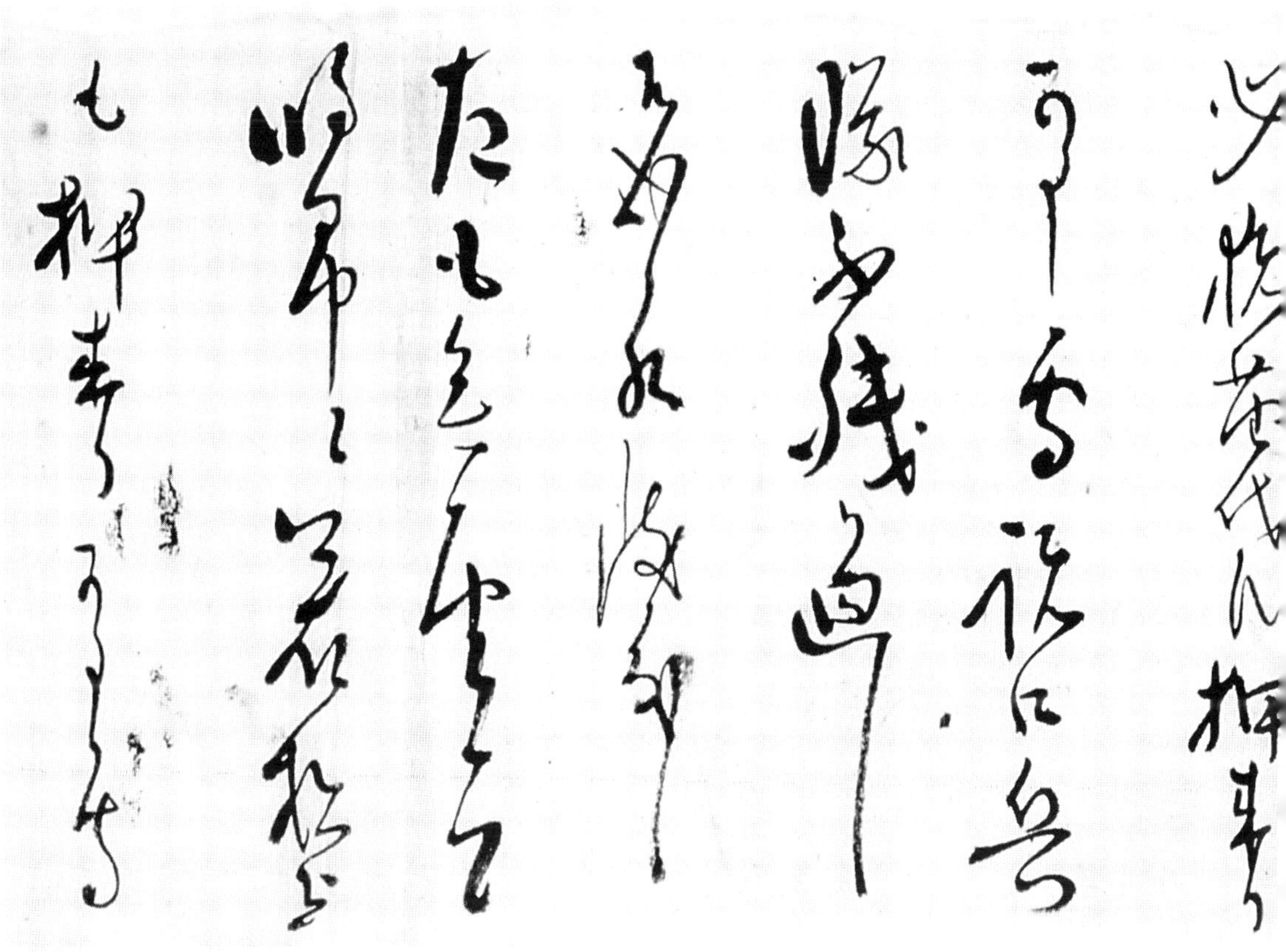

（端裏書）
「東方面陣将様　土方」

弥以御大切
与相成候、明朝迄ニハ
必猪苗代江押来り
可申候間、諸口兵
隊不残御廻し
相成候様致度候、
左も無御坐候ハヽ、
明日中ニ若松迄
も押来り可申候間、
此段奉申上候、
以上、
廿一日夜五ツ
土方歳三
内藤（介右衛門）君
小原（宇右衛門）君

【読み下し文】

いよいよ以て御大切と相成り候、明朝までには必ず猪苗代へ押し来たり申すべく候間、諸口兵隊残らず御廻し相成り候よう致したく候、左も御坐無く候わば明日中に若松までも押し来たり申すべく候間、この段申し上げ奉り候、以上、
（後略）

本状は、新選組副長の土方歳三が会津戦争中に認めたもので、現在確認されているものの中では存命中最後の書状となる。

天保六年（一八三五）五月に武蔵国多摩郡石田村（現、東京都日野市）で生まれた土方は、家伝薬「石田散薬」行商の傍ら、剣術の稽古を積み、佐藤彦五郎の近藤道場に入門する。その後、共に江戸試衛館で天然理心流を学んだ近藤勇と、浪士組の一員として上洛し、のちに新選組を結成した。

慶応四年（一八六八）一月、鳥羽・伏見の戦いに始まる戊辰戦争が勃発すると、土方は負傷した近藤に代わって新選組を指揮するが、敗北して東帰する。流山（現、千葉県流山市）で投降を決めた近藤と別れると、土方は旧幕府軍に加わり、各地を転戦した。宇都宮の戦いで勝利したものの、足を負傷した土方は会津に護送された。会津で新政府軍と戦うが、戦略の要である母成峠の戦いに敗れ、若松城下への侵攻を許してしまった。

本状は、母成峠の戦いに敗れて、敗走している最中に出されたものである。宛先である内藤介右衛門と小原宇右衛門は、会津藩士であり、書状の端裏書には、「東方面陣将様」と記されている。「弥以御大切与相成候」との書き出しが、当時の緊迫した状況を表している。「西軍（新政府軍）は明朝までには必ず猪苗代へ押し来たるだろうから、諸口（沢山ある進入路）の兵隊を残らず回して欲しい。さもなくば明日中に若松城下へ到達する」と、事態が一刻を争うことを告げている。

会津藩は主力を反対側の猪苗代湖の南側に集めていたが、急な援軍増強はままならず、土方の予想通り、若松城に立て籠もった会津藩士とその子女たちは、八月二十三日の官軍進攻から約一か月の厳しい籠城戦を戦うことになる。

戊辰戦争⑫——箱館戦争

奥羽越列藩同盟から支援を依頼されていた海軍副総裁の榎本武揚は、八月二十日、徳川家達の駿河移封を見届けると、八隻の軍艦を率いて再び江戸を脱出した。しかし、榎本が到着して間もなく仙台藩は降伏し、榎本は石巻（現、宮城県石巻市）を経て蝦夷地を目指した。

蝦夷地は、松前・江差周辺の松前藩領を除いて、大部分を幕府が直轄しており、新政府は幕府の箱館奉行に代わって箱館府を設置した。上陸した旧幕府軍は、二手に分かれて箱館へ向けて進軍し、箱館府知事清水谷公考のもとに向かったが、わずかな兵しか持たない清水は青森に退却。榎本らは十月二十五日に箱館を占領し、十一月五日に福山城（松前城）を落とし、十五日には江差も制圧した。

道南の地を平定した榎本らは、十二月十五日、箱館政権を樹立した。投票の結果、榎本が総裁に就任。榎本らは天皇に嘆願書を差し出し、朝廷に反抗する意志がないこと、困窮した旧幕臣らを救済するために蝦夷地を開拓したいこと、北方の守りを担当したいことなどを訴えたが、これは聞き入れられなかった。

十月三十日、旧幕府軍が箱館を占拠したことを知った新政府軍は、榎本らの追討を決めた。奥羽征討軍参謀の山田顕義（長州藩士）が青森口陸軍参謀に、清水谷公考が青森口総督に就任した。彼らは青森周辺で冬を越し、雪解けを待った。

年が明けて明治二年（一八六九）三月、新政府軍は蝦夷地進攻を開始する。四月九日に新政府軍の上陸を許すと、榎本軍は次第に追い詰められていった。五月十一日、新政府軍は総攻撃に出、榎本らは五稜郭に立て籠って応戦したが、敗色は濃厚だった。十三日、新政府軍参謀の黒田清隆（薩摩藩士）は榎本に降伏を勧め、これを受け入れた榎本は、十八日の早朝に出頭し、降伏を申し入れた。こうして鳥羽・伏見の戦いに始まり、一年五か月の長きにわたる戊辰戦争が終結したのである。

明治二年二月二日付け山田顕義書状（奥平謙輔宛て）

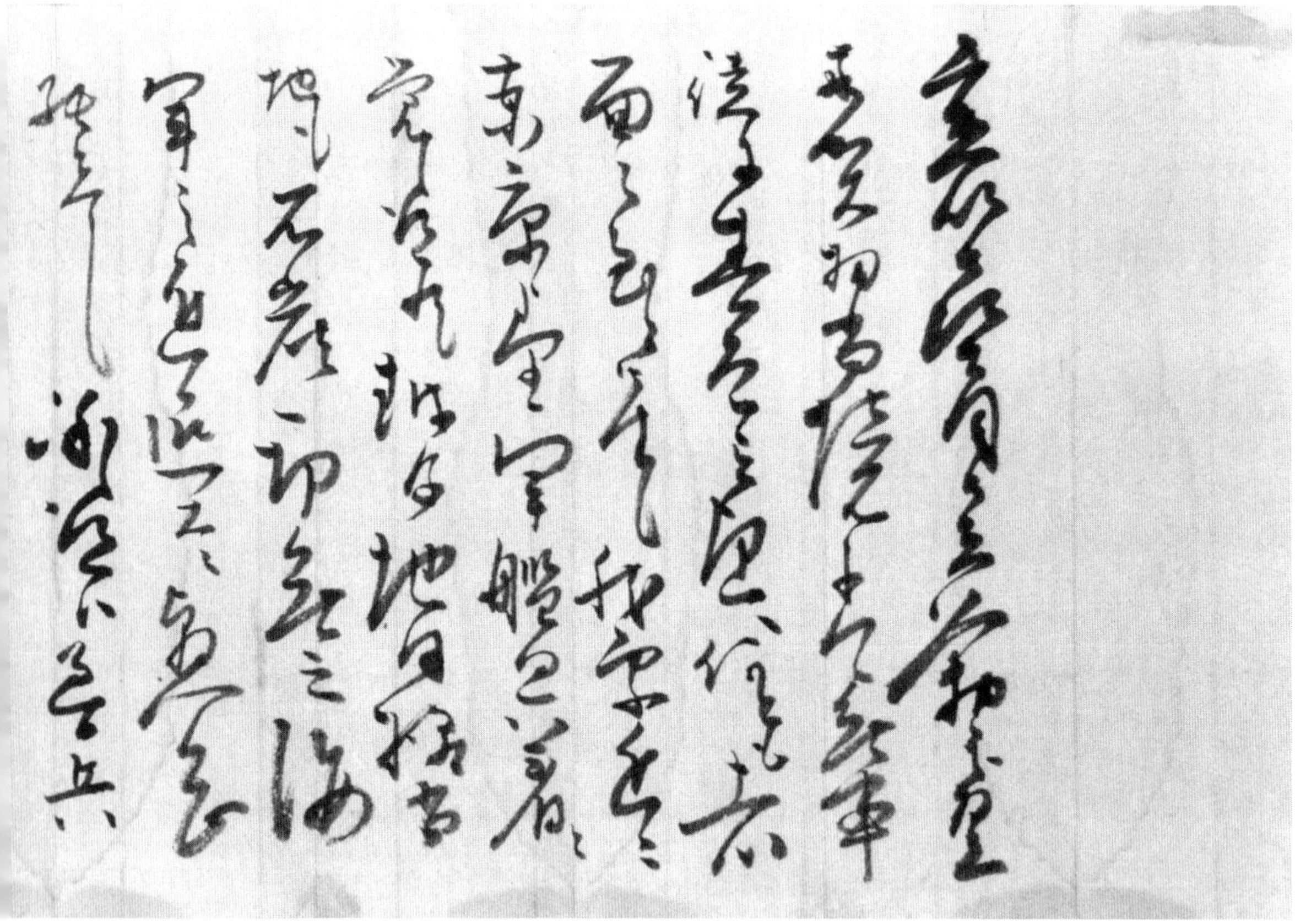

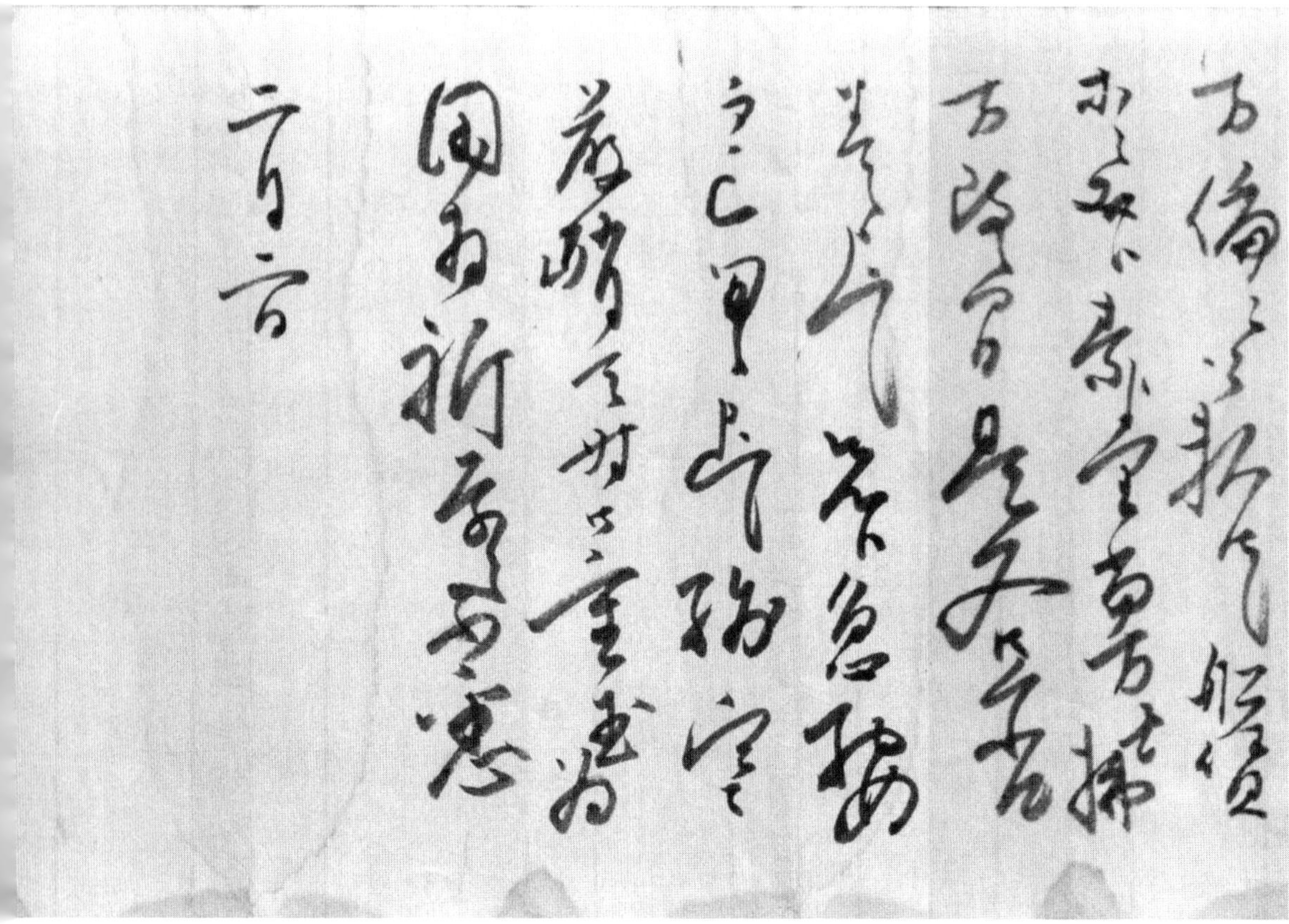

萩博物館所蔵

愈以御堅固御在勤被為在
敬賀、扨当境于今無事、
徒に春而已望候、何とも赤
面之至ニ御座候、我処近々
東京より軍艦廻着と
覚候得共、越後地同様当
地も石炭一切無之、海
軍之進退大ニ懸念
罷在申候、承候得ハ、過日兵
庫軍務官より督用
之ため石炭三拾八万
斤、御地（夷港とか云）まで送来在候由、
千万御手数之至ニ候得共、
何卒右之分急速日本
船ニ御積せ被下、青森
港御廻被成下度奉希候、
其外も石炭御貯有之
候得ハ、何卒同様御送
方偏ニ御頼仕候、船賃
等之儀ハ素より当方ニて払
方致候間、是又御所含
まで申上候、先ハ急要
而已匆々申上候、残寒
厳峭天時御重至為
図拝祈、草々不悉、
二月二日
奥平謙介様　山田市之允（顕義）
要急

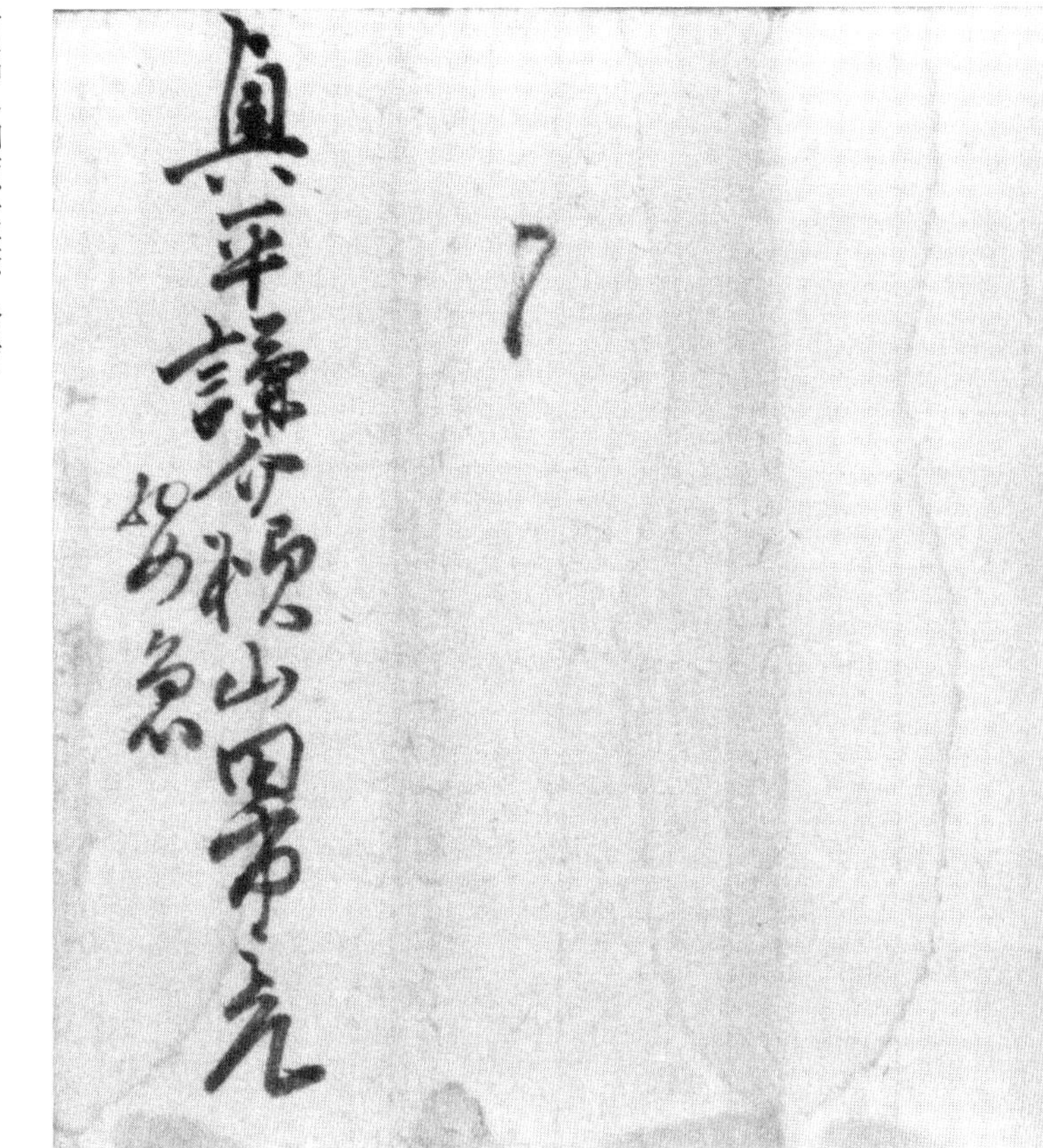

山田顕義書状（奥平謙輔宛て）

明治二年五月十六日付け安富才輔書状（土方隼人宛て）

土方歳三資料館所蔵

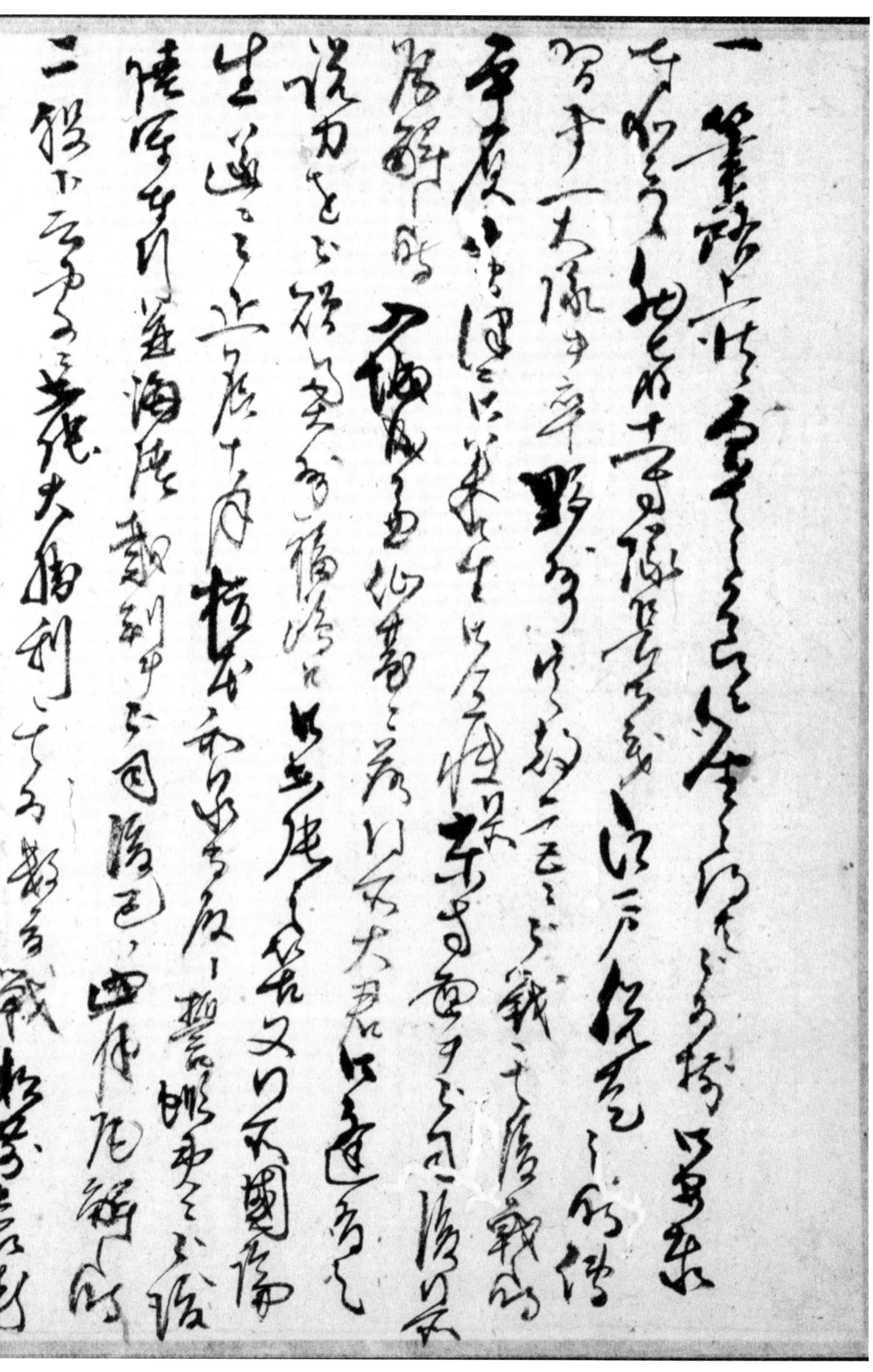

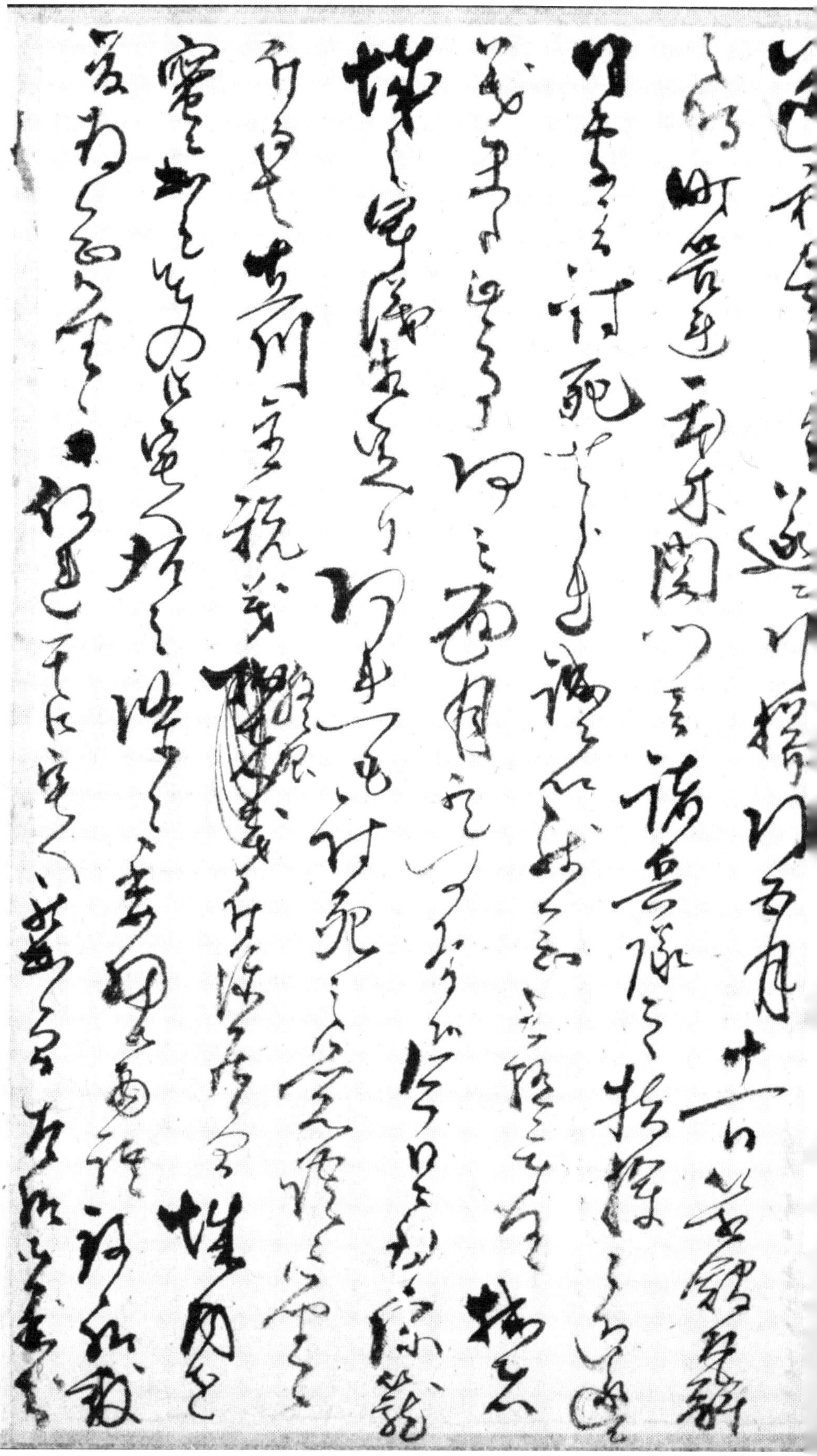

一筆啓上仕候、向暑之節ニ御坐候得共、被為揃、御安泰奉賀候、然者、土方隊長御義、江戸脱走之時、伝習第一大隊ヲ率、野州宇都宮ニ被戦、其後戦之時手負、会津ニ御養生御全快、同所東方面ヲ被司、後同所瓦解之時入城成兼、仙台ニ落、同所大（輪王寺宮）君御逢有之、説（節）刀を被贈、奥州福嶋江御出張之筈、又同所国論生、遂ニ被止、辰十月、榎本和泉守殿（武揚）ニ誓、蝦夷ニ被渡、陸軍奉行並海陸裁判ヲ被司、後巳ノ四月、瓦解之時、二股ト云処ニ出張、大勝利、其外数度戦、松前表街道利無して、遂ニ引揚、同五月十一日、箱館瓦解之時、町箬（外）れ一本木関門ニ而、諸兵隊之指揮被遊、遂ニ同処ニ而討死せられ、誠ニ以残念至極ニ奉存候、拙者義、未た無事、何之面目歟可有候、今日ニ至而、弥籠城之軍儀（議）相定り、何れも討死之覚悟ニ御坐候、付而者立川主税義、終始付添居候間、城内を蜜（密）ニ出シ、その御宅へ右之條々委細御物語致候様致度存念御坐候、何れ其御宅へ罷出候間、左様御承知

安富才輔書状（土方隼人宛て）1

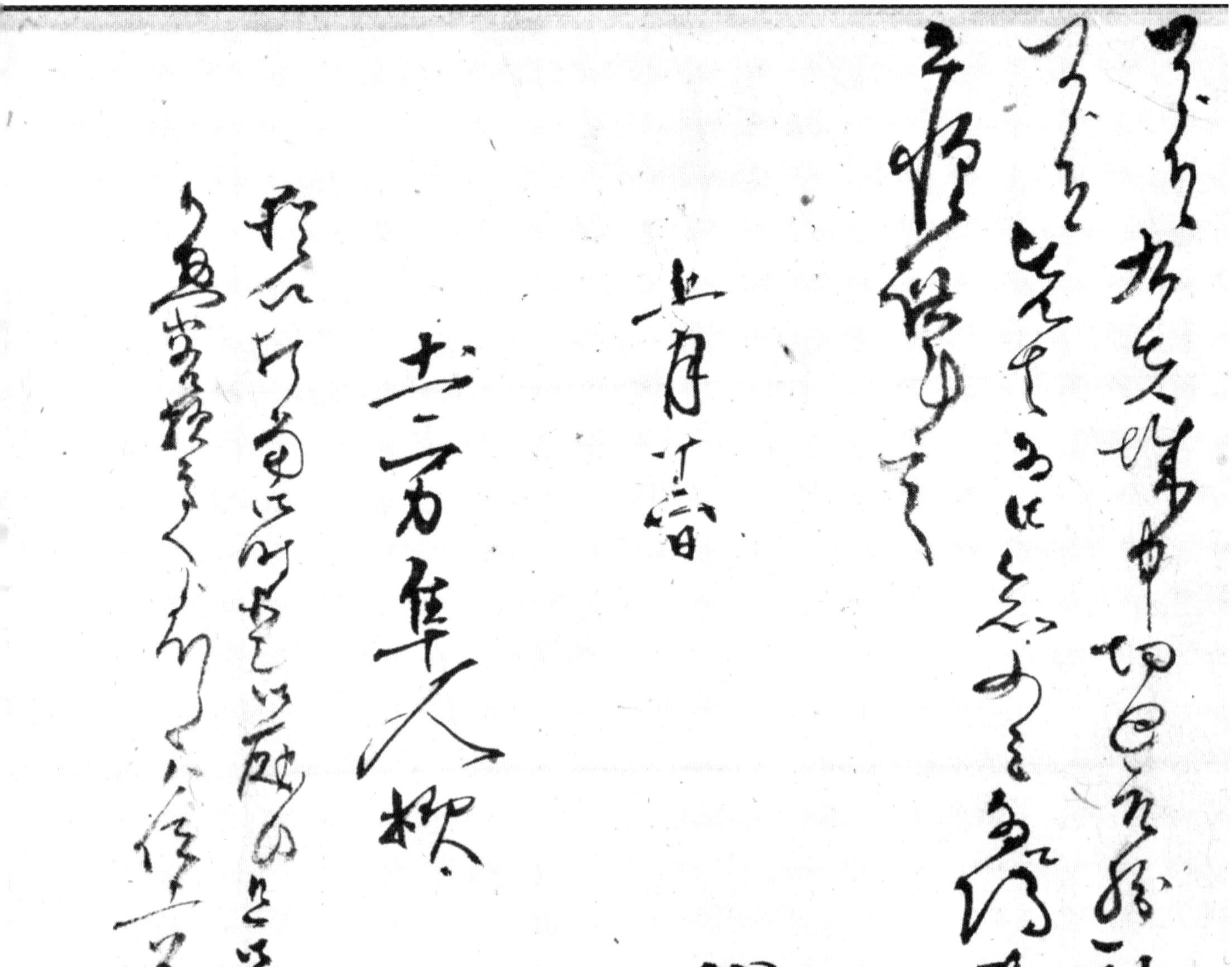

可被下候、右者城中切迫取紛、乱筆御用捨
可被下候、先者為御知のミ、為可得貴意、如此御坐候、
恐惶謹言、

五月十六日　　　安富才助
　　　　　　　　　正儀（花押）

土方隼人様

猶以、折角御時（自）愛御厭ひ、且御目掛り不申候得共、
御惣容様方へよろしく被仰上可被下候、

隊長討死せられ
けれは
早き瀬に力
足らぬ歟
下り鮎

【読み下し文】　山田顕義書状

いよいよ以て御堅固御在勤在らせられ敬賀、さて当境今に無事、徒に春のみ望み候、何とも赤面の至りに御座候、我が処近々東京より軍艦廻着と覚え候えども、越後地同様当地も石炭一切これ無く、海軍の進退大ニ懸念罷り在り申し候、承り候えば、過日兵庫軍務官より督用のため石炭三拾八万斤、御地（夷港とか云）まで送り来たり在り候由、千万御手数の至りに候えども、何卒右の分急速日本船に御積ませ下され、青森港御廻し成し下されたく希い奉り候、その外も石炭御貯えこれ有り候えば、何卒同様御送り方ひとえに御頼み仕り候、船賃等の儀は素より当方にて払い方致し候間、是又御含みまで申し上げ候、先ずは急要のみ匆々申し上げ候、残寒厳峭天時、御重至国のため拝祈、草々不悉、（後略）

山田顕義（市之允）は、松下村塾などで学び、尊攘・倒幕活動に身を投じた長州藩士である。御楯組の血判書に名も連ね（本書一一三頁参照）、英・米・仏・蘭の四国連合艦隊と戦い、第二次長州征伐でも海軍を率いて功績を挙げた。戊辰戦争では、鳥羽・伏見、北越と常に前線で諸隊を率いて、転戦を重ねている。旧幕府海軍副総裁の榎本武揚が、指揮下の艦隊を率いて江戸品川沖を脱出し、蝦夷地に上陸して五稜郭を占拠すると、新政府は青森に兵力を集めて、これに対抗しようとした。明治元年（一八六八）十一月、山田は青森口陸軍参謀（海軍参謀兼務）に任じられている。本状は、青森に駐屯中の山田が、当時佐渡にいた長州藩士の奥平謙輔に送った書状である。

本状で山田は、近々自分のところに東京から軍艦が到着すると思われるが、越後の地と同様、青森でも石炭が全く無く、海軍の進退に懸念があるので、先日兵庫軍務官から送られたという石炭三十八万斤やその他石炭の貯蔵があれば、青森港まで廻漕して欲しい、と依頼している。

大総督府は、青森駐屯軍の渡洋作戦に応じ、新政府および各藩所有の艦船を明治二年（一八六九）二月中旬までに江戸湾へ集めることを命じ、軍艦三隻と運送船四隻が品川沖を出発、浦賀で軍艦陽春丸を加えた計八隻が、三月二十六日に青森へ入港している。奥平から実際に石炭が送られたのかは定かでないが、文面からは、山田が大総督府の作戦を知っていた可能性があると思われる。

こうして、箱館の榎本率いる旧幕府軍は確実に包囲されていった。

【読み下し文】　安富才助書状

一筆啓上仕り候、向暑の節に御坐候えども、揃いなされ、御安泰賀し奉り候、然らば、土方隊長御義、江戸脱走の時、伝習第一大隊を率い、野州宇都宮に戦われ、その後、戦の時手負い、会津に御養生御全快、同所東方面を司られ、のちに同所瓦解の時入城成り兼ね、仙台に落ち、同所大君御逢いこれ有り、節刀を贈られ、奥州福嶋へ御出張りの筈、又同所国論生まれ、遂に止められ、辰十月、榎本和泉守殿に誓い、蝦夷に渡られ、陸軍奉行並海陸裁判を司られ、のち巳の四月、瓦解の時、二股と云う処に出張り、大勝利、その外数度戦い、松前表街道利無くして、遂に引き揚げ、同五月十一日、箱館瓦解の時、町外れ一本木関門にて、諸兵隊の指揮遊ばされ、遂に同処にて討死にせられ、誠に以て残念至極に存じ奉り候、拙者義、未だ無事、何の面目か有るべく候、今日に至って、いよいよ籠城の軍議相定まり、何れも討死にの覚悟に御坐候、付ては立川主税義、終始付き添い居り候間、城内を密かに出だし、その御宅へ右の條々委細御物語致し候よう致したき存念に御坐候、何れその御宅へ罷り出で候間、左様御承知下さるべく候、右は城中切迫に取り紛れ、乱筆御用捨下さるべく候、先ずは御知らせのみ、貴意を得べきため、かくの如くに御坐候、恐惶謹言、

（中略）

猶以、折角御自愛御厭い、且御目掛り申さず候えども、御惣容様方へよろしく仰せ上げられ下さるべく候、

隊長討死にせられけれは
早き瀬に　力足らぬか　下り鮎

本状は、土方歳三の最期を見届けた新選組隊士の安富才助が、土方の家族にその死を伝えた書状で、江戸脱走後の土方の動向を知ることができるものである。安富は、新選組では馬術師範も務めた人物で、戊辰戦争では土方と一緒に各地を転戦し、蝦夷地箱館五稜郭まで行動を共にしている。

本状によれば、宇都宮の戦いで負傷した土方は、仙台に落ち延びて「大君」（輪王寺宮）に会い、節刀を下賜された。その後、榎本武揚らと蝦夷地へ渡った。明治二年（一八六九）四月の箱館戦争では二股口（現、北斗市）に出陣して「大勝利」したが、松前口を破られて退路を断たれた。五月十一日、箱館が攻め込まれた時には一本木関門で諸隊を指揮したが、ついに同所で戦死したと経緯を伝え、その死を悔やんでいる。また、無事に生きている自分を「（土方隊長に）合わせる顔がない」と恥じ、籠城して徹底抗戦するのみと軍議で決定し、全員討ち死にする覚悟でいる、と決意を述べている。「五稜郭内が切迫した状況で慌ただしい」と結んでおり、緊迫した当時の様子が窺える。

なお、「早き瀬に力　足らぬか　下り鮎」は、土方の辞世の句とも、安富の土方への追悼の句ともいわれるが、詞書の文言「隊長討死せられけれは」（隊長が討死にされてしまったので）からすると、安富が詠んだ句ととれる。

安富は、立川主税を密かに脱出させ、この件（戦況）について詳細に説明させようと思っていたようで、「いずれそちらの御宅を（立川が）訪ねますので、そのようにご承知下さい」と断っている。この安富の書状は、近藤勇の馬丁を務めた新選組隊士の沢忠助が、石田村（現、東京都日野市）の土方邸に届けたといわれている。

史料所蔵者・所蔵機関・画像提供機関一覧

本書に収録した史料の所蔵者、所蔵機関、画像提供機関を示した。
掲載をご承諾いただいた所蔵者、ポジフィルムやデジタルデータをご提供くださった方々のご高配ご協力に感謝申し上げます。

嘉永五年十二月付け阿風説（黒田斉溥建白書写）　公益財団法人徳川黎明会徳川林政史研究所所蔵
嘉永六年八月付け井伊直弼意見書（「初度存寄書」）　彦根城博物館所蔵、画像提供：彦根城博物館／DNPartcom
安政元年十二月七日付け阿部正弘書状（土屋寅直宛て）　土浦市立博物館所蔵
安政元年十二月付け日米和親条約批准書（精密複製）　外務省外交史料館所蔵
安政四年十月付け徳川家定御意之振（土岐頼旨ほか七名）　個人所蔵（徳川宗家文書）、画像提供：公益財団法人徳川記念財団
安政五年四月十八日付け島津斉彬書状（早川五郎兵衛宛て）　神奈川県立公文書館所蔵山口コレクション
安政五年六月二十一日付け徳川斉昭書状（井伊直弼宛て）　彦根城博物館所蔵、画像提供：彦根城博物館／DNPartcom
安政五年八月八日付け孝明天皇勅諚写（戊午の密勅。水戸中納言宛て）　彦根城博物館所蔵、画像提供：彦根城博物館／DNPartcom
安政五年十二月十一日付け高杉晋作・久坂玄瑞ほか血判書状（吉田松陰宛て）　宮内庁書陵部所蔵
安政六年（三月）吉田松陰書状（木戸孝允ほか宛て）　国立国会図書館所蔵
安政六年十月三日付け橋本左内密書写（瀧勘蔵ほか宛て）　福井市立郷土歴史博物館所蔵
（安政七年三月）斬奸存意書（蓮田市五郎写）　茨城県立図書館所蔵
万延元年五月十一日付け島田龍章書状（和宮容貌書）　彦根城博物館所蔵、画像提供：彦根城博物館／DNPartcom
文久元年十一月十四日付け米国大統領リンカーン親書訳文　個人所蔵（徳川宗家文書）、画像提供：公益財団法人徳川記念財団
文久二年八月二十一日条　大久保利通日記　国立歴史民俗博物館所蔵
文久二年十一月付け御楯組血盟書（高杉晋作ほか血判）　静岡市教育委員会所蔵、画像提供：静岡市埋蔵文化財センター
文久三年二月二十三日付け清河八郎書状（斎藤治兵衛宛て）　公益財団法人清河八郎記念館所蔵
文久三年五月十七日付け坂本龍馬書状（坂本乙女宛て）　宮内庁三の丸尚蔵館所蔵
文久三年七月六日付け孝明天皇攘夷褒勅（毛利父子宛て）　毛利博物館所蔵
文久三年（五月）付け近藤勇書状（小嶋鹿之助ほか宛て）　小島資料館所蔵
文久三年六月七日付け奇兵隊結成綱領（高杉晋作筆）　毛利博物館所蔵
文久三年十月九日付け孝明天皇宸翰写（松平容保宛て）　会津若松市所蔵
文久三年十一月十日付け松平春嶽書状（勝海舟宛て）　東京都江戸東京博物館所蔵、Image：東京都歴史文化財団イメージアーカイブ
文久四年二月十八日付け松平容保書状（国元の家老宛て）　福島県立博物館所蔵

元治元年八月四日付け幕府感状（松平容保宛て）　霊山歴史館所蔵
元治元年六月二十九日付け佐久間象山書状（勝海舟宛て）　象山神社所蔵、真田宝物館寄託、画像提供：真田宝物館
元治元年八月三日付け毛利慶親乞罪書　京都大学附属図書館所蔵
元治元年七月二十四日付け徳川家茂書状（徳川慶勝宛て）　徳川美術館所蔵、©徳川美術館イメージアーカイブ／DNPartcom
元治元年（八月）毛利慶親布令書（領内宛て）　光市文化センター寄託清水家資料、画像提供：下関市立歴史博物館
慶応二年正月二十三日付け木戸孝允書状（坂本龍馬宛て）　宮内庁書陵部所蔵
慶応元年九月二十三日付け大久保利通書状（西郷隆盛宛て）　国立歴史民俗博物館所蔵
慶応二年五月十五日付け中岡慎太郎書状（木戸孝允宛て）　宮内庁書陵部所蔵
慶応三年十月十四日付け討幕の密勅（毛利父子宛て）　毛利博物館所蔵
慶応三年十月付け討幕の密勅請書写（岩倉具視ほか宛て）　毛利博物館所蔵
慶応三年十月十四日付け徳川慶喜建白書写（政権を朝廷ニ奉帰建白写）　松戸市戸定歴史館所蔵
慶応三年十一月付け八義（「新国家」構想八項目。坂本龍馬筆）　国立国会図書館所蔵
慶応三年十二月二日付け伊藤九三書状（三吉慎蔵・印藤聿宛て）　個人所蔵、下関市立歴史博物館寄託、画像提供：下関市立歴史博物館
慶応三年十二月八日付け岩倉具視書状（大久保利通宛て）　国立歴史民俗博物館所蔵
慶応四年正月十日付け大久保利通書状（蓑田伝兵衛宛て）　国立歴史民俗博物館所蔵
慶応四年（正月）徳川慶喜ほか官位剝奪沙汰書写　京都市歴史資料館所蔵
慶応四年正月付け徳川慶喜書状（静寛院宮宛て）　京都市歴史資料館所蔵
慶応四年正月付け松平容保追討状（伊達慶邦宛て・上杉斉憲宛て）　米沢市上杉博物館所蔵
（慶応四年正月）議事之体大意（由利公正筆）　福井県立図書館所蔵
慶応四年三月十四日付け西郷隆盛書状（勝海舟宛て）　東京都江戸東京博物館所蔵、Image：東京都歴史文化財団イメージアーカイブ
慶応四年閏四月二十八日付け勝海舟奉答書下書　東京都江戸東京博物館所蔵、Image：東京都歴史文化財団イメージアーカイブ
慶応四年五月二日付け榎本武揚書状（勝海舟宛て）　早稲田大学図書館所蔵
（慶応四年五月三日）奥羽列藩同盟盟約書　米沢市上杉博物館所蔵
慶応四年五月九日付け三条実美書状（岩倉具視宛て）　早稲田大学図書館所蔵
慶応四年五月十八日付け河井継之助書状（佐川官兵衛宛て）　福島県立博物館所蔵
慶応四年八月二十一日付け土方歳三書状（内藤介右衛門ほか宛て）　個人所蔵、画像提供：福島県立博物館
明治二年二月二日付け山田顕義書状（奥平謙輔宛て）　萩博物館所蔵
明治二年五月十六日付け安富才輔書状（土方隼人宛て）　土方歳三資料館所蔵

主要参考文献

※一般的な歴史辞典類は省いた。

青山忠正『明治維新と国家形成』(吉川弘文館、二〇〇〇年)

青山忠正『日本近世の歴史６　明治維新』(吉川弘文館、二〇一二年)

一坂太郎解説・東行庵『久坂玄瑞遺墨』(一九九四年)

茨城県立歴史館『平成20年特別展　幕末日本と徳川斉昭』(二〇〇八年)

茨城県立歴史館『特別展　徳川慶喜』(二〇一五年)

岩下哲典『予告されていたペリー来航と幕末情報戦争』(洋泉社、二〇〇六年)

岩下哲典『江戸の海外情報ネットワーク』(歴史文化ライブラリー２０７、吉川弘文館、二〇〇六年)

ＮＨＫ・ＮＨＫプロモーション『新選組展』(二〇〇四年)

ＮＨＫ・ＮＨＫプロモーション『天璋院篤姫展』(二〇〇八年)

ＮＨＫ・ＮＨＫプロモーション『２０１０年ＮＨＫ大河ドラマ特別展　龍馬伝』(二〇一〇年)

ＮＨＫ・ＮＨＫプロモーション『２０１３年ＮＨＫ大河ドラマ特別展　八重の桜』(二〇一三年)

鹿児島県歴史資料センター黎明館『ペリー来航１５０年・薩英戦争１４０年黎明館開館20周年記念企画特別展　激動の明治維新——世界が動いたその時日本は薩摩は琉球は』(二〇〇三年)

神奈川県立歴史博物館『ペリー来航１５０周年記念特別展　黒船』(二〇〇三年)

北川村立中岡慎太郎館『中岡慎太郎館開館二〇周年記念特別展　禁門の変——中岡慎太郎と二十三士の明暗を分けた事件』(二〇一五年)

京都大学附属図書館『平成十六年度京都大学附属図書館公開企画展　幕末維新展——長州志士の軌跡直筆が語る実像』

京都国立博物館『没後１５０年坂本龍馬』(二〇一六年)

高知県立歴史民俗資料館・高知県立坂本龍馬記念館・北川村立中岡慎太郎館『特別展三館合同企画坂本龍馬・中岡慎太郎展——暗殺一四〇年！　時代が求めた〝命〟か？』(二〇〇七年)

国立歴史民俗博物館『大久保利通とその時代　企画展示』(二〇一五年)

品川区立品川歴史館『東海道・品川宿を駆け抜けた幕末維新』(一九九九年)

下関市立長府博物館『特別展　坂本龍馬と下関』(一九九二年)

下関市立長府博物館『白石正一郎と幕末の下関』(一九九九年)

下関市立長府博物館『企画展　旧臣列伝——下関の幕末維新』(二〇〇四年)

下関市立長府博物館『明治維新１４０年記念　長州と薩摩』(二〇〇八年)

下関市立長府博物館『特別展　薩長盟約と下関——長府藩士と龍馬・慎太郎のキセキ』(二〇一二年)

下関市立長府博物館『高杉晋作決起一五〇年記念　晋作決起元治の大局』(二〇一四年)

尚古集成館『薩英戦争１５０年　前の浜の戦』(二〇一三年)

土浦市立博物館・日野市立新選組のふるさと歴史館・壬生町立歴史民俗資料館・板橋区立郷土資料館『四館共同企画展　幕末動乱——開国から攘夷へ』(二〇一四年)

東京都江戸東京博物館『皇女和宮——幕末の朝廷と幕府』(一九九七年)

東京都江戸東京博物館『勝海舟展——没後１００年』(一九九九年)

東京都江戸東京博物館『特別展　ペリー＆ハリス——泰平の眠りを覚ました男たち』(二〇〇八年)

東京都江戸東京博物館『企画展　幕末の江戸城大奥』(二〇一三年)

萩博物館『松下村塾開塾１５０年記念　吉田松陰と塾生たち』(二〇〇七年)

萩博物館『明治維新１４０年記念特別展　明治維新の光と影』(二〇〇八年)

萩博物館『生誕１７０年記念特別展　山田顕義と近代日本』(二〇一四年)

彦根城博物館『企画展　井伊直弼——その人と生涯』(一九九〇年)

彦根城博物館『井伊直弼と開国１５０年祭　シリーズ直弼発見！　特別企画展　政治の時代——井伊直弼と幕末維新の群像』(二〇〇九年)

日野市『新選組誕生一五〇年記念巡回特別展　新選組誕生と清河八郎』(日野市立新選組のふるさと歴史館叢書第11輯、二〇一四年)

福井市立郷土歴史博物館『生誕１５０年記念図録　橋本景岳先生の生涯』(一九八五年)

福井市立郷土歴史博物館『平成二〇年秋季特別陳列　松平春嶽をめぐる人々』(二〇〇八年)

福井市立郷土歴史博物館『橋本左内と安政の大獄　平成二十一年企画展』(二〇〇九年)

福島県立博物館『企画展　戊辰戦争といま』(二〇〇四年)

松戸市戸定歴史館・静岡市美術館『没後一〇〇年徳川慶喜 = Tokugawa Yoshinobu 100th year memorial exhibition』(二〇一三年)

松戸市戸定歴史館『松戸市制施行五十五周年・明治百三十周年記念特別展　最後の将軍徳川慶喜』(一九九八年)

道迫真吾「山田顕義の奥平謙輔宛書簡について」(『萩市郷土博物館研究報告』一二号、二〇〇二年)

宮地佐一郎『龍馬の手紙』(講談社、二〇〇三年)

三宅紹宣「薩長盟約の成立と展開」(『日本歴史』七六一号、二〇一一年)

山本博文監修『江戸時代２６５年ニュース事典』(柏書房、二〇一二年)

横浜市歴史博物館『佐久間象山と横浜——海防、開港、そして人間・象山』(二〇一四年)

米沢市上杉博物館『特別展　上杉伯爵家の明治』(二〇〇八年)

人名索引

【監修者略歴】

岩下哲典（いわした・てつのり）

1962年（昭和37）、長野県塩尻市北小野（「たのめの里」）に生まれる。青山学院大学大学院文学研究科博士後期課程単位修得。博士（青山学院大学、歴史学）。

明海大学経済学部専任講師、助教授を経て、同大学ホスピタリティ・ツーリズム学部教授（2016年３月まで）。

現在、東洋大学文学部史学科教授（大学院文学研究科史学専攻博士後期課程論文指導担当教授兼担）。

【主な著作（論文等は除く）】

2016年『城下町と日本人の心性——その表象・思想・近代化』（共編著、岩田書院）。

2014年『解説　大槻磐渓編「金海奇観」と一九世紀の日本』（単著）雄松堂書店、『東アジアのボーダーを考える——歴史・国境・認識』（共編著、右文書院）。

2012年『高邁なる幕臣　高橋泥舟』（編著、教育評論社）。

2011年『レンズが撮らえた幕末明治日本紀行』（山川出版社）、『日本のインテリジェンス——江戸から近・現代へ』（右文書院）、『江戸時代来日外国人人名辞典』（単編、東京堂出版）、『江戸将軍が見た地球』（メディアファクトリー新書）、『レンズが撮らえた幕末の日本』（山川出版社、塚越俊志氏と共編）。

2010年『龍馬の世界認識』（藤原書店、小美濃清明氏と共編）。

2008年『［改訂増補版］幕末日本の情報活動——「開国」の情報史』（雄山閣出版）。

2006年『予告されていたペリー来航と幕末情報戦争』（洋泉社）、『江戸の海外情報ネットワーク』（吉川弘文館）。

2000年『徳川慶喜——その人と時代』（岩田書院、編著）、『江戸情報論』（北樹出版）、『幕末日本の情報活動』（雄山閣出版）。

1999年『江戸のナポレオン伝説——西洋英雄伝はどう読まれたか』（中央公論新社）。

1998年『権力者と江戸のくすり——人参・葡萄酒・御側の御薬』（北樹出版）。

1997年『近世日本の海外情報』（岩田書院、真栄平房昭氏と共編）。

幕末維新の古文書（ばくまついしんのこもんじょ）

2017年７月25日　第１刷発行

監　修　　岩下哲典

発行者　　富澤凡子
発行所　　柏書房株式会社
東京都文京区本郷2-15-13（〒113-0033）
電話（03）3830-1891［営業］
（03）3830-1894［編集］

装　丁　　鈴木正道（Suzuki Design）
組　版　　有限会社一企画
印　刷　　壮光舎印刷株式会社
製　本　　株式会社ブックアート

ISBN978-4-7601-4840-0